W0059610

Den Indianerkulturen des mittleren und südlichen Altamerika, die Richard Konetzke im Band 22 der FISCHER WELTGESCHICHTE, ›Süd- und Mittelamerika I‹, nur ganz am Rande behandeln konnte, ist mit dem vorliegenden Buch eine eigene, umfassende Darstellung gewidmet. Laurette Séjourné, in Frankreich geboren, seit Jahrzehnten in Mexiko lebend, gehört dem Instituto Nacional de Antropología e Historia de México an. Sie meistert ihr schwieriges Thema in einem doppelten methodischen Zugriff: Zum einen schöpft sie aus den Chroniken der Eroberungszeit, die sie kritisch interpretiert und aus denen sie so die relevanten Aussagen über die Erscheinungsformen altamerikanischer Kultur im Moment ihrer Entdeckung durch die Europäer herausdestilliert; zum anderen bedient die Autorin sich des Instrumentariums archäologischer Forschung (hier liegt ihre eigentliche Domäne). Die dabei gewonnenen Ergebnisse werden durch zahlreiche Abbildungen besonders anschaulich gemacht. Wo es schriftliche Überlieferung gibt, wird diese selbstverständlich berücksichtigt. Ein gründlicher, durch zahlreiche Zitate aus den Chroniken höchst lebendiger Bericht über die Entdeckung und Eroberung des Kontinents gehört ebenso zu dieser Arbeit wie die detaillierte Analyse der altamerikanischen Gesellschaften, deren Gemeinsamkeiten und deren Unterschiede differenziert hervortreten. Die Kühnheit ihrer Thesen und das Engagement, das ihre Darlegungen prägt, lassen die Leidenschaftlichkeit einer Historikerin erkennen, für die das Vergangene nicht lebloser Untersuchungsgegenstand ist, für die das Gegenwärtige ohne den bewußt gemachten Bezug zu seiner Geschichte verkümmern muß. Der Band ist in sich abgeschlossen und mit Abbildungen, Kartenskizzen und einem Literaturverzeichnis ausgestattet. Ein Personen- und Sachregister erleichtert dem Leser die Orientierung.

DIE VERFASSERIN DIESES BANDES

Laurette Séjourné,
geb. 1914 in Italien; französische Staatsbürgerin. Seit 1950 Archäologin
am Instituto Nacional de Antropología e Historia de México. Fünfzehnjährige Tätigkeit als Leiterin von Ausgrabungen, hauptsächlich in
Teotihuacan, in deren Verlauf drei große Bauwerke mit Wandbemalungen freigelegt wurden.
Buchveröffentlichungen: ›Burning Water. Thought and Religion in
Ancient Mexico‹, 1957 (erschien auch auf italienisch, französisch und
spanisch); Supervivencias de un mundo mágico‹, Mexiko 1953; ›Palenque, una ciudad maya‹, Mexiko 1953; ›Un palacio en la ciudad de
los dioses‹, Mexiko 1959; ›El Universo de Quetzalcoatl‹, Mexiko 1962;
›La cerámica de Teotihuacán‹, Mexiko 1963; ›El lenguaje de las formas
en Teotihuacán‹, Mexiko 1966; ›Arquitectura y pintura en Teotihuacán‹, Mexiko 1966; ›Teotihuacán métropole de l'Amérique‹, Paris 1969.
Außerdem zahlreiche Zeitschriftenpublikationen, darunter:
›Una interpretación de las figurillas del arcaico‹, Revista Mexicana de
Estudios Antropológicos, 1952; ›Ensayo sobre el sacrificio humano‹,
Cuadernos Americanos, Mexiko 1950; ›La caída de un imperio‹, Cuadernos Americanos, 1951; ›Identificación de una diosa zapoteca‹, Anales del Instituto Nacional de Antropología e Historia, 1955; ›Los sacrificios humanos: religión o política?‹ Cuadernos Americanos, Mexiko
1958; ›Xochipilli y Xochiquetzal en Teotihuacán‹, YAN, Mexiko 1954;
›El simbolismo de los rituales funerarios en Monte Albán‹, Revista
Mexicana de Estudios Antropológicos, 1960; ›Les Mayas d'aujourd'hui‹,
Annales, Paris 1966.
Das vorliegende Buch entstand unter Mitarbeit von *Josefina Oliva.*

Fischer Weltgeschichte

Band 21

Altamerikanische Kulturen

Herausgegeben und
verfaßt von
Laurette Séjourné

Fischer Taschenbuch Verlag

Aus dem Französischen übersetzt von
Marianne und Christoph Schneider (Konstanz)
Umschlagentwurf: Wolf D. Zimmermann
unter Verwendung des Fotos ›Stickerei von einem Leichentuch aus Paracas‹
(Foto: Abraham Guillen)
Harald und Ruth Bukor zeichneten die Abbildungen 1, 2, 8, 58, 64, 65

Illustrierte Originalausgabe
mit 109 Abbildungen
Veröffentlicht im Fischer Taschenbuch Verlag GmbH,
Frankfurt am Main, März 1971

46.–51. Tausend: April 1984

Wissenschaftliche Leitung: Jean Bollack, Paris

Einleitung

Die Aufgabe, der sich der Historiker der amerikanischen Frühzeit gegenübersieht, stellt vielleicht den besten Beweis dar für jene Verwandtschaft zwischen Archäologie und Psychoanalyse, auf die Sigmund Freud so oft hingewiesen hat: beiden Wissenschaften geht es darum, eine ursprüngliche Wahrheit wiederherzustellen, und beide sind dabei auf stumme, entstellte Reste angewiesen, in denen von dem Lebensimpuls, der das verlorene Ganze einte, keine Spur mehr geblieben ist.

Wenn der Archäologe des Kontinents Amerika nach langen Jahren der Arbeit am Detail schließlich, ähnlich dem Psychoanalytiker, umrißhaft erkennt, daß das Wesentliche erhalten und zugänglich ist, so bleibt doch die Tatsache, daß Vergessen und Verformungen es wie eine Mauer verbergen, die zunächst unüberwindlich erscheint. Denn die archäologischen Überreste, die einzigen Zeugnisse, aus denen jene Wirklichkeit noch selbst zu uns spricht, werden uns nur verständlich, wenn wir zu ihrer Deutung auch die Äußerungen von Europäern des 16. Jahrhunderts heranziehen — der Eroberer und Kolonialherren selbst, die jedoch als unerbittliche Feinde zu Verständnis und Objektivität kaum fähig waren; andererseits der Chronisten und Historiker jener Zeit, die mitunter bemerkenswert guten Willens waren, denen jedoch von den Wurzeln der Kultur, die sie in raschem Verfall begriffen vorfanden, jede Kenntnis fehlte.

Die Schwierigkeit, den eigentlichen Gehalt der alten Kulturen wiederzufinden, wird besser verständlich, wenn man sich den Aufwand an Zeit und Energie vergegenwärtigt, der damals nötig war, um von der konkreten Wirklichkeit des Kontinents und seiner Bewohner ein auch nur ungefähr angemessenes Bild zu erlangen. Wäre sie nicht mit solcher Verwüstung und alles erträgliche Maß übersteigenden Vergehen verbunden gewesen — die Entdeckung der Geographie Amerikas würde, für sich allein, eine fesselnde Geschichte abgeben: das langsame Auftauchen einer unendlich großen Welt, deren äußerer Umriß in kleinen, zögernd gesetzten Strichen allmählich Gestalt gewinnt, während zugleich ihr Inneres immer weiträumiger und geheimnisvoller zu werden scheint, einer Welt endloser Ufer, auf denen substanzlose Wesen umhergeistern und wo wie im Traum ungleiche Bilder einander ablösen: paradiesische Visionen von Scharen lächelnder, mit Geschenken beladener Menschen, an deren Stelle unvermittelt Erscheinungen von kriegerischen Haufen oder von drohend leeren Stränden treten.

Die widersprüchlichen Urteile, die man bei ein und demselben Autor antrifft, weisen in der Tat darauf hin, daß die Eingeborenen für die Eroberer irreale Wesen waren: sie wechselten von einer Meinung über sie zur anderen, ohne in Rechnung zu stellen, daß etwa in der Zwischenzeit Überfälle auf sie verübt worden waren, die dem Raub von Sklaven galten, und wegen einem bißchen Gold oder einiger Lebensmittel blutige Gemetzel stattgefunden hatten.

Da es überall schwierig war, ins Landesinnere vorzudringen, hielt man sich mehr als 20 Jahre hindurch an den Küsten auf und beschränkte sich auf flüchtige Expeditionen, die hauptsächlich dazu dienten, Gefangene zu machen; diese waren als Ersatz für die Eingeborenen der Antillen bestimmt, die in zehn Jahren der Besetzung fast gänzlich ausgerottet worden waren. Das war die Epoche der Menschenjagd und derer, die sich darauf verstanden, angesehener Jäger, deren Dienste sehr begehrt waren. Der Verkauf von Sklaven — ein ganz besonders einträgliches Geschäft — war noch im Jahr 1517 legal, als die ersten Europäer mexikanischen Boden betraten — in Gestalt einer Bande von Abenteurern, die vom Gouverneur von Kuba ermächtigt war, »Vorstöße in neue Gebiete zu unternehmen und auf Sklavenjagd zu gehen«.

Den notwendigen Antrieb zum Vordringen ins Landesinnere gab schließlich das leidenschaftliche Verlangen nach dem Gold, das durch einige Kostproben und vielerlei Wundererzählungen geweckt worden war.

Das Innere des Kontinents konnte mit dem unregelmäßigen, eine Fülle verschiedenartiger Züge aufweisenden Gesicht seiner Landschaft, mit seinen Städten, von denen man nicht einmal vage Vorstellungen hatte, das Gefühl des Unwirklichen in den Eroberern nur verstärken. Sie bewegten sich voran wie Schlafwandler, getrieben von einer blinden Kraft, die durch kein Erkennen des *anderen* beeinträchtigt wurde. Sie durchquerten Dschungel, Wüsten und Sümpfe, kämpften sich gegen reißende Ströme flußaufwärts und überkletterten Gebirge mit ewigem Schnee, besessen von dem einen Gedanken, alle Widerstände zwischen sich und dem Gold zu überwinden. Nichts vermochte sie von ihrer Suche nach Reichtum abzubringen.

Die einheimische Bevölkerung mit ihren fremdartigen Sitten und erst recht der einzelne Eingeborene existierten in den Augen der Europäer nur in dem Maße, wie sie den Zugang zu den Schätzen erleichterten oder verwehrten. Die Geschichte von den

Abenteuern der Eroberer beschränkt sich fast gänzlich auf oft täglich unternommene kriegerische Raubzüge, auf Folterungen, welche sie vornahmen, um Verstecke zu erfahren, die manches Mal nur in der Einbildung existierten, auf Listen, die sie erfanden, um die begehrten Güter auf friedliche Weise zu erlangen, auf die blutigen Zwiste, die zwischen ihnen ausbrachen, wenn es um die Verteilung der Beute ging. Die Fabelwelt, die sie entdeckten, wurde von ihnen nur insoweit wahrgenommen, als sie unermeßliche Reichtümer versprach oder die Pracht funkelnder Juwelen enthüllte. Diese auf das Gold gerichtete Besessenheit brachte auch eine der seltenen heiteren Episoden der Eroberung hervor: den Ansturm auf den heiligen Platz von Mexiko, wo man den glänzenden Stuck des Pflasters und der Mauern für Metall gehalten hatte.

Auch Bernal Díaz del Castillo fällt trotz seiner erzählerischen Begabung mit unter diese Regel. Die Jagd nach Reichtümern zieht sich als roter Faden durch seinen Bericht, und immer dann, wenn man mit Recht eine aufklärende Beobachtung erwartet, findet man zu seiner Enttäuschung, daß der Chronist sich darein vertieft, den Wert von Beute zu berechnen, oder sich über deren Verteilung verbreitet. So berichtet er, daß bei Gelegenheit einer Rast Eingeborene scharenweise gebrandmarkt wurden, die an der Atlantikküste eingefangen worden waren — einem Landesteil, wo die mexikanische Kultur einen besonderen Grad von Verfeinerung erreicht hatte. Er spricht jedoch mit keiner Silbe von dem, was in dem ›großen Haus‹ vorging, wo unzählige Männer und Frauen, die soeben noch Stolz und Vornehmheit zur Schau getragen hatten, mit glühendem Eisen im Gesicht gezeichnet wurden; statt dessen unterhält er uns mit Schilderungen von der Unzufriedenheit der Truppe über die ungerechte Verteilung der Güter, die man den Eingeborenen entrissen hatte.

Immer wieder gemahnen diese Europäer an Wolfsrudel, wie sie nach langen, erschöpfenden Märschen plötzlich in Städten und Dörfern auftauchten, stets ausgehungert, schlecht gekleidet und oft verwundet — mitunter wurden sie zu Kannibalen und verzehrten sich sogar gegenseitig. Die neuankommenden Spanier sprachen mit Erregung und Verachtung von diesen Rotten ausgemergelter Landsleute, die in Fetzen gekleidet und halbnackt waren und zum Teil Waffen oder Kleidungsstücke trugen, welche sie von den Eingeborenen übernommen hatten.

Es versteht sich von selbst, daß diese Jäger die Eingeborenen niemals als etwas anderes denn als Freiwild betrachteten. Der größere Teil der im 16. Jahrhundert äußerst zahlreichen Streitigkeiten zwischen den Eroberern und dem Mutterland rührte aus Versuchen her, die Opfer der Brutalität ihrer Herren zu entziehen — worum selbst dann noch gestritten werden mußte, als deutlich wurde, daß der große Verschleiß an Menschen die gerade entstehende Wirtschaft gefährdete. So wurde, noch ehe man überhaupt begonnen hatte, sich über das Schicksal der Ureinwohner ernsthaft Gedanken zu machen, bereits Besorgnis wegen ihrer drohenden physischen Auslöschung laut.

Die Situation muß schon ernsthaft gewesen sein, sonst hätte ein ›Mannweib‹ wie Königin Isabella die Katholische, die die Juden aus Spanien vertrieben und die siebenhundertjährige Unterdrükkung durch die Araber beendet hatte, sich die in der Kolonisation eingetretene Wendung schwerlich so zu Herzen genommen, daß sie, von Unruhe erfüllt, noch auf ihrem Sterbebett in ihrem Testament Gegenmaßnahmen anordnete. Ebenso bezeichnend ist das erste Protektionsgesetz, das Cortés zwei Jahre nach der Kapitulation des Königs von Mexiko verkündete, um der Abschlachtung, die die Produktion lähmte, ein Ende zu setzen und zu diesem Zweck die Kolonisten zu zwingen, den Eingeborenen nicht weiterhin als in ihrem Besitz befindliche ›Sache‹ zu betrachten.

War die blinde Eroberungswut gegenüber einer Welt, die als bloße Beute betrachtet wurde, die notwendige Bedingung für den Sieg, so blieben ihre Folgen nicht ohne gefährliche Auswirkungen auf die Kolonisation: da jedes Mittel der Inbesitznahme erlaubt schien, entstand zwischen Siegern und Besiegten eine Kluft, die in den Untersuchungen zur Psychologie der Mestizen wohl nicht genügend Berücksichtigung gefunden hat. Denn das Fehlen jeglicher Achtung vor der Urbevölkerung, die nur mehr Objekt der Habgier war, führte nicht nur zur Vernichtung von Millionen und aber Millionen von Menschenleben, sondern auch zum Zusammenbruch der sittlichen Maßstäbe. Das überkommene Wertsystem löste sich in nichts auf; den Überlebenden blieb ein von allen Normen individuellen und gesellschaftlichen Verhaltens entleerter Raum, in welchem das Festhalten an irgendeinem Prinzip, und mochte es noch so gering sein, sich wie ein Wunder ausnahm.

Dieser Umstand hat zur Folge, daß sich auch die Arbeit des Historikers grundsätzlich in Frage gestellt sieht: waren die Ureinwohner wirklich jene Wilden, die nichts Besseres verdienten als die Ausrottung oder Sklaverei, die ihnen beschieden war, dann reduziert sich die Periode vor der Eroberung auf einige finstere oder auch pittoreske Episoden, und die Geschichte des Kontinents beginnt erst mit der Ankunft der Europäer; mithin wird ein Unterfangen wie das vorliegende Werk sinnlos.

Dies ist in der Tat die vorherrschende Ansicht, gegen die anzugehen schwieriger ist als man denkt: die Widerstände sind hartnäckig, und jede Überprüfung wird zum Sakrileg, sowohl nach Meinung derer, welche die Botschaft der Eingeborenen verkennen, als auch in den Augen derer, die sie für sich beanspruchen, sei es, daß sie das Bild akzeptieren, das ihre Zerstörer entwerfen, sei es, daß sie ein anderes, ebensowenig wahrheitsgetreues an seine Stelle setzen. Da der Forscher Probleme angreifen muß, die seine Befugnisse überschreiten, hat man es aufgegeben, eine historische Synthese zu suchen, und in den neueren Gesamtdarstellungen zeigt sich ein deutlicher Rückschritt gegenüber denen des 16. Jahrhunderts. Der Widerstand, der sich gegen jede ehrliche Sicht des Problems erhebt, weil sie notwendig zu einer Neubewertung der Siegerideologie führen muß, beeinflußt sogar die wenigen, bei denen geistige Arbeit etwas gilt: selbst der Universitätsgelehrte, der doch sogar die Untersuchung kleinster Einzelheiten von rein lokaler Bedeutung fördert, macht skeptische Miene, wenn man ihm von der Notwendigkeit spricht, eine tausendjährige Vergangenheit zu begreifen. Wozu über eine Vorgeschichte grübeln, die für unsere Gesellschaft überhaupt keine Rolle spielt? Ist es nicht nutzlos und gefährlich, seit langem veraltete Probleme aufzurollen, Streitigkeiten zu neuem Leben zu erwecken und künstliche Konflikte zu erzeugen?

Solche Überlegungen erweisen sich jedoch dann als wirkungslos, wenn aus den archäologischen Überresten immer mächtiger die stumme Gegenwart jener einst in den Untergang gestürzten Welt wiedererstieht; und das Schweigen, das diese vergangene Welt heute noch umgibt, ist nicht mehr endgültig, denn der Boden von Gebieten wie Mexiko, Mittelamerika überhaupt, Peru und Bolivien fördert die Werke der Vergangenheit in der gleichen Fülle und Regelmäßigkeit zutage wie die Früchte der Natur.

Diese Wiedergeburt, die in den meisten Fällen wissenschaftsfremden Zufällen zu verdanken ist, zeigt von Tag zu Tag deutlicher, wie weit das bewußte Leben der Völker mit ihrem Streben nach materieller Bereicherung (das selbst den Wunsch nach dem Besitz der verleugneten Überlieferung einschließen kann) von ihrem Unbewußten entfernt ist, aus dem unausweichlich jene entstellten, dem Vergessen anheimgefallenen Reste wieder an die Oberfläche dringen. Diesen Resten fehlt jeglicher Anknüpfungspunkt, sie sind zugleich eindringlich und flüchtig wie Traumbilder, und der Historiker schenkt ihrer Sprache so wenig Beachtung wie einst seriöse Leute den Träumen. So fristen sie, mit Bedacht von jeder Berührung mit der Wirklichkeit ferngehalten, ein verlorenes Dasein im Schattenreich archäologischer Forschungsberichte, wo sie allenfalls das Chaos der Quisquilien vermehren.

In der Schwierigkeit, jene Werke der Vergangenheit, die nach herkömmlicher Meinung in einem geistigen Vakuum entstanden sind, wieder in einen Zusammenhang zu integrieren, zeigt sich eine bemerkenswerte Parallelität zwischen dem Schicksal der archäologischen Stätten und dem ihrer einstigen Bewohner. Ihre Entdeckung kann, so scheint es, heute nur dann Geld und Ehre bringen, wenn man sie zunächst, wie seinerzeit die Ureinwohner, einer Identität entkleidet, welche die Verleumdungen der Kolonialisten Lügen strafen würde. Hat man einmal der künstlerischen Welt des Kontinents jedes Eigenleben entzogen und sie auf die Kategorie einer Sache reduziert, dann kann man hieraus folgerichtig die geisterhafte Unwirklichkeit von Werken begründen, die von geistig nicht existenten Völkern geschaffen wurden.

Dies erweist sich jedoch als nicht so einfach, denn kaum widmet man ihnen seine Aufmerksamkeit, zwingen einen die Überreste in den Bann ihrer Sprache. Daher kommt es, daß der Fachmann, für den das Ausgraben von Denkmälern nur Sinn hat, wenn es ihm dazu verhilft, die verlorene Realität zu begreifen, sich selbst über die Texte beugt und sich bald davon überzeugt, daß die greifbaren Überreste, die er zutage fördert, ihr Licht auf die schwer zu entschlüsselnden Zeugnisse der Historiker des 16. Jahrhunderts werfen können. Mit Begeisterung wird er den Nebel, der die alten Schriften einhüllt, nach und nach weichen sehen und feststellen, daß unter dem Gemisch von Unwissenheit, Angst und Lügen eine Fundgrube an Beobachtungen ruht, die ihrerseits die archäologischen Entdeckungen erklären helfen.

Nach über 20 Jahren unermüdlicher Konfrontation findet er endlich das Wesentliche: den Kern der altamerikanischen Kultur, und er begreift, welcher Art der Schutt ist, unter dem sie begraben liegt. Wie die Erdmassen, unter denen sich Gebäude verbergen, muß er erst abgeräumt werden. Aber diese Abräumarbeit ist von anderer Art als die des Archäologen; gilt sie doch der kolonialistischen Tradition selbst, der weit schwerer beizukommen ist und die zudem energisch verteidigt wird.

Ein derart explosiver Gegenstand drängt die Historie in eine Grenzsituation. Manche Fachgelehrten erniedrigen sie zu einer Folge verbindungsloser, unstrukturierter Fakten, die zudem mit dem Zeugnis der materiellen Funde unvereinbar sind. In Wahrheit kann sie ihre Existenz nur im Rahmen einer Problemstellung rechtfertigen, die sich von der des Individuums kaum unterscheidet: sie muß jede hohle Formel verwerfen und ihr Daseinsrecht aus dem Recht und der Pflicht eines Volkes herleiten, seine Vergangenheit zu kennen. Dabei kann es sich selbstverständlich nicht darum handeln, anachronistische Diskussionen wieder zu eröffnen, noch weniger darum, Werte wiederherzustellen, deren Form keine Gültigkeit mehr besitzt: es gilt vielmehr, die dunklen Gebiete zu erhellen und die inneren Widersprüche aufzulösen, die dank der Archäologie immer klarer in Erscheinung treten.

Auf diese Art gelangt man dazu wahrzunehmen, daß die europäische Kultur, die in den Ländern des heutigen Amerika vorherrscht, ihrem Charakter nach jeweils in eben dem Maße verändert ist, wie in jedem einzelnen dieser Länder ein intensives

Eigenleben geherrscht hatte, das durch die Eroberung ausgelöscht werden mußte. Eine geographische Karte des so geschaffenen künstlichen Nichts würde neben ausgedehnten Gebieten absoluter Leere andere nicht weniger bedeutende Gebiete zeigen, in deren Leere sich die Zeugnisse der Vergangenheit strahlend und gebieterisch zu Wort melden.

Die letztgenannten Gebiete sind diejenigen, wo die vorkolumbische Vergangenheit sich nicht mit dem ungerechten Los abfindet, der Vergessenheit anheimzufallen. Aber ehe sie zu einer positiven Kraft werden kann, drängt diese Vergangenheit, die ihre Existenz zurückverlangt, deren sie beraubt worden ist, dem Betrachter ein Unbehagen auf: vor einer zerstörten Kultur empfindet man ein Gefühl des Entwurzeltseins, das sich freilich diejenigen, die bequem in einer makellosen Leere installiert sind, nicht vorstellen können. Denn jegliches Empfinden von Entwurzelung bedingt die Erinnerung an einen ursprünglichen Ort und die Sehnsucht nach den verlorenen Wurzeln. Derjenige, der kühn genug ist, sich diese gespenstische Vergangenheit zu eigen zu machen, gerät in einen unheilbaren Konflikt, vergleichbar mit dem eines Kranken, der sich unter dem Zwang, seine Kindheit wieder wachzurufen, schließlich ihrer erinnert, aber zugleich unfähig ist, das entwürdigende Bild, das man ihm davon vermittelt hat, zu modifizieren. Erschreckt durch den Abgrund, der ihn auf der moralischen Ebene von seinem Ursprung trennt, beginnt er zu rationalisieren, akzeptiert das Unannehmbare und vertieft so, wie immer er darüber denkt, den Riß, der seine Person spaltet. Um sich davon zu überzeugen, genügt es, die rührenden Rechtfertigungen der Menschenopfer zu beobachten, von denen die Untersuchungen der Gelehrten durchsetzt sind, oder die Anstrengungen, die aufgewendet werden, um den Mystizismus sogenannter primitiver Kunstwerke zu enträtseln, die den modernen Ästheten ein ›wildes Schaudern‹ einflößen.

Für den Nachfahren der amerikanischen Ureinwohner ist die Suche nach der Einheit ihrem Wesen nach tragisch; die Wahrheit, die er schließlich zu ahnen beginnt, erscheint stets als unüberwindliches Hindernis: wie die moderne Literatur und bildende Kunst es zu beweisen scheinen, stellt sich das endlich entdeckte Paradies der kollektiven Kindheit als ein Ort dar, wo die Einsamkeit und die Unmöglichkeit der Kommunikation total sind. Was sonst auf der Ebene der Abstraktion bleibt, drängt sich in einigen Teilen Amerikas mit großer Nachdrücklichkeit auf, denn nirgends sind die Grenzen des Endlichen so offenbar, nirgends durchdringt das Okkulte die Nacht, die es umhüllt, mit einem so lauten und deutlichen Schrei wie hier. So erscheint dieser Kontinent dem Archäologen, der sich wie ein Opferbeschauer über sein Inneres beugt, als Spiegelbild einer metaphysischen Vision: eine neblige, ungleichmäßige äußere Wirklichkeit verbirgt eine leuchtende unterirdische Welt, in zahllosen Zeichen manifestiert sich eine Einheit, deren Geheimnis zu entziffern er um jeden Preis erlernen muß.

Da für uns das Interesse an den alten Kulturen mit der Leidenschaft, die Probleme des heutigen Lateinamerika zu verstehen, untrennbar verbunden ist, beginnen wir dieses Buch mit einer Geschichte der Eroberung. Allein dies Vorgehen ist in unseren Augen geeignet, gleichzeitig einen Zugang zu den vernichteten Kulturen zu eröffnen und die Unterentwicklung begreiflich zu machen, die in diesen von Natur aus reichen Gebieten herrscht.

In unserer Zeit der Dekolonialisierung, in der wir uns bewußt werden, daß sich vom europäischen Vorbild zu unterscheiden legitim und Rechtens ist, kann der Prozeß der Eroberung unschätzbare Erkenntnisse liefern, denn die Texte zwingen dazu, die Lehre zu beachten, die sich aus dem Aufeinanderprallen zweier gegensätzlicher Ideologien ergibt: auf der einen Seite steht das Prinzip eines schrankenlosen Individualismus, gegründet auf dem freien Wettbewerb, auf der anderen das einer persönlichen Selbstverwirklichung, die auf einem tiefen Respekt vor der Gemeinschaft beruht. Das erste Prinzip brachte eine derartige Vergeudung von Rohmaterialien und Menschenleben mit sich, daß die Einrichtung der Sklaverei seine notwendige Folge war. Aus ihr allein erklärt sich das Elend und die Verlassenheit, in der sich heute die Mehrzahl der damals unterworfenen Völker befindet.

Bevor diese Behauptungen im einzelnen untermauert werden, sei im Vorbeigehen erwähnt, daß trotz extremer Bevölkerungsdichte und trotz des Fehlens von Maschinen und Zugtieren die Glieder der vorkolumbischen Staatswesen sich einer physischen Gesundheit, einer individuellen Unabhängigkeit, einer Sicherheit und Muße erfreuten, die eine Verteilung der Produkte und eine Integration in das Gemeinwesen implizierten, welche heutzutage als Utopie gelten müßten. Daraus folgt: wenn man sich weigert, die Invasion zu analysieren, die eine zivilisierte Welt vernichtete und die Grundlagen eines Systems schuf, in welchem das Überleben nur unter Hunger, Demütigungen und blutigen Repressionen möglich war, dann kann man nicht anders, als die heutige Unterentwicklung als Ergebnis eben jener angeborenen Unfähigkeit, jener unheilbaren rassischen Minderwertigkeit anzusehen, die als Rechtfertigung für Ausrottung und Unterwerfung dienten.

Erst nach mehr als zwanzig Jahren intensiver archäologischer Arbeit ist es uns gelungen, den Ursprung bestimmter Verhaltensweisen, die die Untersuchung hemmten und die wir zuerst durch die einfache Evidenz der Fakten ändern zu können glaubten, zu verstehen: in Wirklichkeit haben sie ihre Ursachen in jenen weit zurückliegenden Wurzeln. Erst die Opposition gegen jeden Versuch, die Kunstwerke, mit ihrer gemeinsamen symbolischen Sprache, untereinander zu verbinden, der Widerstand gegen jegliche Rekonstitution, welche der Geschichte ihren fragmentarischen Charakter nahm, schließlich die Belustigung, die jede Erwähnung einer Religion und eines von ihr vorausgesetzten geistigen Lebens auslöste, haben uns gelehrt, daß wir im Eifer unserer Forschungen vergessen hatten, uns der Hauptschwierigkeit zu stellen: wie läßt sich vom barbarischen Kannibalen der Kolonialistenlegende ohne Übergang der Weg finden zum mit Kühnheit und Raffinement ausgestatteten Weisen und Künstler, den die Überreste erkennen lassen? Um dieser Vergeßlichkeit Abhilfe zu schaffen, erschien uns nichts wirksamer, als der Herausbildung der Legende selbst zu folgen, in gleicher Weise ihre Autoren wie ihre Protagonisten kennenzulernen.

Eine weitere Erkenntnis im Lauf der Arbeit war die, daß die systematische Versetzung der Spanier in den Anklagezustand in diesem weitgespannten Drama eine verhängnisvolle Rolle spielt: die Besetzung Amerikas verliert so die universelle Perspektive, die ihr zukommt, denn die Kolonisation ist die Todsünde nicht allein Spaniens, sondern ganz Europas. Die Ausbeutung des amerikanischen Kontinents war ein Vorhaben von solchen Ausmaßen, daß es *jeden* politischen Rahmen gesprengt hätte, und eine Reihe von Fakten beweisen, daß keine andere Nation dabei besser gefahren wäre. Bedenken wir nur, daß der Papst in seiner Eigenschaft als oberster Herr der Christenheit nicht zögerte, das Eigentumsrecht an Ländern zuzugestehen unter der Voraussetzung, daß man versprach, *nach* der Eroberung die Wilden zu christianisieren.

Trotz des Verbots, das die katholischen Könige gegen die Einwanderung von Nicht-Spaniern nach Amerika erließen, waren die Verstöße zahlreich genug, um von den kolonisatorischen Fähigkeiten des damaligen Europa eine Vorstellung zu geben. Christoph Kolumbus, der unter dem Vorwand, daß er Ausländer sei, vom Festland vertrieben wurde, behandelte nichtsdestoweniger die Eingeborenen in der gleichen Art wie die anderen Eroberer, und sein berühmter Landsmann Amerigo Vespucci betrachtete die Männer und Frauen der Küsten, die er beschreibt, mit Begeisterung als Jagdwild, das abzuschießen ihm Vergnügen bereitete.

Auf der anderen Seite gefällt man sich häufig darin, den Grund für den Mißerfolg der Kolonisation in der Unfähigkeit Spaniens zu sehen, sich aus den mittelalterlichen Verhältnissen zu befreien, denen es länger als die übrigen Nationen verhaftet blieb. Das Versagen der Franzosen und Portugiesen in Brasilien, der Deutschen in Venezuela und Kolumbien beweist jedoch, daß das Problem nicht so einfach ist: die Erfahrung der Deutschen ist um so bezeichnender, als sie nicht nur die gleiche zerstörerische

Grausamkeit wie die anderen Europäer an den Tag legten, sondern außerdem nach vielen Jahren ergebnisloser Anstrengungen auf ihre Beute verzichten mußten. Dabei war die Gesellschaft, der die Deutschen angehörten, wirtschaftlich am weitesten von allen entwickelt, und die Welser, die Bankiers Karls V., die die Kosten der Expedition trugen, zählten zu den ersten Repräsentanten des vorkapitalistischen Systems. Nach unserer Vermutung käme eine ins einzelne gehende Untersuchung zu dem Ergebnis, daß es im Gegenteil die Last der Kolonien war, die Spanien in einem archaischen sozialen Rahmen festhielt, und daß allein seine Erfahrung in Amerika in der Folge es den anderen Kolonialstaaten ersparte, in die gleiche verderbliche Sackgasse zu geraten.

Dafür zeichnet sich Spanien durch eine Eigenart von entscheidender Bedeutung aus: bis zum heutigen Tag ist es das einzige Land, in welchem sich mächtige Stimmen gegen den Eroberungskrieg erhoben haben. Wenn man die moralische Energie ermißt, die erforderlich ist, um gegen Aggressionen schwächeren Staaten gegenüber zu protestieren, wenn man die Vorstellungskraft bedenkt, die notwendig ist, gegenüber Geschöpfen, die durch unmenschliche Mechanismen erniedrigt worden sind, ein Gefühl der Gleichheit zu empfinden, so erscheinen die Männer des 16. Jahrhunderts, die inmitten der durch die Invasion ausgelösten unbeschreiblichen Gewalt gegen den Ungeist der Zeit kämpften, als wahre Helden. Wenn aber die Renaissance, die nachmals die Grundlagen westlichen Denkens in Frage stellte, hauptsächlich in der Öffnung gegenüber anderen kulturellen Welten bestand, so muß man anerkennen, daß Spanien auf diesem Gebiet die größten Männer der Geschichte hervorgebracht hat: die Kühnheit und innere Freiheit der Humanisten verblassen im Vergleich zu dem Genie einiger Spanier, die in den durch die herrschende Ideologie für die Schlachtbank bestimmten Herden menschliche Wesen sehen, die in den formlosen Fragmenten einer zerbrochenen Welt die Existenz moralischer und geistiger Werte ahnen konnten. Welches Werk hätte den Aufschwung der Renaissance besser darstellen können als die Plädoyers für eine Welt, die sich gerade erst aufgetan hatte? Was hätte besser das Auseinanderbrechen des geschlossenen mittelalterlichen Kosmos wiedergeben können als dieser Sprung in das Unbekannte eines neuen Kontinents? Gibt es größere Visionäre als diejenigen, die, um eine vernichtete und verleugnete Wirklichkeit zu verstehen und der Nachwelt zu überliefern, ihr Leben Arbeiten widmeten, die von der modernen Völkerkunde kaum übertroffen worden sind?

1. Entdeckung und Eroberung

I. DIE ENTDECKUNG

Die Kenntnisse, die man im 15. Jahrhundert in Europa von Asien
und Afrika hatte, gingen einerseits auf die griechischen Schriftsteller und die Berichte des Marco Polo zurück, andererseits ver-
dankte man sie den Reisen der Portugiesen, die zuerst im Jahre
1488 das Kap der Guten Hoffnung umschifft hatten und bis zu
den Molukken vorgestoßen waren. Das Ende dieses Jahrhunderts
erlebte außerdem einen wahren Sturm auf die Inseln im Westen
Europas; ungezählte Schiffe durchforschten den Atlantik auf der
Suche nach fischreichen Gewässern, Zucker und Gewürzen, andere wollten den Seeweg nach Asien entdecken. So wird bereits
1480 Grönland von zwei Deutschen in dänischen Diensten erforscht, und schon 1491 verbindet eine regelmäßige Küsten-
schiffahrt England mit den Neufundlandbänken. Es waren
hauptsächlich solche Expeditionen zur See, die Christoph Kolumbus zu seinem Projekt inspirierten. Für ihn mußte der Weg über
den Ozean logischerweise zu den Küsten jenes legendären China
führen, das Marco Polo nur hatte erreichen können, indem er in
Richtung Osten die Landmasse in ihrer ganzen Ausdehnung
durchquerte.
Der Ruhm des großen Seefahrers beruht danach vor allem auf
dem Glauben an die Existenz jener Gebiete, auf deren Bestehen
andere hypothetisch geschlossen hatten. Sein Glaube machte ihn
zum Propheten dieser verborgenen Wirklichkeit; er schöpfte
daraus die Kraft, um Verachtung, Hochmut und Besserwisserei
der ›Gelehrten‹ und Höflinge zu überwinden, denen die Monarchen die Beweisführungen vorlegten, welche seinen Gesuchen
beigefügt waren. Sein Kampf gegen Ungläubigkeit und Spott begann 1480 in Portugal und blieb bei den Königen von England
und Frankreich und — lange Jahre hindurch — bei den spanischen
Königen, Isabella und Ferdinand von Kastilien, zu wiederholten
Malen ohne Erfolg.
Die Auffassung zu vertreten, daß sich südwestlich vom europäischen Kontinent Menschen befänden, lief auf gefährliche Weise
der offiziellen Lehrmeinung zuwider, für welche die Erde noch
nicht rund war und die die Annahme von Antipoden öffentlich

für lächerlich erklärte: wie konnte man ernsthaft die Existenz eines Landes zugeben, wo die Sonne aufgeht, wenn sie bei uns untergeht, wo die Bewohner sich mit dem Kopf nach unten, ihre Füße gegen die unsrigen, fortbewegen? Außerdem wußte man, daß dieser südliche Teil nur Wasser enthalten konnte, und wenn dort etwas anderes existierte, hätten die Gelehrten nicht dieses verdächtigen Propheten bedurft, um es zu erfahren. Schließlich war es gotteslästerlich, an eine neue Gestalt der Erde zu denken, waren doch die drei vorhandenen Erdteile von den Theologen definitiv als übereinstimmend mit den Geboten Gottes anerkannt worden.

Erst 1492, als ein hoher Beamter das Angebot machte, das Abenteuer zu finanzieren, revidierten die Majestäten ihre ablehnende Haltung — die zweimal vorher hatte endgültig sein sollen —, um den Vertrag zu unterzeichnen, der sie zu Herren über die zukünftigen Reiche erhob und Christoph Kolumbus zum ›Admiral des Ozeanischen Meeres‹ ernannte. Nach mehr als zwölf Jahren des Wartens gelangte so der Entdecker Amerikas in den Besitz all dessen, was er brauchte, um endlich handeln zu können: drei Karavellen, einige hundert Leute, Lebensmittel für ein Jahr und große Mengen von Waren für den Tauschhandel: Glasperlen, Mützen und Schuhe, die immer als rot beschrieben werden, kleine Spiegel, Handschuhe, Hemden.

Der Erfolg war vollkommen: Kolumbus entdeckte Länder von großer Ausdehnung, bewohnt von Völkerschaften, die nicht nur was Klima und Landschaft anbetraf in einem paradiesischen Zustand lebten; es gab dort einen unbegrenzten Reichtum an Naturschätzen und wunderbare Vorkommen von Gold. Trotz dieses Ergebnisses hat Kolumbus immer nur die Ängste des Bankrotts gekannt, denn die Widerstände, die sich seinem Handeln entgegenstellten, wurden immer größer, bis er schließlich im Jahre 1504, als Ausländer aus ›seinen‹ Ländereien vertrieben, Emporkömmlinge seine Stellung einnehmen sah, die ihn aller Rechte und aller Habe enteigneten; selbst seine persönlichen Habseligkeiten und seine zahlreichen Schriften wurden ihm lange Zeit vorenthalten. Denn es wurde bald offenbar, daß die Kolonisation ein gänzlich anderes Geschäft als die Entdeckung war. Selbst Kolumbus hat von seinem zweiten Aufenthalt an gemeint, Menschen gefangennehmen und gegen die Ureinwohner die Wut seiner Hunde entfesseln zu müssen.

Sein begeisterter Bericht über diese Inseln der Morgenröte der Welt, seine konkreten Aussagen über ihre Schönheit und ihren Reichtum verhinderten keineswegs, daß die Intrigen gegen ihn ihren Fortgang nahmen und die wirtschaftlichen Schwierigkeiten wuchsen. Das geschah bei seiner zweiten Reise zur Metropole in einem solchen Ausmaß, daß er fast zwei Jahre benötigte, um zu erhalten, was zu seinem erneuten Aufbruch unentbehrlich war. Die katholischen Könige, Isabella und Ferdinand, ebenso wie die Schiffseigentümer, die er um Hilfe angegangen war, bezweifelten die Einträglichkeit des Geschäftes: außer von den Gefahren — schon waren Spanier fern ihrer Heimat umgekommen, und der Admiral selbst war mehrere Male knapp dem Schiffbruch entgangen — sprach man offen von Betrug, wenn die Rede auf die angeblichen Schätze kam und darauf, wie einfach es sei, sich zu bereichern. Beunruhigt über das Los der Männer, die er auf der Insel zurückgelassen hatte, und voller Ungeduld, seine Abenteurerfahrten wiederaufnehmen zu können, kämpfte Kolumbus gegen Verleumdungen und die Mißgunst anderer. Er schrieb Brief um Brief und versuchte bis zur Erschöpfung, die Menschen zu überzeugen, daß die Aneignung der neuen Landstriche Ruhm und Vermögen einbringe, wenn man nur etwas Geduld besitze. Denn die Anhäufung der Produkte, die im Überfluß vorhanden seien — wie z. B. Gold —, erfordere Zeit und Arbeit.

Seine Beredsamkeit hatte kaum Wirkung. In der Folgezeit kommt er immer wieder darauf zurück, was für Ängste er in diesen nicht enden wollenden 23 Monaten, während deren er um Unterstützung flehte, ausgestanden hat. Sichtlich unfähig, den Traum aufzugeben, daß er jene fesselnde Welt, die er nur gerade erspäht hatte, noch kennenlernen würde, öffnet Kolumbus den Weg zur Gewalttätigkeit, deren Opfer er bald darauf selbst wird: er verspricht als Gegengabe für die Schiffsmiete und die nötigen Waren, Schiffsladungen von Sklaven, deren Wert er fachmännisch abschätzt (er redet von der starken Nachfrage auf diesem oder jenem internationalen Markt, von dem Verkaufspreis, der pro Stück zu erzielen wäre usw.). In Anbetracht des Mangels an Arbeitskräften und um nicht dem königlichen Staatshaushalt zur Last zu fallen, verfügt er, daß die Löhne in Indios ausgezahlt werden, so daß jeder Spanier ungestraft Gefangene machen kann. Außerdem schlägt er Isabella und Ferdinand vor, die Gefängnisse zu öffnen: die zum Tode Verurteilten sollen nach zwei Jahren Exil frei sein, die auf Lebenszeit Verurteilten nach einem Jahr.

Bevor noch die so freigelassenen Strafgefangenen ankamen, war die als erste entdeckte Insel, Schwelle eines unendlich großen, unberührten Kontinents, zur Beute von Zwietracht und Grausamkeit geworden. Die Kolonisten hatten sich gegen die Vorschriften des schon so lange abwesenden Admirals aufgelehnt und die schwierige Aufgabe des Überlebens in einer Umgebung, die sie durch ihr eigenes Verhalten sich feindlich gestimmt hatten, selbst in die Hand genommen. Einzeln oder in kleinen Gruppen verteilten sich sich über das Gebiet und ließen sich als Gewaltherrscher in friedlichen und fruchtbaren Gemeinschaften nieder, die von der Landkarte auszulöschen sie nicht zögerten.

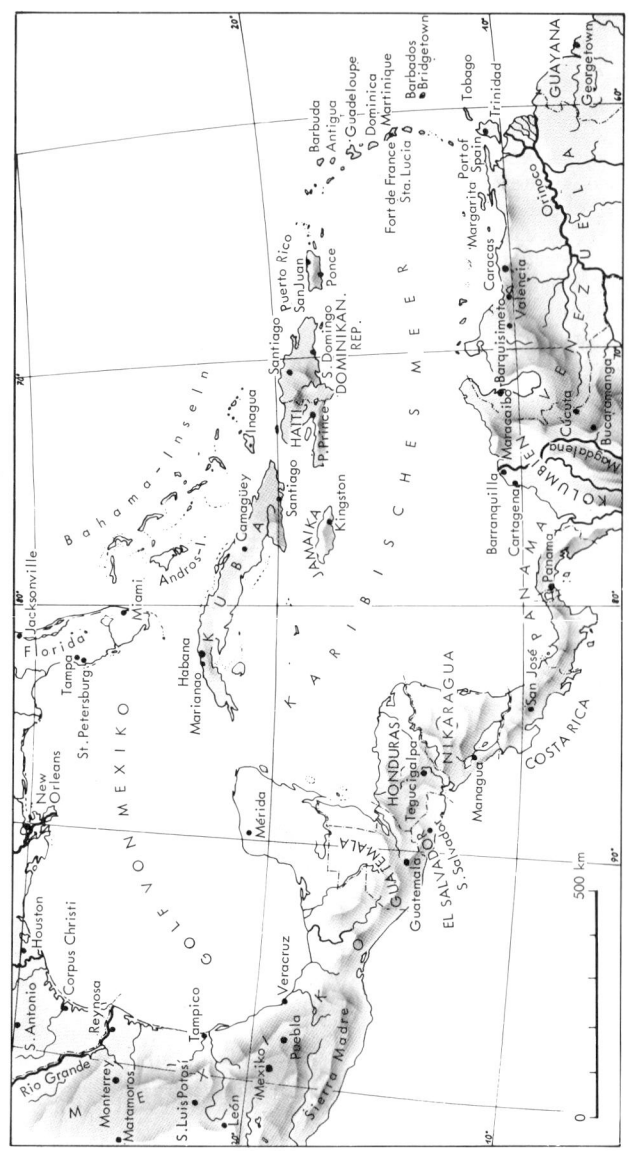

Abb. 1: Mittelamerika und der karibische Raum

Die Metzeleien als Repressalien oder aus Vergnügen — man erfand mehrere Massakerspiele mit lebendigen Wesen als Zielscheiben —, die Vergewaltigung und Entführung der Frauen und jungen Mädchen unter den Augen der machtlosen Ehemänner, der Väter oder Söhne, die Irrationalität der Erpressungen — alles dies überzeugte schließlich die Eingeborenen, daß es vorzuziehen sei, Dörfer und Pflanzungen zu verlassen. Sie flüchteten also in die Berge, wo sie sich wie Tiere verkrochen; doch auch dort wurden sie eines Tages von denen, die sie durch ihre Flucht dem Hunger preisgegeben hatten, aufgestöbert: man brachte die Mehrzahl von ihnen um und nahm die übrigen gefangen, um sie zu verkaufen. Bei dieser Art der Herrschaft wird es verständlich, daß die Insel in weniger als zehn Jahren vollständig menschenleer wurde: noch vor dem Tod Isabellas der Katholischen, im Jahre 1504, mußten die Befehlshaber das Recht zu Razzien auf den umliegenden Küsten erteilen, um die zur Nutzbarmachung des Landes unentbehrlichen Sklaven zu fangen.

II. DIE ANTILLEN

Da Hispaniola (die heutige Insel Haiti mit den Staaten Dominikanische Republik und Republik Haiti) lange Jahre hindurch das einzige unterworfene und besetzte Territorium war, bildete es das Experimentierfeld der zukünftigen Eroberer von ganz Amerika. Hier, und nach 1508 auf Kuba, sahen die Europäer allmählich die Notwendigkeit ein, um nicht selbst zugrunde zu gehen, den Eingeborenen wenigstens den Rang von Haustieren zuerkennen zu müssen; auf diesen beiden Inseln übten sie sich darin, durch Mord, Meineid und Raub den eigenen Landsleuten gegenüber die Oberhand zu behalten. Nach dem auf Hispaniola und Kuba geschaffenen Modell verfuhr man später bei der Eroberung des gesamten Kontinents; und die Eroberungsgeschichte zeigt Verschiedenheiten von einem Land zum andern nur aufgrund des spezifischen Charakters der jeweiligen Geographie, der Kultur und der Regierung. Auf Hispaniola fanden die ersten Aufstände statt, die ersten Streitigkeiten um Reichtum und Herrschaft, die ersten blutigen Kämpfe gegen die von der Krone ausgesandten Usurpatoren, die ersten offiziellen Todesurteile. Auch der Menschenhandel wurde hier vervollkommnet und legalisiert, und das System der Verteilung von Land samt seinen Bewohnern fand hier seine Regelung.
Nach unserer Meinung resultierten die Schwäche des Kolumbus und sein schwindelerregender Sturz weniger aus der Tatsache, daß er ein Pionier war, als aus einigen seiner Tugenden. Denn obgleich seine Unmenschlichkeit gegenüber den Eingeborenen

nicht zu leugnen ist, ist doch zugleich offenbar, daß es nicht die Sucht nach Bereicherung war, die sein Handeln bestimmte. Niemals hätte jemand seinen Ausführungen Gehör geschenkt, niemals hätte er seine unwahrscheinliche Leistung vollbracht, wenn er nicht von einer echten Leidenschaft und der Hartnäckigkeit eines Visionärs getrieben gewesen wäre. Darüber hinaus ist sein mangelndes Geschick, mit Verschwörungen und Verrat fertig zu werden, seine Unfähigkeit, sich derselben Waffen wie seine Verleumder zu bedienen, ebenso wie sein Glaube an das gesprochene und geschriebene Wort (er redigierte bis zu seinem Tod endlose Abhandlungen, in denen er verzweifelt versucht, die Wirklichkeit, von der er ausgeschlossen wurde, verständlich zu machen und mit minuziöser Genauigkeit zu beschreiben) — diese in allen Dokumenten offenkundige Haltung ist unvereinbar mit dem Charakter des Abenteurers, der eine Reise von solchen Gefahren nur unternimmt, um sich zu bereichern.

Wie sollte man aber ohne Gewalt von der natürlichen Wirtschaftsform von Gruppen, welche die Akkumulation von Gütern nicht kannten und bei ihrer Lebensweise nur ein Minimum verbrauchten, zu einer massenhaften Produktion übergehen, wie sie von den unersättlichen, auf eine beutereiche Heimkehr drängenden Eroberern gefordert wurde? Die Besetzungsgeschichte der Antillen zeigt immer wieder die Bestürzung der Eingeborenen angesichts der enormen Nahrungsmenge, die ein Fremder ganz allein an einem Tag verschlingen konnte, einer Menge, die von Augenzeugen auf den Monatsverbrauch einer vielköpfigen Eingeborenenfamilie geschätzt wurde. Daher stammt der Glaube, daß die Spanier zum Essen geboren seien und daß ihre überraschende Landung durch eine Hungersnot in ihrer Heimat bedingt sei. Man hört von eingeborenen Herren, die sich stolz verpflichtet hatten, irgendein Bodenprodukt in weit größerer Menge zu liefern, als die Spanier je fähig wären zu verbrauchen, und die sich bald geschlagen geben und in ihre Berge fliehen mußten, um dort darauf zu warten, mit den Ihrigen abgeschlachtet zu werden. Was sie nicht hatten voraussehen können, war die Tatsache, daß neben den gefräßigen Kolonisten noch die riesenhaften Schiffsbäuche gefüttert werden mußten, welche die Güter zurück nach Spanien oder an irgendeine benachbarte Küste transportieren sollten, wo Spanier Hungers starben.

Aus demselben Grund — weil also den Ureinwohnern die akkumulierende Produktionsweise fremd war — führte das Vorhandensein von Gold zur raschen Dezimierung der Bevölkerung: von den Eingeborenen wurde es ausschließlich als Schmuck benutzt und daher nur zur Erfüllung rein persönlicher Bedürfnisse aus den Flußbetten und Minen gewonnen. Überrascht von der Bereitwilligkeit, mit welcher jene ihre Schmuckstücke gegen Wertlosigkeiten eintauschten — sogar Scherben von an Bord zerbrochenen Schüsseln konnten sie glücklich machen —, folgerten die Eindringlinge auf die Existenz von Schätzen, die sie jedoch selbst durch die schlimmsten Folterungen nicht entdecken konnten, und forderten maßlose Abgaben, welche aber nur teilweise bezahlt wurden. Das hatte eine wütende Reaktion der Spanier zur Folge; vergeblich bemühten sich die Eingeborenenhäuptlinge, ihnen zu erklären, daß die systematische Ausbeutung den Einheimischen unbekannt sei und daß sie bis jetzt nichts damit anzufangen gewußt hätten. Als Zeugnis ihres guten Willens schlugen sie dann vor, statt des fehlenden Goldes so viele Feldfrüchte zu liefern, wie man davon wollte.

Allein die Auferlegung von Zwangsarbeiten erlaubte es diesem riesenhaften Fremdkörper, im Schoß eines winzigen sozialen Organismus zu überleben, der auf völlig andersartige Ziele ausgerichtet war. Der zur Durchführung dieser auf die Dauer tödlichen Arbeiten unentbehrliche Zwang brachte die überkommene Ordnung derart aus dem Gleichgewicht, daß die gesamte Wirtschaft und moralische Struktur zusammenbrach und sich die ›seligen Inseln‹ bald für die Herren wie für die Sklaven in eine Hölle verwandelten. Dabei war es Hispaniola gewesen, das Kolumbus zu den idyllischen Seiten seines berühmten Briefes von 1492 und seines Schiffstagebuchs inspiriert hatte. Der Reichtum der Pflanzen- und Tierwelt wie die edle Unschuld seiner Bewohner wurden zum Vorbild für die Utopien europäischer Staatsdenker.

Wenn die Flüsse, das Klima, die Vögel und die Bäume noch heute davon künden, wie wohlbegründet diese Begeisterung war, so verloren sich die Tugenden der Bevölkerung binnen einiger Jahre unmenschlicher Behandlung. Liest man die Beschreibungen ihres bemitleidenswerten Zustands in der Kolonialzeit, so wird die Erschütterung, die sich dabei einstellt, nur noch größer, wenn man zugleich an die Bilder von Scharen nackter Menschen denkt, die fröhlich und vertrauensselig im Boot oder schwimmend zur Begegnung mit den vom Himmel gekommenen Männern herbeieilten. Alle, die die Männer und Frauen dieses Kontinents vor ihrer Unterwerfung gekannt haben, von Christoph Kolumbus und Amerigo Vespucci bis zu den finstersten und grausamsten Abenteurern, verwundern sich über die schelmische oder erhabene Anmut, mit welcher jene gaben, was sie besaßen, Dienstleistungen verrichteten oder Feste veranstalteten.

Das Verhalten, das der Häuptling Guacanagari zeigte, als eine der drei ersten Karavellen auf einer Sandbank strandete, ist von einer unerhörten Großzügigkeit und Feinfühligkeit: nicht nur sorgt er mit den Seinen dafür, daß der Inhalt des Schiffes, das aufgegeben werden muß, auf ein anderes Schiff transportiert wird, »ohne daß eine einzige Nadel verlorenginge«, sondern er

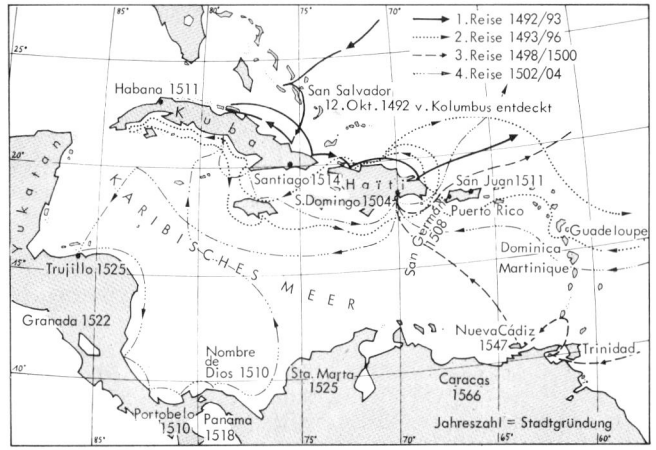

Abb. 2: Die Fahrten des Kolumbus

versucht darüber hinaus mit allen Mitteln, die Fremden über ihr
Mißgeschick zu trösten. Er überhäuft sie mit Geschenken —
kulinarischen Delikatessen, ›schweren‹ Schmuckstücken aus
Gold — und ist unermüdlich selbst anwesend, um sie zu ermuti-
gen. In seinem Tagebuch führt Kolumbus ihn mit seinem Gefolge
vor Augen, als Tischgenossen von zärtlicher Fürsorge, wie er
feierlich Hemd, rote Mütze und Handschuhe trägt, die ihm der
König von Kastilien gesandt hat.

III. DAS FESTLAND

Im Jahre 1498, bei der Rückkehr von seinem zweiten Aufenthalt
im Mutterland, berührte Kolumbus den Kontinent im äußersten
Osten des heutigen Venezuela, wo ein Hafen seinen Namen ver-
ewigt. Er hatte gerade die Insel Trinidad entdeckt und gelangte
an diesen Zipfel des Festlands erst nach einer gefahrvollen
Durchquerung des Golfes von Paria, an dessen Ein- und Ausgang
er jeweils fast Schiffbruch erlitten hätte, weil das Meer dort
durch die Wasser der Orinokomündung aufgewühlt wird (er
nennt die Meerenge im Süden ›Schlangenmaul‹ und die im Norden ›Drachenschlund‹).
Trotz dieser Gefahren ist Kolumbus sicher, dem Paradies auf
Erden nahe zu sein: das Gold, die Perlen, die Schönheit und die
vornehmen Sitten der Bewohner, die Pracht der mit Bäumen

bedeckten Ufer und die wundersame Tatsache, daß das Meerwasser süß ist, können nicht von dieser Welt sein. Er beklagt sich, daß er nicht Halt machen kann — aus Angst, die so mühsam beschafften Nahrungsmittel könnten verderben, und weil er es nicht gewagt hatte, den Königen seine Absicht, neue Länder zu entdecken, zu offenbaren. Daher steuert er nach einem kurzen Halt auf den Inseln Cubagua und Margarita, die später für ihre Perlen berühmt werden, zurück nach Hispaniola.

Mit Hilfe der von Kolumbus angefertigten Karten nimmt Alonso de Hojeda im folgenden Jahr denselben Weg, und Amerigo Vespucci, der ihn begleitet, beschreibt zum erstenmal jenes überseeische Venedig in dem Land, das später den Namen Venezuela erhalten sollte. Die Expeditionen werden im folgenden immer zahlreicher, und Kolumbus beschwert sich bei den Monarchen, daß man ihn nicht konsultiert, ungeachtet seines stolzen Titels eines ›Admirals des ozeanischen Meeres, der Inseln und des Festlands von Indien‹.

Zu Beginn handelt es sich um Raubzüge, und man begnügt sich damit, die größtmögliche Menge von Perlen und Goldgegenständen zu erbeuten. Das Mittel zur Erpressung wurde seit der dritten Reise die Auslösung von Gefangenen gegen Kostbarkeiten; da jedoch die Gier unendlich groß war, endeten die Unglückseligen immer mit dem Tod, wie groß auch die Anstrengung der Gruppe war, sie zu retten. Ein typisches Beispiel dafür bildet das Los des Herrschers von Santa Marta (Kolumbien): die Spanier hatten bekanntgegeben, daß er erst freigelassen würde, wenn man ihnen einen großen Traubenkorb mit Gold gefüllt hätte. Während endloser Tage zieht die Bevölkerung daran vorbei, jeder mit seinem kleinen Anteil Goldes, das der Korb gierig verschlingt. Erst als der König von den Seinen im Stich gelassen wird, sind die Spanier davon überzeugt, sämtliches Gold der Umgebung abgeschöpft zu haben. Las Casas berichtet, daß das Schiff, das diesen Korb Goldes und einen durch die gleichen Methoden erpreßten Sack mit Perlen transportierte, Schiffbruch erlitt. Die Seeleute, die in der Folgezeit dorthin kamen, stellten an diesen Küsten einen empörenden Mangel an Gastfreundschaft fest.

In der Zwischenzeit (im Jahre 1500) wurde Kolumbus in Ketten nach Kastilien zurückgebracht; es gelang ihm jedoch ein letztes Mal aufzubrechen — unter der Bedingung, sich nicht nach Hispaniola zu begeben. Er landet auf einer Insel gegenüber von Honduras, dessen Küstengewässer er bis zum heutigen Panama durchforscht. Voll Staunen sieht er dort Männer, so, als sei das die natürlichste Sache von der Welt, enorme Scheiben aus Gold tragen, die mit einer Schnur um den Hals gehängt sind und die er ›Spiegel‹ nennt.

Diese Entdeckung bestimmt den Admiral dazu, seinen Bruder

an den Uferböschungen eines Flusses zurückzulassen, dessen majestätische Ruhe er rühmt. Wider alle Erwartung lehnen sich die Eingeborenen gegen die Besetzung ihres Landes auf. Sie zünden die neugebauten Häuser an; nach manchen Wechselfällen gelingt es ihnen, die Eindringlinge zu verjagen. Diese treffen auf hoher See wieder mit Kolumbus zusammen, und das Abenteuer endet, ohne daß ein einziger Sklave erbeutet werden konnte: mit Hilfe eines genialen Vorwands hatte der Herrscher die Aufmerksamkeit seiner Henker von sich abgelenkt, durch einen weiteren Trick war es den Mitgliedern seiner Familie gelungen, aus einem Kellerraum zu entfliehen, und diejenigen, die zurückblieben, hatten sich erhängt.

Mit einem noch traurigeren Mißerfolg endete die Laufbahn des großen Entdeckers: nach der Flucht aus Costa Rica laufen seine Schiffe an den Küsten von Jamaika auf Sand auf, wo sie ein ganzes Jahr stilliegen, das Deck von Wasser überschwemmt. Der kranke Admiral kämpft gegen Hunger und Seuchen und muß es hinnehmen, von seiner Besatzung verflucht und im Stich gelassen zu werden. Denn wenn es ihm auch gelingt, bei sich ergebender Gelegenheit die Eingeborenen zu überreden, weiterhin Nahrungsmittel zu liefern, indem er eine Mondfinsternis ›hervorruft‹, die er vorausgesehen hat, so hat er doch sehr viel mehr Mühe, mit den Spaniern zurechtzukommen, denen er verboten hatte, sich an Land zu begeben — aus Angst, die Einwohner könnten aufhören, sie zu versorgen: zweimal empören sich seine Leute und überfallen die Insel. Das Ergebnis war eben die Katastrophe, die Kolumbus befürchtet hatte. Erst ein Jahrzehnt später sollte, im Gebiet von Nikaragua, die Eroberung des festen Landes beginnen.

IV. DIE SÜSSWASSERMEERE

In diesem Zeitraum vollzieht sich einerseits die Festigung der Kolonialisierung auf den Inseln, mit den unvermeidlichen Menschenjagden an den benachbarten Gestaden, andererseits die Erforschung der Atlantikküsten, wobei auf der Suche nach dem Durchgang zum anderen Ozean schließlich die geographische Natur der neuentdeckten Länder erkennbar wird: ihre Zugehörigkeit zu einem Kontinent. Tatsächlich glaubte Kolumbus noch auf seiner letzten Reise, als er sich gegenüber von Honduras befand, daß er in Asien sei, und suchte den Groß-Khan, für den er ein Handschreiben der Königin Isabella bei sich hatte.

Im übrigen erklärt Amerigo Vespucci noch in einem Brief aus dem Jahre 1500, eine lange Fahrt nach Süden habe ihn davon überzeugt, daß er sich an den Grenzen Ostasiens befinde, am äußersten Ende seines westlichen Teiles. Erst nachdem er unbekannte Sternbilder hat aufgehen sehen und die Umkehrung der Jahreszeiten im südlichsten Teil des Kontinents beobachtet hat, wo während der europäischen Sommermonate Winter herrscht, beginnt er von einer Neuen Welt und einem vierten Kontinent zu sprechen. Wenn heute ein so großer Teil der Erde nach ihm den Namen Amerika trägt, so verdankt Vespucci dies weniger seinen Entdeckungen als solchen, sondern vor allem dieser Vision der Neuen Welt als eines selbständigen Erdteils — einer Erkenntnis, die mit dem überkommenen geographischen Wissen ebenso brach wie mit den kirchlichen Dogmen über die äußere Gestalt der Welt.

Die atlantische Küste der südlichen Hemisphäre, in deren Bereich diese Wahrnehmung gelang, weist mehrere charakteristische Flußmündungen auf: infolge der Breite der Flüsse und der Heftigkeit ihrer Strömung wird das Wasser des Meeres viele Kilometer weit von den Stränden zurückgetrieben und es entsteht das, was die Seeleute ›süßes Meer‹ nannten. Kolumbus entdeckte an der Schwelle des Golfes von Paria als erster diese Erscheinung und beschrieb in dramatischer Art den Zusammenprall der Ströme des Orinoko mit dem Meer: vor seinen Augen tobt »[...] ein mächtiger Kampf zwischen dem Süßwasser, das hinaus ins Meer strebt, und dem Salzwasser, das in den Golf eindringen will, ein Kampf, so stark und fürchterlich, daß er eine Welle von der Höhe eines Hügels hervorbringt; von Sonnenaufgang bis Sonnenuntergang erzeugten die beiden Wasser einen Lärm von solcher Ausdehnung und Grauenhaftigkeit, daß sie glaubten, darin untergehen zu müssen wie im Rachen einer Schlange [...]«[1]

Diese mächtigen Strömungen können nach seiner Meinung nur aus dem Innern eines Kontinents kommen — eine Insel besitze gar nicht die notwendige Ausdehnung für die Anhäufung einer solchen Wassermenge. Er hat die Gewißheit — heutzutage ist man davon nicht mehr so sehr überzeugt —, daß sich in diesem Land das Paradies auf Erden befindet.

Auch Amerigo Vespucci, der wenige Zeit nach ihm mit der spanischen Expedition des Alonso de Hojeda dorthin kam, erstaunte über diesen Kampf des Elements. Unabhängig von Kolumbus und in einer subjektiveren Art als dieser identifiziert auch er das Delta des Orinoko und des Golfes von Paria mit dem Paradies: »[...] wir sahen so viele verschiedene Arten Papageien, daß es uns ganz wunderbar dünkte, einige scharlachrot wie Koschenille, andere rot und grün, wieder andere schwarz und rot [...], und der Gesang der Vögel auf den Bäumen war so lieblich und melodiös, daß uns seine Lieblichkeit oft stillestehen ließ [...][2] Dieses Land ist sehr erfreulich, über und über mit grünen, sehr großen Bäumen bedeckt, die nie ihre Blätter verlieren und sehr süße und aromatische Düfte ausströmen. Sie tragen sehr viele Früchte, wovon die Mehrzahl sehr angenehm im Geschmack und sehr gesund ist. Auf den Feldern wachsen viele Pflanzen, Blumen und süße, wohlschmeckende Wurzeln. Manchmal war ich so verzaubert von dem süßen Duft der Pflanzen und Blumen wie von der Würze der Früchte und Wurzeln, daß ich mich nahe dem Paradies auf Erden wähnte.«[3]

Gegen 1500 entdeckte Vicente Yáñez Pinzón, dessen Bruder den Kolumbus auf seiner ersten Reise begleitet hatte, die Mündung des Amazonas. Später erzählte er, daß die Wasser des Flusses an dieser Stelle das Meer über 30 Meilen zurückdrängen.

Die portugiesische Expedition von Pedro Alvarez Cabral, die 1501 zum erstenmal den Boden des späteren Brasilien berührte, lernte den Amazonas nicht kennen, und obwohl sie bis zum äußersten Süden des Kontinents vordrang, blieb ihr auch die Mündung des Rio de la Plata unbekannt. Die langen und detailreichen Schriften des Vespucci ermöglichen es, den Weg annäherungsweise zu rekonstruieren: von Kap Verde in Afrika aufgebrochen, segeln sie mehr als zwei Monate auf hoher See (die letzten 44 Tage durch Seestürme behindert) und stranden an der atlantischen Küste nahe bei der jetzigen Stadt Recife in Brasilien. Nach einem kurzen Aufenthalt nehmen sie die Fahrt wieder auf und gelangen schließlich so weit nach Süden, »daß der südliche Pol 50° über meinem Horizont stand«[4].

Vespuccis Berichte sind reich an geographischen und astronomischen Angaben, und Aufregung und Begeisterung angesichts gewaltiger, unbekannter Himmel schwingen noch in ihnen nach. Dennoch enthalten seine Schilderungen des äußersten Südens eigentlich keine ethnologisch wertvollen Informationen. Tatsächlich scheinen sie eher die bei der ersten Reise im Golf von Paria und dem Delta des Orinoko gemachten Beobachtungen auf diese Gegenden zu übertragen: er behauptet die Existenz von Perlen wie von tropischen Bäumen, und er vergißt dagegen von der berühmten *boleadora* zu sprechen, einer Waffe, der in diesen Breiten sehr viele Europäer zum Opfer fielen.

Diese südlichsten Gebiete, denen all das Anziehende fehlte, das die zuvor entdeckten Länder auszeichnete, gehören zu den zuletzt eroberten, doch wurden sie intensiv von der See aus erforscht. Auf der Suche nach dem Durchgang zum Pazifik gelangte der große spanische Schiffskapitän Juan Díaz Solís im Jahre 1518 zum Rio de la Plata, wie er ihn benennt; er hält ihn für einen Meeresarm, der den Kontinent in seiner ganzen Breite teilt.

Díaz Solís wurde erst dann auf die Suche nach einem Verbindungsweg in der südlichen Hemisphäre geschickt, als — im Jahre 1513 — das Vorhandensein eines jenseitigen Meeres von Vasco Núñez de Balboa entdeckt worden war. Diese Entdeckung war nicht mit weiterer Erforschung verbunden, sie erfolgte im Rahmen der Eroberung von Panama mit Hilfe eingeborener Führer, und wir erwähnen sie hier nur, um an den Freudentaumel zu erinnern, der Núñez de Balboa im Angesicht des ›Südmeeres‹, wie er es nannte, ergriff. Fernández de Oviedo, der sich kurz nach dem Ereignis mit ihm unterhielt, berichtet, daß er, bevor er es in Besitz nahm, lange Stunden wartete, bis die Flut auf ihren höchsten Punkt gestiegen war: erst dann schritt er, bewehrt mit einem Degen, einem Schild und einer Fahne, in den stürmischen Gewässern auf und ab und rief dabei laut die königlichen Namen der neuen Herren des großen Ozeans.

Die Erkundung der südlichen Durchfahrt durch Magellan bildet die sensationellste Leistung der ganzen Entdeckung Amerikas. Diese Expedition von wahrhaft epischen Ausmaßen war die erste, die den alten Traum, Asien über den Westen zu erreichen, verwirklichte. Freilich hatte sich im Jahre 1517, als Magellan sich vom Hof Portugals abwandte, um seine Dienste Karl V. anzubieten, der Nebel, der das alte Traumbild verhüllte, schon größtenteils gelichtet: die kontinentale Natur der neuen Länder war bekannt, und durch die genauere Kenntnis Indiens und des malaiischen Archipels, die 1505 von Magellan erforscht worden waren, war auch die Selbständigkeit der beiden Erdteile deutlich geworden. Somit hatte Magellans Wiederaufnahme des alten Projekts des Kolumbus, die Gewürzinseln auf dem Seeweg zu erreichen, eine konkrete Grundlage. Darüber hinaus versicherte er, eine geheime Karte zu Gesicht bekommen zu haben, auf der der Weg angegeben sei. Und während der große Admiral noch allenthalben gegen Ablehnung und Zurückweisung zu kämpfen hatte, wurde Magellan zum Objekt diplomatischer Intrigen, Drohungen und Versprechungen, mit denen der König von Portugal sich vergeblich bemühte, seinen Untertanen wieder für sich zu gewinnen.

Im Januar 1520 dringt Magellan in die Mündung des Rio de la Plata ein, dessen Lauf er lange Monate hindurch verfolgt. Als er dort nicht den Durchgang findet, den er sucht, nimmt er die Fahrt nach Süden wieder auf und durchforscht alle Mündungen, Buchten und Golfe, bis er in das Labyrinth gerät, das heutzutage seinen Namen trägt. Das Unterfangen, sich zwischen jenen ungezählten Landsplittern hindurch einen Weg zu bahnen, in einer Milchstraße winzigster Inselchen zu einem unwahrscheinlichen Ausgang vorzustoßen, setzt Fähigkeiten voraus, die kaum vorstellbar sind. Es ist leicht verständlich, daß die Klagen der Matrosen sich angesichts dieser Weltuntergangsszenerie in Drohungen verwandelten und daß eine der meuternden Schiffsbesatzungen den Rückweg antrat. Kurz bevor sie in die Meerenge einfuhren, konnte Magellan seinen Willen, die Erkundigungen fortzuführen, nur dadurch durchsetzen, daß er zwei Offiziere zum Tode verurteilte und einen dritten mit einem Priester auf den verlassenen Stränden, an denen sie vorbeifuhren, aussetzte.

Die Durchquerung dieses finsteren und eisigen Bereichs dauerte 20 Tage in der vollständigsten Einsamkeit. Nur nächtliche Feuer kündeten vom Vorhandensein von Leben auf den Küsten — daher die Bezeichnung ›Feuerland‹. Die Abenteuer Magellans sind uns bekannt durch einen Bericht des Italieners Antonio Pigafetta Vicentino, der an der Expedition teilnahm. Von dem Priester Juan de Areyzaga, der die Meerenge einige Jahre nach dem Tode Magellans durchfuhr, stammt die folgende Landschaftsbeschreibung: »[. . .] hohe waldige Gebirge ziehen sich auf beiden Ufern bis an die Meerenge heran; sie sind so hoch, daß sie bis zum Himmel zu reichen scheinen. Es herrscht hier eine überaus starke Kälte, fast das ganze Jahr über scheint keine Sonne. Die Nacht dauert mehr als 20 Stunden, es schneit häufig, und der Schnee ist so blau wie feinster Türkis oder wie ein sehr blaues Tuch [. . .] Die Gezeiten des einen wie des anderen Meeres reichen jede bis zu 50 Meilen weit in das andere hinein, dergestalt, daß sich die beiden Meere in der Mitte der ganzen Meerenge vereinigen. An der Stelle, wo sie zusammenkommen, entsteht ein solcher Lärm und solches Getöse, daß es ein wahres Wunder ist.«[5]

Nachdem er endlich das Meer erreicht hat, das er wegen seiner ruhigen Gewässer den Stillen Ozean nennt, langt Magellan am Ende einer Reise von vier Monaten auf den Philippinen an. Er wird dort von den Eingeborenen so großzügig empfangen, daß er sich sofort in ihre Politik einmischt; in einem Kampf zwischen rivalisierenden Machthabern findet er den Tod. Nach manchen anderen Wechselfällen gelangen die Überlebenden zurück nach Spanien, genau drei Jahre nach ihrer Abreise.

VI. EROBERUNGEN AUF DEM KONTINENT

Seit Kolumbus waren die Küsten der südlichen Hemisphäre und Mittelamerikas ständig Objekt von Eroberungsplänen, aber erst zehn Jahre später (1509), nach zahlreichen Mißerfolgen, gelang es der ersten Gruppe von Eindringlingen, sich dort festzusetzen.

Diese Verzögerung, einzigartig in der Geschichte der Eroberungen, läßt sich nur durch die Tatsache erklären, daß man sich in diesen Gegenden vergifteter Pfeile bediente, vor denen es kaum ein Entrinnen gab, während die gewöhnlichen Geschosse bekleideten Menschen sozusagen nichts anhaben konnten. Stellt man jene Erklärungsversuche, die sich aus der Unfähigkeit der Eingeborenen herleiten, sich gegen die europäischen Waffen zu verteidigen, dem langen Widerstand einer Gegend gegenüber, die mehr Anstürmen als irgendeine andere ausgesetzt war, dann werden einem die Gründe für die überwältigenden Siege der Spanier denkbar klar. Denn einerseits hört mit diesem Widerstand das Verhalten der Eingeborenen auf, ein Geheimnis darzustellen, andererseits gibt er den Augenzeugenberichten eine Plastizität, wie sie sonst in der Mehrheit der zahlreichen Texte nicht vorhanden wäre. Dies trifft unter anderem auf Amerigo Vespucci, den großen Weltbeschreiber, zu, den man so in der unerwarteten Rolle des Eroberers überrascht: »[...] da sie alle nackt sind, richteten wir unter ihnen ein großes Gemetzel an, denn es kam oft vor, daß wir sechzehn gegen zweitausend kämpfen mußten und damit endeten, daß wir sie in die Flucht jagten und eine große Anzahl töteten [...]«[6]

Bei Las Casas wird die Verwirrung der dem Eisen, den Pferden und den Hunden ausgelieferten Völkerschaften und eingeborenen Heerscharen zum Leitmotiv: »[...] ihre Kriege sind wie Kinderspiele, anstelle von Schilden haben sie nur ihre Bäuche, um die Geschosse der spanischen Armbrüste und die Gewehrsalven aufzufangen, denn sie kämpfen nackt, ohne andere Waffen als Bogen und Pfeile, dieselben ohne Gift und nur mit Steinen versehen (und auch das nicht immer), ihr Widerstand ist nichtig gegenüber den Spaniern, deren Waffen aus Eisen sind und deren Schwerter einen Indio in zwei Hälften teilen [...] und ich spreche nicht von den Reitern, von denen ein einziger zweitausend in einer Stunde erlegt [...]«[7]

Bemerkenswert ist es, daß diese Unterlegenheit die Eingeborenen niemals abschreckte, eine Schlacht auf Leben und Tod zu liefern, bevor sie sich unterwarfen, denn sie wußten, daß die Versklavung ihr Los war. Wenn man bedenkt, daß sie schließlich nur unterliegen konnten, erstaunt man vor der Erbitterung der Kämpfe, die sie ausfochten, um sich von ihren Henkern zu befreien, vor den unzähligen Siegen, die sie davontrugen, bevor sie unterworfen wurden. Ihr Heroismus, den selbst die am wenigsten der Sympathie verdächtigen Chronisten erwähnen, zeigt sich besonders bei Verfolgungen, die von einer ganzen Gemeinschaft organisiert wurden, um den Banden von Plünderern ihre Frauen und Töchter wieder abzunehmen.

Der unbezähmbare Charakter der Wilden wurde das Lieblingsthema der Kolonisten, und die Antwort aus dem Mutterland auf diese Schilderungen war die Legitimierung von Gefangennahme und Verkauf derjenigen, die ein friedliches Abkommen mit den Spaniern ablehnten: von der Zeit Isabellas der Katholischen an waren die Küsten von Venezuela und Kolumbien sowie die benachbarten Inseln »zu Sklavengebiet erklärt« und wurden zu Rekrutierungszonen für Menschenvieh.[8]

Unter den die Razzien begleitenden Versuchen, in diesen Gegenden Fuß zu fassen, gab es sehr dramatische: mit der physischen Kraft und dem gierigen Instinkt von Raubtieren irrten Alonso de Hojeda und ein gewisser Nicuesa jahrelang durch diese Gebiete, entrannen bei zahlreichen Gelegenheiten dem Tode und mußten einer rapiden Dezimierung der Ihrigen zusehen. Trotz der Feindseligkeit der Eingeborenen gelang es ihnen im Jahre 1510, im Süden von Panama eine kleine Festung zu errichten. Hunger, Giftpfeile und Mangel an Munition bestimmten Hojeda dazu, sich nach Hispaniola zu begeben und um Hilfe zu bitten. An seiner Stelle ließ er Francisco Pizarro, den späteren Eroberer von Peru, zurück. Als er nicht zum angegebenen Zeitpunkt zurückkehrte, verließ Pizarro die Festung, in der die Toten nicht mehr zu zählen waren.

Die Fortsetzung des Abenteuers ist es wert, festgehalten zu werden, weil sie ihr besonderes Licht auf die menschliche Realität dieses historischen Augenblicks wirft. Das alte Boot, in welchem Hojeda und einige Männer sich einschiffen, strandete an der Küste von Kuba; nackt und waffenlos wie die Eingeborenen, wagten es die Europäer nicht, ins Innere der Insel einzudringen. Daher folgten sie der Küste und gerieten dabei in einen Sumpf, aus dem sie sich erst nach 30 Tagen halbtot befreiten. Die ersten Dorfbewohner, denen sie begegneten, die noch nichts von den Übeltaten der Weißen wußten — sie sollten freilich noch im selben Jahr Bekanntschaft damit machen —, empfanden Mitleid mit ihrem Los, behandelten sie wie Brüder und brachten sie nach ihrer Wiederherstellung in Kanus bis an ihr Ziel. Hojeda starb lange danach in seinem Bette in Hispaniola »[...] ohne einen Pfennig für seine Beerdigung zu hinterlassen, von so vielem Gold und Perlen, die er den Indios gestohlen hatte«, wie Las Casas schrieb, der ihn gekannt hatte.[9]

VII. VERAGUA (COSTA RICA)

Nach dem Rückzug von Hojeda bleiben die Küsten weiterhin der Schauplatz von Massakern unter der Bevölkerung und von Intrigen zwischen den Eroberern, wie sie in dieser Zeit alltäglich waren. Vor einem Hintergrund von Folterungen, erstickten Revolten, von Tod und Hunger (Las Casas malt das Bild von

Spaniern, die, vor Hunger brüllend, auf allen Vieren kriechen, da sie sich nicht mehr aufrecht halten können[10]) — vor diesem Hintergrund stehen die begehrten Reichtümer im Mittelpunkt von Rivalität, Verrat und Mord. Unaussprechliche Grausamkeit herrscht selbst zwischen Landsleuten: Nicuesa treibt seine Leute zur Arbeit beim Bau einer Festung mit dem Schrei an: »[. . .] vorwärts, vorwärts zur Schlachtbank [. . .]«[11] Tatsächlich zeigt nichts besser, welcher Art die Plage war, die die Eingeborenen ausrottete, als Charakter und Verhalten der Männer, die sie unterwarfen. Da wir uns mit der Geschichte dieser Männer nicht im einzelnen befassen können, mag es genügen, hier einen Eindruck von der Atmosphäre zu geben, die auf ihrem ganzen Leben lastete, in dem die Siege kaum weniger düster waren als ihre Niederlagen. Dazu soll ein Auszug aus dem Werk von Fernández de Oviedo dienen, dem offiziellen Chronisten seiner Majestät des Kaisers Karl V.: »[. . .] im Zorn gegen einer seiner Indios ergriff er den Degen und tötete ihn [. . .] und diese grausame Missetat vollbracht, zog er weiter hinter dem Gouverneur her. Von den Christen, die hinterherkamen, kamen zwei an die Stelle, wo der tote Indio lag [. . .] Angesichts der guten Mahlzeit, die sie so vorbereitet fanden, beschlossen sie, die Nacht dort zu verbringen, seine Leichenfeier zu begehen und ihn in ihren Bäuchen zu beerdigen [. . .]Den Tag darauf gelangten diese beiden Männer und andere, die nicht weniger abgemagert und ausgehungert waren, zu Hütten, wo es nichts zu essen gab [. . .] Die beiden, die schon den Indio gegessen hatten, töteten einen Christen aus Sevilla, der sich Hernán Dianes nannte und [. . .] leidend war. Und diese beiden üblen Männer aßen ihn auf, dabei half ihnen ein katalanischer Edelmann mit Namen Joan Maimon [. . .] Sie brachen am nächsten Tag wieder auf und kamen abends zu zwei Hütten, wo sie übernachteten, die nur eineinhalb Meilen vom Feldlager oder Dorf Concepción entfernt waren, wo sich der Gouverneur befand; und in jener Nacht töteten dieselben beiden Männer [. . .] und ein dritter, der ihnen ähnlich war, einen anderen kranken Spanier [. . .]und aßen ihn [. . .]«[12]

Durch Hunger und Krankheiten dezimiert, irrten die Spanier lange Zeit in dem von den Eingeborenen verlassenen Gebiet von Costa Rica umher, bis sie sich endlich festsetzen konnten. Das Ergebnis all dessen war so katastrophal, daß Oviedo versichert, daß »[. . .] bis zum heutigen Tag [1546] Veragua das Grab der Christen ist«[13].

Vasco Núñez de Balboa gelangt auf der Flucht aus Hispaniola, wo er wegen seiner Schulden verfolgt wird, in die Gegend von Panama. Er entledigt sich schnell des königlichen Beamten, in dessen Schiff er sich für die Reise versteckt hat, und des Nicuesa, den er aufs hohe Meer schickt, damit er sich dort verliere. Um der Hungersnot zu entfliehen, die nach der Vernichtung der Eingeborenen an der Küste droht, dringt er ins Innere des Landes ein und eröffnet auf diese Weise die entscheidende Phase der Entdeckung und Kolonisation.

Vollständig blind gegenüber dem Geschick seiner Opfer, von unbegrenzter Gier besessen, triumphiert Núñez de Balboa über jeden Widerstand — mit Hilfe seiner Feuerwaffen, seiner Dolche und der Hunde, die in beträchtlicher Zahl mitzuführen er die Klugheit hatte (Oviedo berichtet, daß er einen Hund besaß, der im Fangen von Indios so geschickt war, daß er den Sold eines Offiziers erhielt): in weniger als zehn Jahren wird Núñez de Balboa Herr über ein Gebiet, dessen Reichtum sofort legendär wird. Es ist Gold in solcher Fülle vorhanden, daß die Angreifer jahrelang sich einfach nur der Plünderei hingeben, die Menschen ausrotten und Sklaven fangen, ohne an die Hungersnöte zu denken, die sie vorbereiten, indem sie so radikal alles Leben beseitigen.

Von der Existenz des Pazifischen Ozeans erfuhren die Eindringlinge, als sie wieder einmal beim Beuteteilen waren. Ein junger Herrscher, den die Gier der Fremden nach dem Gold überraschte, versuchte ihre Streitigkeiten zu schlichten, indem er ihnen sagte, daß sie davon noch sehr viel mehr, als sie tragen könnten, im Süden des ›anderen Meeres‹ finden würden. An der Küste des neuen Ozeans angelangt, hörte Vasco Núñez de Balboa ein zweites Mal von dem märchenhaften Reich des Goldes reden: Peru, auf das sich von jener Zeit an die Pläne und Träume aller Abenteurer richteten. In diesem denkwürdigen Augenblick erfuhren die Spanier außerdem, daß die Gewässer um die kleinen Inseln des Golfes von Panama herum unerschöpfliche Vorräte an Perlen bargen.

Derartige wunderbare Neuigkeiten riefen in Spanien große Erregung hervor, und während die Intrigen, die Núñez de Balboa verdrängen sollten, ihren Lauf nahmen, verlangten Scharen von Arbeitern und Söhnen des Adels, sich zur Fahrt in die Neue Welt einschiffen zur dürfen. Man wählte 2000 der besten Männer aus, und das Geschwader, bestehend aus 20 Schiffen und zwei Karavellen, lichtete, ausgezeichnet durch die Anwesenheit des ersten Bischofs von Amerika, die Anker. Unter dieser eleganten, buntscheckigen Menge, die auszog, ihr Glück zu machen, befanden sich Bernal Díaz del Castillo, der spätere Chronist der mexikanischen Kriege, der auf keiner der langen Listen bedeutender Männer aufgeführt war, und Gonzalo Fernández de Oviedo, der zu dieser Zeit Amtsschreiber war und erster Kontrolleur der Goldschmelze werden sollte.

Dank seiner Kenntnis der Hilfsquellen des Landes gelang es Núñez de Balboa, einige Zeit zu überleben. Sein beträchtliches Vermögen brachte ihm den Schutz des Bischofs gegenüber dem Gouverneur Pedrarias Dávila ein, und er verstand es, seine Karten so geschickt zu spielen, daß Pedrarias Dávila ihm schließlich sogar eine seiner Töchter zur Gemahlin gab, um seine Gunst zu erlangen — was ihn jedoch nicht hinderte, die erste Gelegenheit zu ergreifen, um sich des hinderlichen Rivalen zu entledigen, indem er dessen Todesurteil unterschrieb. Das Ende des Núñez de Balboa kam, als er im Begriff stand, mit vier Schiffen, die sozusagen aus dem Nichts am Strand des Pazifischen Ozeans von einer kleinen Gruppe treuer Anhänger unter unglaublichen persönlichen Anstrengungen und um den Preis des Todes einiger Hundert Eingeborener hergestellt worden waren, nach Peru zu entweichen. Pedrarias benützt diesen »Verrat gegen die Könige« als Vorwand, um ihn zu beseitigen: »[. . .] das Todesurteil wurde öffentlich verkündet und der Gouverneur [. . .] auf dem Platz von Acla enthauptet. Dem Hauptmann Andrés Garabito wurde zur Belohnung für die Aufdeckung des Verrats die Strafe erlassen. Man errichtete einen Pfahl, auf dem das Haupt des Gouverneurs lange Zeit aufgespießt blieb. Von einem Haus aus, das zehn oder zwölf Schritte von der Stelle entfernt war, wo sie wie Schafe einer nach dem anderen geköpft wurden, sah Pedrarias durch die Bambusstäbe der Wand [. . .] der Hinrichtung zu.«[14]

Während sich diese inneren Kämpfe abspielen und unzählige Expeditionen gegen die Eingeborenen stattfinden, wird die Einwohnerschaft der Stadt durch Hunger dezimiert. Die Neuankömmlinge, Opfer der Illusion, daß man nach den Schätzen nur zu greifen brauche, werden schnell ernüchtert und sterben wie die Fliegen. Denn weder treffen sie auf Flüsse, die Gold im Übermaß mit sich führen — Las Casas behauptet, daß alle beim Verlassen der Schiffe fragten, wo sich das Gold befände, das man mit Netzen fischt —, noch auf ein paradiesisches Klima und auf edle und stolze Wilde; vielmehr entdecken sie das kostbare Metall nur in verarbeiteter Form, als grausam erpreßte Gegenstände. Sie finden eine von Natur ungesunde Umgebung, Eingeborene, die gedemütigt und als Ware verkauft werden. Oviedo zeichnet auf, daß, nachdem einmal die Vorräte aus Kastilien erschöpft waren, in Darién mehr als 20 Spanier pro Tag starben. Las Casas erwähnt, daß Seidenstoffe und kostbare Gewänder für ein Stück Brot eingetauscht wurden, und beschwört eindrucksvoll das Elend dieser Leute: »Niemals hat man etwas Ähnliches gesehen: Menschen, gekleidet in Seide und kostbare Brokate, die tot umfallen vor Hunger, und andere, die sich auf die Felder schleppen, um dort Gras und Wurzeln zu fressen wie die Tiere auf der Weide [. . .]«[15]

Dennoch trugen die Plünderungen reiche Früchte: allein das Fünftel der Beute an Gold, Perlen und Menschen, welches durch Gesetz dem König zukam, stellte einen sehr beachtlichen Gewinn dar. »[. . .] Um den Fünften an den König zu bezahlen, gab er dem Zahlmeister jeden fünften Indio [. . .], diese wurden mit dem Eisen gebrandmarkt und versteigert und die Mehrzahl von ihnen außer Landes geführt [. . .]«[16]

Man kann sich vorstellen, was ein mit einiger Objektivität begabter Beobachter angesichts eines Verhaltens empfinden mußte, das den unmittelbarsten Interessen der Eroberung schadete. Ein Beispiel ist Fernández de Oviedo, der, obwohl er als Hauptmann an mehreren Kämpfen teilgenommen hatte, doch Mühe gehabt zu haben scheint, seine Funktion als Repräsentant der Justiz ernsthaft auszuüben. Er hoffte, die Situation zu verbessern, indem er sich nach Spanien begab, wo er erreichte, daß Pedrarias Dávila zurückberufen wurde; er schiffte sich erst nach der Abfahrt des neuen Gouverneurs wieder ein. Da dieser jedoch das Unglück hatte, im Meer unterzugehen, mußte sich Oviedo, diesmal in Begleitung seiner Frau und seiner Söhne, von neuem mit Pedrarias Dávila auseinandersetzen, der bereits über seine Schritte unterrichtet war. Unaufhörlich Feindseligkeiten ausgesetzt, blieb er trotz zahlloser Leiden — Tod seiner Frau und eines seiner Kinder, Mordanschlag auf seine Person — auf seinem Posten, bis er von der spanischen Krone zum Geschichtsschreiber von Westindien ernannt wurde.

Während er durchaus immer wieder aktiv in die Kolonisation eingriff, deren Prinzip er niemals ablehnte, sammelte er sein ganzes Leben lang die Fakten, aus denen sein umfangreiches und unersetzliches Werk hervorgegangen ist. Nichts könnte ein besseres Bild von der Atmosphäre und Realität der Eroberung Mittelamerikas geben als das Zeugnis dieses loyalen Beamten. Deshalb sollen am Ende unseres Berichts über dieses Gebiet zwei längere Textstücke zitiert werden, mit denen Oviedo seine Schilderungen der verschiedenen Expeditionen, durch die es ›befriedet‹ wurde, beginnt und beschließt:

»[. . .] Alles Papier und alle Zeit würden nicht ausreichen, um in allen Einzelheiten zu berichten, wie die Hauptleute die Indios beraubten und das Land plünderten und zerstörten [. . .] Aber da, wie ich schon sagte, es in jener Provinz Castilla del Oro zwei Millionen Indios gab oder aber ihre Zahl unbegrenzt war, so muß auch erklärt werden, wie so viele Menschen in so kurzer Zeit zugrunde gingen [. . .] Dem Gouverneur und den Beamten stand von dem Ertrag der Feldzüge immer ein bestimmter Teil zu, und deshalb hatten sie ein großes Interesse daran. Der Schatzmeister Alonso de la Puente gab jedem einzelnen Hauptmann die Anweisung, und eine der ersten Bestimmungen, die er erließ, war, daß dem Gouverneur zwei Teile des erbeuteten Goldes und der gefangenen Indios abzuliefern seien, ferner je ein Teil dem Buchhalter und dem Schatzmeister [. . .] — nicht von dem Gold, aber von den Indios [. . .] Die Beamten hatten, wie gesagt, keinen Anteil am Gold, sondern nur an den Indios, aber jeder von ihnen bemühte sich darum, daß der Hauptmann, der auszog, sein Freund war und seine Leute mitnahm, um selbst auch einen Teil zu bekommen. So wurden viele Hauptleute gedeckt, wenn sie zurückkehrten: sie konnten Tausende von grausamen Untaten verübt haben und wurden doch durch den Einfluß der Beamten selbst verteidigt [. . .]

Einer der Hauptleute, die auszogen, war Francisco Becerra. Er war ein Protégé des Schatzmeisters, weil er sein Landsmann oder Verwandter war [. . .] und verübte mehr Grausamkeiten als irgendein anderer. Aber er wurde weder getadelt noch bestraft, denn er brachte sechs- oder siebentausend Pesos in Gold und mehr als dreihundert gefangene Indios und Indias zurück, von denen der Gouverneur, der Bischof und die Beamten einen guten Teil erhielten. Das genügte nicht nur zur Entschuldigung seiner Verbrechen, sondern auch zu ihrer Belobigung [. . .]

Die Ereignisse, die ich hier in aller Kürze berichtet habe, waren das Werk der Hauptleute. Ich ersuche sie um Nachsicht für das, was ihnen in meiner Geschichte fehlerhaft erscheinen könnte; sie mögen sich erinnern, daß ich als Augenzeuge berichte, daß unter meiner Aufsicht die Schätze eingeschmolzen wurden, die sie von ihren Feldzügen zurückbrachten, daß ich mit eigener Hand die Namen aller Schreiber aufgezeichnet habe, die mit Genehmigung des Sekretärs Lope Conchillos mit ihnen gingen, daß die Rechenschaftsberichte über ihre Taten und Verdienste in meinen Besitz gelangt sind und ich sie gesehen habe, daß ich alles, was von ihrem Aufenthalt handelt, gesehen und gelesen habe. Ich bitte sie, mir Dank zu wissen für das, was ich auslasse und verschweige [. . .] Hätten sie Achtung und Respekt vor meiner Feder, so würden sie sehen, daß ich sie wie Freunde behandelt habe, ohne jede Leidenschaft, die ich in diesem Fall wahrhaftig nicht habe. Es wäre mir lieber, wenn ich Grund hätte, ihre Taten loben zu können, damit die Belehrung erfreulicher würde und für mich die Erzählung dieser Dinge ein friedlicheres Unterfangen wäre, aber wie ich oben schon sagte, muß ich erklären, wie dieses Land dahin kam, so zu veröden, daß sozusagen kein Indio mehr darin war [. . .]«[17]

Die Entdeckung von Mexiko, 25 Jahre nach der Ankunft von Christoph Kolumbus auf den Antillen, gliederte sich in den Zusammenhang eines Kolonialregimes ein, dessen Normen bereits fest gefügt waren. Die Hauptgrundsätze dieser Normen waren einerseits die Verteidigung der Macht um den Preis der größten moralischen Opfer, andererseits eine solide Technik der Ausbeutung, begründet in der offiziell bestätigten animalischen Natur der Eingeborenen, denen der Besitz einer Seele ein für allemal abgesprochen worden war.

Die Insel Kuba, auf der sich die Eroberer von Mexiko ausbildeten, stellte in dieser Hinsicht eine wahre Schule dar. Diego Velázquez, der sich, nachdem er Diego Kolumbus, den Sohn von Christoph, verraten hatte, selbst zum Gouverneur unter dem direkten Oberbefehl der Könige einsetzte, beherrschte seine Landsleute wie auch seine Sklaven mit solchem Geschick, daß er lange Zeit unangefochten regierte. Goldminen gab es in großer Zahl, und trotz mangelnder Mitarbeit der Eingeborenen schritt die Ansammlung der Reichtümer befriedigend fort. Wäre nicht das Hindernis gewesen, daß die Bevölkerung sich verminderte, hätten die Europäer die Insel bald in ein Schlaraffenland verwandelt. Aber anstatt vernünftig zu arbeiten, erlaubten sich die Eingeborenen nicht nur zu entfliehen, wodurch sie die Spanier der Grundlage ihrer Ernährung beraubten, sondern schreckten, wenn sie wieder eingefangen wurden, sogar vor dem Selbstmord nicht zurück: um einer Existenz zu entgehen, die sie unerträglich fanden, entschlossen sie sich dazu, sich das Leben zu nehmen. Las Casas berichtet Fälle von vielköpfigen Familien, deren Mitglieder sich alle gemeinsam erhängten, oder von Dörfern, die andere Gemeinden aufforderten, sich mit ihnen im Tod zu solidarisieren.[18] Fernández de Oviedo berührt dieses heikle Thema nur, als er versucht, die Auslöschung der Bewohner von Kuba zu erklären: »[...] als er diese Inseln entdeckte, fand der Admiral dort eine Million oder mehr Indios und Indias, in jedem Alter, groß und klein. Man schätzt, daß es von diesen und von denen, die später geboren wurden, heute, im Jahre 1548, keine 500 Kinder und Erwachsene mehr in direkter Abstammung gibt, denn die Mehrzahl der heutigen Bevölkerung wurde von den Christen von anderen Inseln oder vom Kontinent hergebracht, um sich ihrer zu bedienen. Da die Minen sehr reichhaltig waren und die Gier der Menschen unersättlich, ließen einige die Indios unmäßig arbeiten, andere gaben ihnen nicht so gut zu essen, wie es nötig gewesen wäre. Außerdem sind diese Leute von Natur aus müßig, lasterhaft und wenig arbeitsam, melancholisch, feige und gemein. Sie haben schlechte Neigungen, sind Lügner, besitzen wenig Gedächtnis und überhaupt keine Ausdauer. Aus Zeitvertreib töten sie sich mit Gift, um nicht arbeiten zu müssen, andere hängen sich mit eigener Hand auf [. . .]«[19]

Man begreift die Entrüstung der Christen angesichts dieses gotteslästerlichen Verhaltens um so mehr, als ihre Mildtätigkeit unleugbar war. Es mag genügen aufzuzeigen, wie einer von ihnen die seinige walten ließ, um seine Arbeitskräfte vor dem Verhungern zu bewahren: »[. . .] irgend jemand erzählte in meiner Gegenwart und vor einigen anderen Personen, als ob es sich um eine gute Handlung oder Heldentat handele, daß er alle drei oder alle zwei Tage seine Indios ins Gebirge schicke, damit sie dort die Früchte äßen, die sie fänden, und mit dem, was sie in ihren Mägen zurückbrächten, lasse er sie die nächsten zwei oder drei Tage arbeiten, ohne ihnen einen Bissen zum Essen zu geben [. . .]«[20]

Der Boden lieferte in solchem Überfluß Lebensmittel und Gold, daß allein das Verschwinden der Sklaven und ihre Unfähigkeit zu überleben die erträumte Anhäufung von Gütern verhinderte. Daher erhoben sich um diese verachteten und unwürdigen Lebewesen Streitigkeiten, entspannen sich Intrigen und entstanden Rachegefühle. Die Hungersnöte, verursacht durch die Vernachlässigung der Landwirtschaft und die aus dem Mangel an Arbeitskräften resultierende Unmöglichkeit, die Minen mit der erwünschten Schnelligkeit auszubeuten, verwandelten die Eingeborenen in einen begehrten Gegenstand, in die einzige stabile Währung. Da jeder Eigentümer sich dem guten Willen des Gouverneurs ausgeliefert wußte und dessen Autorität ihrerseits durch jeden Bürger, der ein Minimum an politischer Gewalt besaß, bedroht war, wurde das Bemühen, zu dem erstrebten Reichtum in möglichst kurzer Zeit zu gelangen, zur Regel.

Die Verteilung der Eingeborenen ›Stück für Stück‹ bildete, gesetzlich zugelassen, eine heftig umstrittene Machtquelle, und nichts veranschaulicht besser diese Rolle der Urbevölkerung als wirtschaftlicher Faktor als der erste Brief von Cortés an Karl V. Der künftige Eroberer versucht, nachdem er in Mexiko angelangt ist und Diego Velázquez, der seine Expedition finanziert hatte, verraten hat, seine Revolte gegen den Repräsentanten der Krone durch Klagen über die Verteilung dieses menschlichen Viehs zu rechtfertigen. Wir zitieren seine Überlegungen, weil sie auf den Mechanismus dieser Gesellschaft ein helles Licht werfen: »[. . .] Aus dem Gedanken heraus und aus Angst davor, daß er als Gouverneur und Verteiler sie vernichten kann, tun sie nur, was er will; und davon wissen Eure Majestäten nichts, denn niemals hat man Euch davon Bericht erstattet, weil die Prokuratoren dieser Insel, die sich an Euren Hof begeben, seine Lakaien sind, und er hält sie zufrieden, indem er ihnen nach ihrem Verlangen Indios gibt. Die Prokuratoren, die aus den Städten zu ihm kommen, um über die Interessen der Gemeinden zu verhandeln, tun nur, was er will, aufgrund der Indios, die er ihnen gibt, und wenn sie zurückkehren und man sie befragt, was sie getan haben, sagen und antworten sie, man möge keine armen Leute ausschicken, denn für einen Häuptling, den Diego Velázquez ihnen gibt, tun sie alles, was er will. Aus Furcht, der besagte Diego Velázquez könnte ihnen die Indios, die sie besitzen, wieder wegnehmen, wagen die Verwalter und Alkalden weder die Prokuratoren zur Rede zu stellen noch gegen sie Klage zu erheben, da sie Diego Velázquez zu Gefallen tun, was sie nicht tun sollen.«[21]

Einige Jahre vorher hatte Cortés gegen den gleichen Diego Velázquez aus ähnlichen Gründen eine Verschwörung angezettelt und war zum Tode verurteilt worden. Sein Ehrgeiz, seine Geschicklichkeit und sein Talent zur Intrige waren jedoch in einem solchen Milieu so kostbar, daß es ihm gelang, nicht nur nicht gehängt, sondern sogar wieder in Gnaden aufgenommen zu werden und es bis zur Funktion eines Alkalden in der Stadt Santiago zu bringen.

Die Tatsache, daß das Gedeihen der entstehenden Kolonien von Menschen abhängig war, deren Ausrottung zu betreiben man im übrigen nicht aufhörte, führte zu den einträglichen Menschenjagden und in deren Gefolge zu den Entdeckungen. Diese Abhängigkeit erklärt auch die Auseinandersetzungen dort, wo das Gold nicht aus Minen gewonnen werden mußte, sondern die einzige Anstrengung darin bestand, es seinen legitimen Besitzern abzunehmen. Es genügt, an die unaufhörlichen Verbrechen zu denken, die wegen der Schätze von Panama begangen wurden, an Vasco Núñez de Balboa, der Hauptleute und Beamte, welche Ansprüche bei der Teilung besaßen, beseitigte und selbst aus dem gleichen Grunde getötet wurde, an Mexiko, wo Cortés zuerst diejenigen beseitigte, die Diego Velázquez treu blieben, dann diejenigen, die kamen, um ihm die Beute streitig zu machen; schließlich an Peru, wo die schon zur Gewohnheit gewordenen Brudermorde sich in Bürgerkriege von ungeheurer Erbitterung und in Rebellion gegen die Krone verwandelten.

Die Invasion von Panama, wo das Gold bei den Bewohnern zu finden war, gab Veranlassung zu zwei Maßnahmen, an denen der praktische wie auch der ideologische Mechanismus der Eroberung ablesbar wird: die eine war die Bestellung eines Kontrolleurs der Einschmelzung und die darin implizit enthaltene offizielle Anerkennung der Tatsache, daß die Kriege wirtschaftlichen Zwecken dienten und daß folglich die Welt der Eingeborenen mit ihren Menschen und allem, was sie geleistet hatten, ohne jeden vorherigen Annäherungsversuch, ohne jede vorherige Kenntnisnahme zur Plünderung freigegeben werden konnte; die andere bestand in einer kurzen Ansprache, die den Eingeborenen die Hoheit und Würde der spanischen Herrscher, des Papstes und des Glaubens erläuterte, in dessen Namen man ihnen zu Hilfe kam, und die mit dem Hinweis endete, daß, sofern sie nicht willens seien, sich zu unterwerfen, ihnen der Krieg erklärt und das Recht zu ihrer Gefangennahme proklamiert werde. Der Theorie nach sollte dieser Aufruf vor Eröffnung der Feindseligkeiten verlesen werden, aber die einzige Klausel, an die man sich zu halten vermochte, auch wenn man sie nicht verlas, war die über die Repressalien. In den Chroniken kann man die Wendung beobachten, die in der Haltung diesem berühmten *requirimiento* (›Aufruf‹) gegenüber eintritt, das im Lauf der Zeit zu einer wahren Legalisierung der Plünderung wird: während Fernández de Oviedo, dem 1514 in seiner amtlichen Eigenschaft als Geschichtsschreiber die Aufgabe zufiel, das Dokument zu verlesen, ihm gegenüber eine gewisse Objektivität wahrte, war der Ernst, mit dem Cortés sich seiner bediente, von der Art, daß er jedem Meister des schwarzen Humors Ehre gemacht hätte. Wir veranschaulichen diese beiden Haltungen durch einige Zitate, die den Geist der Eroberung lebensnah vor Augen führen.

Nach der Beschreibung einer Schlacht, in deren Verlauf sich die Hunde als ebenso wirkungsvoll wie die Feuerwaffen erwiesen, scherzt Oviedo mit Pedrarias Dávila — bevor er nachzudenken beginnt »[...] vor allen Leuten sage ich zu ihm [Pedrarias Dávila]: Herr, ich habe den Eindruck, daß die Indios mit der Theologie dieses Aufrufs nicht einverstanden sind, und da Sie niemanden haben, um ihnen dieselbe zu erklären, möge Eure Hoheit befehlen, ihn aufzubewahren, bis wir einen dieser Indios in einen Käfig gesetzt haben, damit er ihn richtig erlernen kann und damit der Herr Bischof kommt, um ihn ihm zu erklären [...] Später, im Jahre 1516, fragte ich den Doktor Palacios Rubios, der diesen Aufruf redigiert hatte, ob das Gewissen der Christen auf diese Weise beruhigt wäre, und er antwortete mir: ja, wenn man so vorginge, wie der Aufruf es festsetzt. Aber ich glaube, er lachte, als ich ihm von jener Schlacht erzählte und von anderen, die gewisse Hauptleute lieferten. Und ich könnte mich noch mehr über ihn und seinen Text lustig machen [...], wenn er glaubt, daß die Indios diesen Aufruf verstehen können, bevor nicht lange Jahre vergangen sind, und ich würde vorziehen, daß man darin die Zeit festlegt, die die Indios benötigen, um die einzelnen Kapitel zu verstehen und darüber nachzudenken [...]An späterer Stelle sei die Zeit genannt, die die Hauptleute ihnen ließen, indem sie die Indios zunächst ausraubten und sie dann fesselten und ihnen dabei den Aufruf verlasen.«[22]

Die Hauptleute, von denen hier die Rede ist, sind die, die in Panama und Costa Rica tätig waren, aber ihr Beispiel wurde von Cortés wiederaufgenommen und vervollkommnet. Sein Brief von 1519 an den Kaiser zeigt deutlich, daß die ersten Klauseln in seinen Handlungen nur stillschweigend vorausgesetzt werden, denn die letzte wird angewendet, bevor noch die Bevölkerung die Angreifer überhaupt wahrgenommen hat. In der Tat bildet dieses *requirimiento*, dessen Unterschlagung bestimmten Texten eine beunruhigende Zweideutigkeit verleiht, das moralische Gefüge, das die geistlichen und irdischen Monarchen der Invasion geben: es stellt die Doktrin der Eroberung dar.

»[...] Am folgenden Morgen brach ich wieder auf mit den Reitern, 100 Mann zu Fuß und meinen verbündeten Indios, und ohne gehört zu werden, verbrannte ich ihnen mehr als zehn Dörfer. Unter diesen Dörfern gab es einige, die mehr als 3000 Häuser hatten, und die Bewohner kämpften allein gegen mich, denn von anderswo kam ihnen niemand zu Hilfe. Und da wir die Kreuzesfahne schwenkten und für unseren Glauben und im Dienste Eurer heiligen Majestät kämpften, schenkte uns Gott für Euer königliches Glück einen solchen Sieg, daß wir viele Leute töteten, ohne daß den unsrigen irgendein Leid widerfuhr. Und kurz nach Mittag, als die feindlichen Kräfte sich von allen Seiten vereinigten, waren wir bereits siegreich in unser Feldlager zurückgekehrt. Am darauffolgenden Tag langten Botschafter an, die bestellten, daß sie wünschten, Eurer Hoheit untertan und meine Freunde zu werden, und flehten mich an, ihnen ihren vergangenen Irrtum zu verzeihen [...] Ich antwortete ihnen, daß sie schlecht gehandelt hätten, aber daß ich glücklich sei, ihr Freund zu werden und ihnen zu verzeihen, was sie getan hätten [...]
Und vor Tagesanbruch griff ich zwei Dörfer an, in welchen ich viele Leute tötete. Ich verbrannte nicht die Häuser, damit ich nicht durch den Brand in den benachbarten Dörfern bemerkt würde. Und in der Morgendämmerung griff ich ein anderes Dorf an, das so groß war, daß man dort später [...] mehr als 20 000 Häuser zählte. Und da ich sie überraschend angriff, traten sie unbewaffnet auf die Straße mit ihren Frauen und nackten Kindern [...] Als sie sahen, daß sie nicht Widerstand leisten konnten, kamen ihre Anführer zu mir und flehten mich an, ihnen kein Leid mehr anzutun: sie wollten Untertanen Eurer Hoheit und meine Freunde sein, und sie sähen ein, daß sie schuldig waren, weil sie mir nicht hatten glauben wollen.«[23]
Die kriegerischen Unternehmungen des Cortés entsprechen so genau denen der übrigen Eroberer, daß die Lektüre der Berichte darüber eintönig wird. Immer die gleichen Überraschungsangriffe vor Morgengrauen, die gleichen Brände, die gleichen verstörten und unbewaffneten Menschenmengen, die sich schließlich schuldig bekennen. Da indessen Cortés von einer außergewöhnlichen Niedertracht ist, die in zehnjähriger Erfahrung in der Kolonialbürokratie den letzten Schliff erhalten hat, ist er der einzige, der durch meisterhafte Abstraktion zur Quintessenz des

requirimiento verstößt. Seine in den gewundenen Wegen der Intrige geschulte Intelligenz läßt ihn erkennen, daß es bei diesen Unternehmungen einzig und allein auf Reichtum ankommt und daß die schreiendsten Widersprüche dem Sieger vergeben werden. Wahrscheinlich erklärt sich so die kühne Inkonsequenz und Verachtung der Logik in seinen Schreiben an den König. Er rechtfertigt z. B. das in Cholula veranstaltete Gemetzel, indem er zunächst die Stadt anklagt, zum Krieg gerüstet gewesen zu sein; gleichzeitig aber versichert er, sein Sieg sei dadurch zustande gekommen, daß er frühzeitig die ›feindlichen‹ Führer, die ihm einen friedlichen Besuch abstatteten, außer Gefecht gesetzt habe und dann überraschend über die Bevölkerung hergefallen sei: »[. . .] ich ließ einige Herren der Stadt rufen und ihnen sagen, daß ich sie sprechen wolle [. . .] Als ich die Herren in diesem Saal versammelt hatte, ließ ich sie fesseln, und ich eilte davon, das Zeichen zum Angriff zu geben: [. . .] in zwei Stunden starben mehr als 3000 Menschen. Damit Eure Majestät versteht, bis zu welchem Grad sie vorbereitet waren: Sie hatten, bevor ich noch unser Lager verließ, alle Straßen besetzt, und alle Leute waren bereit; da wir sie jedoch überraschend überfielen, war es einfach, sie zu töten, um so mehr, als sie ja ohne ihre Anführer waren, denn dieselben hatten wir gefangengenommen [. . .]«[24]

Trotz der Virtuosität des Cortés in derartigen Manövern erstaunt man doch, wenn man entdeckt, daß er in der gleichen Weise gegenüber einem mit königlichen Befehlen ausgestatteten Offizier verfährt: Unter dem Vorwand, es handle sich um ein Komplott, verwirft er das Anerbieten einer Unterredung mit seinen Landsleuten und überfällt sie, während sie schlafen. Als sie sich ins höchste Stockwerk eines Gebäudes flüchten, vertreibt sie Cortés mit Feuer und hat auf diese Art keine Schwierigkeit, einen guten Teil von ihnen umzubringen, und seine Hauptgegner gefangenzunehmen. Ganz wie die Eingeborenen gestehen die Überlebenden ihren Verrat ein und bitten demütig um Verzeihung.

Diese Begebenheit hebt sich von der Stereotypie der übrigen ab dank dem Bild, das uns der Kaiser von Mexiko in seiner Bestürzung davon gibt, als er vernimmt, daß Cortés sich anschickt, seinen Brüdern eine Schlacht zu liefern, Vasallen desselben Gottes und desselben Herrschers, in deren Namen er seinen heiligen Kreuzzug führt. Bernal Díaz del Castillo beschreibt Cortés, wie er versucht, dem eingeborenen Herrscher zu erklären, was diesem so schwer verständlich ist: der Herrschaftsbereich des Königs der Könige sei so groß, daß die einzelnen Völker, die sich darin befänden, sehr unterschiedliche Eigenschaften aufwiesen. So gebe es neben guten Kastiliern wie ihm selbst auch andere, die schlecht seien. Dies sei der Fall bei seinen Feinden, die aus einer Provinz mit Namen Vizcaya (Biscaya) stammten und Vizcayisch sprächen, eine Sprache minderen Ranges wie das Otomí für die Azteken. Man weiß nicht, ob Moctezuma in der Lage war, die Subtilität dieser Überlegungen zu erfassen. Hingegen ist bekannt, daß Cortés und seine Leute bei der Rückkehr von ihrem brudermordenden Feldzug mit Gewalt aus Tenochtitlan verjagt wurden.

Wie unvergleichlich Mexiko war, davon konnte sich Christoph Kolumbus aus dem Anblick eines einzigen Bootes, voll raffinierter Waren und reich bekleideter Menschen, das er auf hoher See vor Honduras gesehen hatte, einen Begriff machen. Als 15 Jahre später die Küste von Yukatan zufällig durch ein vom Sturm verschlagenes Schiff, das auf Sklavenjagd war, entdeckt wurde, hinterließ sie einen starken Eindruck bei den Männern der Besatzung. Denn obwohl sie alte Seebären waren, hatten Francisco Hernández de Córdoba, der Kapitän, und Antón de Alaminos, der Steuermann, niemals derartiges gesehen: Städte mit großen Steingebäuden, Scharen bekleideter Menschen, Goldgegenstände von ausgesuchter Schönheit, einen Honig, dessen helle Farbe und Geschmack sie bezauberten. Nach dem unvermeidlichen Massaker in einem der Häfen des Golfes, in dessen Verlauf auch 20 Spanier umkamen, kehrten sie nach Kuba zurück. Begeistert über die Entdeckung, finanzierte Diego Velázquez eine Flotte, die er unter der Leitung von Juan de Grijalva nach dem neuen Königreich aussandte. Hernández de Córdoba, der auf eigene Kosten gesegelt war und daher Recht auf einen Teil der neuen Länder hatte, begab sich, empört über die Perfidie des Gouverneurs, nach Spanien, um beim König Klage zu erheben. Dort starb er.

Grijalva gelang es indessen, die Küsten des späteren Mexiko (Neu-Spanien) ohne Kampfhandlungen (mit Ausnahme eines kleinen Scharmützels, bei dem ein Spanier getötet wurde) zu erkunden. Er gab dem großartigen Fluß von Tabasco seinen Namen; überall, wo er anlegte, wurde er reich mit Geschenken bedacht. Sein Freund Bartolomé de Las Casas überliefert ein lebhaftes und farbiges Bild von dem brüderlichen Empfang, der dem Kapitän von einem der ›Barbaren‹ bereitet wurde: »[...] Der Anführer und Gebieter des Landes beschloß, den Christen einen Besuch abzustatten. Er bestieg ein Boot voller Leute, ohne Waffen, und kam an Bord des Schiffes von Kapitän Grijalva so ruhig, als handele es sich um seinen Bruder. Grijalva war ein schöner Jüngling von ungefähr 28 Jahren [...] Der Häuptling begann, Goldwerk herbeizuholen, das wie nach Maß für Grijalva gemacht schien, und schmückte ihn damit eigenhändig vom Kopf bis zu den Füßen, ließ diejenigen Stücke beiseite, die ihm nicht paßten, und nahm dafür andere, die sich zum Ganzen fügten. Auf diese Weise bedeckte er ihn gänzlich mit feinem

Goldwerk, wie mit einem vollständigen stählernen Harnisch, wie sie in Mailand angefertigt werden [. . .] Grijalva bedankte sich dafür, wie er konnte, und belohnte ihn auf folgende Art: er ließ sich ein reich verziertes Hemd geben und legte es ihm an, dann zog er sein scharlachrotes Gewand aus und legte es ihm an, setzte ihm eine Mütze aus feinstem Samt auf und ließ ihn Schuhe aus neuem Leder anziehen [. . .]«[25]

Die Reichtümer, die Grijalva mitbringt, lassen ihn bei seiner Rückkehr nach Kuba in Ungnade fallen: Diego Velázquez wirft ihm vor, seine Beute sei zu gering, und schließt ihn von seinen weiteren Plänen aus. Er bildet eine neue Flotte von zehn Schiffen und drei Brigantinen unter dem Befehl des Cortés. Damit ihm jedoch dieses gelobte Land nicht verlorengeht, verbietet er Cortés, sich dort festzusetzen, und ermächtigt ihn lediglich zum Tauschhandel. Zu spät erfährt der Gouverneur, daß Cortés Vorbereitungen trifft, diesen Befehl zu unterlaufen: als er ihn zurückhalten will, befindet sich die Flotte schon auf hoher See. Cortés hat erfahren, daß er denunziert worden ist, und schleunigst den Hafen verlassen. Die Verpflegung, deren Verladung er nicht mehr hat abwarten können, erpreßt er vom Lager einer Stadt auf Hispaniola und von zwei Schiffen, die er auf hoher See angreift. Später bekannte er lachend, daß er sich als »netter Pirat« verhalten habe.

In Yukatan erfährt er von der Existenz von sieben Spaniern, die vor langer Zeit einen Schiffbruch überlebt haben. Der Nutzen solcher von der Vorsehung gesandter Dolmetscher liegt für ihn auf der Hand, daher verkündet er, es sei seine Pflicht, sie aus der Hand der Ungläubigen zu befreien, und schickt eine Expedition aus, nach ihnen zu suchen. Aber von den sieben kehrt nur ein einziger, Aguilar, zu seinen Landsleuten zurück. Die übrigen haben es — zur großen Entrüstung von Fernández de Oviedo, der diese Episode berichtet — vorgezogen, bei ihren eingeborenen Frauen zu bleiben. Erst das im Golf von Mexiko ihm zugefallene Geschenk eines jungen Mädchens, das Nahuatl spricht, stellt den Weg zur sprachlichen Verständigung her: Cortés wendet sich an Aguilar, dieser übersetzt, an Marina gewandt, in Maya, diese ihrerseits übersetzt ins Mexikanische. Auf diese langwierige und mühsame Weise kommunizieren während langer Jahre die Eindringlinge mit ihren Opfern.

Veracruz (in der Nähe des heutigen Hafens gleichen Namens) wird die erste spanische Niederlassung. Hier klärt Cortés die Beziehungen zu seinen Landsleuten, bevor er sich auf die Eroberung des Landes wirft. Er läßt die Parteigänger des Velázquez erhängen, und damit die Zeugen dieser Grausamkeiten nicht den Gouverneur verständigen — ein Fluchtversuch ist noch rechtzeitig entdeckt worden —, läßt er die Flotte versenken. Außerdem unternimmt er alles, damit Francisco de Garay die

Küstenstriche verläßt, die er als sein privates Jagdgebiet betrachtet, und ernennt sich selbst zum Gouverneur unter dem direkten Befehl der spanischen Regierung.

Danach beeilt er sich, eine Darstellung der Ereignisse aus seiner Sicht zu verfassen. Angesichts der Macht, die Diego Velázquez noch besitzt, und des Schadens, der ihm daraus noch erwachsen kann (in Wirklichkeit bedeuten für jenen der Verrat des Cortés und der Verlust seiner Flotte, mit welcher er gehofft hatte, Mexiko in seine Hand zu bekommen, den Ruin), macht der Eroberer von Mexiko in seinen Briefen an den Kaiser Velázquez zum Hauptziel seiner Angriffe. Die Mittel, mit denen er zu überzeugen sucht, sind Drohungen und Verleumdungen. Er bedient sich dazu eines Kauderwelschs, das einen Modellfall des Kolonialstils darstellt, jenes unverständlichen Idioms, das, in zahllosen Verteidigungsreden für die Ungerechtigkeit vervollkommnet, aus Sturzbächen von Worten besteht, die teils völlig sinnentleert sind, teils in Wirklichkeit das Gegenteil von dem bedeuten, was sie auszusagen scheinen — das, was heute nach dem Namen eines mexikanischen Komikers ›Cantinflismus‹ heißt. »[. . .] Wir flehen Eure Majestäten an, auf keinen Fall in diesen Gebieten Diego Velázquez die Gunst einer Regierungsgewalt zukommen zu lassen, sei sie befristet oder unbefristet, auch keinerlei richterliches Amt. Sollte ihm bereits eine solche Gunst gewährt worden sein, mögen Eure Majestäten sich entschließen, sie wieder aufzuheben, denn es wäre dem Dienst für Eure königliche Krone schädlich, wenn der genannte Diego Velázquez oder irgendein anderer eine Gebietshoheit oder Gunst besäße, mit Ausnahme derjenigen, die in diesem sehr reichen Land den Willen Eurer Majestäten ausführen [. . .] Wenn es jedoch den Diensten Eurer Majestäten zugute käme, daß besagter Diego Velázquez in irgendeine Funktion eingesetzt würde, so müßten wir, Vasallen Eurer königlichen Hoheiten, die wir in diesem Land leben und begonnen haben, es zu kolonisieren, befürchten, durch ihn mißhandelt zu werden, und zwar aufgrund unserer hiermit überbrachten Dienstleistungen für Eure Majestäten, denen wir untertänigst dieses Gold und Silber und diese Juwelen senden, die wir uns in diesem Land beschaffen konnten [. . .]«[26]

Die Worte besitzen keinerlei Gewicht. Cortés rechnete ganz offensichtlich damit, daß das Gold den Sinn seines Briefes erläutern würde. Karl V. scheint zuerst sein Verständnis verweigert zu haben, denn die Armee, die Diego Velázquez gegen den Usurpator aussandte, war noch Träger der kaiserlichen Macht. Wir haben gesehen, daß Cortés trotz seiner Loyalitätsbeteuerungen um nichts weniger seine Landsleute angriff: die Überlebenden gingen auf seine Seite über, der Hauptmann Narváez kam mit dem Verlust eines Auges und einer Gefängnisstrafe davon.

Diese inneren Kämpfe, so beispiellos sie einem im Detail vorkommen mögen, sind für die Geschichte der Eroberung ebenso charakteristisch wie die Überfälle vor Morgengrauen, die Ausnützung lokaler Streitigkeiten und einige weitere Methoden, die, isoliert betrachtet, durch die Person des Cortés bedingt erscheinen könnten. Das Massaker von Cholula unterschied sich nicht von jenen Angriffen, mit denen auf den Antillen und in Panama ›Exempel statuiert‹ wurden, außer durch die Zahl der Opfer und deren kulturelles Niveau. So berichtet Fernández de Oviedo sehr oft, wie die Europäer über Scharen fröhlicher Menschen, die bei einem Fest zu ihren Ehren versammelt sind, herfallen, wie sie ganze Einwohnerschaften hinschlachten, die ahnungslos zum Fest erschienen sind. Diese Gepflogenheit war derart gebräuchlich, daß das Gemetzel im großen Tempel von Tenochtitlan in Abwesenheit des Cortés stattfand, und zwar auf die Initiative eines seiner Offiziere.

Was den Einsatz vielgeübter Doppelzüngigkeit, was die Ausnützung künstlich hochgespielter lokaler Antagonismen angeht, so waren zwar alle Eroberer darin Meister, der große Virtuose war jedoch Vasco Núñez de Balboa, der es als einziger lange Zeit hindurch verstand, durch eine Mischung von diplomatischer Finesse und geschickter Verteilung von Gift unter rivalisierenden Häuptlingen in den Besitz von Geheimnissen, Verbündeten und Schätzen zu gelangen.

Der wesentliche Unterschied zwischen der Invasion Mexikos — dann derjenigen von Peru — und der Invasion der anderen Gebiete hat seinen Grund in der politischen Organisation und der Konzentration der Macht, die diese beiden Hochkulturen charakterisieren. Denn wenn hier einmal das Zentrum getroffen war, fiel das restliche Gefüge schneller in sich zusammen als dort, wo es in kleinere Einheiten aufgespalten war. Die Hartnäckigkeit, mit der Cortés die Hauptstadt zu erreichen trachtete, ebenso wie die Versuche des Moctezuma, ihn daran zu hindern, beweisen, daß beide wußten, wo sich der lebenswichtige Knoten befand.

Die Eroberer wurden jedoch schließlich mit einer solchen Großzügigkeit in die Hauptstadt eingelassen, daß sie bald in der Lage waren, den König der Azteken in seinem eigenen Palast gefangenzunehmen. Zu einem Aufruhr kam es trotz aller Mißstände erst, nachdem mehrere hundert Adlige bei einem religiösen Fest, dessen Feier die Besatzungsmacht vorher genehmigt hatte, ermordet worden waren. Länger als einen Monat dauerten die Kämpfe, dann gelang es, die Spanier in die Flucht zu schlagen, wobei viele Soldaten beim Verlassen der Stadt unter dem Gewicht des Goldes, von dem sie sich nicht trennen konnten, zusammenbrachen. Der Rückzug war lang und mühsam, Hunger und Angriffe der Gegner ließen erst nach, als das Gebiet der

Verbündeten, Tlaxcala, erreicht war. Allein auf der spanischen Seite betrugen die Verluste 860 Mann.

Überzeugt, daß er das Land nur in seine Gewalt bekommen könne, wenn er sich der Hauptstadt bemächtige, dachte Cortés sofort an eine neue Offensive und entschloß sich, Schiffe zu bauen. Der Bau der 13 zur Belagerung von Tenochtitlan bestimmten Brigantinen dauerte zehn Monate. Er erforderte die vereinigte Kraft der Spanier und unzähliger Eingeborener sowie die Verwendung von Eisen und Nägeln aus den zuvor absichtlich versenkten Schiffen, die auch die Siedekessel zum Teeren lieferten.

Das Unternehmen wurde bis ins kleinste vorausgeplant: man versah sich mit großen Vorräten von Wurfspeeren, Kleidern und Nahrungsmitteln; die militärischen Operationen wurden aufs genaueste vorbereitet. Man zählte auf die Allianz mit anderen, den Azteken feindlichen Städten. Am 13. Mai 1521 lief die neue Flotte von Texcoco aus, einige Tage nach dem Abmarsch des Landheeres.

Ebenso strahlend und unglaublich schön, wie es beim ersten Besuch den Augen der Fremden erschienen war, erwartete Mexiko (Tenochtitlan) auch diesmal die Angreifer, zum Krieg gerüstet. Seit Monaten hatte der junge König Cuauhtemoc den Widerstand organisiert, indem er die Verbündeten von den üblichen Tributen entlastete, Waffen in Massen herstellen ließ (einschließlich Lanzen europäischen Typs zum Einsatz gegen die Pferde), die Stadt mit Kriegern anfüllte, die Straßen in Schlachtfelder und die Häuser in Unterstände verwandelte. So kam es, daß sich die Spanier trotz ihrer Zehntausende von eingeborenen Verbündeten, trotz der unvergleichlichen Überlegenheit ihrer Waffen mehrere Male am Rand des Untergangs sahen und den Sieg nur dank dem Nachschub an Pulver und der Verstärkung ihrer Artillerie erringen konnten, die während der Belagerung aus Spanien eintrafen.

Die 15 Kapitel, die Bernal Díaz del Castillo diesem ungeheuren Drama widmet, geben nicht nur ein eindrucksvolles Bild von der Bewegung der Armeen, von der taktischen Erfindungsgabe der Militärs, von den Kriegslisten und Hinterhalten, sondern zugleich ist in ihnen auch heute noch die Spannung spürbar, die in den beiden Feldlagern herrschte. Denn, sagt er, »93 Tage kämpften wir gegen diese große und feste Stadt, und Tag und Nacht hörten die Kämpfe nicht auf«[27].

Er schreibt sein Buch 40 Jahre nach den Ereignissen, aber offensichtlich erwacht in ihm über der Schilderung von neuem die Angst, die ihn damals übermannt hatte. Mit übergroßer Genauigkeit entsinnt er sich bestimmter Gerüche, der täglichen Platzregen, der nächtlichen Feuer, erinnert sich an das wüste Geschrei der Guerillakämpfer ebenso wie an die niederdrückende

Stille, an die Musik in den Vorhallen der Tempel: »[...] da erklang vom Haupttempel der Stadt die große Trommel. Sie dröhnte schauerlich, wie ein Instrument des Teufels. Man hörte sie weithin, zwei bis drei Meilen weit [...]«[28]

Er gesteht übrigens die Angst, die er zu einem bestimmten Zeitpunkt für den Ausgang der Kämpfe empfand, ausdrücklich ein: »Trotzdem bekam ich jeden Tag wieder Angst [...] Jeden Morgen, wenn es ins Gefecht ging, [...] überfiel mich ein kalter Schauder und große Traurigkeit. Ich urinierte ein- oder zweimal und wußte nichts anderes zu tun, als mich auf die Knie zu werfen und mich der Obhut Gottes und seiner gebenedeiten Mutter zu empfehlen und dann vom Gebet weg spornstreichs ins Gefecht zu laufen. Sobald ich dem Feind Auge in Auge gegenüberstand, waren alle Furcht und Traurigkeit wie weggefegt [...]«[29]

Die Mexikaner waren so gut organisiert, daß die erste Begegnung zu einer Niederlage für die Eindringlinge wurde, die acht Tote und mehr als 100 Verletzte zu beklagen hatten: Pferde und Artillerie konnten sich nur mit Mühe bewegen; sie waren umgeben von einer riesigen Menge, die sich ohne Unterlaß erneuerte, bei der die Reihen im selben Augenblick, in dem Lücken entstanden, sich wieder schlossen, sie waren einem Hagel von Speeren und Steinen ausgesetzt, die von den Häusern und den jetzt mit Brustwehren gesicherten Barken geschleudert wurden. Ein unglaublicher Elan, ein bis zum Äußersten gehender Mut und die stets wache Erfindungsgabe, mit der sie taktischen Neuheiten begegneten, ermöglichten es den Belagerten, sich einer Brigantine zu bemächtigen, auf einen Schlag 60 Begleiter des Cortés gefangenzunehmen und bis zum Schluß von außerhalb der Stadt ein Minimum an Lebensmitteln und Trinkwasser zu erhalten.

Da der See für die Stadt einen wesentlichen Teil ihrer Befestigung ausmachte, bestand die Strategie der Spanier von Anfang an darin, ihn mit Trümmern von Gebäuden, die sie zu diesem Zweck niederrissen, aufzufüllen und somit stellenweise trockenzulegen. Díaz del Castillo klagt über die Schwierigkeit dieses Vorhabens: es war unmöglich, die Häuser aus der Ferne in Brand zu setzen, da sie von Wasser umgeben waren; sie waren schwierig zu erreichen, und man mußte sich ihren Verteidigern in gefährlichem Maße nähern, um sie zu zerstören. Die niedergerissenen Gebäude blieben lange Zeit der Brennpunkt heftigster Kämpfe, denn während der Nacht bemühten sich die Mexikaner, die tagsüber aufgefüllten Durchlässe wieder für das Wasser freizumachen. Diese Zerstörungen waren so gründlich, daß die Bewohner ihren Widerstand schließlich aufgaben, jedoch erst, nachdem die Hauptstadt dem Erdboden gleichgemacht war, indem alle Gebäude, eines nach dem andern, in den See versenkt worden waren. Das war am 13. August 1521.

Als die Spanier in die letzten Stellungen der Verteidiger eindrangen, fanden sie nur mehr Haufen von Leichen und zerlumpte Gestalten, die von Epidemien und Hunger verzehrt waren.

Von dem Tag an, der die endgültige Beseitigung der kolonialen Ideologie bringen wird, wird dieser Widerstand zu den edelsten Taten in der Geschichte der Menschheit zählen. Nach Díaz del Castillo soll Cuauhtemoc vor Cortés erklärt haben: »Was ich getan habe, das mußte ich zur Verteidigung meiner Hauptstadt und für meine Untertanen tun. Mehr kann ich nicht leisten. Durch Gewalt und als Gefangener komme ich vor deine Person und in deine Macht. So nimm jetzt den Dolch, den du im Gürtel trägst, und töte mich sofort.«[30] Man hat allen Grund, an die Echtheit dieses Zeugnisses zu glauben, denn Cuauhtemoc wurde später unter dem Vorwand, er habe ein Komplott angezettelt, von Cortés ermordet. Durch eine jener glücklichen Wendungen, wie sie in der Geschichte so selten sind, verehrt Mexiko heute in diesem geschlagenen jungen Monarchen, der gefoltert und schließlich in einem entlegenen Urwald an einem Baum erhängt wurde, seinen größten Nationalhelden.

X. GUATEMALA, HONDURAS, NIKARAGUA

Auffallend an den Invasionen der Gebiete, die sich zwischen den schon befriedeten Territorien Mexiko und Panama erstreckten, ist die große Zahl von Eroberern, die sich dieselben streitig machten; nach der Unterwerfung der nördlichen und südlichen Grenzgebiete von Mittelamerika hatten viele Soldaten und Offiziere Freiheit und Muße zurückgewonnen, um von Expeditionen zu träumen, die sie endlich reich machen sollten. So begann ein jahrelanger heftiger Kampf um die Beute zwischen mehreren Parteien, die einerseits von Cortés, andererseits von Pedrarias Dávila finanziert wurden.

Ein gewisser Gil González, der an den Küsten des Pazifik entlangsegelt, entdeckt im Bereich von Nikaragua das, was er das ›Süßwassermeer‹ nennt. Wegen der großen Zahl von Städten und Völkern, die er an den Küstenstrichen vorfindet, sieht sich González gezwungen, um Verstärkung nachzusuchen. Im Jahre 1524 kehrt er, gebührend bewaffnet, zurück, diesmal durch das Meer der Antillen. Während er noch die Mündung der Lagune sucht, die ihn damals so in Erstaunen gesetzt hatte, läuft er Honduras an, wo er sogleich erfolgreiche militärische Operationen beginnt. Nun sah aber Cortés diese Gebiete, vielleicht aufgrund der kulturellen Einheit, die Mexiko mit den Ländern Mittelamerikas bis Nikaragua verband, als sein persönliches Lehen an — in der gleichen Weise wie Yukatan und Guatemala, die von seinen Männern gerade in Besitz genommen wurden. Da er also das Eindringen des Gil González nach Honduras für illegal hielt, entsandte er Cristóbal de Olid, einen seiner besten Mitstreiter, um seine Interessen zu verteidigen.

Gil González führte inzwischen einen energischen Feldzug gegen mehrere vom Gouverneur von Panama geschickte Bataillone, die seine Autonomiebestrebungen stören sollten. Als er sie besiegt hatte, wurde er von Cristóbal de Olid gefangengenommen. Aber auch dieser hatte sich entschlossen, auf eigene Rechnung zu handeln, und wurde deshalb seinerseits durch eine Flotte des Cortés verfolgt, deren Befehlshaber indessen schnell in die Gewalt des Rebellen fiel. Glücklich über die Gesellschaft so berühmter Edelleute, machte Cristóbal de Olid sie zu seinen täglichen Tischgenossen, und so kam es, daß Gil González und Francisco de las Casas bei einem fröhlichen Mahl ihren Gastgeber umbrachten. Daraufhin »[...] teilten sie die Regierung freundschaftlich unter sich auf«. Aber das Einvernehmen dauerte nur kurze Zeit, denn, »[...] da die Mehrzahl dieser Leute aus der Schule von Cortés stammte und Francisco de las Casas mit dessen Schwester verheiratet war, beschloß er, Gil González gefangenzunehmen. Dies tat er auch und führte ihn in Ketten nach Neu-Spanien.«[31] Dieser Tat sollte freilich der Lohn versagt bleiben, denn bei ihrer Ankunft in Mexiko war Cortés von dort abgereist.

Überzeugt, daß auch sein Schwager ihn verraten habe, hatte Cortés sich nach Honduras begeben und sich dadurch in ein Abenteuer gestürzt, dessen Ausgang nur verhängnisvoll sein konnte und dessen Beweggründe ein Rätsel bleiben. Seine Abwesenheit von Tenochtitlan währte zwei Jahre und drei Monate. Die Bedingungen, unter denen er sein Unternehmen durchführte, waren fürchterlich: ununterbrochene Kämpfe, Märsche durch tropische Sümpfe, Hungersnöte, eine schlimmer als die andere, innere Zwistigkeiten, in deren Gefolge eine Unzahl seiner Leute den Tod fand. Nachdem Horden von Plünderern das Land verwüstet hatten, konnte die Kolonisation nur scheitern; zudem verlor Cortés für immer die Herrschaft über Mexiko. Wer die Kapitel liest, in denen sein Begleiter Bernal Díaz del Castillo mit großer Anschaulichkeit die Etappen des leidvollen Marsches und immer neue Niederlagen schildert, versucht vergeblich die Gründe zu verstehen, die diesen Herrscher über ein stattliches Reich dazu veranlaßten, die Hauptstadt in den Händen einer Gruppe von Intriganten zurückzulassen und nach seiner Rückkehr untätig seine Absetzung hinzunehmen. Die Leidenschaft, mit der er in Honduras die Strafaktionen gegen die Eingeborenen wiederaufnimmt — Aktionen, die hier zu überhaupt keinem Ergebnis führen konnten und lediglich Nachahmungen der früheren waren —, läßt die Frage aufkommen, ob Cortés nicht vor allem ein einfacher Soldat war, ein vom Krieg und dessen destruktiver Gewalt Besessener. Ein Anhaltspunkt für diese Deutung ließe sich in dem Faktum finden, daß er viele Jahre später trotz seines unendlichen Reichtums, seiner großen Familie, seiner 62 Jahre und seines Adelstitels, der ihm den Zugang zu den Spitzen der kastilianischen Gesellschaft eröffnete, an der unglückseligen Expedition nach Algerien teilnahm. Er starb auf der Heimfahrt von dieser Expedition, nachdem er mit knapper Not einem Sturm entronnen war, der die königliche Flotte erheblich reduzierte und das Schiff, auf dem er sich mit seinen beiden Söhnen befand, kentern ließ.

Aber wenden wir uns wieder den heroischen Zeiten zu. Bevor Cortés nach Mexiko zurückkehrte — von seiner Mannschaft gezwungen und nicht ohne langes Zögern —, gewann er mit Hilfe von Geschenken und Versprechen mehrere aus Panama gekommene Bandenführer für sich. Nach seinem Aufbruch wurden dieselben des Verrats angeklagt und von Pedrarias Dávila, der sich zum Gouverneur von Nikaragua ernennen ließ, umgebracht. Trotz der Errichtung legaler Regierungen mußte diese Gegend noch lange Zeit Kämpfe zwischen den verschiedenen Parteien erdulden; die Geschichte der Rivalitäten um die Verteilung der Ämter und Eingeborenen ist derartig verwickelt, das es unmöglich ist, sich in dem Gewirr von Bündnissen und Fehden der Protagonisten, von Mordanschlägen, denen sie zum Opfer fielen, zurechtzufinden, es sei denn, man hat vorher eine chronologische Tafel aufgestellt. Die Vergeltungsschläge nahmen kein Ende, und ihre Lektüre wäre müßig, wüßte man nicht, daß von jeder Machtergreifung, jedem Racheakt, jedem Aufstand, jeder Strafaktion, Verschwörung und Denunziation das Schicksal von Tausenden von Männern, Frauen und Kindern abhing, die mit dem Land von einem Herrn auf den anderen übergingen oder die zusammen mit dem Rest des Besitzes des Besiegten verbrannt und zerstampft wurden. Für eine Vielzahl von Menschen hing die Möglichkeit des Überlebens, die schon immer gefährdet war, nur mehr vom puren Zufall ab.

Bemerkenswert ist, daß es inmitten dieser Entfesselung von Gewalt, die das spanische Lager entflammte und die Eingeborenen aufrieb, einen Mann gab, der sich den Eroberern niemals beugen mußte. Der König Urraca trotzte unter dem Einsatz der besten Guerillataktik neun Jahre lang den unaufhörlichen Angriffen von Artillerie und Kavallerie. Während die Nachbarvölker, geschwächt durch die Ausrottung, nach und nach sämtlich in die schlimmste Sklaverei fielen, bewahrte er sich im heldenhaften Widerstand seine Freiheit bis zum Ende seiner Tage: »[...] niemals gelang es ihnen, mit ihm Frieden zu schließen, denn für ihn und die Seinen bedeutete die Befriedung nichts anderes als Gefangenschaft, Sklaverei und Tyrannei, der er und sein Volk sich schließlich hätten beugen müssen [. . .] Als kluger und mutiger Mann erkannte er wohl, daß er einen gerechten Krieg führte. Seine Gegner verübten soviel Missetaten und Böswilligkeiten ohne den geringsten Grund, während die Seinen ruhig in ihrem Land lebten; [. . .] so dachte er nicht daran, sich zu ergeben.«[32]

Hier eine seiner Ansprachen, die er nach einem besonders leidvollen Geschehnis hielt: »Es besteht überhaupt kein Grund dafür, daß wir diese Christen leben lassen, die, nicht zufrieden damit, uns unser Land, unser Eigentum, unsere Frauen, unsere Söhne und unser Gold und alles, was wir besitzen, zu nehmen und uns in Sklaven zu verwandeln, sogar dem Glauben nicht treu bleiben, zu dem sie sich bekennen, die kein Wort und keinen Frieden halten. Deshalb laßt uns gegen sie kämpfen und uns bemühen, sie zu töten, laßt uns diese unerträgliche Bürde weit von uns werfen, solange wir die Kraft dazu haben, denn viel besser ist es, kämpfend zu sterben, als lebend soviel Böses, soviel Leid, Bitterkeit und Schrecken zu erdulden [. . .]«[33]

Las Casas zeichnet voller Bewunderung die heroische Figur des trotz aller Rückschläge unbezwungenen Herrschers: »Nur der König Urraca — und mit ihm diejenigen, die sich aus dem großen Massaker gerettet haben — kam niemals, bewahrte stets seinen unbeugsamen Haß gegen die Spanier und beklagte sein Leben lang, daß er sie nicht überwinden konnte. Sie ließen ihn schließlich in seinem Land und machten keinen weiteren Versuch, sich seiner zu bemächtigen, denn sie wußten, daß sie nie mit ihm Krieg geführt hatten, ohne daß viele von ihnen getötet oder schwer verwundet wurden, und so starb er in seinem Land, in seinem Haus und bei seinen Leuten [. . .]«[34]

XI. DAS NEUE KÖNIGREICH VON KASTILIEN (PERU)

Seit dem ersten Bekanntwerden seiner Existenz, im Jahre 1513, bildete Peru den Hauptanziehungspunkt für alle Abenteurer, das gelobte Land, von dessen Eroberung jeder träumte, den Beweggrund für all die Expeditionen, durch die innerhalb von dreißig Jahren ganz Südamerika unterworfen wurde.

Nachdem der Gouverneur von Castilla del Oro (Panama) Núñez de Balboa enthauptet hatte, nahm er das Projekt seines Rivalen wieder auf. Zunächst ohne Erfolg, denn der Kapitän, den er ausschickte, um den Pazifik zu erforschen, beschränkte sich darauf, die Küsten zu plündern, ohne sich ins Innere des Landes zu wagen.

Erst einige Jahre später wurde ein erneuter Versuch unternommen — durch eine seltsame Figur, deren Mißerfolge die bewegte

Geschichte dieses zweiten Teils der Kolonisation durchziehen. Als guter Chronist hat Pascual de Andagoya einen Bericht seiner ersten Mißgeschicke hinterlassen: nachdem er bis zum ›großen Fluß von Peru‹ vorgedrungen war, in dessen Fluten er fast umkam, kehrte er besiegt nach Panama zurück.

Im Jahre 1522 legen zwei einfache Kolonisten ihre Barschaften zusammen, um eine neue Expedition zu finanzieren. Als Gegengabe für die Legalisierung künftiger Plünderungen und für den Rang eines Hauptmanns, der für ihre Autorität als Eroberer unentbehrlich ist, wird dem Gouverneur von Castilla del Oro eine Teilhabe am Gewinn zu gleichen Teilen zugesagt. Auf diese Weise machen sich Francisco Pizarro und Diego de Almagro, unbekannte Soldaten, die weder lesen noch schreiben können, auf den Weg zum legendären Reich des Goldes, dessen Zerstörer sie werden sollten. Ihre Helfer sind die inzwischen arbeitslosen Helden der ›Befriedung‹ von Mexiko.

Indem sie das Land mit Brand und Mord überziehen (die eingeborenen Häuptlinge werden systematisch bei lebendigem Leibe verbrannt, die Bevölkerung wird gefoltert, mit glühenden Eisen gebrandmarkt und danach unter den Eindringlingen verteilt), gelangen sie in das Gebiet, das heute der südliche Teil von Ekuador ist. Doch dem Glanz ihrer Siege zum Trotz erfaßt sie Entmutigung: sie benötigen materielle wie moralische Unterstützung. Diego de Almagro wird, obwohl er ein Auge und mehrere Finger der linken Hand verloren hat, zur treibenden Kraft des Unternehmens: er ist es, der Pizarro zum Durchhalten anfeuert. Dieser begibt sich zweimal nach Panama, wo er Männer, Pferde und Waffen erhält. Außerdem täuscht er so geschickt den Gouverneur Pedrarias Dávila, daß dieser sich aus dem Geschäft zurückzieht, zufrieden mit den 1000 Pesos, die man ihm als Ersatz auszahlt. Danach reist Pizarro nach Spanien und kehrt zurück mit dem Titel eines Gouverneurs, angetan mit dem Gewand des Hl. Jakob, das ihm vom Kaiser der Christenheit verliehen worden ist, und begleitet von seinen drei Brüdern, den finstersten Protagonisten jener finsteren Tragödie, zu der die Eroberung dieser Gebiete wurde. Almagro will dieser zweifelhaften Gesellschaft entgehen und schifft sich nach dem Süden des Kontinents ein, wo er weitere Reichtümer zu finden hofft. So überläßt er den Pizarros den Ruhm, zum Kern des berühmten Reiches vorgestoßen zu sein. Die schwierige Übersteigung der Anden auf der ›Straße der Inka‹ beginnt 1532 nach der Gründung von San Miguel, der ersten spanischen Stadt auf peruanischem Gebiet.

Den Faden der folgenden Ereignisse muß Fernández de Oviedo mangels jeglicher Chroniken nachträglich mit Hilfe einiger kurzer Schriftstücke und unzähliger Augenzeugenberichte hergestellt haben. Mit diesem disparaten Material über wechselhafte Begebenheiten, die er selbst nicht erlebt hat, beginnt Oviedo seine

Funktion als offizieller Chronist. Er ist der Ideologie des heiligen Kreuzzuges bei seiner Darstellung noch treuer als die Eroberer selbst. Von der launigen Schärfe, die die Beschreibung der von ihm selbst leidenschaftlich miterlebten Ereignisse auszeichnet, bleibt keine Spur mehr, statt dessen komponiert er ein Gefüge, welches dasselbe Gefühl der Irrealität entstehen läßt wie die Briefe des Cortés. Wie bei diesem berühmten Offizier läuft der Bericht der Eroberung vor einem vorgegebenen Hintergrund ab, dessen einzelne Elemente den Eroberern von Natur aus diametral widersprechen. In jener verbogenen, sinnentleerten Sprache, die zur Verschleierung von Verbrechen erfunden wurde, schafft Oviedo die gleiche alptraumhafte Atmosphäre, wie sie die Schriften des Cortés kennzeichnen. Der Beweis dafür ist, daß der kritische Sinn des Lesers eben durch die Gemütsruhe erweckt wird, in welcher der Chronist versucht, das Geschrei des Massakers zu ersticken — eines Massakers, in welchem eine Kultur unterging, deren Glanz sich noch in den verblaßten Überresten aufdrängt, die sich uns erhalten haben.

Es zeigt sich dann, daß der Chronist selbst die Argumente liefert, die die Zweideutigkeit seines Vorgehens aufdecken: die guten und großherzigen Christen setzen ihr Leben aufs Spiel für das Seelenheil der Barbaren; deren Bestialität ist so groß, daß sie sich mitunter sogar weigern, sich zu unterwerfen, dadurch sehen sich die sanften Evangelisten gezwungen, Gewalt anzuwenden. Indessen hat uns der gleiche Chronist schon berichtet, zu welchen Skandalen die Gewalttätigkeit der Gebrüder Pizarro während zwanzig Jahren in einem Milieu führte, in welchem Zartgefühl gewiß nicht die oberste Maxime des Handelns bildete. Im Licht dieser Informationen kann der Ton, in dem er über ihr Verhalten gegenüber den Eingeborenen berichtet, den Leser nur empören. So zum Beispiel sein Referat der Begründung, die Francisco Pizarro seiner Truppe vor Beginn des Feldzuges für den bevorstehenden Krieg gegeben haben soll: es gehe darum, »diese Provinzen zu erobern und zu befrieden, ihre Bewohner, was das Geistliche angehe, in den Gehorsam der Kirche zu führen; was das Weltliche betreffe, sie zur Unterwerfung unter die Majestäten, deren Vasallen sie seien, als ihre Könige und natürlichen Herren zu bringen, und die Überheblichkeit und Tyrannei des Atabaliba [Atahualpa] zu brechen [. . .]«[35]

Das gleiche gilt, wenn er seine Gewißheit bekundet, der göttlichen Unterstützung würdig zu sein: »[. . .] selbst wenn wir noch weniger zahlreich wären und die feindliche Armee noch größer, so sei doch die Hilfe Gottes viel größer als sie, denn in den größten Nöten stehe er den Seinen bei und begünstige sie, damit sie den Hochmut der Ungläubigen erniedrigen und demütigen und ihnen die Kenntnis unseres heiligen katholischen Glaubens bringen. So hätten wir viele Male unseren Herrn dieses

Wunder bewirken sehen, und andere noch größere. Daher möchten die Soldaten ihre Zuversicht bewahren [...], da es sich nur darum handele, dies Barbarenvolk in die Einigkeit der christlichen Republik aufzunehmen, ohne ihnen das geringste Leid anzutun, außer denjenigen, die sich widersetzten und zu den Waffen griffen.«[36]

Die göttliche Hilfe muß wirksam gewesen sein, denn der Marsch wurde zum Triumph: die Bevölkerung unterwarf sich bereitwillig der Plünderung (die Soldaten mußten schließlich essen), dem Auseinanderreißen der Familien und dem Verlust geliebter Menschen (die Auserwählten waren für diese Apostel hauptsächlich Frauen, die sie zwangen, ihnen nachzufolgen) — Vorgänge, die alle im Namen einer Offenbarung geschahen, welche die Eingeborenen in Ermangelung von Zeit und Dolmetschern nur aus den Handlungen ihrer Propheten erahnen konnten. Der einzige dunkle Punkt war die unerklärliche Aggressivität des Monarchen, dessen Schändlichkeit ein gefolterter Häuptling aufdeckte. Pizarros ganze Antwort darauf bestand darin, ihm einen Boten zu senden, damit er erfahre, »[...] was für eine gute Behandlung er und die Seinen friedlichen Herrschern bereiten, daß man Krieg nur mit denjenigen führe, die ihn wollen, [...] und daß, wenn Atabaliba gut sein wolle, Pizarro sein Freund und Bruder sein werde [...]«[37]

Der Zwiespalt zwischen Worten und Realität scheint dem Prozeß der Kolonisation derart anzuhaften, daß der gewissenhafte Fernández de Oviedo die Widersprüche außer acht läßt, in die sein Bericht aus diesem Grund verfällt. Um über die Ausschreitungen der Söldner rasch hinweggehen zu können, verbreitet er sich über die ›Verrätereien‹ der Eingeborenen — so nennt er eigenartigerweise jegliche Maßnahme legitimer Verteidigung —, ohne sich darum zu bemühen, Nachweise für seine Behauptungen anzuführen. Dabei sind die Verschwörungen immer reine Erfindungen, deren Ursprung teils in Folterungen, teils in der natürlichen Angst liegt, welche die Eindringlinge inmitten von Menschenmengen empfanden, die sie wie Raubtiere anfielen. Nachdem er die Abscheulichkeit dieses oder jenes Hinterhalts beschrieben hat, fährt Oviedo in seiner Erzählung fort und vergißt entweder, den Hinterhalt wieder zu erwähnen, oder dementiert sogar seine vorherige Behauptung. So zeigt er Verwunderung darüber, daß ein bestimmter Durchgang offengelassen wurde, und rechtfertigt gleichzeitig die Eroberung einer Stadt durch die Vermutung, daß genau der angeblich ungedeckte strategische Punkt verteidigt wurde. »Ich habe immer sagen gehört, daß es ein Fehler ist, Dinge geringzuschätzen. So geschah es aber Atabaliba, denn es gab für ihn keinerlei Notwendigkeit, auf die Zeit zu vertrauen und die Spanier das Gebirge überschreiten zu lassen. Er hätte sie ganz leicht daran hindern können, das Gebirge zu ersteigen, wo jeder Widerstand ihnen wegen der natürlichen Gegebenheiten den Untergang gebracht hätte, denn auf diesem Weg gab es viele steile und schwer überwindbare Pässe [. . .]«[38] Die Episode wird mit der gleichen Zweideutigkeit schon von Hernando, dem grausamsten der Pizarros, geschildert, und Oviedo beschränkt sich darauf, dessen Schreiben zu zitieren: »[. . .] da der Bote Atabalibas nicht wiederkam, befragte der Gouverneur [d. h. sein Bruder Francisco] einige Indios, die aus Caxamarca gekommen waren. Auf der Folter sagten diese aus, sie hätten gehört, daß Atabaliba den Gouverneur im Gebirge erwarte, um ihn anzugreifen. Daraufhin befahl er seinen Leuten, sich zu rüsten, ließ die Nachhut in der Ebene zurück und begann den Aufstieg. Der Weg war so schwierig, daß wahrhaftig, wenn man uns wirklich dort oder auf einem der anderen Pässe, die wir auf dem Weg nach Caxamarca passieren mußten, erwartet hätte, uns ganz leicht hätte besiegen können, denn auf diesen Wegen konnten die Pferde nicht einmal am Zügel geführt werden, und außerhalb der Wege war Platz weder für Pferde noch für Menschen [. . .]«[39]

Man ist ebenso überrascht wie die Eroberer selbst (wirft doch Oviedo dem Atahualpa [›Atabaliba‹] seine Sorglosigkeit vor!) von der einzigartigen Redlichkeit der Eingeborenen. Während der ganzen leidvollen Geschichte der Eroberung wird nirgends ein Fall berichtet, daß Spanier, denen Gastfreundschaft gewährt worden war, getötet wurden, wo doch ihre Vernichtung Tausende von Menschenleben gerettet hätte. Dagegen sind die Fälle zahlreich, bei denen einzelne Europäer oder ganze Gruppen, die sich in Lebensgefahr befanden, liebevoll in eine Gemeinschaft aufgenommen wurden.

Es spricht in der Tat alles für die Annahme, daß für die Eingeborenen ein Angriff ohne vorausgegangene Kriegserklärung unzulässig war. Die Art, in der sie ständig die guten Gelegenheiten, sich ihrer Gegner zu entledigen, verpaßten und in der sie wieder und wieder in das Netz der gleichen falschen Versprechungen gingen, führt zu dem Schluß, daß der Verrat eine noch wirksamere Waffe war als die Armbrust oder die Kanone. Denn es ist unleugbar, daß die Eingeborenen in den Spaniern nicht von Anfang an Feinde sahen; damit dies eintrat, war es nötig, daß zuvor das Verhalten der Eindringlinge, und zwar ihr systematisch betriebener Bruch gegebener Versprechen mehr noch als ihre Angriffe, hinlänglich bewies, wer sie waren. Bezeichnend ist auch, daß selbst in der Hitze der Schlachten der Meineid die größte Entrüstung bei den Mexikanern hervorrief. Als z. B. Cortés Moctezuma anflehte, die infolge des Massakers an den aztekischen Fürsten empörten Massen zu beruhigen, weigerte sich der Kaiser einzugreifen und sagte: »Ich will nichts mehr von diesem Mann sehen und hören. Ich glaube nicht mehr an seine falschen Worte und Versprechungen. Alles, was er sagt, ist Lüge!«[40] Und auf die Friedensvorschläge, die folgten, wurde Cortés geantwortet: »[...] Wir haben jetzt einen guten Kaiser gewählt, der das Herz auf dem rechten Fleck hat. Ihn werdet ihr nicht so leicht mit euren Lügen bestricken können wie den guten Moctezuma [...]«[41] Bei der Belagerung von Tenochtitlan dienten übrigens die gleichen Argumente dazu, den jungen Cuauhtemoc vor den Annäherungsversuchen des Cortés zu warnen: »[...] Traue nicht Malinche und seinen schmeichlerischen Worten, alles, was er spricht, ist Lüge und Bosheit [...]«[42]

Durch nichts kann man ein besseres Bild von dieser vollständigen Skrupellosigkeit gewinnen als dadurch, daß man die Etappen zurückverfolgt, die zur Gefangennahme des Herrschers von Peru führten. In einer Folge von Episoden der Art, wie wir sie oben erwähnt haben, gelangen die Spanier bis zur Residenzstadt Caxamarca, ohne irgendwelchem Widerstand zu begegnen; dabei munkeln sie unaufhörlich über die vermuteten verbrecherischen Intentionen der Eingeborenen. Sie richten sich in aller Ruhe in der geräumigen Behausung, die ihnen angeboten wird, ein und nehmen sogleich Anstoß an der Verzögerung des Besuchs von Atahualpa. In der Tat besucht der Inka sie erst am Tag nach ihrer Ankunft; ohne Zweifel war dieser Zeitraum notwendig, um den Begleitzug von mehreren tausend Personen zu organisieren, der ihn zu einer so angesehenen Gesandtschaft geleiten sollte.

Zuerst betrat eine Gruppe von Indios den Platz, die den Boden mit prächtigen Stoffen auslegte. Ihr folgten drei weitere Gruppen, die singend und tanzend vorwärtsschritten, und eine Menge von Würdenträgern, in ihrer Mitte Atahualpa, »[...] in einer von außen und innen mit vielfarbigen Papageienfedern besetzten Sänfte. Jede einzelne Feder war so geglättet, daß man hätte sagen können, sie sei an demselben Platz gewachsen. Die ganze Sänfte war mit Gold- und Silberplatten verziert, viele Indios trugen sie auf ihren Schultern, so daß sie von weitem [...] wie ein Schloß aus strahlend glänzendem Gold aussah. Nach dieser Sänfte kamen noch zwei andere und zwei Hängematten, in denen andere Personen von Rang getragen wurden, und hinter diesen Sänften viel Volk [...] mit Gold- und Silberkronen auf den Köpfen [...]«[43]

Pizarro bewegte sich nicht von der Stelle und schickte zu dem Herrscher einen Mönch mit einem Kreuz und einer Bibel. Wegen der Nervosität der Spanier und der Tatsache, daß man nur über einen ziemlich unfähigen Dolmetscher verfügte, waren die Verhandlungen sehr kurz. Nach Oviedo soll der Herrscher sich geweigert haben, das heilige Evangelium anzuhören, und das ihm hingehaltene Buch zurückgestoßen haben. Entrüstet über dieses Sakrileg, gab Pizarro das Zeichen zum Angriff.

Blitzschnell verwandelte sich diese glänzende und festliche

Menschenmenge in eine verstörte Herde, die in die grausige Falle von Pferden und Artillerie geraten war: Die Ausgänge des Platzes waren zu eng, um die Möglichkeit der Flucht zu bieten, die umgrenzende Mauer brach zusammen unter dem Andrang der panisch erschreckten Masse, die eine Rettung aus ihrem Unglück suchte. Viele fanden ihr Grab unter den Steinen; andere, die auf dem Weg über die Trümmer stolperten, wurden zertreten und von Lanzen durchbohrt. Auch die mit Gold bekleideten Fürsten wurden umgebracht, und nachdem Atahualpa der Ermordung aller seiner Gefolgsleute, die ihn mit ihrem Körper bis zum Tode schützten, hatte zusehen müssen, wurde er aus seiner Sänfte geworfen und entkleidet — von Leuten, die in ihrer gierigen Hast, sich einer so außergewöhnlichen Beute zu bemächtigen, ihm die Herrschergewänder förmlich vom Leib rissen. Oviedo versichert, daß dies alles kaum länger als eine halbe Stunde dauerte, denn, so sagt er, »als es begann, war die Sonne bereits untergegangen, und hätte nicht die nächtliche Dunkelheit ein Ende gesetzt, so hätten von den mehr als dreißigtausend Menschen, die gekommen waren, die meisten den Tod gefunden [...] Dennoch deckten mehr als zweitausend Menschen das Schlachtfeld, nicht zu reden von vielen anderen, die verwundet entkamen [...]«[44]

Die Spanier verteilten sich bei der Verfolgung derjenigen, die von dem Platz entronnen waren, in der Stadt und kehrten erst in der Nacht, beladen mit reicher Beute, zurück ins Lager. Früh am nächsten Morgen setzten sie ihre Heldentaten fort: »[...] gegen Mittag kehrten die Spanier mit großer Beute zurück. Sie brachten viele Gefangene, Männer, Frauen, Kinder und Schafe, und viele Kleidungsstücke, Gold und Silber. Das an den beiden Tagen erbeutete Gold betrug zusammen 40000 schwere Goldpesos, dazu 7000 Silbermark und 14 Smaragde [...] Die Indios, die Frauen und alle am Abend vorher Gefangenen wurden auf den Platz geschickt; im ganzen waren es 8000 Seelen oder noch mehr. Der Gouverneur befahl den Spaniern, sich darunter die Stücke auszusuchen, die ihnen zu ihrem Dienst oder zu dem, was sie sonst nötig hätten, gefielen [..]«[45]

Es ist völlig offenkundig, daß einem zum Krieg gerüsteten Volk nichts dieser Art hätte widerfahren können, und trotz einiger lauer Andeutungen stimmten alle mit Hernando Pizarro überein, daß es »unter diesen allen keinen Indio gab, der gegen die Spanier Waffen erhob [...]«[46] Was den offiziellen Chronisten nicht hindert, sich die Predigt zu eigen zu machen, die Francisco Pizarro dem gefangenen Herrscher hielt: »[...] Seht den Irrtum ein, in welchem ihr bis jetzt gelebt habt, und ihr werdet die Wohltat kennenlernen, die ihr durch unsere Ankunft in eurem Land als Gesandte seiner Majestät empfangen habt. Ihr müßt bedenken, was für ein Glück ihr habt, nicht von so grausamen

Leuten zum Gefangenen gemacht und besiegt worden zu sein, wie ihr es in euren Kriegen seid, denn wir sind denjenigen gegenüber barmherzig, die in unsere Hände fallen, selbst wenn sie unsere Feinde sind und uns beleidigt haben. Ihr könnt bestätigen, daß ich nur Krieg gegen die führe, die mich angreifen, und selbst, wenn ich sie vernichten konnte, habe ich es nicht getan, sondern habe ihnen verziehen [. . .]«[47]

Trotz Oviedos guter Absicht, ein für allemal die Gründe des Gemetzels zu erhellen, gibt es keinen, der nach ihm an die gotteslästerliche Geste des Monarchen glaubt. Mit der Kraft einer unvergleichlichen Begabung und Faktenkenntnis versichert der Inka Garcilaso de la Vega, von wichtigen Augenzeugen völlig andere Dinge gehört zu haben: Da Atahualpa die Mitteilungen über den Kaiser der Christen, über den Papst und die Religion, denen sich zu unterwerfen man ihn aufforderte, ernst nahm, schickte er sich an, eine Rede zu halten, die er wegen der dürftigen Qualität des Dolmetschers in kleinen Abschnitten vorbringen mußte. Die Soldateska, die bereits im voraus wußte, was kommen sollte, verlor darauf bald die Geduld: »[. . .] Die Spanier, denen die Länge der Ausführungen unerträglich wurde, verließen ihre Posten und stürzten sich auf die Indios, um sich mit ihnen zu schlagen und ihnen die Menge von Schmuckstücken aus Gold, Silber und Juwelen abzunehmen, die sie angelegt hatten, um die Gesandten des Monarchen des Universums anzuhören und um der Botschaft ein feierlicheres Ansehen zu geben. Andere Spanier stiegen auf einen kleinen Turm, um ein mit Gold, Silber und kostbaren Steinen besetztes Idol zu stehlen, das dort stand, worauf die Indios sich zusammenrotteten und einen großen Aufruhr machten. Als er sah, was geschah, rief der Inka den Seinen mit lauter Stimme zu, niemanden zu verwunden und den Spaniern kein Leid zuzufügen, auch dann, wenn diese sich seiner selbst bemächtigen und ihn töten sollten [. . .]«[48]

Nach der von Garcilaso gegebenen Version handelte es sich also um einen jener in den Annalen der Eroberung häufigen plötzlichen Anfälle von Kriminalität, deren Gründe die Chronisten immer noch vergeblich zu verstehen suchen. Nach Zeugnissen aus unserer heutigen Zeit wären solche Anfälle charakteristisch für alle Aggressionskriege: wir haben es mit dem zu tun, was die Amerikaner in Vietnam »die Minute des Wahnsinns« nennen, die Minute, in der sie blindlings auf die Zivilbevölkerung schießen.[49] Diese Hypothese ist um so wahrscheinlicher, als der Platz von Caxamarca in all seiner Pracht auf jene gehetzten Abenteurer eine unwiderstehliche Anziehungskraft ausgeübt haben muß.

Im Vertrauen auf das Versprechen, man werde ihn gegen Lösegeld freilassen, verpflichtet sich Atahualpa, einen Saal seines Palastes mit wertvollen Objekten anzufüllen. Drei Monate lang treffen aus allen Ecken des weiten Reiches die Schätze ein, und das Einschmelzen der so vereinigten Kunstgegenstände, von zahlreichen eingeborenen Goldschmieden in neun Essen ausgeführt, dauert mehrere Wochen.

Trotz der Bezahlung seines märchenhaften Lösegeldes bleibt der Inka Gefangener. Bald wird er seinen Aufsehern zur Last; daher soll er hingerichtet werden — unter der Anschuldigung einer Verschwörung, an die niemand glaubt, vielleicht mit Ausnahme Hernando Pizarros, der die Vorwürfe seines Bruders an den Beschuldigten wiedergibt: »Was ist das für ein Verrat, den du angestiftet hast, wo ich dich doch meinem Versprechen getreu als Bruder und großer Fürst, der du bist, behandelt habe, indem ich deinen Worten glaubte?«[50]

Atahualpa wird verurteilt, lebendig verbrannt zu werden. Schon auf dem Weg zum Scheiterhaufen, ist er schwach genug, zum Christentum zu konvertieren, um des Privilegs eines Todes durch den Strang teilhaftig zu werden. So kommt er freilich auch zu der Ehre einer feierlichen Bestattung, zu der der Gouverneur Francisco Pizarro in Trauerkleidung erscheint. In dieser Aufmachung finden ihn Spanier, die von einer Inspizierung der Gebiete zurückkehren, wo der angebliche Aufstand hatte stattfinden sollen, in denen sie aber nichts anderes als friedliche Absichten festgestellt haben: »[...] als sie sahen, daß es sich hier um einen Spaß, eine evidente Lüge, eine greifbare Falschmeldung handelte, kehrten sie nach Caxamarca zurück, wo der Gouverneur [...] den Fürsten Atabaliba schon hatte hinrichten lassen, [...] und als sie bei dem Gouverneur ankamen, bekundete dieser Anzeichen von großer Trauer: ganz in Schwarz gekleidet, trug er einen großen, bis zu den Augen herabgezogenen Filzhut [...]«[51]

Vielleicht waren es der Mord an Diego de Almagro, den Hernando Pizarro im Gefängnis eigenhändig erwürgte, und die Empörung über die Bürgerkriege, welche die drei Brüder bald entfachen sollten, die Fernández de Oviedo ermutigten, einen Augenblick lang seine Rolle als Funktionär zu vergessen. Jedenfalls verteidigt er Atahualpa nach seinem Märtyrertod mit einer Leidenschaft, die seine schlechten Rechtfertigungen wieder wettmacht: »[...] Als Belohnung zündeten sie Strohbündel an und legten sie ihm unter die Füße, damit er gestehe, daß auf sein Geheiß ein Verrat gegen die Christen angezettelt worden sei. Sie erfanden lügenhafte Geschichten gegen ihn, bis sie ihn dazu brachten, daß er zugab, er habe sie töten wollen [...] Sie vergaßen völlig, daß er ihnen Häuser mit Gold und Silber gefüllt hatte, daß sie ihm seine Frauen genommen und untereinander verteilt hatten; daß diejenigen, denen sie zugeteilt worden waren, sie in seiner Anwesenheit, unter seinen Augen, in ehebrecherischer Weise mißbrauchten, zu was sie immer Lust hatten. Da die Schuldigen annahmen, solche Beleidigungen könne man nicht vergessen, und daß sie verdienten, von Atabaliba ihren Handlungen gemäß belohnt zu werden, empfanden sie gegen ihn tiefe Angst und Feindschaft; und um endlich dieser Sorge und Furcht ledig zu sein, befahlen sie seinen Tod für etwas, was er nicht getan hatte, wozu ihm nie der Gedanke gekommen war.«[52]

Die Bürgerkriege, die fast zwanzig Jahre lang Peru verwüsteten, spielen für die Geschichte jener Periode die Rolle eines Mikroskops, erlauben sie es doch, Haltungen und Tatsachen zu erkennen, die in den übrigen Erzählungen kaum sichtbar werden. Was zuerst auffällt, ist das Auftauchen dessen, was man die Kehrseite der offiziellen Ideologie nennen könnte: eines Hexenkessels niedriger Leidenschaften, der die geringste Anspielung an die Heiligkeit der verfolgten Ziele als lächerlich erscheinen ließe. Wenn schon Cortés Mühe hatte, einem ›Barbarenkönig‹ die Beziehung zu erklären, die zwischen dem Geist seines Kreuzzuges und der Feindschaft gegenüber einigen seiner Landsleute bestand, so ist es gänzlich ausgeschlossen, daß jemand die Existenz auch nur eines Funkens apostolischer Begeisterung in der Menge von Verbrechen glaubhaft machen könnte, welche die Christen im Zusammenhang mit der Beute des peruanischen Reiches verübt haben. Der Grund hierfür liegt weniger in der Zahl und Verschiedenartigkeit der Verbrechen als in der Tatsache, daß die jeweilige Wahrheit immer durch die eine oder andere der Banden aufgedeckt worden ist. So bieten, wenn auch jeder einzelne Chronist, je nachdem, was ihm besonders am Herzen liegt, immer nur bestimmte Seiten der Realität beleuchtet, alle Schriften zusammen doch ein recht vollständiges Bild — ein exemplarisch finsteres Bild, das wir glücklicherweise hier nicht zu analysieren haben.

Die zwischen Almagro und den Pizarros bald nach der Erpressung der Schätze des Inka entstandenen Rivalitäten griffen auch auf die anderen Eroberer über und ließen eine Gesellschaft entstehen, in der Meineid, Meuchelmord, Massenhinrichtungen, schlimmste Repressalien und Raub mit bewaffneter Hand die Regel waren. Als der Tod der Hauptakteure die Heftigkeit der persönlichen Antagonismen gedämpft hatte, war die Korruption so fest eingewurzelt, daß bestimmte Maßnahmen zum Schutz der Eingeborenen genügten, um den Krieg von neuem aufflammen zu lassen. Diesmal richtete er sich gegen die spanische Oberhoheit: zwei Vizekönige wurden ermordet, ehe es einem dritten gelang, durch ein blutiges Schreckensregiment eine gewisse Ordnung wiederherzustellen.

Es fällt leicht, sich die Lebensbedingungen der Eingeborenen unter ihren von der Raserei primitiver Instinkte fortgerissenen Herren vorzustellen, inmitten einer Gesellschaft, in der selbst das Eigentum und die Existenz der Siedler nicht respektiert wurden.

Zu den an den Eingeborenen verübten Untaten, die in ganz Amerika binnen kurzer Zeit eine erschreckende Verminderung der Bevölkerung nach sich zogen, kamen hier noch die Schlachten, die auf ihrem Rücken ausgetragen wurden.

Wegen seiner mit Gold bedeckten Gebäude wurde Cuzco das Ziel nicht enden wollender Kämpfe, grausiger Belagerungen, Eroberungen und Rückeroberungen. Dabei bildeten die Eingeborenen die Stoßbataillone der Angreifer, sie fielen unrettbar unter den Schlägen der Belagerten, und sie stellten das Gros der Bevölkerung, das die jeweiligen Eroberer umzubringen sich befleißigten, bevor sie zur Verfolgung ihrer Landsleute ansetzten. An das Mißlingen eines dieser Angriffe erinnert die Gedenktafel an der Fassade der Kathedrale von Cuzco, die der glücklichen Erscheinung des Hl. Jakob gewidmet ist, welcher die ›Barbaren‹, die sich der Stadt bemächtigen wollten, zurückschlug. Diese Barbaren, deren bescheidene Nachkommen sich heute vor der Kirche in einer Sprache unterhalten und eine Art von Kleidung tragen, die auf wunderbare Weise über die Katastrophe hinweggerettet worden sind, konnten nur Sklaven sein, die auf Befehl in den Tod gingen. Tatsächlich griff der Herrscher, der nach der Exekution Atahualpas von den Eroberern ernannt wurde, zu einem bestimmten Zeitpunkt zu den Waffen und versuchte, von den Streitigkeiten der Usurpatoren zum Nutzen seines Volkes zu profitieren. Es gelang ihm jedoch nur für sehr kurze Zeit, sie im Innern der Stadt in Schach zu halten. Er mußte bald feststellen, daß beide Parteien ihn täuschten und daß er vor seiner Gefangennahme stand. Manco Capac rettete sich in die nahegelegenen hohen Berge, wo er neun Jahre lang überlebte.

Im Feuerschein der Bürgerkriege muten die Dramen der Ausbeutung und der Vernichtungsaktionen aus Rache zweitrangig an, aber Oviedo erzählt einige davon: er berichtet von Benalcázar, der die Gegend von Quito mit einer Grausamkeit ›befriedet‹, welche selbst im kolonialen Milieu Besorgnis erregt, und der das Land auf solche Weise verheert, daß nach seinem Durchzug Zehntausende von Menschen — der Chronist gibt für ein einziges Gebiet die Zahl von 60 000 an — Hungers sterben. Ebenso erinnert Oviedo an den Marquis Francisco Pizarro — die Heldentaten des Eroberers waren mit diesem Titel gekrönt worden —, der in den Gebieten des Almagro in der Nähe von Lima haust, das Land unterminiert, die Eingeborenen ausrottet, von den Häuptlingen all ihren Besitz erpreßt, die Gräber des Dorfes Nazca plündert und so fort ohne Ende.

Mit der Unterwerfung von Peru verändert sich der geschichtliche Verlauf der Eroberung. Für die Eingeborenen haftet jetzt dem Charakter der Fremden kein Geheimnis mehr an. Sie sind inzwischen im Bilde über deren Ziele und die Glaubwürdigkeit ihrer Reden, leisten überall starken Widerstand und organisieren Kriege, die mitunter für lange Zeit alle Versuche von Gebietseinnahmen zum Scheitern bringen. Da es sich außerdem um Gegenden handelt, die fast ausschließlich von zahllosen autonomen Gruppen ohne zentrale Regierung bewohnt sind, können die Eroberer im allgemeinen in Besitz von Gütern nur durch Überfälle kommen, durch die die vorhandenen Strukturen in nichts verändert werden.

Venezuela und Brasilien sind die beiden einzigen Länder, deren ursprüngliche Besitzer keine Spanier waren: das erste überließ Karl V. der deutschen Handelsfirma der Welser, das zweite beuteten schließlich die Portugiesen aus, viele Jahre, nachdem sie es entdeckt hatten. Indessen wird allein in Brasilien eine andere Sprache als im übrigen Lateinamerika gesprochen, denn Venezuela wurde trotz deutscher Gouverneure und Offiziere von Spaniern kolonisiert.

Geblendet von den jüngsten Eroberungen in Asien und Afrika, von dem Überfluß der Erzeugnisse, der aus diesen exotischen Ländern herbeiströmte, widmete der König von Portugal der Erforschung des amerikanischen Küstenlandes, die 1501 in seinem Namen von Alvarez Cabral durchgeführt wurde, zunächst nur wenig Aufmerksamkeit. Da niemand ausgesandt wurde, sie offiziell zu besetzen, wurden die von Amerigo Vespucci beschriebenen Meeresufer der bevorzugte Tätigkeitsbereich internationaler Piraten und das Feld unendlicher Abenteuer. Denn schon bei der ersten Expedition hatte man am Saum jenes undurchdringlichen Pflanzenmeeres Brasilholz entdeckt, einen Baum, dessen rotes Holz einen ausgezeichneten Farbstoff bildete, den Europa seit kurzem aus Indien bezog.

Als Portugal sich endlich entschloß, sie zu kolonisieren, befanden sich diese Gebiete in einem Zustand der Anarchie: seit rund 30 Jahren waren sie einer Ausbeutung unterworfen, der sich die Eingeborenen nur unter dem Druck brutalster Gewalt beugten. Mehrere ausländische Handelshäuser, vor allem solche französischer Nationalität, betrachteten sie als ihren Privatbesitz, und vor allem trieben dort mächtige europäische Bandenführer ihr Unwesen, merkwürdige Figuren, die es nur in Brasilien gab. Es waren davongekommene Galeerensträflinge, die der König von Portugal aus Mangel an Kolonisten irgendwann durch seine Schiffe in diesen Gegenden hatte aussetzen lassen; dort lebten sie zum Teil schon seit zwanzig Jahren. Wenn auch mehrere von diesen amerikanisierten Portugiesen mit den neuen Herren zusammenarbeiteten, mußten diese doch einen langen Kampf gegen die Eingeborenen auf der einen und die Franzosen auf der anderen Seite führen. So gestaltete sich die Kolonisierung trotz einer guten Wirtschaftsplanung — es gab in großer Zahl Zuckerplantagen von aus Asien importiertem Zuckerrohr sowie Raffinerien — mühselig und langsam. Die erste brasilianische Stadt, Pernambuco, deren Gründer zum größten Teil Verbannte waren, wurde 1530 gänzlich ausgelöscht durch ein französisches Piratenschiff, das die Bewohner niedermetzelte und die Zuckerfabriken verbrannte. Um dem Arbeitskräfteproblem, das durch die Vernichtung und durch das Abwandern ins Landesinnere hervorgerufen wurde, Abhilfe zu schaffen, wandte man sich an das Mutterland um Verstärkung durch Afrikaner. Die ersten schwarzen Sklaven kamen 1552 in San Vicente an; sie stammten aus den Ländern Angola und Guinea.

Das Fällen der Rotholzbäume und der Anbau von Zuckerrohr waren auf die Küstenstriche beschränkt, und während sehr langer Zeit blieb die spanische Expedition des Francisco de Orellana die einzige, die das Landesinnere von den Anden bis zum Atlantik durchquerte. Die Befahrung des größten Flusses der Welt, von Quito aus ohne Erkundungsplan unternommen und ganz von den Zufälligkeiten der Eroberung gesteuert, blieb ein außergewöhnliches Abenteuer ohne jede praktische Konsequenz: die Entdeckung des enormen Flußnetzes des Amazonas hat nicht — wie z. B. die der Magellanstraße — den Verkehr zwischen den beiden Meeren in irgendeiner Weise verändert, und obwohl unter der Besatzung der beiden Schiffe, der diese Leistung gelang, sich ein Chronist befand, wissen wir wenig über die Gebiete, die sie sahen.

Trotz seines großen Wertes bleibt der Bericht des Bruders Gaspar de Carvajal enttäuschend, denn die Chronik jener acht Monate, verbracht in Gegenden, die noch heute ihr Geheimnis bewahren, befaßt sich fast ausschließlich mit der Nahrungssuche. Die Siedlungen existieren lediglich als Objekte möglicher Plünderung — angesichts großer Ortschaften schleicht man sich klugerweise davon, und man frohlockt, wenn man auf kleine, schwach verteidigte trifft. Tierwelt, Pflanzenwelt und Landschaft werden nur im Hinblick auf ihren Wert für die Nahrungsmittelbeschaffung beobachtet. Das Leben an Bord besteht abwechselnd aus Perioden grauenvollen Hungers, während deren alles bis zum Schuhleder verschlungen wird, und aus rauschenden Festgelagen, die den Plünderungen folgen. Selbst die Amazonen, die jene Expedition so als einzige zu Gesicht bekommen hätte, werden mit weniger Emphase beschrieben als ein Nahrungsmittellager, und die Flußmündung, das ›süße Meer‹, das die ersten Entdecker über alle Maßen erstaunte, wird nur im Vorbeigehen erwähnt. Die

Sachlichkeit des Chronisten ist übrigens so groß, daß er selbst den Pfeilschuß, der ihn eines Auges beraubte, mit Stillschweigen übergeht.

Die überall ähnlich verlaufende Geschichte der kriegerischen Expeditionen, die ausgeschickt werden, um nach Schätzen zu suchen, und in der Auflösung enden, gewinnt in Venezuela einen besonders dramatischen Charakter. Dieses Gebiet wahrte seine Freiheit dank vergifteter Pfeile; die dortigen Kariben hatten gelernt, sich zu verteidigen. Dieser Umstand hat zu der verleumderischen Etymologie des Wortes ›Kannibalen‹ geführt, das manche aus ihrem Namen herleiten, während Oviedo, der diese Ureinwohner früher und genauer als alle anderen Chronisten beschrieben hat, erklärt, daß diese Benennung sich von Caribana, einer Landspitze am Eingang des Golfes von Urabá, ableitet und nichts anderes bedeutet als ›mutig, kühn, unerschütterlich‹.[53]

Die Kariben wußten beispielsweise, daß die gefährlichste Waffe der Fremden die Lüge war und daß man sich folglich aus dem Staube machen mußte, ehe sie ankamen, und unter gar keinen Umständen Verhandlungen aufnehmen durfte, die unausweichlich den eigenen Untergang herbeiführen mußten. So ergreifen sie beim Näherrücken der Eindringlinge wirksame Maßnahmen: sie zünden ihre Häuser an und verstecken Lebensmittel und Leute derart, daß sie häufig unauffindbar bleiben. Die Guerillataktik hat sich vervollkommnet; es gelingt ihnen, die feindlichen Lager anzuzünden, ohne von Vergeltungsschlägen getroffen zu werden. Sie arbeiten geschickt mit strategischen Rückzügen und nützen so viel wie möglich die Geländeformation, indem sie die Kämpfe teils auf sumpfigen Boden lenken, wo Kavallerie nicht eingesetzt werden kann, teils auf Flüsse, die ihren Gegnern unzugänglich sind, in denen sie sich aber wie Fische bewegen, oder in bestimmte Teile des Dschungels, die für Europäer zum Grab werden. Dieser Widerstand führt schließlich dazu, daß die Eroberer gänzlich auf sich selbst gestellt sind und es ihnen auch am Unentbehrlichen mangelt: Nahrung, Dolmetscher, Führer, Lastträger usw. So kommt es, daß die Berichte über die ersten zehn Jahre eine ununterbrochene Reihe von Katastrophen schildern: spanische Truppen irren im Gefolge von Befehlshabern und Offizieren mit fremdländisch klingenden Namen wie: Federmann, Alfinger, Hutten, Nürnberg in jenen Gebieten umher und sind den Attacken einer kriegsgeübten Bevölkerung ausgesetzt. Nicht weniger gefährliche Angreifer sind die Naturkräfte eines ständig überschwemmten tropischen Landes. Der Hunger zermürbt die Männer; sie verschlingen ihre Pferde und werden schließlich zu Kannibalen: »[...] ein junger Mann kommt und erzählt, daß sein Vater und seine beiden Begleiter eine Indianerin getötet [...] und gegessen hätten, daß sie davon ein Teil für unterwegs aufgehoben hätten, und er zeigt ein Stück der Indianerin [. . .]« »Und dieser Cristóbal Martín, ein Soldat, war gerade dabei, einen jungen indianischen Diener aufzuschneiden, einen von denen, die im Tal der Pacabuyes gefangengenommen worden waren; er hatte ihn getötet, um ihn zu essen [. . .]« »[. . .] sie griffen den gefesselten Indio und, beim Bach angekommen, der in denselben Fluß mündet, töteten sie ihn und verteilten ihn untereinander; sie zündeten ein Feuer an und aßen ihn. Sie schliefen dort die Nacht und brieten das Fleisch, das für unterwegs übriggeblieben war [. . .]«[54]

Diese den Weißen zur Speise dienenden Eingeborenen waren aus dem Süden; sie verwendeten keine vergifteten Pfeile und wußten von den Europäern noch nichts. Diese konnten sich so mehrmals beträchtlicher Mengen Goldes bemächtigen, von denen sie sich aber oft wieder trennen mußten, denn mangels Sklaven für den Transport wurde das glänzende Metall häufig eine unerträgliche, schließlich verfluchte Last. Der unermüdliche Oviedo verzeichnet die Etappen eines dieser ungewöhnlichen Kämpfe zwischen der Habgier und dem Selbsterhaltungstrieb: »Sie hatten das Gold unter sich aufgeteilt, und aus Mangel an Indios transportierten es die Christen in ihren Säcken, zehn bis zwölf Pfund pro Person [. . .] Während sie dem Fluß folgten, nahmen sie wahr, daß er tiefer wurde, und da es keinen anderen Weg gab und beide Ufer des Flusses mit weiten und dichten Wäldern bedeckt waren, da außerdem die Christen sehr abgezehrt waren und hinkten, die Mehrzahl unter ihnen barfuß und mit diesem Gold beladen, das sie mit argwöhnischen Augen betrachteten, beschlossen sie, zwei Flöße zu bauen: sie warfen sich darauf und schwammen mit ihrem Gold flußabwärts. Eine Meile danach gelangten sie an Wasserfälle [. . .], wo sie einen Teil des Goldes, das ein gewisser Juan Montañés de Mañero trug, verloren [. . .] Am folgenden Tag setzten sie ihren Weg am Flußufer fort und marschierten nur bis zum Mittag wegen ihrer Müdigkeit und ihres Hungers [. . .] Sie hielten an, legten das Gold in ihre Mitte und flehten den Hauptmann Vascuña an, dieses Gold zu vergraben, da sie es nicht mehr tragen konnten und es sie neben allen Mühsalen sehr erschöpfte; aus Liebe zum Gold wagten sie es nicht, sich vom Wege zu entfernen, um ein Palmherz zu schneiden und zu essen [. . .] Der Hauptmann Vascuña befahl ihnen, so viel Gold mitzunehmen, wie sie tragen könnten [. . .], denn er hoffte, daß Gott sie bald friedliche Menschen finden lassen würde, die sie von dieser Fron erlösten [. . .] Sie nahmen ihren Weg wieder auf, der noch acht Tage dauern sollte, und täglich flehten sie den Hauptmann an, das Gold zu vergraben [. . .] Als sie sahen, daß es sonst keinen Ausweg gab, vergruben sie es am Fuße eines Baumes [. . .] Nachdem sie es glücklich vergraben hatten, schliefen sie die folgende Nacht bei dem Gold und aßen Palmherzen [. . .]«[55]

Eine andere Seite dieses unmenschlichen Lebens zeigte sich an den Kranken, die von ihren Begleitern verlassen wurden. Die Geschichte berichtet den Fall eines jener Unglücklichen, eines gewissen Francisco Martín, der wegen zweier Furunkel an der Fußsohle seinem Schicksal überlassen wurde. Sobald er allein war, schleppte er sich ans Ufer des Flusses, wo es ihm gelang, sechs Tage zu überleben; dann: »[. . .] als er nicht mehr gehen konnte, um Palmherzen zu schneiden, sich verloren glaubte, empfahl er sich unter vielen Tränen der Muttergottes, nahm ein Stück Holz und warf sich damit in die Strömung [. . .] Am selben Tag bei Sonnenuntergang gelangte er in die Nähe einiger alter Indiohütten, wo er Rauch sah. Auf allen vieren kroch er, mühsam sich schleppend, auf einem Pfad, den er entdeckt hatte, zu dem Rauch hin [. . .] Als die Indios ihn so herbeikommen sahen, rannten sie ihm entgegen, nahmen ihn in ihre Arme und führten ihn zu neuen Hütten, wo ihre Frauen und Kinder waren, legten ihn in eine Hängematte und gaben ihm zu essen, was sie nur hatten. So blieb er drei Monate bei ihnen, während deren sein Fuß heilte.«[56]

Da es ihm unmöglich war, wieder zu den Seinen zu gelangen, blieb dieser Eroberer bei den Wilden, nahm ihre Sitten an und wurde auf ihre Bitten hin ihr Arzt. Infolge merkwürdiger Zufälle traf er eines Tages auf Landsleute, die ihn beinahe töteten, denn nackt, das Gesicht und den Körper bemalt, den Bart ausgerupft und Pfeil und Bogen tragend, wurde er zuerst für einen Indio gehalten. Er leistete in der Folge wertvolle Dienste als Dolmetscher und Unterhändler, da die Eingeborenen sich an Abkommen, die in ihrer eigenen Sprache abgefaßt waren, hielten und so eine Zeitlang wieder in die Falle der Lügen gerieten.

XIII. DAS KÖNIGREICH VON NEU-GRANADA (KOLUMBIEN)

Lange Zeit hindurch unterscheidet sich die Eroberung des nördlichen Teils des heutigen Kolumbien kaum von der des gesamten den Antillen gegenüberliegenden Küstengebietes: der hartnäckige Widerstand, der dort geleistet wurde, machte diese Küste zu einem »für den Sklavenfang freigegebenen Ort«, wo es durch Erlaß des Königs von Spanien erlaubt war, »[. . .] Schiffe [mit Sklaven] zu beladen und sie nach der Insel Hispaniola zu schicken oder zu führen, um sie zu verkaufen [. . .]«[57] Wie überall, galt der Kampf der Europäer auch hier der Bereicherung wie dem puren Überleben. Erst zwanzig Jahre nach Beginn der Eroberung, als man von den Schätzen der Inka erzählen hörte, gewannen diese Gebiete eine eigene Physiognomie. Denn von der Zeit an, da sie nicht mehr um ihrer selbst willen interessant waren, sondern als Zugangsweg nach Peru in Betracht gezogen wurden, wurden sie von einem solchen Zustrom von Auswanderern überrollt, daß die wirtschaftliche Krise, an der die Kolonie schon immer gelitten hatte, unerträgliche Formen annahm. Es mußte ein Ausweg gesucht werden, und dieser führte schließlich zur unvermuteten Entdeckung eines bis dahin unbekannten Königreichs.

Das zwischen dem enormen Massiv der Anden von Santa Marta und der Mündung eines der größten Flüsse Amerikas gelegene Gebiet, das einst wegen seiner üppigen Täler und seines Reichtums an Gold besiedelt worden war, verwandelte sich jetzt in ein Gefängnis: es war gleichermaßen schwierig, dort zu leben und daraus zu entkommen. Der Grund für diese Entwicklung lag in der Tatsache, daß die Spanier, ebenso wie noch die Generalstäbler unserer Zeit, den Widerstand der Bevölkerung zu brechen suchten, indem sie ihre Dörfer bis auf die letzte Hütte anzündeten und ihre Felder verwüsteten. (Die stolzen Worte eines Häuptlings geben Zeugnis davon, daß auch in jener Epoche diese Methode nicht immer die wirksamste gewesen ist; er sagte, »[. . .] er suche keineswegs Frieden. Man verbrenne die Häuser einiger Dörfer, die ihm gehörten: ihn friere, er werde sich an ihnen wärmen [. . .]«[58]) Ohne die Unterstützung durch Luftwaffe und Marine, deren sich die heutigen Eroberer bedienen, mußten die Urheber dieser Zerstörungen auch deren Folgen tragen. Die einzige Hoffnung, Hunger und Tod zu entgehen, bestand darin, den Weg entlang dem Magdalenenstrom einzuschlagen, jener großen Wasserstraße, die, wie man vermutete, bis ins Land der Inka hinaufführen mußte. Dieses Vorhaben erwies sich jedoch wegen der Sümpfe und der Wildheit der Gewässer im Mündungsgebiet als praktisch undurchführbar. Indessen zwang die verzweifelte Situation der Kolonisten von Santa Marta diese zur Verdoppelung ihrer Anstrengungen, und so gelang es ihnen schließlich, alle Hindernisse zu überwinden: ein Seitenarm erwies sich unter der Voraussetzung als schiffbar, daß man die Boote nur wenig belud, und die Sümpfe des unteren Flußlaufs wurden mit Hilfe eines Nebenflusses umgangen, dessen Ufer begehbar waren und der 500 Kilometer weiter in den Rio Magdalena mündete.

Nach manchen erfolglosen Versuchen gelang es 1536 einer von Jiménez de Quesada geleiteten Expedition, die Schwelle neuer Gebiete zu überschreiten. Um den mächtigen Strom hinaufzugelangen, durften die Brigantinen lediglich Nahrungsmittel transportieren, und die Männer mußten dem Lauf des Nebenflusses zu Fuß bis zu seiner Mündung folgen. Da sie kaum auf Hilfe von seiten der Eingeborenen rechnen konnten, die bereits über die Vorhaben der Europäer im Bilde waren, trugen die 600 Soldaten selber das Unentbehrliche auf dem Rücken. Infolge der extremen Beschwerlichkeit des Weges und wegen der großen Verspätung, mit der die Schiffe am Treffpunkt anlangten — die ersten hatten Schiffbruch erlitten, und es mußten neue ausgerüstet werden —, fanden zwei Drittel der Truppe den Tod. Man kann sich den Zustand der Überlebenden vorstellen: die meisten schleppten sich barfuß und auf Stöcke gestützt auf jene blühenden Völkerschaften zu, die sie erst nach Monaten des Herumirrens erreichten. Ihr Weg führte sie »durch Sümpfe und Wurzelgestrüpp, unter den ständigen Sturzregen des tropischen Winters, durch reißende Flüsse und Schluchten, Krokodilen und Rochen ausgeliefert [...] durch ein völlig entvölkertes Gebiet [...]« Ein Conquistador berichtet in seinem ›Diensttagebuch‹, daß »auf besagter Reise und Entdeckung über die Gefahren und Mühsal hinaus alle derart Hunger litten, daß sie Pferde und andere ungewöhnliche und nie gesehene Dinge aßen, als da sind Wurzeln, giftige Kräuter, Eidechsen, Fledermäuse, Ratten und vieles andere derselben Art [...]«[59]

Auf den Brigantinen kommen sie wieder zu Kräften. Die Strömung des Rio Magdalena wird jedoch allzu gefährlich, so daß Jiménez de Quesada auf den Marsch nach Peru verzichtet, um statt dessen ein Volk kennenzulernen, das, nach äußeren Anzeichen zu schließen, zivilisiert und wohlhabend sein muß. Er bewegt seine Leute dazu, die Berge zu übersteigen und sich auf die Suche nach der Salzlagune zu machen — auf den Spuren der dort lebenden Eingeborenen, die ihre Salzkuchen gegen die Produkte der Anlieger des Flusses eintauschen kommen. Jenseits der schwindelerregenden Höhe öffnet sich den Europäern ein wunderbares Land: reiche Ebenen, deren Bewohner mit Gold und Juwelen geradezu bedeckt sind. Die Eindringlinge stoßen überall auf starken Widerstand, der sie jedoch nicht hindert, Beute anzuhäufen. Nach dem für die königlichen Dienststellen gewissenhaft geführten ›Expeditionstagebuch‹ »bietet das erste Dorf an den Abhängen des Gebirges mehreren Hauptleuten die Gelegenheit, Exkursionen zu unternehmen und Gold zu erbeuten. An einem Tag, dem 9. März, sammelten die Spanier 1173 Pesos feinen Goldes und 73 Pesos geringen Goldes, während bis dahin innerhalb der elf Monate, die ihre Reise gedauert hatte, alles in allem an feinem wie an geringem Gold nur 97 Pesos und ein halbes Quentchen in die Kasse gelangt waren.«[60]

Bis zur Grenze des Königreichs Chibcha sind die Etappen durch den steigenden Wert der Beute gekennzeichnet. Zum großen Kummer der Spanier, die davon träumen, sich möglichst schnell im Besitz des berühmten Schatzes des Bogotá zu sehen, bekriegt sie dieser Herrscher während mehrerer Wochen Tag und Nacht und fällt unerkannt in einem Gefecht. Die Folterungen, denen er auf diese Weise entgeht, erleidet sein Sohn, der, da er sich weigert zu sprechen, bald darauf unter den Händen seiner Peiniger stirbt. Ein zum Bogotá gewählter Neffe leistet mit den Würdenträgern der Regierung im Gebirge Widerstand. Als er gefangengenommen wird, soll er als Lösegeld eine Hütte voll Gold versprochen haben; da aber das Gold auf sich warten läßt, erliegt auch er der Folterung.

Obwohl der Widerstand allgemein geworden ist und der königliche Schatz unauffindbar bleibt, verzeichnet das ›Expeditionstagebuch‹ den Eingang immer größerer Reichtümer. Oviedo bezeugt eine bewundernswerte geistige Unabhängigkeit, wenn er sich gegen das Epitheton ›Rebell‹ wendet, mit dem die Eroberer den Verteidiger seines Vaterlandes belegen: »[. . .] ohne Erlaubnis und gegen seinen Willen sind sie in sein Land eingedrungen, wo er sich in Frieden seiner Macht und seiner Freiheit erfreute, daher konnte er sich mit allem Recht verteidigen, die Feinde töten und sie aus seinem Haus und seinem Gebiet werfen [. . .]«[61]

Dennoch werden die Angreifer bald Herren des Landes, und ihre Gier treibt sie zu den schlimmsten Untaten: sie gehen soweit, daß sie selbst den Leibern der Toten das Gold und die Juwelen entreißen, die nach religiösem Brauch darin begraben werden. Sie erfahren, daß die Eingeborenen im Gebiet von Neiva aus der Erde ein sehr feines Gold gewinnen und daß es anderswo — eine unerhörte Neuheit — Minen gibt, aus denen prächtige Juwelen gewonnen werden. Die Kämpfe zwischen Gouverneuren und Hauptleuten, die sich dieses Schlaraffenlandes bemächtigen wollen, erreichen infolge eines ungewöhnlichen Ereignisses einen neuen Höhepunkt: das geheime Tal der Chibcha, dieses Königreich, das durch die unüberwindlichen Berge der Anden abgeschirmt und dessen Grenze außerdem über Hunderte von Kilometern durch Sümpfe, Flüsse und Urwälder geschützt ist, wird plötzlich zum Ort der Begegnung dreier Abenteurer. Drei Jahre lang war es Jiménez de Quesada gelungen, diesen Platz vor dem Zugriff seiner Landsleute zu bewahren, als völlig unversehens der Deutsche Federmann aus Venezuela und Benalcázar, der Begleiter des Pizarro, aus Quito dort eintreffen.

Damit diese Begegnung stattfinden konnte, mußte Federmann zuerst die ausgedehnten, für die Eroberer dieser Gebiete ganz besonders unheilvollen Sümpfe Venezuelas, danach die östlichen Anden überqueren. Allein die Überwindung des Gebirges hatte 22 Tage gedauert, während derer viele Soldaten an der Kälte starben. Benalcázar hatte ein ungeheures Gebirgsmassiv überschreiten müssen und bei dieser Gelegenheit die Kontinuität der Anden von Südamerika bis zu den Kariben feststellen können, so daß sie jetzt als Wirbelsäule des Kontinents erkannt werden konnten. Beide waren ins Ungewisse marschiert, ohne Führung, einzig dem Hinweis der Eingeborenen folgend, daß sich in weiter, immer noch weiterer Ferne unendliche Reichtümer befänden.

Die nach der Entdeckung von Peru aufgekommene Legende von

El Dorado erhielt erst zu dieser Zeit ihre besondere Gestalt: die märchenhafte Goldstadt war mit der Faszination und Unbeständigkeit einer Fata Morgana von einem Punkt der Hemisphäre zum anderen gewandert. Es gibt zahllose Angaben über die Lage von El Dorado; unermeßliche Gebiete wurden auf der Suche nach ihm durchforscht. Ein weiteres Traumbild dieser Art, das letzten Endes die geographischen Kenntnisse erweiterte, war das Reich der Amazonen; die Suche nach dem Schatz, den diese stolzen Frauen besessen haben sollen, hat die Europäer bis in die entferntesten Gegenden geführt.

Die Streitigkeiten um den Besitz der fast gleichzeitig durch drei verschiedene Expeditionen entdeckten Reichtümer waren so langwierig und so schwierig, daß die drei Anführer sich gemeinsam nach Kastilien begaben. Ungeachtet der Anstrengung der Welser, Karl V. zu überzeugen, das Tal der Chibcha falle in die Gebietshoheit von Venezuela, wurde der Anspruch Federmanns schließlich für nichtig erklärt. Seine Eigenschaft als Ausländer ließ ihn unwürdig erscheinen, eine derart bedeutende Mission zu erfüllen.

XIV. ARGENTINIEN UND CHILE

Mit der Zeit verstärkte sich der Widerstand gegenüber den Eindringlingen; die Eroberung von Argentinien und Chile, der beiden zuletzt unterworfenen Gebiete, zeigt das deutlich. Ihre Geschichte ist eine Folge von dramatischen Episoden, in denen nicht mehr allein die Eingeborenen sterben und in welchen die Europäer Niederlagen erleiden, die auf lange Zeit — im Falle Chiles auf Jahrhunderte — die Kolonisation zum Scheitern verurteilen.

Das Gebiet des heutigen Argentinien, das Sebastián Cabota von 1526 bis 1530 bis zum Oberlauf des Paraná erforschte, wurde zuerst ausschließlich im Hinblick auf Peru betrachtet. Um es an das Inkareich anzuschließen, wurde 1553 die Expedition des Pedro de Mendoza organisiert. Ebenso war Diego de Almagro bei der Entdeckung Chiles anfangs von dem Gedanken beherrscht, daß es einen Teil des märchenhaften Königreiches bilde. Er war fest überzeugt, daß sich im südlichen Teil des Kontinents die gleichen Schätze verbergen müßten wie an den peruanischen Küsten. Wie Pedro de Mendoza verließ schließlich Almagro diese Gebiete nach unerhörten Leiden und dem Tod fast aller seiner Leute. Sie starben einerseits von der Hand Widerstand leistender Eingeborener, andererseits am Hunger, den die Bevölkerung dadurch herbeiführte, daß sie beim Näherrücken der Feinde alle Nahrungsmittel verbrannte. Die Chronik des Deutschen Ulrich Schmidel — eines Soldaten im Expeditionskorps, das Pedro de

Mendoza begleitete — berichtet: »[. . .] das Volk hatte nichts zu essen, litt sehr große Armut und starb vor Hunger [. . .] Es verursachte auch solch große Armut und Hungersnot, daß weder Ratzen noch Mäus, weder Schlangen noch ander Unziefer genug vorhanden waren zur Ersättigung dieses großen jämmerlichen Hungers und dieser unaussprechlichen Armut. So kunnten auch die Schuhe und ander Leder nicht bleiben, es mußte alles gessen sein.

Es begab sich, daß drei Spanier ein Roß entführten und dasselbige heimlich aßen; und als man solches inne ward, wurden sie gefangen und mit schwerer Pein derwegen gefragt. Als sie nun solches bekannten, wurden sie zum Galgen verurteilt und gehenkt. In derselben Nacht gesellten sich drei andere Spanier zusammen, die sind zu diesen drei Gehenkten zum Galgen kummen, haben ihnen die Schenkel vom Leib abgehaut und große Stücker Fleisch aus ihnen geschnitten, und trugen dieselben zur Ersättigung ihres großen Hungers in ihr Losament.

Item hatte auch ein Spanier seinen Bruder, so in der Stadt Buenos Aires gestorben war, aus übermäßigem Hunger gessen.«[63] Nach Oviedo sollen von der zu Beginn 1500 Mann starken Armee nur 150 Mann überlebt haben.

Eine wahre Folter bildete in Chile die Kälte. Mochte sie sich auch mitunter als nützlich erweisen, wenn sie z. B. Pferdekadaver in so gutem Zustand bewahrte, daß noch fünf Monate, nachdem die Tiere verendet waren, ausgehungerte Soldaten sich davon nähren konnten, so ließ sich andererseits die Zahl derer, denen die Füße erfroren, kaum feststellen. Oviedo, der die Augenzeugenberichte von Überlebenden sammelte, erfuhr unter anderem von einer aus Leichen errichteten Mauer, die zum Schutz gegen den eisigen Sturm diente.

Der Brauch, Häuser und Schiffe zu verbrennen, der zuerst an den Ufern des Rio de la Plata aufkam, setzte die Europäer ständiger Furcht aus und zwang sie häufig dazu, den Rückzug anzutreten. Auf diese Weise verschwanden die ersten Hauptstädte der beiden Länder: das Buenos Aires der Zeit des Pedro de Mendoza und Santiago, das 1541, im Jahr seiner Gründung, zerstört wurde. Das Buenos Aires von 1580 sollte keinen Angriffen mehr ausgesetzt sein, aber chilenische Städte waren bis ins 19. Jahrhundert bedroht und wurden mitunter noch gänzlich verwüstet. Dem Eroberer Valdivia, den anscheinend der Mißerfolg seines berühmten Vorgängers dazu anregte, in diese Gegend vorzustoßen, gelang es, wichtige städtische Zentren in der an Gold reichen südlichen Zone zu errichten, aber im Jahre 1552 — zehn Jahre nach seinem stolzen ersten Auftreten — starb er, kurz bevor die Stadt, die seinen Namen trug, dem Erdboden gleichgemacht wurde. Sieben weitere Ortschaften desselben Gebiets wurden am Anfang des 17. Jahrhunderts zerstört.

Der Widerstand, der hauptsächlich von den Araukanern ausging, unter denen sich die Spanier niedergelassen hatten, um die Minen auszubeuten, brachte das kolonisatorische Werk in Gefahr: neben der Tatsache, daß er ohne Unterlaß an den Kräften der Besatzungsmacht zehrte, wurde der lange Überlebenskampf eines ganzen Volkes den Siedlern wie der Hauptstadt zum Problem. Der Aufstand gegen die skandalöse Ausbeutung eines ganzen Kontinents, der bisher bei den Europäern auf wenige große Seelen beschränkt geblieben war, erreichte alle Bereiche und äußerte sich auf vielerlei Weise: man verdammte diejenigen zu ewigem Feuer, die an einem so ungerechten Krieg teilnahmen; man verkündete Gesetze zur Reform der Behandlung der Sklaven; entlaufene Priester wurden zu Anführern der Widerstandskämpfer; es häuften sich die Versammlungen von Theologen und Rechtsgelehrten; ein Eroberer schrieb ein Epos zum Ruhm der Araukaner; Europäer, die von den Eingeborenen zu Gefangenen gemacht worden waren, kämpften gegen ihre Landsleute, und gefangene Spanier schlossen sich den Gruppen der Geächteten an und weigerten sich, ihren ›Rettern‹ zu folgen, deren Verblendung sie verdammten.

Die zahllosen verschiedenartigen Versöhnungsversuche der Eroberer stießen ausnahmslos auf den unerschütterlichen Willen der Araukaner, den Kampf bis zum Ende weiterzuführen. Dieser Widerstand wurde unbezwingbar, als sich ein Eingeborener an seine Spitze setzte, der die Europäer, ihre Ziele und ihre Lügen kannte: war der Krieg auch bereits organisiert, so trat er doch in seine rühmlichste Phase erst ein, als ein junger, bei den Spaniern aufgewachsener Mann in das araukanische Lager übertrat, der wußte, daß ungeachtet aller Versprechen eine Beendigung der Feindseligkeiten unweigerlich Tod und Sklaverei mit sich bringen mußte. Getragen von dieser Einsicht, entwickelte sich um den Pferdeknecht Lautaro der bestorganisierte, erfinderischste und wirksamste Krieg des Kontinents: ein Krieg aus Überzeugung, belebt von einer Einbildungskraft, die auf kluge Weise die Menschen einsetzte, ohne Unterlaß neue Strategien erfand, Festungen baute und bei jedem Schritt in unerschöpflichem Maße Erfindungsgabe und Zivilcourage zur Entfaltung brachte. Valdivia wurde bei dem ersten von Lautaro geführten Angriff getötet, und die Dynamik der Armeen wurde derart unwiderstehlich, daß sie nach ihrem Sieg im Süden sogar gegen die Hauptstadt marschierten. Lautaro wurde durch Verrat im Schlaf ermordet, aber der Widerstand dauerte ungebrochen fort: »Lautaro war kein Gelegenheitsführer, sondern der vom Genie erleuchtete Widerschein der Seele eines Volkes.«[36] Der legendäre Held dieses Widerstandes, Caupolican, hat dieselbe Idee ausgesprochen, bevor er ebenfalls getötet wurde:

»Glaube nicht, daß, wenn ich hier
unter deinen Händen sterbe, unser Staat kopflos werden wird,
denn es werden sogleich tausende andere Caupolicans
erstehen.«[65]

XV. EINE STUFE UNTER DER SKLAVEREI

An Caupolicans fehlte es in der Tat auch in der Folge nicht, aber
aller Heroismus, alle Opfer konnten die endgültige Unterwerfung des amerikanischen Kontinents nicht verhindern. Wer über
diese Katastrophe nachdenkt, vor deren Hintergrund die finstersten Epochen der Geschichte noch lichtvoll erscheinen, gelangt
zu dem Schluß, daß es nicht möglich ist, für die Regierungsform,
die den Kapitulationen folgte, eine Definition zu finden. Tyrannei, Diktatur und Sklaverei implizieren noch Elemente einer
Rechtsstruktur, eines Kräftegleichgewichts, einer Gegenseitigkeit
der Beziehungen. Aber all dies blieb den Massen, die ihren jeder
Kontrolle ledigen Folterern bedingungslos ausgeliefert waren,
vorenthalten. Sie gingen ihrer moralischen Persönlichkeit und
des elementarsten Schutzes ihrer physischen Existenz verlustig,
denn selbst die Nahrung wurde ihnen verweigert. Der Wirtschaftsapparat sah keine andere Produktion vor als die für die
Spanier, und selbst diese war weit davon entfernt, den Anforderungen zu genügen. Die Ureinwohner waren gänzlich mittellos; ihnen blieb keine Wahl, als sich von Raupen, Kräutern und
Wurzeln zu ernähren. Die durch diese Mißachtung bewirkte bestürzende Verminderung der Arbeitskräfte wird durch die Erlasse
offenkundig, die immer von neuem den Ausbeutern vorgeschrieben, den Eingeborenen die für die Pflege ihrer Maispflanzungen
notwendige Zeit zuzugestehen.

Nur in diesem Kontext versteht man die Emphase, mit der Valdivia in seinen Briefen an den Kaiser auf die Tatsache hinweist,
daß er selbst und seine Mitarbeiter die Arbeiter der chilenischen
Bergwerke im Süden ernährten. Denn der Widerstand der Araukaner hatte sie der Reserve von Arbeitskräften beraubt, über die
man anderswo verfügte. Die Spanier mußten ihre Opfer schützen, nicht nur, um etwas Gold aus den Bergen zu gewinnen, sondern auch, um zu überleben: »Im letzten Sommer habe ich die
anaconcillas [d. h. Indianerinnen], die uns dienten, in die Bergwerke geschickt. Wir brachten ihnen mit unseren Pferden zu
essen, um sie nicht zu überanstrengen.«[66]

Wie man sieht, lag der Grund für die erschreckend hohe Sterblichkeit, die die Arbeit in den Bergwerken mit sich brachte, nicht
nur in der ganzen Art der Ausbeutung, sondern vor allem in dem
Mangel an Lebensmitteln: die Menschen starben, sobald ihre

mageren Vorräte zu Ende waren. Es versteht sich von selbst, daß die Grundlage für diese Form der Herrschaft die Gewalt sein mußte; so war es denn die erste Sorge des Cortés bei der Aufteilung der Bevölkerung (einer Rechtsinstitution, die — freilich ohne Erfolg — die Eingeborenen vor Mißbrauch und Sklaverei schützen sollte; der Begriff *encomendero*, der den Herrn bezeichnete, implizierte eine Vormundschaft), seine Landsleute zu veranlassen, sich mit Waffen zu versorgen: »Ich ordne an, daß jeder Besitzer von Indios eine Lanze, einen Dolch, einen Rundschild, eine Armbrust oder ein Gewehr und spanische Verteidigungswaffen besitzt. Alles dies muß in sehr gutem Zustand sein [...] Ferner, daß die den besagten Dörfern und Städten Benachbarten, die fünfhundert bis eintausend Indios besitzen, die oben angegebenen Waffen vorweisen können, und darüber hinaus ein Pferd oder eine Stute mit vollständigem Sattelzeug. Das Pferd oder die Stute hat er im Laufe des Jahres, das der Veröffentlichung dieser Erlasse folgt, vorzuführen. Sollte er der Parade fernbleiben, wird er beim erstenmal mit fünfzig Goldpesos, beim zweitenmal mit der doppelten Summe und beim drittenmal mit dem Verlust seiner sämtlichen Indios bestraft [...] Diejenigen, die mehr als zweitausend Indios besitzen, müssen außer den obengenannten Waffen und dem Pferd drei Lanzen, sechs Spieße und vier Armbrüste oder Gewehre haben [...]«[67]

Die Besiegten genossen nicht einmal den Status, der aus ihrer Gleichstellung mit Sachen hervorgegangen wäre. Ihre Eigenschaft als Privatbesitz, die verfügt wurde, um den Massakern Einhalt zu gebieten, wurde niemals respektiert, ungeachtet der Gesetze, die Cortés und andere gegen diejenigen erließen, die sich weigerten, die Eingeborenen als ›persönliche Sache‹ zu betrachten, und sie umbrachten, statt sie zu schützen. Nichts gibt von dieser zerstörerischen Wut eine bessere Anschauung als die Vision der Eroberer, wie sie einigen Zauberern auf Hispaniola lange vor ihrer Ankunft erschienen sein soll. Es gab auf dieser Insel die Sage, daß man einst, nach fünf Tagen des Fastens und ritueller Handlungen, die Gottheit angefleht habe, die Zukunft zu enthüllen. Diese habe geantwortet, daß sie für ein derart frommes Volk eine Ausnahme von der Regel machen wolle, nach der die Menschen ihre Zukunft nicht wissen sollten, und vorausgesagt, »[...] daß bald bärtige und bekleidete Männer ankommen würden, die auf einen Schlag einen Mann mit glänzenden Schwertern, die sie am Gürtel trügen, in zwei Teile hauen würden [...], daß sie ihnen ihre Bräuche und Kulte zum Vorwurf machen und das Blut ihrer Söhne vergießen oder sie mit sich wegführen würden [...]«[68] Der Chronist fügt hinzu, sie hätten zum Gedenken an diese fürchterliche Antwort einen Gesang komponiert, den sie bei bestimmten traurigen und schmerzlichen Festen sängen. Diese legendäre Fixierung der Realität in einem Bild von großer Dichte und Wahrhaftigkeit findet sich in einer der ersten Geschichten von Westindien, die 1551 erschien und aus der Feder eines Höflings stammt, dem es besonders darum zu tun war, die Eroberung zu glorifizieren.

Wie die koloniale Ordnung beschaffen war und welche Verhältnisse sich unter ihr ausbreiten konnten, das wird in beispielhafter Weise durch die Rolle erhellt, die in ihr die Hunde spielten. Daß Menschen durch Hunde zerrissen wurden — von diesem Verbrechen ist in allen Prozessen gegen Eroberer die Rede, die deren Rivalen gegen sie anstrengten. Diese Art der Folterung konnte rechtmäßig gegen Eingeborene angewendet werden, die ihren Tribut nicht bezahlten, und sicherlich erklärt dieser Brauch die Grausamkeit späterer Häuptlinge, denn diese waren als Verantwortliche der ganzen Gruppe beim geringsten Fehler die ersten Opfer. Fernández de Oviedo erwähnt, daß jemand von einem seiner Begleiter angeklagt worden sei, auf seinen Streifzügen ganze Scharen von Eingeborenen mit sich geführt zu haben, um seine Hunde zu ernähren, und es ist bezeichnend, daß dieser Historiker innehält, nicht nur, um sich über »die Tugenden eines dieser Tiere« auszulassen, sondern auch, um dessen Heldentaten vorteilhaft mit denen der Offiziere zu vergleichen und schließlich daraus eine Moral für die militärische Ehre abzuleiten. Nach einer Beschreibung des ›Helden‹ — Farbe der Augen, des Fells, Größe, Charakter und Intelligenz — erklärt er: »[...] seine Handlungen brachten die Christen zu dem Glauben, daß Gott ihn gesandt habe, um ihnen zu helfen, denn [...] er vollbrachte hervorragende und bewundernswerte Dinge. Wenn um Mitternacht ein Gefangener entfloh, mochte er sich auch bereits eine Meile weit weg befinden, genügte es, ihm zu sagen, ›der Indio ist geflohen‹ oder ›such ihn‹, und er fand gleich seine Fährte, fing ihn und brachte ihn zurück [...] Die Christen glaubten, daß ihre Zahl und ihr Mut sich in seiner Gegenwart verdoppelten, und das war wahr, denn die Indios hatten sehr viel mehr Angst vor dem Hund als vor den Christen. Der Hund war geschickter als sie, um sie einzufangen. Er hinterließ auf dieser Insel [Puerto Rico] eine zahlreiche Nachkommenschaft von ausgezeichneten Hunden, die ihn in allem, was ich gesagt habe, sehr gut nachahmten.«[69] An anderer Stelle zeigt Oviedo diese Schutzengel in Aktion bei der Hinrichtung von »siebzehn oder achtzehn« Häuptlingen, der er als Zeuge beiwohnte: »An einem Dienstag, dem 16. Juni dieses Jahres, wurden sie auf der Plaza in León [Nikaragua] folgendermaßen hingerichtet: Jeder Indio erhielt einen Stock, und man ließ ihm durch einen Dolmetscher sagen, er solle sich damit verteidigen [...] Dann wurden auf jeden fünf oder sechs junge Hunde losgelassen, um sie an diese Art von Jagd zu gewöhnen. Da sie nun noch jung waren, liefen sie nur um den Indio herum und bellten [. . .] Wenn er dann aber glaubte, sie mit seinem Stock besiegt zu haben, schickte man ein oder zwei erfahrene Bulldoggen auf ihn los, die ihn im Handumdrehen zu Boden warfen, ihn häuteten, ausweideten und von ihm fraßen, was sie Lust hatten [. . .] Als dann die Hunde wieder eingefangen waren, ließ man die Leichen auf dem Platz liegen, denn es wurde verkündet, wer die Überreste wegtrüge, solle auf die gleiche Weise sterben [. . .] Da das Land heiß ist, rochen sie am folgenden Tag schon schlecht. Am dritten und vierten Tag, als sie noch dalagen, um den Indios Furcht einzujagen und ihnen ein warnendes Beispiel zu geben, mußte ich dort vorbeigehen, um zum Haus des Gouverneurs zu gelangen. Da bat ich ihn inständig, er möge erlauben, daß sie entfernt würden, denn der Gestank war unerträglich. Und aufgrund der Bitten, die ich und andere ihm vortrugen, und weil er auch selbst daran interessiert war, da sein Haus auf demselben Platz stand, befahl er, daß die Indios weggetragen würden.«[70]

Selbst das grausamste Kolonisationsunternehmen erscheint neben dem Vandalismus der ersten Jahrzehnte positiv: obwohl sie bereits unterworfen waren, blieben die Eingeborenen weiterhin Opfer eines Zerstörungseifers, der Las Casas dazu bewog, zu versichern, daß die am wenigsten grausame Methode der Spanier, an Sklaven zu kommen, der »ungerechte Krieg« war. Mehrere Jahre nach der ›Befriedung‹ von Mexiko mußte Cortés Maßnahmen treffen, um den Folterungen zum Zwecke der Erpressung von Gold ein Ende zu setzen, indem er erklärte, daß diese von jetzt an den Spaniern nur noch Nachteil bringen könnten, da die Eingeborenen kaum noch welches besäßen.[71] Bei der Analyse der Beschuldigungen, mittels derer Cortés in der Folgezeit von der Macht verdrängt wurde, kommt man zu der Überzeugung, in den Augen der anderen Eroberer habe sein Verbrechen darin bestanden, daß er der Vernichtung des unentbehrlichen Menschenmaterials Einhalt gebieten wollte. Im Gefolge von Klagen und Verleumdungen macht Karl V. dem bereits abgesetzten großen Offizier zum Vorwurf, daß er seinen Landsleuten verboten habe, sich in die Eingeborenendörfer zu begeben. Die Antwort des Cortés wirft ein grelles Licht auf die Lage der Eingeborenen: »Zu diesem Kapitel, mächtiger Herr, sage ich, daß der Verkehr und Handel der Spanier mit den Bewohnern dieser Länder unvergleichlich großes Unheil stiften würde, denn wenn sie frei wären, es zu tun, müßten die Bewohner großen Schaden nehmen; sie würden Opfer von Diebstählen, Zwangsmaßnahmen und anderen Übeltaten, denn trotz des Verbotes, daß kein Spanier ohne Erlaubnis und ohne besonderen Auftrag die im Namen Eurer Majestät gegründeten Städte verlassen darf, und trotz der mit großer Regelmäßigkeit vollzogenen Bestrafungen der Zuwiderhandelnden sind die von ihnen verursachten Schäden derart, daß selbst, wenn wir imstande wären, uns mit nichts sonst zu beschäftigen, wir sie nicht beheben könnten [. . .] Sie [die Spanier] würden sich überall verbreiten, und, von ihrer Gier getrieben und ohne das geringste Risiko für sich selbst, nähmen sie sie einen nach dem anderen und töteten alle, einen nach dem anderen, wie es viele schon getan haben [. . .]«[72]

Dieses Verhalten wird durch die Einstellung gegenüber den Frauen bezeugt, die sich niemals von der einer Soldateska nach dem Sieg unterschied. Der Raub von Frauen und jungen Mädchen, die Vergewaltigungen und Morde ließen die Klage erstehen, die allein laut genug war, um die Mauer des Schweigens, mit der diese riesige Tragödie umgeben war, zu durchbrechen. Es waren die einzigen Verbrechen, die Aufstände, bedeutenden Widerstand und Empörung von seiten der Bauern *wie* der Monarchen hervorriefen. Der peruanische Chronist Huamán Poma de Ayala macht auf diese ganz besonders verbitternde Heimsuchung aufmerksam, deren Wirkung er persönlich erfahren mußte: »[. . .] nach der Eroberung und dem Gemetzel begannen sie die Frauen und jungen Mädchen zu stehlen, sie zu vergewaltigen, und wenn sie sich weigerten, töteten sie sie wie Hunde und schlugen sie ohne Furcht vor Gott noch Recht. Denn damals gab es kein Recht.«[73]

Der Verbrauch der Angreifer an Frauen war so groß, daß diese trotz der Kriege und Folterungen, von denen vor allem die Männer betroffen waren, sich überall dermaßen in der Minderzahl befanden, daß ein junger Eingeborener nicht mehr die Möglichkeit hatte, sich zu verheiraten. Ein gewisser ›Held‹ rühmte sich einer Erfindung, dank welcher er seine jungen Sklavinnen teurer verkaufen konnte: er schwängerte sie vorher. Es wird berichtet, daß zu einem bestimmten Zeitpunkt in einem spanischen Lager in Chile während einer einzigen Woche sechzig Dienerinnen ein Kind bekamen.[74]

Jede etwas einflußreichere Person besaß wahre Harems von Dienerinnen, die zugleich Konkubinen waren, und die Zahl der aus diesen Verbindungen hervorgegangenen Kinder war bald nicht mehr zu berechnen. Was der Historiker Francisco Encina für die Hauptstadt von Chile verzeichnet, kann verallgemeinernd für ganz Amerika gesagt werden: »[. . .] bis 1550 trieben sich in den Straßen von Santiago zwischen den Schweinen, Ziegen und Hunden eine Unzahl kleiner Mestizenkinder herum [. . .]«[75] Diese Bastarde aus dem ersten Jahrhundert der Kolonisation, die entweder in den Familien der Besiegten aufgingen oder die Scharen von Ausgestoßenen vermehrten, die keine Arbeit hatten und bereit waren, dem Schlimmsten zu dienen, waren von einem Elend gezeichnet, das in gleichem Maße auf ihre Rassenherkunft wie auf deren soziale Folgen zurückging. Denn trotz des Erlasses von 1501, welcher die Mischehen genehmigte, bestand zu allen Zeiten eine Rassendiskriminierung, die sich oft in Gesetzen niederschlug. Der Soziologe Sergio Bagú liefert uns, gestützt auf die genaueste Analyse der Dokumente, die Information, daß »in allen spanischen Kolonien zahlreiche königliche Erlasse zur Ausführung kamen [. . .], durch welche die Indios, Neger und Mestizen von den öffentlichen Ämtern, vom Militär und von den Zentren der höheren Bildung ausgeschlossen wurden. Dies war das ›gemeine Volk‹: vor seiner Gegenwart zitterte die adlige Aristokratie; seine gewaltsame Unterwerfung hat sie bis zur Stunde der Unabhängigkeit vom König immer wieder gefordert, während sie gleichzeitig behauptete, daß die Repräsentanten der Krone seinen Schutz gewährleisten.«[76]

Im Gegensatz zur Politik anderer Länder — z. B. zu dem Versuch, »die Wilden zu romanisieren«, der den Ursprung der zahlreichen Bevölkerung von Westkanada bildete — war die Politik der Spanier gegenüber den Mestizen immer feindlich eingestellt. Der Nachweis der Blutreinheit war bis zum 19. Jahrhundert für jede Eingabe gesetzlich erforderlich. Es ist aufschlußreich, daß Cortés, als er in dem Bemühen, die Quelle so ernster Konflikte zum Versiegen zu bringen, seinen Willen kundtat, »die Bevölkerung dieser Gegenden« durch legitime Ehen »zu veredeln«, nicht an die Eingeborenen dachte: er befahl den verheirateten Männern, unter Androhung »des Verlustes aller Indios und alles dessen, was sie erworben haben«, ihre Ehefrauen aus Spanien kommen zu lassen; den Ledigen wurde befohlen, sich zu verheiraten, ihre Frauen mitzubringen »und sie in diesem Land bei sich zu haben, und zwar spätestens eineinhalb Jahre nach der Veröffentlichung dieser Anweisungen«.[77] In einem der zahlreichen Briefe, die er später zu seiner Verteidigung schrieb, wiederholte er seine Überzeugung von der Notwendigkeit, daß die Spanier heiraten müßten: »[. . .] man sollte anordnen, daß viele heiraten, damit sich unser Volk vermehre und damit das Land von alten Christen bevölkert werde, die in diesem Königreiche geboren sind [d. h. von in Amerika geborenen Spaniern], was durchführbar wäre, wenn Eure Majestät den Frauen, die sich einverstanden zeigen, zu kommen, besondere Gunst und Rechte bewilligte.«[78]

So begibt es sich, daß plötzlich schöne und vornehme Prinzessinnen von einfachen Soldaten verlassen werden, weil sich diese mit einer ins Land geholten Spanierin verheiraten. Die Mutter des großen Schriftstellers Garcilaso de la Vega — eine in allen Punkten bemerkenswerte Frau — sollte nach langen Ehejahren mit dem Vater ihres Sohnes ähnliches Los erleiden. Eine höchst seltene Ausnahme von dieser Regel bildeten Frauen, die eine politische Macht darstellten und die man auf andere Weise nicht für sich gewinnen konnte. Dies ist der Fall bei der Schwester von König

Atahualpa, deren Schönheit selbst einen Francisco Pizarro lyrisch werden ließ, welcher sie, nachdem er sie zu seiner Geliebten gemacht hatte, einem unbedeutenden Soldaten »zur Ehe gab«. Das gleiche gilt für Marina, deren Geschick und Kenntnis von Sprachen, Sitten und Psychologie der Eingeborenen die Eroberung von Mexiko ermöglichte und die Cortés, dessen Geliebte sie war, einem seiner Söldner beigesellte; ebenso ergeht es einer der Töchter Moctezumas, deren Gemahl gegenüber Fernández de Oviedo die Einzigartigkeit seiner Wahl erklärt, indem er ihre Tugenden und die gesellschaftlichen Vorteile rühmt, die die Spanier aus dieser Verbindung zögen: »[...] ich bin mit einer legitimen Tochter Moctezumas, mit Namen Isabel, verheiratet, die, wäre sie bei uns in Spanien aufgezogen worden, nicht gelehrter, besser katechisiert und katholischer sein könnte. Ihre Unterhaltung, ihr Benehmen und ihre Anmut würden Sie bezaubern. Und dies ist nicht ohne Nutzen und Gewinn für die Ruhe und Zufriedenheit der natürlichen Einwohner dieses Landes, denn, da sie in allen Dingen eine große Dame und Freundin der Christen ist, vermittelt sie den Mexikanern Sanftheit und Ruhe durch den Respekt, den sie einflößt, und durch ihr Beispiel«[79]. Wenn man noch hinzufügt, daß besagte Donna Isabel keine andere als die Witwe des von seinen Landsleuten verehrten Cuauhtemoc war, werden die politischen Gründe für diese Verbindung völlig offenkundig.

Nichts ist im übrigen folgerichtiger als diese Diskriminierung der Glieder einer Gesellschaft, die man nach Belieben zerriß und der gegenüber sich die Europäer »[...] als Folterknechte oder Diener des Teufels« aufführten, »mit Degen und mit Waffen, die grausamer waren als die Zähne und die Wut von Tigern und Wölfen und die auf tausenderlei Arten den Tod brachten, grausame Tode, zahllos wie die Sterne [...]«[80]

Die Toten rechnet man nach Millionen. Die von den Zeugen genannten Zahlen, die einst übertrieben erschienen, erweisen sich als bescheiden im Licht der heutigen Untersuchungen, die das demographische Bild des Kontinents bei der Ankunft der Spanier wiederherzustellen versuchen. Die Ergebnisse sind zum guten Teil äußerst widersprüchlich, und die daraus entstehenden Polemiken sind mitunter sehr scharf. So schwanken z. B. die Angaben über die Bevölkerungszahl von Hispaniola zur Zeit der Eroberung zwischen 100 000 [81] und 1,1 Millionen, einer Angabe, die aus alten Dokumenten — unter anderem aus den Schriften des Kolumbus — stammt und eine auf Zählungen gegründete Schätzung darstellt, die damals zur Einrichtung des Tributsystems gemacht wurde. Diese Zahl wird auch von modernen Historikern unterstützt. Die Widersprüche werden unvereinbar im Falle von Mexiko. So nimmt der hervorragende mexikanische Soziologe Miguel Othón de Mendizábal eine Summe von neun

Millionen an, Angel Rosenblat 4,5 Millionen, während die Forschungsgruppe der Universität Berkeley allein für Zentralmexiko auf 16,8 Millionen kommt.

Trotz dieser Divergenzen und unabhängig sowohl von der Fachrichtung und Methode der Forscher als auch von den untersuchten Ländern weisen – was das Absinken der Bevölkerungszahlen angeht – die Folgerungen stets deutlich in die gleiche Richtung: die prozentualen Werte schwanken zwischen 75 % und 95 %, je nach der wirtschaftlichen und sozialen Bedeutung der Gebiete und je nach der größeren oder geringeren Entfernung von den Hauptstädten. Borah und Cook geben an, daß von den 1532 in Mexiko lebenden 16,8 Millionen Indios im Jahre 1605 noch 1,075 Millionen übrigblieben; als Fachmann vertritt Charles Gibson die Ansicht, daß die 1,5 Millionen Bewohner der Hochebene gegen Ende des Jahrhunderts auf 70 000 zusammengeschrumpft waren. Übrigens gelangte der Historiker Juan Friede in seinen beispielhaften Studien über die Vergangenheit Kolumbiens zu einem sehr ähnlichen Prozentsatz von Überlebenden.

Die von unparteiischen Universitätsgelehrten ermittelten Zahlen zeigen uns demnach eine ebenso schreckliche Wirklichkeit wie die, die Oviedo beschrieben hat. Wollte man den Prozeß einer derart schwindelerregenden Vernichtung menschlicher Wesen zurückverfolgen, müßte man die schändliche Geschichte einer hundertjährigen Besatzung schreiben, Tausende von Einzelheiten heraufbeschwören, die vor allem durch die Anschuldigungen ans Licht treten, die immer irgendein Komplize schließlich gegen die Eroberer bei den Herrschern erhebt – Einzelheiten, die so grausig sind, daß man nicht länger als unbedingt nötig bei ihnen verweilt.

Die Tatsache, daß die Statistiken eine Zunahme der Sterblichkeit in dem Maße anzeigen, wie die Kolonien feste Formen annehmen, zwingt uns dazu, mit Las Casas zu vermuten, daß das System der Verteilung der Eingeborenen in ›Vormundschaften‹ noch blutrünstiger war als die Schlachten. Eine genaue Untersuchung der Tribute führt Othón de Mendizábal zu der Aussage, daß in Yukatan 62 % der Verluste an Menschenleben infolge der Landverteilung auftraten; von der Bevölkerung, die das Ende der Eroberung überlebte, existierten 1579, dreißig Jahre nach der Einrichtung der *encomiendas* (Komtureien), nur noch 38 %.[82] Cortés, der es doch wie kein anderer hätte wissen müssen, fragt sich dennoch, ob diese Abnahme der Bevölkerung, die er auf den Inseln wie in Mexiko feststellt, durch den Krieg oder durch die Regierungen bewirkt ist;[83] aber in einem Brief von 1530 an den Kaiser – knapp zehn Jahre nach dem Untergang von Tenochtitlan – zieht er den Nebelvorhang ein gutes Stück beiseite: »[...] ich versichere Eurer Majestät, daß, wenn dies andauert, sie [Mexiko] auf denselben Zustand reduzieren werden wie Hispaniola und die anderen Inseln. Denn es fehlt bereits die Hälfte der ursprünglichen Einwohner aufgrund der Ausbeutung und schlechten Behandlung, die sie erlitten haben.«[84]

XVI. DIE RÜCKWIRKUNGEN DES VÖLKERMORDES

Man begegnet häufig der Vorstellung, daß bei den Anschauungen und der Eigenart der damaligen Epoche dieser beispiellose Völkermord als solcher gar nicht wahrgenommen oder nur mit Gleichgültigkeit oder gar allgemeiner Zustimmung registriert worden sei. Dem war jedoch nicht so: die zahlreichen gesetzlichen Maßnahmen, die getroffen wurden, um der Katastrophe Einhalt zu gebieten, das Brodeln der Dispute und Stellungnahmen, die Angriffs- und Abwehrgefechte, die Vehemenz der allgemeinen Diskussion, die Aktivität von Rechtsgelehrten und Theologen – all dies macht deutlich, daß die öffentliche Meinung in Spanien starke Erschütterungen erlebte. Die Intensität der Kontroverse läßt sich daran ermessen, daß im Jahre 1550 ein hoher Beamter es unternahm, das Hoheitsrecht der Krone über die Amerikaner offiziell zu rechtfertigen, wobei es sich erwies, daß die Naturgegebenheit dieses Rechts keineswegs so zweifelsfrei feststand, wie man es behauptete.

Die Aufgabe fiel dem kaiserlichen Chronisten Juan Ginés de Sepúlveda zu, der die brennende Frage in Form eines Dialogs und im Ton erhabener, über den Dingen schwebender Ruhe abhandelte. Er beschreibt freilich den einen Gesprächspartner vorsorglich als einen »von den lutherischen Irrtümern angesteckten Deutschen«[85], diskreditiert ihn als Bürger damit von vornherein und kennzeichnet ihn so als potentielles Opfer der Heiligen Inquisition. Das Ziel, das er verfolgt, wird übrigens kaum verschleiert: gleich in der Vorrede gesteht der berühmte Rechtsgelehrte, daß er schreibt, »um die Häretiker zu widerlegen, die jeden Krieg verdammen, als sei er durch göttliches Gesetz verboten«[86]. Wenn somit alle Fragen des Deutschen von einem Geruch der Ketzerei umgeben sind, so steht die gleiche Beschuldigung darüber hinaus ständig hinter dem ganzen Dialog und seiner sokratischen Maske. Der wichtigste Verfechter dieser Ketzerei, die darin bestand, das Angriffsrecht zu bestreiten, war jedoch Las Casas mit seiner unermüdlichen, glühenden ›indophilen‹ Agitation, seinen Einmischungen und seinen priesterlichen Bannflüchen. Ganz offenbar richtet sich, obwohl er nirgends genannt ist, das Pamphlet gegen ihn. Sepúlveda hat im übrigen Las Casas mehr als einmal öffentlich vorgeworfen, daß er »[. . .] soviel Fleiß und Eifer darauf verwendet habe, alle Tore der Rechtfertigung zu schließen, alle Titel zu entkräften, auf die sich das Recht des Kaisers stützt, und daß er mit Macht die freidenkenden Menschen unterstützt habe [...], die meinen und behaupten [...], daß die Könige von Kastilien das westindische Reich nur durch Tyrannei und gegen alles Recht besitzen«[87].

Da es sich hier um einen noch immer lebendigen Disput und um Argumente handelt, die heute noch dazu dienen, die blinde Ausbeutung Lateinamerikas zu rechtfertigen, wollen wir im folgenden betrachten, auf welche Weise Sepúlveda in seinem Buch Las Casas bekämpft — ein Buch, das darauf abzielt, die Widerstände zu beseitigen, indem es über *Die gerechten Gründe des Krieges gegen die Indios* die Helle seiner Weisheit ausbreitet. Wenngleich die dem Widersprecher zuerteilte Eigenschaft eines Ausländers wahrscheinlich bedeutet, daß ein Spanier solche ketzerischen Zweifel gar nicht hätte vorbringen können, so hat es doch den Anschein, als nehme Sepúlveda eine oft gehörte Diskussion wieder auf und führe sie fort. Denn die Übung, die er in dieser Art von Polemik an den Tag legt, und das Gewicht der Argumente, die er dem verdächtigen Leopold zugesteht, sprechen dafür, daß dieser Text eine intensiv gelebte Auseinandersetzung getreu widerspiegelt. Nach einer leichten Rüge: »Du hältst an deinen Dummheiten fest, Leopold«[88], beginnt der Theologe eine Analyse des natürlichen und göttlichen Kriegsrechts, die den Leser ratlos läßt. Denn die Zitate, die er den Kirchengelehrten entnimmt, um den Kreuzzug zu rechtfertigen, sprechen nicht für das, was er beweisen will, sondern im Gegenteil für die angegriffenen Völker. Nur diese können sich auf Papst Innozenz berufen, der erklärt, daß der ernsteste und natürlichste Grund eines gerechten Krieges darin besteht, Gewalt mit Gewalt zu begegnen;[89] auf den Satz des Hl. Isidor, nach dem kein Krieg ohne vorherige Kriegserklärung gerecht sein kann,[90] oder auf die Erklärung des Hl. Augustinus, daß ein der Beute wegen geführter Krieg eine Sünde ist.[91] Das gleiche gilt für den zweiten Punkt, die Rechtfertigung des Krieges als Rückeroberung dessen, was ungerechterweise geraubt wurde, und für den dritten, die Rache für die Vergewaltigung oder für den Mord an einem Glied der Gemeinschaft.[92] Die ganze Ausgefallenheit dieser Spitzfindigkeiten geht einem erst richtig auf, wenn man sich bewußt macht, daß der Doktor Sepúlveda eine ausgezeichnete Kenntnis der Taten seiner Landsleute besaß, daß er wiederholt ihre Überschreitungen ins Gedächtnis ruft, daß er aber andererseits die göttliche Zustimmung für eine Sache in Anspruch nimmt, die er sich nicht scheut mit Namen zu nennen: »die Vernichtung dieser Barbaren«[93].

Da ihn seine Gewissenhaftigkeit hindert, den Besiegten selbst die Morde zuzuschreiben, denen sie zum Opfer fallen, nimmt Sepúlveda Zuflucht bei der Autorität des Aristoteles, um endlich einen

Grund für den gerechten Krieg vorweisen zu können: man hat das Recht, diejenigen mit Waffen zu unterwerfen, die aufgrund ihrer natürlichen Beschaffenheit den Gehorsam schuldig sind.[94] Das Vollkommene muß über das Unvollkommene regieren, das Gute über sein Gegenteil.[95] Wie die Tiere, so fällt auch der Mensch unter diese Norm; daher kommt es, daß die Raubtiere von den Menschen gebändigt werden und daß der Mann über die Frau regiert.[96] Nur der Unwissende, der noch nicht die Schwelle des philosophischen Denkens überschritten hat, kann an diesen tiefen Wahrheiten zweifeln.[97]

Damit sind die Karten auf dem Tisch. Nachdem er einmal auf diesem festen Boden angelangt ist, bietet die Darstellung des Guten im Verhältnis zu seinem Gegenteil dem Theologen Gelegenheit zu schöner Beredsamkeit. Der panegyrische Hymnus auf die Spanier füllt mehrere Seiten und steht den exaltiertesten rassischen Lobpreisungen aller Zeiten in nichts nach: der Unterschied zwischen diesen Wesen mit ihrer Vornehmheit, Intelligenz, Tugend, Menschlichkeit usw. und den Barbaren ist identisch mit demjenigen, welcher die Menschen von den Affen trennt;[98] daraus folgt, daß die Kunst der Jagd nicht nur gegenüber Tieren zu üben ist, sondern auch gegenüber Menschen, die zum Gehorsam geboren sind, aber den Dienst verweigern.[99]

Diesen mittelalterlichen Thesen, die jahrhundertelang wirksam genug geblieben waren, um jeder Abweichung vom rechten Glauben den Garaus zu machen, konnte die Kritik nur deshalb gefährlich werden, weil sie damals grundsätzlich in Frage gestellt wurden. Dies zeigt sich darin, daß jetzt eben die Autoritäten Anstoß an ihnen nahmen, die den Rechtsgelehrten um seinen Beistand ersucht hatten: das Manuskript wurde nacheinander vom Indischen Rat (*Consejo de las Indias*) und vom Kaiserlichen Reichsrat abgelehnt, nachdem die als Gutachter herangezogenen würdigen Universitäten von Salamanca und Alcalá erklärt hatten, daß das Werk »wegen verdächtiger Lehr, so darinnen begriffen« unerwünscht sei.[100] Dem gekränkten Sepúlveda gelang es, die Schrift in Rom drucken zu lassen, aber der Kaiser ließ die in den Verkehr gelangten Exemplare beschlagnahmen.

Dieses konsequente Durchgreifen von offizieller Seite gegenüber einem mächtigen, bei Hofe gut angesehenen Mann, von dem man die ersehnte moralische Rechtfertigung erhofft hatte, offenbart beispielhaft die ausgreifende Bewußtseinsveränderung, welche damals die Geister erfaßte — eine Veränderung, deren Existenz auch bei Sepúlveda selbst in den Bemerkungen sichtbar wird, die er seinen Gesprächspartner machen läßt. Wir zitieren einige Beispiele:

»Leopold: Vor einigen Tagen, als ich mit Freunden im Palast des Prinzen Philipp umherging, begegneten wir Fernán Cortés, dem Marqués del Valle, [...] und wir unterhielten uns lange über die Taten, die er und andere Offiziere des Kaisers an den westlichen und südlichen Küsten, die den alten Bewohnern unserer Welt vollständig unbekannt sind, vollbracht haben. Diese Dinge erfüllten mich mit großer Bewunderung ob ihrer vielfältigen und unerwarteten Neuheit, aber als ich später darüber nachdachte, kamen mir immer neue Zweifel und Befürchtungen, ob es wohl mit der Gerechtigkeit und christlichen Frömmigkeit vereinbar sei, daß die Spanier gegen diese Unschuldigen Krieg geführt haben, die ihnen doch nichts Böses getan hatten.«[101]

»[. . .] Damit der Krieg gerecht sei, Demokrates, sind nach deiner eigenen Meinung [. . .] gute Absichten und eine ehrenwerte Art zu handeln notwendig, aber nach dem, was ich weiß, wird dieser Krieg gegen die Barbaren nicht mit guter Absicht geführt, denn diejenigen, die ihn führen, haben kein anderes Ziel, als, ganz gleich auf welche Weise, die größtmögliche Menge von Gold und Silber an sich zu bringen [. . .]«[102]

»[. . .] Gehen wir, wenn du erlaubst, zu folgender Frage über, in der [. . .] gute und fromme Menschen geteilter Meinung sein können. Nehmen wir an, daß diese Wesen Barbaren und von Natur aus Sklaven seien, nehmen wir ihre Schandtaten und Abgötterei noch hinzu: ist das ein hinreichender Grund für vernunftbegabte, gerechte und anständige Männer, sie ihrer Felder und Städte, ja sogar all ihrer Habe und ihrer Freiheit als Bürger zu berauben? Wie ich höre, haben einige dies mit der größten Habgier und Grausamkeit getan. Sind diese Unglücklichen eher zum Dienen als zum Herrschen geboren, muß man deshalb urteilen, daß sie an der bürgerlichen Freiheit kein Teil haben? Und sind sie deshalb, weil sie Sünder sind und sich nicht zur christlichen Religion bekennen, nicht rechtmäßige Eigentümer ihrer Häuser und ihres Erbteils?«[103]

Man vernimmt hier deutlich das Echo des Las Casas: der Einfluß, den diese große, nicht zum Schweigen zu bringende Stimme in Spanien ausübte, wird selbst in dieser Anhäufung von leerer Gelehrsamkeit und absurden Beweisführungen sichtbar (behauptet doch Sepúlveda, daß die Gier der Eroberer eine Wohltat für die Opfer[104] und daß für die Plünderungen allein der Besiegte verantwortlich sei[105]), mit denen der Wortführer der Eroberer den Skandal zu bagatellisieren und die Entrüstung zu zerstreuen sucht. Wider alles Erwarten stellt man jedoch fest, daß einerseits das Verbot von Sepúlvedas Buch durch Karl V. über Jahrhunderte wirksam blieb, so daß es bis zum Jahre 1892 in Spanien nicht gedruckt wurde, daß andererseits nicht nur selbst die schärfsten Polemiken des Las Casas veröffentlicht und weit verbreitet wurden, sondern daß darüber hinaus der energische Dominikaner sowohl von den Herrschern, den hohen staatlichen Würdenträgern und dem Indischen Rat als auch von der Kirche stets mit Respekt angehört wurde. Es bereitet ein gewisses Vergnügen, wenn man sieht, wie z. B. ein Mönch, der obendrein der Beichtvater des Kaisers ist, den Auftrag wahrnimmt, die Darlegungen der beiden Gegner anläßlich eines öffentlichen Disputs vor den gelehrtesten Männern zusammenzufassen, dabei die Partei des Las Casas ergreift und sogar so weit geht, die Positionen Sepúlvedas lächerlich zu machen.[106]

Las Casas gibt selbst die Erklärung für diese auf den ersten Blick paradox erscheinende offizielle Unterstützung, als er sich bemüht, die Ursache für den Mißerfolg der Eroberung seit 1550 aufzuzeigen. Er setzt auseinander, welches die Gründe für die wirtschaftlichen Schwierigkeiten des Reiches sind, dem mehr Gold und Silber zugeflossen sind als jedem anderen. Die vier Punkte des Plädoyers, mit dem er Karl V. zu überzeugen sucht, daß es seine Pflicht sei, in die überseeische Politik einzugreifen und nun, nachdem die Eroberung zum Abschluß gekommen sei, das Leben der Besiegten zu erhalten, stützen sich auf Argumente wirtschaftlicher, nicht humanitärer Art: man könne der Katastrophe, die sich ankündige, nicht Herr werden, wenn man nicht sofort der Vernichtung von Menschenleben Einhalt gebiete. Bedenkt man, daß die zweite Hälfte des 16. Jahrhunderts für Spanien ein einziger langer Weg hin zu jenem währungspolitischen Bankrott war, der sein Prestige auf Jahrhunderte hinaus vernichten sollte, so kann man das politische Talent des Verteidigers dieser größten verlorenen Sache der Menschheit nur bewundern. Der Konkurs einer von kostbaren Metallen überschwemmten Nation; der Hunger, der das Land aufzehrte, welches an der Spitze eines Reiches stand, in dem »die Sonne nie unterging«; die Umwälzungen, die im Gefolge einer unerhörten Preissteigerung alle Bereiche erschütterten — alle diese vielgestaltigen Phänomene des heraufdämmernden Kapitalismus werden von Las Casas so vollkommen durchschaut, daß er sie zur Grundlage seiner bewegenden Fürsprache macht und das Wesentliche auf jeder Seite zusammenfaßt: »[...] denn Eure Majestät und Ihre königliche Krone verlieren Schätze und Reichtümer, die Sie mit Fug und Recht erhalten könnten, sowohl von Ihren natürlichen indianischen Untertanen als auch von der spanischen Bevölkerung, die, wenn sie die Indios leben ließe, groß und mächtig würde, was aber unmöglich ist, wenn die Indios sterben [...]«[107] Man darf in der Tat vermuten, daß das Gold Amerikas jene verhängnisvolle Inflation nicht verursacht hätte, wenn die Eroberer, statt ihren gesamten Bedarf durch Importe aus dem Mutterland zu decken, eine wirtschaftliche Autarkie angestrebt hätten. Es hätten ihnen hierzu genügend eingeborene Arbeitskräfte zur Verfügung gestanden, deren Fähigkeiten in Landwirtschaft und Handwerk keines Beweises mehr bedürfen. Die Inflationsgefahr war so offensichtlich, daß »die *cortes* von 1548, bestürzt über die Forderungen aus Amerika, so weit gingen, dem

Kaiser vorzuschlagen, er möge die Entwicklung von Industrien in den Kolonialgebieten unterstützen und so den Exporten von der iberischen Halbinsel in die Neue Welt, die sie für überaus schädlich hielten, ein Ende machen«[108]. Dafür hätte man indes die Eingeborenen den Händen ihrer Henker entreißen müssen: das Beispiel des Las Casas beweist, daß diese Aufgabe, der er sich fünfzig Jahre lang mit einer unvergleichlichen Energie widmete, alle Kräfte überstieg. Nach unserem Dafürhalten erklärt sich aus dieser Dualität der Interessen die Unterstützung, die diesem unbezähmbaren Verteidiger der Schwachen immer zuteil wurde; die unmittelbaren Interessen der Eroberer, wie sie ein Sepúlveda vertrat, stellten sich einer langfristigen Kolonialpolitik entgegen, die allein geeignet gewesen wäre, die Metropole zu bereichern, statt sie im Elend versinken zu lassen.

Auch Fernández de Oviedo hatte schon seit 1526 öffentlich auf das gleiche Übel hingewiesen. Seine klarsichtigen Äußerungen sah man ihm jedoch nach, weil er aktiv an der Eroberung teilgenommen hatte und gegenüber den Handlungen der Eroberer eine zweideutige Haltung einnahm: auf der einen Seite mißbilligte er sie, auf der anderen zog er aus ihnen Nutzen. Hierin liegt auch der Grund dafür, daß Las Casas ihn angriff, obwohl er doch den folgenden Abschnitt aus dem *Sumario* gelesen haben mußte: »[...] Selbst wenn die, die getötet worden sind, sich nicht hätten bekehren lassen, wären sie lebendig Eurer Majestät von Nutzen und den Christen eine Hilfe gewesen, und bestimmte Gebiete dieses Landes wären nicht so entvölkert, wie sie es sind: denn aus dem oben genannten Grund [d. h. weil gewisse Spanier die Indios umbrachten] sind sie fast unbewohnt [...]«[109]

Seit sich Amerika endgültig unter der Herrschaft der Europäer befindet, hat sich das Geschick der beiden Tendenzen umgekehrt: die Thesen Sepúlvedas haben nach und nach diejenigen seines Gegners erstickt. Der hochherzige Kampf des Las Casas wurde, diffamiert und entstellt, in eine verleumderische Kampagne gegen Spanien umgedeutet, und der Verteidiger der Sieger wird durch ewiges Angedenken belohnt. Seither sind die Bestialität und Lasterhaftigkeit der Eingeborenen ebenso zu starren Dogmen geworden wie die Heiligkeit des Kriegs und der Seelenadel der Eroberer. Da dieser Antagonismus, weit davon entfernt, sich zu verflüchtigen, sich noch verfestigt, werfen wir einen Blick auf die Gründe dieser Auseinandersetzung, die, wie wir gleich sehen werden, keineswegs anachronistisch ist.

Daß man Sepúlvedas Buch mit seinen auf die Verhältnisse der Eroberer und der *encomenderos* zugeschnittenen Modellen und seinen Rechtfertigungen im Namen rassischer Überlegenheit wieder ans Licht zieht, ist um so überraschender, als dieser Vorgang nach den Unabhängigkeitskriegen der amerikanischen Nationen und in einer Zeit scheinbarer Versöhnung mit der zerstörten autochthonen Vergangenheit geschieht; ebenso verblüffend ist der Umstand, daß die Diskussion seiner Thesen heutzutage geradezu die Form eines militanten Radikalismus annimmt. Wenn die Akademiker des 18. Jahrhunderts, die die Schriften Sepúlvedas zusammentrugen, es für ratsam hielten, den traurigen Traktat über *Die gerechten Gründe des Krieges gegen die Indios* auszulassen, und wenn 1892 der Gelehrte Menéndez y Pelayo ungeachtet seiner Bewunderung den Anachronismus dieses Werkes feststellt (»[. . .] diese kleine Schrift, [. . .] die heute wie im vergangenen Jahrhundert nicht mehr als eine historische Bedeutung beanspruchen kann«[110]), so finden sich heute Historiker, die nicht allein die Überlegenheit Sepúlvedas über Las Casas behaupten, sondern so weit gehen, ihn ohne Umschweife zum »Vorläufer kultureller Strömungen« zu erklären.[111] Da diese Ausführungen im Vorspruch zu einem der großen Werke von Las Casas selbst erscheinen, das vom Historischen Institut der Nationalen Universität von Mexiko 1967 anläßlich der Vierhundertjahrfeier seines Todes veröffentlicht wurde, erscheint es uns angebracht, bei diesem Phänomen etwas zu verweilen.

Man hört häufig behaupten, daß die Ächtung des Las Casas in der ›schwarzen Legende‹ begründet sei, die er gegen sein Vaterland in Umlauf gebracht habe. Selbst wenn man aber den Kunstgriff akzeptiert, der den Zeugen zum Verbrecher macht, so bleibt die unleugbare Tatsache, daß diese Behauptung eine vollständige Unkenntnis der Quellen verrät: die Lektüre jedes beliebigen Dokumentes über die Eroberung erweist, daß keine Anklage schrecklicher sein kann als die Ereignisse selbst. Der Bericht Oviedos zum Beispiel wirft auf den Charakter des spanischen Kreuzzugs in Amerika ein weit grelleres und aufschlußreicheres Licht als die Schriften des Las Casas, denn solange er ehrlich ist, hält er sich ausschließlich an die Tatsachen, und seine Leidenschaft erhebt sich nur selten über das Niveau der persönlichen Differenzen. Las Casas hingegen, gequält von den Leiden der Opfer und der im Gefolge des Blutbades drohenden nationalen Katastrophe, sucht verzweifelt nach Auswegen. Mit diesem Ziel stellt er Bilanzen auf, verfaßt Berichte, schlägt Reformen vor, entwirft Überlegungen und Konzepte, in denen den Verbrechen ein Abstraktionsprozeß zugute kommt, durch welchen sie die Unmittelbarkeit, die ihnen bei Oviedo eignet, verlieren. Was aber befremdet, ist eben diese Integration des Verbrechens in Zusammenhänge, die es isolieren und objektivieren. Wenn es sich anders verhielte, so bliebe unbegreiflich, daß der Bericht über die Taten eines Cortés oder Valdivia von ihrer eigenen Hand verfaßt nichts als Bewunderung hervorruft, während Las Casas, der doch nur das wiederholt, dessen sie sich rühmen, Empörung erzeugt. Die Erklärung liegt darin, daß weder Oviedo noch einer der Eroberer jemals auf den Gedanken verfallen wäre, die Indios könnten der gleichen Achtung würdig sein wie die Europäer, oder der wahre Götzendienst sei der der Spanier vor dem Gold — geschweige denn, daß sie einen solchen Gedanken in Worte gefaßt hätten. Las Casas erklärt jedoch in seiner Eigenschaft als Bischof von Chiapas, daß »die Beichtväter keinem Dieb, und daher keinem der besagten Eroberer von Indien, die Absolution erteilen dürfen«[112], daß, »auch wenn ein Verstorbener hundert legitime Söhne hätte, er ihnen keinen Pfennig hinterlassen könne [...], denn keiner der besagten Eroberer besitze einen einzigen Pfennig, der sein Eigentum sei«; »daß es unerlaubt sei, vom Schweiß eines Nächsten, der einem nichts schuldet, im Überfluß zu leben«[113]. Fest von der moralischen Ebenbürtigkeit der Eingeborenen überzeugt, kann er sogar behaupten, daß »weder der Papst noch sonst ein anderer Fürst [...] jemandem seine Autorität, seine königlichen Vorrechte, seine Gerichtsbarkeit, sein öffentliches oder privates Eigentum abnehmen oder für nichtig erklären könne, und zwar weder Gläubigen noch Ungläubigen«[114], ja, er geht so weit, die Ermordung von Mönchen zu rechtfertigen, als man ihm diesen Fall vorhält, um ihn zu verleiten, sich in Widersprüche zu verwickeln: er erklärt, daß, selbst wenn die Eingeborenen sie alle getötet hätten, ihr Anrecht auf Autonomie deshalb um nichts weniger gültig sei, denn die ihnen zugefügten Leiden gestatteten ihnen, bis zum Tag des jüngsten Gerichts einen gerechten Kampf gegen die Spanier zu führen.[115] Denn der Krieg der Spanier sei schlimmer als der der Türken: statt sich wie Schafe unter den Wölfen zu verhalten, wie es ihnen das Evangelium befehle, seien sie reißende Wölfe und Diebe unter sehr einfachen und sanften Schafen. Außerdem erkennt er feierlich das natürliche, göttliche und gesetzliche Recht eines jeden Fürsten eines überfallenen Landes an, so viele Christen zu töten, wie ihm möglich ist; er verurteilt den guten König Guacanagari, der Kolumbus nach dem Verlust eines seiner Schiffe geholfen hatte, wegen seiner Treue gegenüber den Fremden, die zu Feinden seines Volkes geworden sind;[116] er lehnt sich dagegen auf, daß die Eingeborenen als ›Stücke‹ bezeichnet werden.

Die Leidenschaftlichkeit, mit der Las Casas, unter Verachtung des elementarsten Selbsterhaltungsinstinktes, den geistigen Wert der Besiegten verteidigt, seine beharrliche Ablehnung jeglichen Eroberungskrieges, seine Fähigkeit, das Fremde wahrzunehmen, aufgrund derer ihm eine Wirklichkeit zugänglich wird, die den Rahmen der vorhandenen Kategorien sprengt, die persönlichen Opfer, die er selbst bringt (er verläßt die ihm anvertrauten ›Sklaven‹ erst nach zehn Jahren) und zu denen er andere zu bewegen sucht, um diese neue Welt in ein System einzubegreifen, das den geschlossenen Dualismus des Mittelalters transzendiert

— all dies erweist Las Casas als denjenigen, der in seiner Zeit mit der größten Klarheit, ja Hellsichtigkeit die Folgen begriff, die das Auftauchen einer den Europäern bis dahin unbekannten Gruppe menschlicher Wesen mit sich bringen sollte, deren Eigenständigkeit er als einziger verstand und respektierte.

Es lohnt sich, hier das Porträt wiederzugeben, das Prescott im vorigen Jahrhundert von dieser außergewöhnlichen Persönlichkeit entworfen hat. »Der Charakter Las Casas' läßt sich aus seiner Karriere ablesen. Er gehörte zu jenen Menschen, deren hervorragendem Verstand sich die erhabenen, gleich den Gestirnen festen und für alle Zeit unwandelbaren sittlichen Wahrheiten eröffnet hatten — Wahrheiten, die uns heute geläufig sind, die jedoch damals durch die allgemeine Dunkelheit der Zeit, in der er lebte, allen, bis auf wenige durchdringende Geister, verborgen blieben. Er war von einer einzigen großen und erhabenen Idee beseelt: sie bildet den Schlüssel zu all seinen Gedanken, Worten und Schriften, zu allen Taten seines langen Lebens. Sie war es, die ihn im Angesicht der Herrscher die Stimme des Tadels erheben ließ; die ihn dazu brachte, den Drohungen einer wütenden Menge die Stirn zu bieten, Meere, Gebirge und Wüsten zu durchqueren, die Entfremdung seiner Freunde und die Angriffe seiner Gegner zu erdulden; die ihn standhaft sein ließ gegenüber bösen Zungen, Beleidigung und Verfolgung.«[117]

Selbst heute findet seine beharrliche Ablehnung jeglichen Eroberungskrieges, findet seine Verurteilung derjenigen, die den Mut der Angreifer und der Zerstörer des Lebens sowie der tausendjährigen Kultur eines ganzen Kontinents rühmen, keineswegs allgemeine Zustimmung. Denn zu allen Zeiten gibt es viele, die kaum über das Niveau abstrakter Objektivität hinausgelangen und deshalb jedes moralische Kriterium außer Betracht lassen, die ohne Unterschied Mörder und Opfer auf eine Stufe stellen und so unter Mißachtung der menschlichen Werte dem Gesetz des Dschungels den Vorrang einräumen.

Las Casas lebte zu einer Zeit, als die Vorherrschaft der westeuropäischen Völker sich erst ankündigte. Er war ein privilegiertes Mitglied jenes Gemeinwesens, dem das größte imperialistische Unternehmen aller Zeiten gelang — das einzige, das die Eigenart der eroberten Welt für alle Zeiten auszulöschen vermochte. Und doch war er es, der, mehrere Jahrhunderte vor den Unabhängigkeitskämpfen, mit der schneidenden Schärfe der Vorkämpfer unterdrückter Völker unserer Tage, Anklage erhob gegen das koloniale System, gegen die Art, wie es auf verschiedenste Weise die Unterworfenen erniedrigte. Mitten im Machtbereich der Eroberer und angesichts der fortschreitenden Entwürdigung der Eingeborenen kann ihn keine Furcht an dem lapidaren Ausspruch hindern, daß »alle Völker der Welt Menschen sind«[118]. Dies bringt den Sozialanthropologen John Collier zu der Feststellung, daß Las Casas, mehr als irgendein anderer, das Problem der Urbevölkerung in einem Bezugsrahmen sieht, der für die ganze Menschheit Gültigkeit hat.[119]

Mehr als jeder andere zog Las Casas aus der Entdeckung Amerikas Folgerungen, die nicht weniger revolutionär waren als diejenigen, die die Kosmographie bereicherten: seine glühende Objektivität, sein wissenschaftlicher Eifer, Phänomene miteinander zu verbinden, die anderen als wesenhaft verschieden galten, sind für die Humanwissenschaften ebenso wichtig, wie es die Widerlegung des geozentrischen Weltbildes und die Vision einer Vielheit von Welten waren. Aber wenn man heute die Ketzerei eines Kopernikus oder Giordano Bruno nicht mehr verdammt, so wird ihr Zeitgenosse, der Pater Las Casas, weiterhin von jeder Generation ›lebendig verbrannt‹[120].

Der jüngste ›Scheiterhaufen‹ wurde 1963 in Spanien durch Menéndez Pidal errichtet. Mit gewissen Anpassungen an den Zeitgeschmack folgt der Prozeß treu den Normen, die für die Heilige Inquisition aller Zeiten gültig sind: der Lutheraner des Sepúlveda wird zum Anhänger des Marxismus, zum Anstifter der Unabhängigkeit und des Klassenkampfes; die Rechtfertigung des Krieges gegen die amerikanischen Völker stützt sich auf moderne Gelehrsamkeit, die Aristoteles durch Gobineau und Spengler ersetzt; die Vergehen, für die der Beschuldigte seit Jahrhunderten verurteilt wird — Verleumdung, Opportunismus, Ungerechtigkeit, geistige Zerrüttung — werden mit wissenschaftlichen Termini aufgeladen, indem die berühmte Verblendung Las Casas', seine Unfähigkeit zu begreifen, zu sehen und sich auszudrücken, den Namen ›paranoider Wahnsinn‹ erhält.[121]

Diese Einstellung, die schon bei einem spanischen Akademiker überrascht, wird schlechterdings anstößig, wenn sie in den Schriften eines mexikanischen Universitätsgelehrten erscheint — gehört dieser doch einem Land an, dessen Vergangenheit im Blut seiner Bevölkerung und in der schöpferischen Kraft seiner Künstler weiterlebt. Die einzelnen Punkte des Schemas werden hier mit derselben Geschlossenheit aufgestellt wie in Spanien.

1. Ketzerei: »Der Pater Las Casas ist ein bewunderungswürdiger Rasender, besessen von einem gefährlich modernen Konzept der Gleichheit der Menschen, das sich mit dem mittelalterlichen Reichsbegriff unseres Oviedo nicht verträgt [...]«[122]

2. Ungleichheit der Rassen: »Las Casas diskutiert nicht einmal die Gegenthese, nämlich die, daß die menschliche Natur sich in verschiedenen Vollkommenheitsgraden verwirklichen kann, *was auch effektiv der Fall ist* [Hervorhebung von uns], daß sie sich folglich in manchen Menschen und Völkern vollkommen verwirklicht, in anderen nicht; das heißt, daß es vollkommene Menschen gibt, die zur Freiheit und zur Ausübung

von Herrschaft bestimmt sind, daneben aber fehlerhafte, unvollkommene Menschen – *homunculi*, wie Sepúlveda sagt –, die von Natur aus zum Dienen ausersehen und, zu ihrem eigenen Besten, zum Beherrschtwerden [...] bestimmt sind.«[123]

3. Geistige Zerrüttung Las Casas': Der ›Galimathias‹ und die ›Wirrköpfigkeit‹[124], mit denen O'Gorman Las Casas im Jahr 1946 bedachte, sind heute längst veraltet. Der mexikanische Historiker bemüht sich inzwischen, den (offensichtlich mit Begeisterung von ihm aufgenommenen) Vorwurf Menéndez Pidals, Las Casas sei ein Paranoiker, mit Tatsachen zu untermauern. Ihm zufolge soll Las Casas einerseits die 1359 Druckseiten seiner *Apologética Historia* geschrieben haben, ohne von den subtilen Überlegungen Sepúlvedas zur Frage der Ungleichheit der Rassen das Mindeste verstanden zu haben: »[...] die logische Begründung des Plädoyers der *Apologética Historia* verkennt, ohne sie auch nur zu diskutieren, die fundamentale Implikation der These, die zu widerlegen sie sich bemüht, nämlich den Gedanken, daß die menschliche Natur sich in verschiedenen Graden der Vollkommenheit verwirklichen kann.«[125] Las Casas soll andererseits gegenüber seiner Epoche zurückgeblieben sein und in vollständiger Unkenntnis der neuen Ideologien gelebt haben: »[...] der Archaismus der Auseinandersetzung [um die es in der *Apologética Historia* geht] verurteilte sie notwendig zum Mißerfolg in der Praxis [...] Der große Gegensatz zwischen Las Casas und Sepúlveda ist nur ein Ausdruck unter vielen für den Kampf zweier unvereinbarer Auffassungen, deren eine der Vergangenheit angehört, während die andere es sich zum Ziele setzt, die Zukunft der Welt zu erhellen, für den Kampf – wiederholen wir es – zwischen dem antiken Ideal der Brüderlichkeit unter den Menschen [...] und dem modernen Ideal [...]«[126] Man beachte, daß inzwischen das moderne Ideal und die zukunftsweisende Auffassung nicht mehr Las Casas (und seinem »gefährlich modernen Konzept«) zugeschrieben werden, sondern Sepúlveda, während Las Casas für ›archaisch‹ und überholt erklärt wird: O'Gorman zeiht ihn ohne Unterschied der Fortschrittlichkeit oder Rückschrittlichkeit, wie es seine Sache eben fordert – ein Verfahren, das auch sein spanischer Kollege anwendet.

Da wir uns nicht bei den (einer Anthologie moderner Kasuistik würdigen) Überlegungen aufhalten können, die Sepúlveda zu dem Rang eines Neuerers erheben, beschränken wir uns darauf, anzuerkennen, daß, wenn jemand sein Hauptwerk verfaßt, »ohne auch nur [...] die Grundlagen der von ihm bekämpften These klar zu verstehen [...]«[127], wenn er sein Leben lang gegen eine Wirklichkeit kämpft, die nicht mehr existiert, da sie längst von einer anderen, die er nicht wahrnimmt, überholt ist, wenn er sich für Rechte einsetzt, die sich im Licht einer von ihm verkannten historischen Wahrheit als nichtig erweisen — daß dann die Feststellung, er sei einem echten paranoiden Wahnsinn erlegen, noch das mindeste ist, das man über ihn sagen kann.

Da es unmöglich ist, die geistige Gesundheit Las Casas' zu beurteilen, ohne zuvor die Gesamtheit seiner Schriften sowie die der Chronisten und Eroberer und seiner amerikanischen wie spanischen Gegner diskutiert, ohne eine minutiöse Analyse der Eroberung, ihrer ökonomischen und sozialen Rückwirkungen auf Europa, des Charakters der Kolonisation und der vorspanischen Kulturen vorgenommen zu haben, ist es weiser, diese Frage für den Augenblick offen zu lassen. Was demgegenüber bereits jetzt klar vor Augen tritt, ist die Gemeinsamkeit der Vorlieben und Abneigungen, die die Verächter des Las Casas miteinander vereint: sie alle erweisen sich als Gegner »gefährlich moderner« Ideen, mögen diese nun von Luther, Bolívar oder Marx herrühren. Alle besitzen eine Schwäche für die Vorstellung von der Ungleichheit der Rassen und für Großreiche (Menéndez Pidal macht es Las Casas bitter zum Vorwurf, daß er so weit gehe, »über die Eroberungen des Römischen Reiches den Stab zu brechen«). Alle gefallen sich in derselben expliziten Verurteilung der amerikanischen Urvölker: So behauptet der Spanier, daß »die eingeborenen Kulturen mehrere Jahrtausende hinter der der Spanier im Rückstand waren; da sie keine Möglichkeit des Fortschritts im Kontakt mit der europäischen hatten, wurden sie durch die Welle der spanischen Kultur überschwemmt und hinterließen nur ein Substrat«. Der Mexikaner macht sich die Thesen Sepúlvedas zu eigen, von denen er, unter vielen anderen, auch einen Satz aus dem folgenden Passus zitiert:

»Leopold: Du würdest also gewiß jener sehr menschlichen und liberalen Auffassung zustimmen, daß diejenigen Menschen, die den christlichen Glauben annehmen und sich der Herrschaft des Fürsten von Spanien unterwerfen, die gleiche Rechtsstellung haben sollen wie die übrigen Christen und die Spanier [. . .]

Demokrates: Im Gegenteil, ich würde sie mit aller Entschiedenheit ablehnen. Denn nichts ist der sogenannten distributiven Gerechtigkeit mehr entgegengesetzt, als Ungleichen Gleiches zuzuteilen und diejenigen, die in Würde, Tüchtigkeit und Verdiensten höher stehen, den Niedrigeren [. . .] gleichzusetzen.«[128]

Der Rückgriff auf Sepúlveda unter dem Deckmantel einer Ehrung des Las Casas, noch dazu in der Einleitung zu einem seiner Hauptwerke, veranschaulicht, so unerwartet er in einer offiziellen mexikanischen Veröffentlichung erscheint, die Aktualität eines Problems, das heute noch ebenso brennend ist, wie es einst für den Dominikaner war: der Machtspruch gegen die vorkolumbischen Völker steht in einer unlösbaren Beziehung nicht nur zu dem schon alten Problem der Eroberung, sondern vor allem und in erster Linie zum Problem der Gegenwart der amerikanischen Nationen eineinhalb Jahrhunderte nach der Erlangung ihrer Unabhängigkeit. Denn wenn die Herkunft aus der Urbevölkerung verworfen wird, so bedeutet dies zugleich die Verurteilung sowohl der heute noch lebenden Eingeborenen als auch der von der Archäologie wiederentdeckten Kunstwerke und der Rassenvermischung. Während jedoch die Diskussionen über die alten Kulturen und über die Rassenvermischung sich ohne Ausnahme bald ins Abstrakte wenden, liegt der Fall anders bei den Völkerschaften der Ureinwohner, die fast überall unter menschenunwürdigen Bedingungen leben und oft nach wie vor Opfer von Repressalien sind, welche der Rassismus eines Sepúlveda nicht mißbilligen würde. Dies ist die Ursache des blutigen Dramas, das sich seit zehn Jahren in Brasilien abspielt und das durch Missionare und Ethnologen, die dabei zugegen waren, aufgedeckt werden konnte. Wir sind sicher, daß die Integration der niedergedrückten Kulturen in die heutige niemals gelingen wird, wenn die Verachtung, die auf ihnen lastet, nicht in aller Klarheit vor Augen geführt wird. Wir bringen deshalb einen Auszug aus dem Bericht, den die Londoner Zeitschrift *Economist para América Latina* am 15. Mai 1968 über die Ereignisse in Brasilien veröffentlicht hat:

»Die Liste der Verbrechen ist endlos. In ihrer ursprünglichen Form wog die Übersicht über die Ergebnisse der vom Innenminister, General Albuquerque Lima, angeordneten Untersuchung mehr als 100 Kilo; die ›gekürzte‹ Fassung beläuft sich jetzt auf 21 Bände mit 5115 Seiten. Es sind dort die Vergehen gegen Person und Eigentum der Indios verzeichnet, von Mord, Prostitution, Sklaverei bis zu den Problemen, die mit dem Verkauf von Land und handwerklichen Erzeugnissen verbunden sind [. . .] Wie der Berichterstatter der Regierung, Jader Figueirado, anmerkt, befindet sich darunter die Ausrottung zweier Pataxo Stämme im Staat Bahía durch Pocken, die mit Bonbons übertragen wurden [. . .]; auch in Matto Grosso wurden die Stämme der Cintas Largas vernichtet, indem man sie zunächst systematisch von Tiefliegern aus mit Dynamit bombardierte und die Überlebenden von den Forstaufsehern mit Maschinengewehren niederschießen ließ. Ferner hat man unter die Nahrungsmittel der Indios Arsenik und Typhusviren gemischt.

Was Folterungen und sadistische Handlungen betrifft, geben wir als Probe das Geständnis von Ataíde Pereira dos Santos: ›Ich habe den Anführer mit einem Brustschuß getötet; Chico Luis beschoß die Cintas Largas mit dem Maschinengewehr und schnitt die Indianerin in zwei Teile. Vorher hatte Chico Luis ein Kind mit einem Schuß einer 45er Pistole in die Stirne getötet und befohlen, die Hütten am Fluß Aripuana zu verbrennen. Die Expedition dauerte 60 Tage und war von dem Kautschukpflanzer Antonio Mascarenhas Junqueira organisiert, der mir noch 15 Dollar für die Arbeit schuldet, die ich für ihn getan habe. Chico Luis (der Führer der Expedition) ließ eine Frau an den Füßen an einem Baum aufhängen, mitten im Dorf; danach zog er an der Schnur, und während der Körper hin und her schwang, schnitt er die Indianerin in zwei Teile. Das Dorf glich einem Schlachthof, die Erde voller Blut. Wir schleiften die Leichen zum Fluß und machten, daß wir fortkamen [. . .]‹

Ataide Pereira dos Santos gab diese Erklärung in dem Dorf Cuiabá in Matto Grosso vor Herrn Ramis Bucair ab (einem derjenigen, die bestätigen, daß die Verbrechen noch andauern), dem Leiter der 6. indianischen Abteilung im Amt für Indianerschutz. Pereira fügte hinzu, daß das Ziel dieser Expedition war, sich der Ländereien der Indios zu bemächtigen, die, wie man weiß, unschätzbare Reichtümer an Mineralien bergen. Heute noch befindet sich Pereira dos Santos in Freiheit und verkauft Eis in demselben Dorf, wo er sein Geständnis abgelegt hat.

Aufgrund zahlloser Klagen ordnete das Landwirtschaftsministerium etwa 150 Untersuchungen an, die merkwürdigerweise zu keinerlei Entlassungen führten. Und als 1967 eine parlamentarische Kommission die Dokumente dieser Untersuchung studieren wollte, war es unmöglich: die Originale waren verschwunden, in Brasilia im Ministerium selbst verbrannt, einem modernen Gebäude aus Glas, das gegen Feuer und Feuchtigkeit geschützt ist [. . .] Unter den kürzlich in der Presse veröffentlichten Zeugnissen befindet sich auch das des nordamerikanischen Baptistenpfarrers Wesley Blevens, der 23 Monate lang in Campo Grande (Matto Grosso) gelebt hat. Er versichert, daß die von dem staatlichen Berichterstatter Jader Figueirado beschriebenen Mordmethoden weiterhin zur Ausrottung der Indios des Stammes Baico de Pau angewendet werden. Pfarrer Blevens erklärt, daß diese Verbrechen auf den Befehl eines Beamten der staatlichen Organisation für die Entwicklung des Amazonas hin unter Mitarbeit von Landbesitzern und Kautschuksuchern begangen worden seien. Hier die zahlenmäßige Situation der Indios [. . .]: von 19 000 Mundurucú sind nicht mehr als 1200 übrig, die Nhabícuara sind von 10 000 auf knapp 1000 zurückgegangen, von 4000 Carajá gibt es heute noch 600, und die 10 000 Cintas Largas, die geschickte Reiter und aufgrund ihrer Vitalität und Kultur einer der bedeutendsten Stämme waren, zählen infolge der Anwendung von Dynamit und Gift gerade noch 400 Personen, die krank, verfolgt und vom Aussterben bedroht sind.«

Wie unmenschlich auch die Durchsetzung wirtschaftlicher Interessen einer Klasse sein kann, so steht doch außer Zweifel, daß diese Stämme niemals so ungestraft hätten vernichtet werden können, wenn man sie nicht als minderwertig, als der von Sepúlveda vielberufenen Rasse der *homunculi* zugehörig betrachtet hätte.

Die Fortsetzung der Diskussion des 16. Jahrhunderts in unseren Tagen ist also keineswegs nur akademisch, und wenn die erwähnten Ereignisse wie ein posthumer Sieg des Panegyrikers der Eroberer erscheinen, so beweisen sie zugleich, daß dem von Las Casas aufgegriffenen Problem nichts Phantastisches anhaftet. Um der Debatte, die wir im folgenden nur noch vom Gesichtspunkt des Kulturellen her ins Auge fassen werden, einen Schlußpunkt zu geben, bleibt zu sagen, daß die Zeitlosigkeit dieses Problems mit seinen zahlreichen Folgeerscheinungen und modernen Ausläufern uns definitiv über die geistige Gesundheit des hervorragenden Kämpfers beruhigt.

2. Das Amerika der Entdecker

Durch die massenhafte Ausrottung der Eingeborenen wurde die Neue Welt nach und nach auf ihren einfachen Naturzustand zurückgeführt; sie wurde zu einem Auffangbecken, dessen legendärem Ruf keinerlei *menschliche* Bedeutung entsprach: ein geschichtliches und moralisches Vakuum entstand in eben dem Maße, wie sich die geographischen Kenntnisse und die materielle Ausbeutung ausweiteten. Gegen die Mitte des 16. Jahrhunderts war die irrationale Natur des Amerikaners, aus der dem Mittelalter verhaftete Gesetzgeber und Denker ihre Rechtfertigung für die Unterwerfung der Ungläubigen und für die Aberkennung ihres Besitzes und aller ihrer Rechte begründet hatten, eine unleugbare Realität geworden.

Aber gerade zu dem Zeitpunkt, als die Masse der Urbevölkerung in jene ausgehungerten Herden verwandelt worden war, die Land und Häuser hatten aufgeben müssen und der geringsten körperlichen Pflege entbehrten — eine Entbehrung, welche die Häufigkeit der Epidemien und ihre furchtbaren Verheerungen erklärt —; als die Überlebenden hatten zusehen müssen, wie auch die letzte Zelle ihrer sozialen und kulturellen Ordnung zerstört wurde — selbst die Einheit der Familie und das System der Heilkunst waren jener unmenschlichen Umwälzung und Zerstückelung zum Opfer gefallen —; in dem Augenblick, als somit das Ziel erreicht war, wurde auch die Notwendigkeit fühlbar, die so radikal hergestellte Leere wieder aufzufüllen. Die Gewalt der Zerstörung hatte nicht verhindern können, daß das Gewissen, dessen Stimme ohne Unterlaß verfolgt, gejagt und mißhandelt worden war, sich nicht nur Gehör verschaffte, sondern auch jenen mutigen Rückweg zu den Quellen antrat und jene schwierige Wiederherstellung des Kontinents begann, die heute noch weit entfernt von ihrer Vollendung ist. Die historische Rekonstruktion ist eine Aufgabe von so unvorstellbarem Ausmaß, daß sie logischerweise jede individuelle Bemühung übersteigen und bis in alle Zukunft auf spätere Generationen zurückfallen muß.

Dieser Marsch gegen den Strom, der allein in der Überzeugung von der Würde bereits verurteilter Wesen begründet ist, in der

Weigerung, eine Ungerechtigkeit von kosmischen Dimensionen zu akzeptieren, dieser Marsch war und bleibt äußerst langsam; sein Rhythmus folgt dem Tempo, in dem jene Kenntnisse erworben werden, welche notwendig sind, um einen Kontinent für die Menschheit zurückzugewinnen; er entspricht der Geschwindigkeit, mit der Beweise gesammelt werden, die geeignet sind, die Behauptung von einer naturgegebenen Minderwertigkeit der amerikanischen Völker und die dafür angeführten Gründe als Verleumdung zu entlarven. Deshalb muß der kleinste Schritt in dieser Richtung die vorhergegangenen gewissenhaft berücksichtigen; eine Theorie oder eine Entdeckung sind dabei nur dann von Wert, wenn sie sich in den Rahmen der hundertjährigen Bemühung einfügen, die Leere mit der einst entnommenen Substanz selbst wieder aufzufüllen.

Man kann sich eine Vorstellung von den Hindernissen machen, die der Wiederherstellung der vergangenen Wirklichkeit entgegenstehen, wenn man bedenkt, daß *nicht eine* der großartigen Untersuchungen des 16. Jahrhunderts vor dem Ende des 19. einer größeren Öffentlichkeit bekannt wurde, daß einige von ihnen erst in unseren Tagen publiziert worden sind und daß weitere, grundlegende Dokumente noch im Dunkel der Archive warten. Mehr als dreihundert Jahre lang beschränkten sich die Kenntnisse zunächst auf die Berichte der Entdecker, danach auf die der Hofhistoriker, von denen viele Spanien nie verlassen haben. Die Zahl der Bücher, die über Amerika geschrieben wurden, ist in der Tat erstaunlich, aber trotz — oder gerade wegen — des enormen internationalen Erfolges der veröffentlichten Schriften blieben die grundlegenden Werke praktisch bis in unser Jahrhundert unbekannt. Ihr Erscheinen fällt zeitlich zusammen mit den ersten Schritten der Archäologie. Verzichtet man jedoch auf diejenigen Schriften, die aus einem langen Zusammenleben mit den Eingeborenen hervorgingen — und nur die des Garcilaso de la Vega erschien im Jahre 1609 —, so ist das verbleibende Bild von den Menschen Amerikas zusammenhanglos und kindisch. Denn was weiß man von der Neuen Welt ohne Oviedos lebensvolle Zeugnisse und seine unersättliche Suche nach Information, ohne die leidenschaftlichen Plädoyers des Las Casas, ohne jenes bewegende Forschen nach der verlorenen Welt, dem Bernardino de Sahagún sein Leben widmete? Viel über die Natur, genug über Kleidung und Sitten der Eingeborenen, zuviel über die Religion. Denn der Wust von Unverständnis und Verleumdung, den man zuerst überlieferte und aus dem man dann, mit mehr oder weniger böser Absicht, ein Gebäude von Rechtslehren errichtete, bildet ein schweres Hindernis für die Erkenntnis: radikaler als jeder andere Faktor ließ dieser Wust aus dem Bild der Neuen Welt auch die geringste Spur einer eigenen geistigen Existenz verschwinden. Diese Welt war bereits zu einem einfachen Stück Natur reduziert; die Ehre und das Interesse der Zivilisierten verlangten, daß jeglicher moralische Wert ihr für alle Zeiten aberkannt werden mußte.

Der Prozeß dieser Beraubung wird sichtbar an der Eigenart und dem Schicksal der schriftlichen Berichte im Verlauf der einzelnen Perioden. Nach den Beschreibungen des Christoph Kolumbus mit ihren Bildern vom guten Wilden und von der paradiesischen Welt, die bis zum Zeitalter der Aufklärung Stoff für Utopien und Gesellschaftstheorien abgeben sollten, blieb es dreißig Jahre lang still. Mit den Briefen des Cortés an Karl V., die von 1522 an erscheinen, tritt in den Vorstellungen von der Neuen Welt eine radikale Wende ein: das Paradies des Kolumbus und Vespucci (die Schriften des letzteren wurden erst 1745 veröffentlicht) mit seinen Scharen großherziger und unschuldiger Menschen wird bei dem Eroberer von Mexiko eine städtische Welt mit starren Sitten, deren Mittelpunkt die Menschenopfer bilden. Einige Jahre später, 1526, als die Inseln und die Küsten des Antillengebietes bereits entvölkert sind und die Macht des Cortés gefährdet ist, vollendet Fernández de Oviedo auf der Basis systematischer Beobachtungen die erste Synthese. Ohne auf seine Landsleute einzugehen, erstellt er eine *Zusammenfassung der Naturgeschichte der indischen Länder*, in der er sich eingehend mit den Besonderheiten der ihm bekannten Länder beschäftigt, von ihren Bewohnern jedoch kaum spricht. Es folgt erneut eine Pause, bis im Jahre 1550 das vernichtendste Werk des Paters Las Casas erscheint, sein *Kurzgefaßter Bericht von der Verwüstung der Westindischen Länder*[129], der im Verlauf eines halben Jahrhunderts des Zusammenlebens mit den Eroberern gereift war. Mit dieser Explosion wurde der Vorhang, der bis dahin die Verwüstung Amerikas verdeckt hatte, auf immer weggerissen, aber nach der schon erwähnten Auseinandersetzung der gegensätzlichen Richtungen kehrte die amtliche Auffassung, daß alles zum besten stehe, bald wieder und wurde von jetzt an mit Macht verteidigt. So kam es, daß die Werke des Las Casas, des Fernández de Oviedo und des unvergleichlichen Sahagún, auf die sich die gesamte moderne Forschung stützt, dem Vergessen anheimfielen und daß die Kompilationen, die unter Beachtung der in der Hauptstadt gültigen Normen aus ihren Schriften hergestellt wurden, bei einem nachrichtenhungrigen europäischen Publikum berühmt wurden. Indes war der Schock, den die Wahrheit über die Eroberungen hervorgerufen hatte — eine Wahrheit, welche die Funktionäre der Krone auswendig wußten, das Volk durch mündliche Erzählungen umrißhaft erkannte und welche Las Casas in seiner furchtbaren Anklageschrift auf eine Formel gebracht hatte —, war dieser Schock so heftig gewesen, daß die Zensur, die von jetzt an einzugreifen begann, auf Jahrhunderte hinaus die Sache in ihren Händen behalten sollte. Von der zweiten Hälfte des 16. Jahrhunderts an bemerkt man, wie plötzlich und ohne ersichtlichen Grund Bücher von Höflingen, von harmlosen Chronisten und selbst von Eroberern verboten werden, wie es etwa bei den Briefen des Cortés der Fall war.

Was in der Geschichte der Eroberungen als erstes die Aufmerksamkeit auf sich zieht, ist die Tatsache, daß vom ersten Moment an die Negierung der Autonomie der Eingeborenen sich von selbst versteht: so, als ob die unwahrscheinliche Existenz von Antipoden, die selbst St. Augustinus verlacht hatte, die Einzigartigkeit einer Hemisphäre, deren Vorhandensein erbittert bestritten wurde, eines Erdteils, den man sogleich als Ort des irdischen Paradieses erkannte — als ob all dies die Bewohner der Neuen Welt, von Beginn der Entdeckung an, in die engen und leicht verletzbaren Grenzen einer durch nichts erklärbaren Anomalie eingeschlossen hätte. Kaum etwas veranschaulicht diese Haltung besser als folgende Tatsache: nach der Rückkehr des Kolumbus und aufgrund von nichts mehr als der Nachricht von ihrer Existenz, übermacht Papst Alexander VI. »[. . .] den Königen von Kastilien und León alle Inseln und Länder, die sie im Westen entdecken werden, als Gabe und Gnade unter der Bedingung, daß sie nach der Eroberung Prediger dorthin senden, um die Abgötterei treibenden Indios zu bekehren [. . .]«[130]

Danach nimmt es nicht wunder, daß sowohl Kolumbus als auch Vespucci mit der sorglosen Freude von Schmetterlingsjägern über die Eingeborenen hergefallen sind und gehandelt haben wie Herren gegenüber Sklaven. Inmitten von idyllischen Beschreibungen zögert Kolumbus nicht, dem König zu sagen, daß »[. . .] diese Leute sehr einfältig sind, was die Waffen betrifft, wie Eure Hoheit an den sieben sehen werden, die ich gefangengenommen habe, um sie mitzunehmen, sie unsere Sprache zu lehren und wieder zurückzubringen. Es sei denn, daß Eure Hoheit anordnen, sie alle nach Kastilien zu führen oder sie als Gefangene auf dieser Insel zu halten, denn fünfzig Männer genügen, um sie alle zu bewachen und sie zu jeder beliebigen Arbeit zu zwingen [. . .]«[131]

Vespucci sammelt ebenfalls menschliche Proben, und seine Naturforscherbegeisterung erfahrt nur bei einer Gelegenheit eine Einschränkung durch die Furcht, die eine wenn auch liebenswürdige Beute ihm einflößt: »Wir gelangten zu einem Dorf mit etwa einem Dutzend Hütten, wo sieben so große Frauen waren, daß sie alle mindestens eineinhalb Spannen größer waren als ich [. . .] Die bedeutendste unter ihnen lud uns mit Zeichen ein, bei ihr einzutreten, und bot uns zu trinken an. Als wir so große Frauen sahen, beschlossen wir, zwei junge Mädchen von etwa fünfzehn Jahren zu rauben, um sie dem König zum Geschenk zu machen [. . .] Aber auf einmal traten sechsunddreißig Männer dort ein, wo wir gerade beim Trinken waren; sie hatten eine derartige Körpergröße, daß sie selbst kniend noch größer waren

als ich. Kurz, sie hatten die Statur von Riesen [. . .] Als sie her-
einkamen, bekamen einige der Unsrigen solche Angst, daß sie
sich heute noch nicht wieder sicher fühlen. Sie besaßen Bogen,
Pfeile und sehr große Stöcke, die wie Degen gemacht waren. Als
sie sahen, wie klein wir waren, wollten sie wissen, wer wir
waren und wo wir herkamen [. . .] Durch Zeichen antworteten
wir ihnen, daß wir friedliche Menschen und unterwegs seien,
um die Welt zu sehen. Am Ende waren wir glücklich, uns ohne
weiteres wieder von ihnen zu trennen [. . .] Sie begleiteten uns
bis zum Meer, und wir bestiegen unsere Schiffe [. . .]«[132] An
einer anderen Stelle, in einer Stadt mit über dem Wasser gebau-
ten Häusern »wie in Venedig«, zögert man, sie zu empfangen,
und sie werden erst in die Häuser gelassen, nachdem sie ihren
Gastgebern am eigenen Leib die Wirksamkeit europäischer
Degen handgreiflich bewiesen haben.
Bei seiner dritten Reise hatte Kolumbus unbeabsichtigt fast eine
Schlacht ausgelöst. Im Glauben, die Mentalität der Eingeborenen
schon zu kennen, versuchte er, eine Gruppe von Menschen zu
überreden, an Bord zu kommen, indem er einen Tanz zum Klang
eines Tamburins organisierte. Da diese Szene nichts weniger als
eine Kriegserklärung bedeutete, rüsteten sich die Eingeborenen,
Pfeile zu schießen. Der Tanz wurde sogleich abgebrochen, und
die Begegnung war dann ebenso fröhlich und friedlich wie sonst
auch. Rückblickend verwundert man sich über die Unschuld der
Völker, die staunend diese unmögliche Ankunft über das Meer
erlebten, verwundert sich über das völlige Fehlen eines Miß-
trauens gegenüber den Fremden. Hier ein Bild der Eingeborenen
des späteren Hispaniola, jener seligen Insel, die Kolumbus zum
Hauptquartier auserwählen sollte: »[. . .] Sie kamen alle an den
Strand, uns zu rufen und Gott zu danken. Die einen brachten
uns Wasser, die anderen Nahrung, und als sie sahen, daß wir
nicht an Land kamen, warfen sie sich ins Meer und langten
schwimmend bei uns an. Sie fragten uns, ob wir vom Himmel
kämen. Ein alter Mann kam in einer großen Barke, und die ihn
begleiteten, riefen den anderen zu: ›Kommt und seht die Männer, die vom Himmel herabgestiegen sind, bringt ihnen zu
essen und zu trinken.‹ Es kamen viele, darunter viele Frauen,
alle brachten etwas mit. Sie dankten Gott, indem sie sich zu
Boden warfen und die Arme zum Himmel erhoben, und sie
flehten uns mit Schreien an, an Land zu kommen [. . .]«[133]
Vespucci berichtet von ähnlichen Empfängen bei den Ureinwohnern der atlantischen Küste des späteren Venezuela: »[. . .]
Sie führten uns zu einem Dorf, das sich zwei Meilen von dort im
Inneren des Landes befand, bereiteten uns eine Mahlzeit und
gaben uns alles, was wir wollten [. . .] und nachdem wir einen
ganzen Tag bei ihnen geblieben waren, kehrten wir, in Freundschaft mit ihnen verbunden, zu unseren Schiffen zurück [. . .]

Wir sahen ein anderes großes Dorf an der Küste des Meeres; wir fuhren in einem Boot an Land und fanden, daß sie uns dort erwarteten, alle mit Nahrungsmitteln beladen, und sie gaben uns genug, um ein sehr gutes Mahl davon zu bereiten [. . .] Wir sahen ein [anderes] großes Dorf [. . .], wo es so viele Menschen gab, daß es geradezu wunderbar war, und alle waren friedfertig, ohne Waffen; wir begaben uns mit Barken an Land. Sie empfingen uns mit großer Liebenswürdigkeit und führten uns zu ihren Wohnungen, wo sie vorzüglich zu essen vorbereitet hatten. Man gab uns drei Sorten Wein zu trinken, nicht aus Trauben, sondern aus verschiedenen Früchten gemacht, wie Bier; er war hervorragend; wir aßen frische *mirabolani*, eine königliche Frucht, und sie boten uns noch viele andere sehr gute und aromatische Früchte an, alle völlig verschieden von den unsrigen. Sie schenkten uns einige kleine und elf große Perlen. Durch Zeichen gaben sie uns zu verstehen, daß, wenn wir einige Tage blieben, sie noch andere fischen gehen und uns noch mehr davon geben würden; wir benutzten die Gelegenheit, um eine große Anzahl vielfarbiger Papageien mitzunehmen, und trennten uns freundschaftlich von ihnen [. . .]«[134]

Im Verlauf der acht Jahre, welche die Reisen der beiden Seefahrer trennten, kamen Veränderungen auf, denn inzwischen war durch königliche Erlasse die Gefangennahme der Eingeborenen untersagt worden, mit Ausnahme einiger Fälle (Kannibalismus und Nichtunterwerfung), die in der Folgezeit regelmäßig zum Vorwand dienen. Während Kolumbus Waren immer durch Tausch erwirbt und nur im Vorbeigehen die Existenz von Kannibalen erwähnt, finden Vespucci und seine Begleiter es natürlich, mitzunehmen, was sie anzieht, und versichern nicht nur, unter Kannibalen gelebt zu haben, sondern auch gehört zu haben, wie diese ihren abscheulichen Geschmack bekannten. Es trifft sich jedoch, daß diese Menschenfresser, deren Sprache übrigens den Fremden vollständig unbekannt ist, sich als Menschen von ausgesuchter Güte und Höflichkeit entpuppen: es sind nämlich dieselben, die in den Beschreibungen des Florentiners die waffenlosen Scharen bilden, welche die Fremden feiern, ihnen Schätze anbieten und sie jubelnd zu den Schiffen zurückbegleiten.

Bevor wir diese Ufer verlassen, wo der Name der Bevölkerung, jener Barbaren unter den Barbaren, die offiziell zu Sklaven erklärt wurden, zum Synonym des Menschenfressers wurde, sei noch an das Faktum erinnert, daß im Jahr 1524, d. h. nach mehr als zwanzig Jahren kriegerischer Auseinandersetzungen mit den blutgierigsten der Eroberer, Fernández de Oviedo unter diesen Völkern noch unzählige Ladungen Goldes einsammelt. Er erhält sie im Tausch gegen Beile, die aus »Ringen von leeren Fässern [. . .] und anderem alten Eisen« hergestellt sind.[135] Da er genau weiß, daß diese Werkzeuge nicht lange halten werden, wiederholt er einige Monate später die gleiche Reise und empfängt neue Reichtümer dafür, daß er die außer Gebrauch geratenen Beile in einem Versteck neu geschärft hat. Er übernimmt kritiklos die offizielle These von der Grausamkeit der Leute, die er betrügt, hebt aber nichtsdestoweniger ihr unausrottbares Vertrauen hervor: »[...] Ich will einen Scherz berichten, den ich ihnen antat. Daraus wird man die Einfachheit sehen, die damals unter ihnen herrschte, und den Unterschied zu ihrem jetzigen Verhalten, das durch die frechen und herausfordernden Christen aufgekommen ist, die danach mit ihnen Tauschgeschäfte machten.«[136] (Es folgt die Geschichte mit den Beilen.) »Durch mich und meine Schiffe [...] kamen mehr als 50 000 Goldpesos in die Stadt Darién. Daraus entstand auf der Insel Hispaniola wie auf den anderen Inseln und bei meinen Nachbarn eine heftige Eifersucht, so daß sie jetzt alle begannen zu tauschen und Indios zu fangen, aber auf eine solche Weise, daß die Küste davon durch und durch erschüttert wurde. Die Indios empörten sich und töteten die Christen, die Christen töteten die Indios, und die ganze Küste befand sich in Kriegszustand [...]«[137]

Kolumbus vermittelt ein Armband die Entdeckung, daß es Perlen gibt; bewegt sieht er die ersten goldenen Schmuckstücke: Schmuck für die Nase, für Arme und Beine, was ihn zu der Hoffnung veranlaßt, er werde mit Hilfe des Herrn bald den Entstehungsort des kostbaren Metalls auffinden. Vespucci spricht von Goldkörnern und berichtet, daß die Männer sich die Lippen und Wangen durchlöcherten, und: »in diese Löcher setzten sie [...] Steine ein, und glaubt nicht, daß diese klein seien; die meisten von ihnen haben mindestens drei solche Durchlöcherungen, einige sieben und andere neun, in die sie Steine aus weißem und grünem Alabaster einsetzen«.[138]

Kolumbus beschreibt den Brauch der Bemalung von Körper und Gesicht: »einige bemalen sich das Gesicht, andere den Körper, wieder andere nur die Augen oder die Nase«.[139]

Beide vermerken überall die Gewohnheit, in aufgehängten Baumwollnetzen, genannt Hängematten (*hamacas*), zu schlafen, und das Vorhandensein von Häusern, meist rund, selten rechteckig, manchmal über dem Wasser gebaut und oft dazu bestimmt, mehrere Familien zu beherbergen (Vespucci versichert, eines für »fünfhundert oder sechshundert Seelen« gesehen zu haben[140]). Die Häuser sind möbliert, Stühle und Bänke finden sich häufig. Die Zweckmäßigkeit und Schönheit der Barken fesselt die Aufmerksamkeit der Europäer: in einem Stück aus einem gefällten Baumstamm herausgehauen, sind sie mit Kabinen ausgestattet, die vor Regen und Sonne schützen. Man fischt mit Netzen aus Baumwolle oder Palmenfasern und mit Angelhaken aus Knochen.

Kolumbus versichert, daß diese Indios, die keinerlei Sekten angehörten, sich schnell zum Christentum bekehren würden; Vespucci behauptet, daß sie jenseits von allem religiösen Glauben leben. Nur Kolumbus erwähnt Kunstwerke: auf Kuba Statuen, die er großartig findet; eine Maske und eine Krone aus Gold und Edelsteinen, die ihm vom Fürsten Hispaniolas überreicht werden. Der Reichtum dieser Länder ist um so verlockender, als die Eingeborenen nackt sind und nur unbedeutende Waffen besitzen: Pfeile (unglücklicherweise manchmal vergiftet), Stöcke, Lanzen, die mit einem Fischzahn oder mit einem im Feuer gehärteten Stachel aus Holz versehen sind.

II. DIE MENSCHEN UND DIE NATUR

Bevor wir unseren Weg zurück in die Geschichte beginnen, halten wir noch einmal inne, um das noch lebendige Bild der schönen Ellipse, die das Karibische Meer von Kuba bis Yukatan umgibt, zu betrachten; wir verdanken dieses Bild vor allem Las Casas und Oviedo, die dort den größten Teil ihres an Stürmen reichen Lebens verbrachten. Für die Kenntnis eines Gebiets, das dem Ansturm der ersten 25 Jahre der Eroberung allein ausgesetzt war und deshalb fast vollständig menschenleer wurde, ist ihr Zeugnis unschätzbar. Noch heute beeindruckt diese Menschenleere, sie tritt im Fehlen autochthoner Überreste hervor: Folklore und Legenden rühren, soweit sie existieren, fast ausschließlich von den schwarzen Sklaven her, die bis zum vorigen Jahrhundert in diese Gegenden strömten.

Die von den Europäern so gewaltsam überraschten Wesen zeigen überall deutlich die gleichen Rassenmerkmale: sie haben braune Haut, eine gute Statur, gerade Beine (außer in Yukatan) und eine schlanke Gestalt. Die Haare sind glatt, lang oder kurz bei den Frauen wie bei den Männern und werden oft mit Fransen getragen; die Augen sind sehr schön. Das Fehlen von Bart und Körperbehaarung ebenso wie die Lieblichkeit des Sprechens werden wiederholt aufgezeichnet.

Die Körper bieten sich den Blicken ganz oder teilweise nackt dar; aufgrund ihrer Proportionen, ihrer schönen Erscheinung, ihrer Feingliedrigkeit und der Vollkommenheit ihrer Muskeln stellt Las Casas am Ende seiner sehr detaillierten Beschreibung in der *Apologética Historia* fest, daß sie »alle wie Söhne von Fürsten erscheinen«, denn »Männer und Frauen waren von einem engelsgleichen Aussehen«.[141]

Die Würde der Männer wird in dem umfangreichen Werk Oviedos überall hervorgehoben: sie zeigt sich darin, daß sie auch unter den grausamsten Folterungen ein Geheimnis nicht preisgeben, sodann in ihrem ernsthaften oder heiteren Gesichtsausdruck, in der feierlichen und verehrungswürdigen Haltung der Patriarchen.

Voller Stolz und Kühnheit, sind die Frauen an Schönheit oft den schönsten Spanierinnen ebenbürtig, und López de Gómara, der sich zum Echo von am Hof vernommenem Geschwätz macht, versichert, daß sie ihnen trotz des Fehlens von Schuhen, das sie kleiner erscheinen läßt, in der Größe entsprechen. Man erstaunt über die weiße Haut einiger hoher eingeborener Damen und zieht daraus allgemein den Schluß, daß die bronzefarbene Haut der übrigen eine Folge der ständigen Sonnenbestrahlung ist. Ebenso beweglich im Wasser wie auf dem Land — das Wasser bildete die zweite natürliche Umgebung dieser Meeresvölker —, in allen körperlichen Übungen einschließlich der Jagd und des Bogenschießens erfahren, bis zur Heirat über die gleiche sexuelle Freiheit wie ihre männlichen Altersgenossen verfügend, stellen diese Geschöpfe ein Ideal an Kraft und Weiblichkeit dar, das seltsam modern anmutet. Seinen Vorurteilen untreu werdend, drückt Oviedo verschiedentlich seine Bewunderung für diese Frauen aus, die in ihrer Nacktheit schamhafter und edler sind als viele elegant gekleidete Christinnen.[142]

An anderem Ort, an den Küsten Venezuelas und Kolumbiens, amüsiert er sich über ein gewisses über dem Bauch gekreuztes Band, das die Jungfräulichkeit verteidigen soll, erkennt dann jedoch an, daß dieses Band für die Indianerinnen sicherer ist als die Schlösser und Türhüter, mit denen sich angesehene Damen in Europa umgeben, denn »[...] die hiesigen Frauen gehen allein hinaus aufs Feld, einzig von ihrem Willen und diesem Faden bewacht, der genügt, um ihre Ehre und ihr Ansehen zu schützen, denn um nichts in der Welt würde eine nicht mehr jungfräuliche Frau wagen, ihn zu tragen«.[143] Mehr noch: der Selbstmord vergewaltigter Jungfrauen und die Ermordung der Widerstrebenden durch die Spanier in diesen Ländern, wo die Jungfräulichkeit keinerlei gesellschaftlichen Wert besaß, zeigen die Achtung vor der freien individuellen Entscheidung, die auf seiten der Eingeborenen gewiß vorhanden war.[144]

Der Rahmen, in welchem sich diese harmonischen und friedlichen Menschenscharen entwickelten, erweckte bei allen Begeisterung: überall Wasser — Meer und Seen, in denen es von Fischen wimmelt, Flüsse, die Gold mit sich führen —, herrliche Gebirge, ein Klima von ungeahnter Milde, Schätze, die die wahnwitzigsten Erwartungen übertreffen. Die Fruchtbarkeit der Erde ist überwältigend, und die den Europäern unbekannten Rohstoffe sind ohne Zahl.

Ein Höfling der Könige von Spanien von italienischer Nationalität machte Europa mit der Welt bekannt, die damals im Heraufsteigen begriffen war. Begeistert von den Erzählungen des

Kolumbus und anderer Augenzeugen entwarf Petrus Martyr de Anglería ein Bild dieser entlegenen Länder, indem er die Trockenheit der offiziellen Berichte durch phantasievoll ausgeschmückte Geschichtchen und Anekdoten belebte. Seine ersten Texte, die von 1504 an erschienen, wirkten nachhaltig auf die Einbildungskraft der Zeitgenossen, und sein vollständiges Epistelwerk, das er verfaßte, um berühmte Freunde auf dem laufenden zu halten, wurde 1530 publiziert. Zeigt er sich zu Beginn nur als wißbegieriger Dilettant, so vertieft sich mit der Zeit sein Interesse, und seine Informationen werden immer genauer. Als Mitglied des Indischen Rats sollte er schließlich auch lebhaft an den Streitigkeiten zwischen den Eroberern teilnehmen und sich mit den Problemen auseinandersetzen, die sich um den berühmten Rechtsanspruch der Europäer auf die Unterwerfung der amerikanischen Völker entwickelten. Wir entnehmen seinen Schriften die paradiesische Vision einer der ersten Begegnungen Kolumbus' mit den Eingeborenen: »Dreißig Frauen [. . .] kamen auf Geheiß des Königs hinaus, um sie zu empfangen, sie trugen Palmzweige, tanzten, sangen und musizierten; sie waren gänzlich nackt, nur die Scham mit einer Art von Baumwollrock bedeckt. Die Jungfrauen dagegen tragen ihre Haare nach hinten, ein Band über der Stirne und bedecken nichts von ihrem Körper. Die Unsrigen sagen, daß ihr Gesicht, ihre Brust, ihr Busen, ihre Hände sehr schön und sehr weiß sind und daß sie den Eindruck hatten, jene herrlichen Dryaden oder Nymphen [. . .] zu sehen, die in antiken Fabeln besungen werden.«[145] An anderer Stelle spricht er davon, daß der Hafen von Cartagena (Kolumbien) berühmt ist für die »keusche Schönheit der Frauen und die geistige Kraft der beiden Geschlechter«.[146]

Starke Beachtung finden die Produkte, aus denen man das Brot herstellt: ein gewisses Korn mit Namen Mais und eine Knolle, die Yukka heißt. Man backt daraus Fladen, die Kassava, die sich, ohne zu verderben, länger als zwei Jahre halten. Nicht selten erweisen sie sich als wertvoller als die kostbarsten Schmuckstücke. Während die Behandlung des Mais der aller Getreidearten ähnelt (heute noch ist der Stein, der zum Mahlen dient, überall in Gebrauch), enthält die Yukka der Inseln einen giftigen Saft mit einzigartigen Eigenschaften: roh ist er ein Gift, von dem »ein Schluck sofort tödlich wirkt«; kocht man ihn und läßt ihn über Nacht im Freien stehen, so verwandelt er sich in eine süße Flüssigkeit, die einen Honigersatz bildet. Von neuem gekocht und wieder dem Sternenlicht ausgesetzt, wird der Saft sauer und dient als Essig. Die Yukka ist im ganzen Antillengebiet verbreitet, auf dem Kontinent wird sie jedoch in gekochtem Zustand gegessen, und das Brot wird ausschließlich aus Mais hergestellt.

Unter der Vielzahl von Früchten, die er entdeckt, hat Oviedo eine deutliche Vorliebe für Kokosnüsse und Ananas. Ohne Hoffnung, daß es ihm gelingen wird, widmet 'er mehrere Seiten dem Versuch, ihre Form, ihr Aroma und ihre Saftigkeit, die ihn in Entzücken versetzen, zu beschreiben. Als großer Kenner bescheinigt er, daß die Ananas auf dem Festland unvergleichlich besser sind als auf den Inseln. Petrus Martyr berichtet, daß der König selber der Ananas den höchsten Preis zuerkannt habe, und bedauert, sie nicht gekostet haben zu können, da nur eine einzige dieser Früchte unverdorben nach Spanien gelangt sei. Es gibt außerdem eine Art Knollen, »die auf der Tafel des Kaisers nicht fehl am Platze wären«, und der Cayennepfeffer (Piment) gilt als guter Ersatz für andere Gewürze.

Nach einer Betrachtung der Schönheiten Hispaniolas dehnt Las Casas seine Folgerungen auf den ganzen Kontinent aus. Seine Sprache bebt vor Liebe zu diesen gemarterten Ländern: »Der größere Teil der Länder dieser Gegend ist [. . .] offen, hoch, [. . .], heiter, anmutig und sehr gut gelegen. Die Hügel, Täler, Gebirge und Abhänge sind sehr rein, ohne stinkenden Schlamm, voll wohlriechender, heilender und gewöhnlicher Kräuter, sämtlich von großer Lieblichkeit. Alle Felder sind mit ihnen bedeckt und lachen in ihrem Schmuck [. . .] Überall [. . .] sind die Wälder unendlich groß [. . .] mit einer Unzahl von Kiefern, Eichen, Lorbeerbäumen [. . .], großen, duftenden weißen und roten Zedern und Guajakbäumen, die die Heilmittel gegen den Ausschlag und andere durch die Feuchtigkeit bewirkte Krankheiten liefern. Es gibt sehr viele aromatische Bäume, Styrax und Amberbäume, die natürlichen Balsam hervorbringen [. . .] Wer könnte die Zahl der Obstbäume und ihre Arten, die Süße und Gesundheit ihrer Früchte oder ihr reiches Vorkommen, sei es wild oder angepflanzt, beschreiben? [. . .] In den Bergen, auf den Feldern und Weiden [. . .] wachsen die besten Wurzeln der Erde [. . .] Der Himmel ist strahlend klar, durchsichtig und mild [. . .], denn es gibt selten dicke Wolken, und die Sonne ist nie länger als einen Tag verborgen [. . .] Die Gewässer, die dieser Erde Feuchtigkeit und ihren zahllosen Bewohnern Trank geben, sind [. . .] durchsichtig, sehr süß, sehr beweglich, sehr schnell und klar [. . .], und da es von Bächen und Flüssen wimmelt, und da das Land, das sie durchqueren, sehr weit ist, sind die Flüsse dieser Gegend die größten und mächtigsten auf dem ganzen Erdball [. . .] In Wahrheit ist dieses Westindien das ausgeglichenste, gesundeste und fruchtbarste, das glücklichste, fröhlichste und liebreichste und das der menschlichen Natur am besten in der ganzen Welt angemessene Land [. . .]«[147]

Der Fischfang und die Jagd — die letztere oft mit Netzen bewerkstelligt —, ergeben beide reiche und ausgiebige Beute; die Jagd erbringt eine große Vielfalt delikater Fleischsorten, das Grundnahrungsmittel dieser wahrhaft amphibischen Völker bildet jedoch der Fisch. Eine Haushundrasse, die im Umkreis der Antillen festlichen Zeremonien vorbehalten war, wurde das bevorzugte Gericht der Eindringlinge, die sie in Hispaniola gänzlich ausrotteten. Diese Tiere, von denen es in Mexiko noch einige Exemplare gibt, besitzen zwei spezifische Eigenschaften: sie haben kein Fell und sind stumm: »selbst wenn man ihnen Hiebe mit einem Stock oder einem Messer versetzt, beklagen sie sich nur durch ein heimliches Grollen, das so leise ist, daß man es kaum hört«.

Das Vorkommen kleiner Bienen, die schwarz wie Fliegen sind und von den Eingeborenen in Kürbisflaschen gezüchtet werden, wird von den Küsten Venezuelas bis nach Yukatan überliefert. Der Honig dieser nicht stechenden Insekten ist etwas sauer, und ihr Wachs ist nicht sehr fest.

Der für den Europäer faszinierende Papagei spielt wegen seiner Federn eine bedeutende Rolle; die Schildkröten sind so groß, daß sie ebensoviel Fleisch liefern können wie ein Kalb; außerdem gibt es einen merkwürdigen ›Fisch‹, von der Form eines Schlauches, den »selbst Plinius nicht erwähnt, von dem kein Mensch, ob auf dem Land oder dem Wasser zu Hause, mir jemals erzählt hat, ihn anderswo als im Umkreis dieser Inseln und Länder von Westindien gesehen zu haben«[148]. Dieses Tier (die Seekuh) wird zu einem Geschenk der Vorsehung für die Spanier: sein Fleisch ist »besser als das der Kuh«, sein Fett ist ausgezeichnet, und seine Haut bildet ein widerstandsfähiges Leder, das gute Schuhsohlen abgibt.

Unter den wilden Tieren, die Oviedo aufzählt, sind verschiedene Arten von Schlangen, von Affen, »Tigern« und Krokodilen, »großen Eidechsen, die die Eingeborenen *caïman* nennen.«

Dem aus Früchten gewonnenen Wein der Inseln entspricht auf dem Kontinent die Chicha, ein Getränk aus gegorenem Mais, das auf der ganzen südlichen Hemisphäre vorkommt und dessen Zubereitung Oviedo so erfahren beschreibt, daß man es selbst herstellen könnte. In Nikaragua und Yukatan herrscht der Met vor.

Von Nikaragua an ist der auf den Inseln völlig unbekannte Kakao das Hauptprodukt, und er dient in Nikaragua wie in Yukatan als Geld. Weniger vertraut mit dem Festland als Oviedo, überliefert uns der Pater José de Acosta seine noch ganz frischen Eindrücke von der Seltsamkeit dieses exotischen Artikels: »Der Hauptverwendungszweck des Kakaos ist die Bereitung eines Getränks, das sie Schokolade nennen. Man schätzt es hierzulande über alle Maßen, wer aber nicht daran gewöhnt ist, dem kann dabei übel werden. Denn auf der Oberfläche bilden sich Schaum und Blasen wie auf Jauche, so daß eine Menge Vertrauen dazu gehört, es zu trinken. Jedenfalls ist es ein so hochgeachtetes Getränk, daß die Indios es den

Herren anbieten, die sie besuchen oder vorbeikommen — ebenso die Spanier; vor allem sind aber die hiesigen Spanierinnen verrückt auf diese schwarze Schokolade [. . .] Sie wird auf verschiedene Weise zubereitet, und man trinkt sie heiß, kalt oder lauwarm, mit Gewürz und viel Cayennepfeffer. Außerdem machen sie daraus einen Teig, von dem sie sagen, daß er [. . .] gut gegen Magenkrankheiten und Erkältungen sei. Sei dem wie ihm wolle: wer nicht in diesem Glauben erzogen worden ist, verspürt keine große Lust darauf.«[149] Auch Diego de Landa erwähnt, daß in Yukatan das Schokoladegetränk unter Beimischung von Cayennepfeffer hergestellt wird. Oviedo gibt eine sehr ausführliche Beschreibung von dem Strauch, seinem Anbau, seinen Früchten, von der Art, wie sie geerntet und wie die Kakaobohnen gemahlen werden, schließlich von den verschiedenen Rezepten für die Zubereitung. Er offenbart darin noch andere Eigenschaften des Kakaos: als Paste wird er von Männern und Frauen zum Einreiben des Gesichts benutzt und bildet eine elegante Schminke, die man nach und nach mit dem Finger abkratzt und verzehrt. »[. . .] Damit erlangen sie eine große Widerstandskraft, denn es vertreibt ihnen Hunger und Durst und schützt ihre Haut gegen Sonne und Wind. Auch sagen die Indios, daß derjenige, der nüchtern Kakao trinkt und an demselben Tag von einer Viper oder giftigen Schlange gebissen wird, [. . .] nicht Gefahr läuft, daran zu sterben [. . .]«[150] In Yukatan wurde der Kakao zusammen mit Blumen in jungfräulichem Wasser, das aus hohlen Bäumen oder Felsen stammte, aufgelöst und bei der feierlichen Handlung der Taufe verwendet.

Eine andere wunderbare Pflanze, »die sie mehr als Gold schätzen« und die in Venezuela *hado*, in Nikaragua *yaat* und in Peru *coca* heißt, löscht den Durst, sättigt und gibt Kraft. Las Casas berichtet von ihrem Vorkommen in Kuba. Getrocknet, pulverisiert und mit dem Kalk aus Muschelschale vermischt, wird diese Pflanze bei Arbeiten verwendet, die besonders große Anstrengung erfordern. Die Eingeborenen tragen dieses Pulver in kleinen Kürbisflaschen um den Hals oder um die Schulter, »[. . .] sie kauen und schlucken es nicht; wenn sie trinken oder essen, nehmen sie es aus dem Mund [. . .], es ähnelt dann gekochtem Spinat [. . .]«[151]. Las Casas macht kein Hehl aus seinem Ekel vor diesen ewig im Mund herumbewegten Kugeln, und Oviedo versichert, daß diejenigen, die das Pulver verwenden, schon in sehr jungen Jahren davon schwarze Zähne haben.

Die Rotholzbäume sind im ganzen karibischen Gebiet verbreitet, wenn auch nicht so stark wie in Brasilien. Daneben gibt es Bäume, die ein weihrauchähnliches Harz produzieren, und andere, die als Früchte ›Seifenkügelchen‹ von der Größe einer Nuß hervorbringen, die — wie Nüsse — in eine harte Schale eingeschlossen sind und zusammen mit Wasser viel Schaum erzeugen und sehr gut reinigen. Heilkräuter und -wurzeln und ihre Wirksamkeit und Anwendung werden von Oviedo beschrieben; die Beschreibung füllt viele Seiten.

Oviedos Aufstellung der Verteilung von ›Teerquellen‹ berücksichtigt im wesentlichen die Gegenden und Länder, die heute Erdöl produzieren, darunter auch Kuba. Das Petroleum bildet auf dem Wasser ölige Flächen von durchdringendem Geruch, die das Meer bis zu zwei oder drei Meilen vom Ufer bedecken. Diese Flüssigkeit, die bei den spanischen Ärzten sehr gefragt war, soll gegen Gichtleiden und durch Kälte verursachte Krankheiten sehr wirksam gewesen sein.

Das Salz ist überall ein wirtschaftliches Tauschobjekt, und seine Erzeugung erweckt bei dem Chronisten wärmstes Lob. Außer demjenigen, das durch Verdunstung aus dem Meerwasser gewonnen wird, gibt es an mehreren Stellen (Haiti, Kolumbien) »ein fast kristallklares und durchsichtiges Gebirge aus Salz [. . .], wo man Steine wie in einem Steinbruch bricht. Ich habe Salzsteine gesehen [. . .], die mehr als einen Zentner wogen, und man sagte mir, [. . .] daß es noch viel größere gebe [. . .], so daß man Häuser aus Salzsteinen bauen könnte.«[152]

Der Norden und das Zentrum Kolumbiens sind überreich an Salz in Körnern und in Form von Broten, das weiß wie Schnee und besser als das spanische ist. Die Einwohner von Panama gelten als große Meister in der Salzgewinnung; von weiteren sehr guten Salinen wird aus Nikaragua und Puerto Rico berichtet. Las Casas beschreibt eine einfallsreiche Technik zum Einfangen von Salzwasser, das in der Tiefe einiger Flüsse von Venezuela und Kolumbien entspringt: man verwendet mannshohe Bambusrohre, die es kanalisieren, bevor es sich mit dem Süßwasser vermischt, und Pumpen, die es »in derselben Weise, wie man Wasser aus den Schiffen pumpt«, nach oben bringen.[153]

Gold, Perlen und Edelsteine birgt dieser Kontinent in seinem Boden, in den Flüssen und im Meer in verschwenderischen Mengen. Das Gold wurde zum Teil aus unterirdischen Adern gewonnen, die jeweils der erste Entdecker ausbeutete. Diese Form der Gewinnung kostete viele Menschen das Leben. Man fand es auch reichlich in Flüssen und Lagunen, wo jedoch seine Bergung auch nicht die einfachste war; um größere Erträge zu erzielen, leiteten die Spanier die Flüsse um, trockneten die Lagunen aus und ließen die Erde des Bodens und der Ufer durchsieben. Die Geschichte von mehrere Kilo schweren Goldklumpen, die in Europa Bewunderung und Neid erweckten, gab Stoff für sämtliche Chroniken; es waren jedoch gerade die kleinsten Goldkörner, die den Reichtum einer Quelle offenbarten.

Oviedo sammelt eine Menge von Angaben zu diesem kostbaren Metall. Er versichert, daß sein Glanz sich nach dem Schmelzen vermindere, ganz gleich, wie wertvoll das Werk sei, das daraus entstehe. Er lehrt uns, daß fast alles Gold in den Tiefen der Gebirge seinen Ursprung hat und nur dadurch in die Täler gelangt, daß der Regen es von dort wegschwemmt, wo die Natur es an die Erdoberfläche treten läßt. Es reinigt sich in dem Maße, wie es sich von seinem Ursprung entfernt, so daß sich seine Qualität im Laufe einer halben Meile zurückgelegten Weges erhöht. Den Qualitätsunterschied, den der Chronist zwischen dem aus dem Erdinneren und dem aus dem Unterlauf der Flüsse herrührenden Gold konstatiert, führt ihn zu dem Schluß, daß zwischen diesen beiden Phasen in der Existenz eines Goldklumpens viele Jahre vergangen sein müssen. Er berichtet auch, daß die Eingeborenen die Fertigkeit besäßen, dem Kupfer durch Vergoldung das Aussehen feinsten Goldes zu verleihen; obwohl er jedoch lange nach dem Geheimnis dieser Alchimie gesucht habe, mit dem, wie er sagt, die europäischen Juweliere ihr Glück hätten machen können, sei es ihm lediglich gelungen, die Pflanze, die zu der Behandlung benötigt werde, zu sehen; mehr habe er nie erfahren. Petrus Martyr dagegen schreibt: »Die Unsrigen versichern, daß die Lebensader des Goldes in einem Baum ist: aus seinen Wurzeln wachsen unaufhörlich Zweige hervor, die sich durch Ritzen bis zur Spitze des Gebirges emporästeln, bis sie den Himmel erreichen. Beim Kontakt mit dem Licht verwandelt sich das Gold in Körner, wie Früchte, und diese werden nach dem Gesetz der Schwerkraft durch die Fluten in die Täler geschwemmt [...] Sie sagen, daß sich die Wurzel des Goldbaums im Mittelpunkt der Erde befindet, denn je weiter man gräbt, um so dicker werden die Stämme.«[154]

Das bearbeitete Gold, das als einziges sichtbar und dem unmittelbaren Zugriff ausgesetzt ist, ist auf den Inseln selten. Es gewinnt eine besondere Bedeutung entlang den Küsten Venezuelas und Kolumbiens; seine Fülle vermehrt sich von Panama nach Yukatan, bis sie schließlich außergewöhnliche Proportionen annimmt, zuerst in Mexiko, danach in Peru, dieser »Hölle von Peru, die durch die Zentnerlast ihres Goldes Spanien verarmen ließ«[155]. Als nach der Entdeckung der Inkaschätze nichts mehr unmöglich scheint, gewinnen die Legenden festere Gestalt: immer sagenhaftere Länder werden zum Objekt angstvoller Suche; von Wahnbildern kursieren genaue Beschreibungen. Das ist der Fall des berühmten El Dorado, eines Herrschers, der nach dem täglichen Bad seinen Körper mit Goldstaub bepuderte. Nichts fehlt an dem Bild: der Fürst hat eine Vorliebe für Schmuck, der von seiner natürlichen Schönheit nichts verdeckt, deshalb verachtet er die Gegenstände, mit denen jeder andere Fürst sich schmücken konnte. Dank dem kostbaren Puder, der durch ein aromatisches Harz festgehalten wird, welches ihn vom Scheitel bis zur Sohle bedeckt, gehen von seinem ganzen Leib Strahlen aus.

Kolumbus stieß auf den perlenreichsten Ort von ganz Amerika, eine kleine, trockene und unfruchtbare Insel im Norden Venezuelas, die von Riesenschildkröten bewohnt war. Als er die Fülle von Perlen sah, die seine Seeleute im Tausch gegen einige Tellerscherben erhielten, soll der Admiral voll innerer Bewegung ausgerufen haben: »Ich sage euch, daß ihr euch im reichsten Land befindet, das es auf der Erde gibt, und daß wir zutiefst Gott dafür danken müssen.«[156] Trotz seiner Absicht, diese Entdeckung geheimzuhalten, gelangte die Nachricht davon nach Spanien, und ein Jahr nach seinem Besuch vermochte ein Reeder die winzige Insel Cubagua wiederaufzufinden. Danach folgten die Expeditionen einander auf dem Fuße, und die Perlenfischerei wurde mit solchem Eifer betrieben, daß etwa 15 Jahre später Austern und Taucher verschwunden waren.

Auch die Perlen von Cubagua erzeugten ihre Legende. Sie war jedoch von anderer Art als die von El Dorado: eine Legende von Kannibalismus und Widerspenstigkeit, welche die Ureinwohner zwischen dem Golf von Paria und Panama in Freiwild verwandelte. Die Errichtung einer Festung und eines Klosters auf Cubagua, die blutigen Fehden und Meutereien, die die Eroberer spalteten, die Tatsache, daß Las Casas Cubagua für die von ihm geplante friedliche Bekehrung auswählte — all dies kennzeichnet die Perleninsel als einen Ort von ganz besonderer Bedeutung und gibt eine Erklärung für die Aufstände der Eingeborenen, die einst »als von sanfter, einfacher, unschuldiger und gastfreundlicher Art« beurteilt worden waren.[157]

Später entdeckt Vasco Núñez de Balboa noch andere enorme Austernbänke im Pazifik um eine Insel herum, die er ebenfalls *Las Perlas* nennt und wo er über die Pracht der mit Perlen bedeckten Ruder in Ekstase gerät. Petrus Martyr, der mit diesem Eroberer eine längere Korrespondenz geführt hat, liefert Einzelheiten, die, mögen sie wahr oder falsch sein, das Interesse der Hauptstadt für die Neue Welt zeigen: »Je älter die Austern sind, um so tiefer wohnen sie; die kleinen finden sich, wie junge Mädchen, in der Nähe des Ufers, und die ganz winzigen, wie ganz kleine Mädchen, leben fast auf der Oberfläche. Um zu den tiefsten zu gelangen, muß man so tief wie die drei- oder vierfache Körperlänge eines Mannes hinabtauchen; für die Mädchen und die kleinen Mädchen reicht es aus, bis zum Knie im Wasser zu stehen, und nach einem Sturm findet man viele von ihnen im Sand, von den Wellen abgerissen und auf den Strand geschleudert.«[158] Einige Jahre später verleiht Martyr seinen Ausführungen eine gelehrtere Form und weigert sich, den Glauben zu unterstützen, nach dem die Perlen im Morgengrauen weiß werden und sich je nach dem Zustand des Himmels freuen oder zittern, denn »dies sind Angelegenheiten, die eine genauere Untersuchung erfordern«.[159]

Nach Oviedos Angaben erstrecken sich die Perlenvorkommen vom Golf von Paria bis nach Nikaragua, wo — sagt er — »ich selbst in den Austern, die uns Indios zum Essen brachten, welche gefunden habe«.[160] Mit seiner unermüdlichen Genauigkeit belehrt er uns ausgiebig über alles, was sie betrifft: die Austern vermehren sich periodisch, eine leere Bank füllt sich nach einer gewissen Zeit wieder; die Perlen sind im Wasser weich und erhärten erst bei der Berührung mit der Luft. Sehr große Muscheln, welche Perlen von einer trüben und rötlichen Farbe einschließen, dienen als Küchengeräte und als Werkzeug für landwirtschaftliche Arbeiten. »Die Taucher legen die gepflückten Austern in ein kleines Netz, das sie entweder um den Hals oder um die Taille gehängt haben.«[161]

In seinem *Kurzgefaßten Bericht von der Verwüstung der Westindischen Länder* versichert Las Casas, daß »es in diesem Jahrhundert gewiß keine qualvolle Höllenarbeit gibt, die mit dieser [der der Taucher] zu vergleichen wäre [...]. Fast alle können diese abscheuliche Lebensart nur wenige Tage ertragen; denn es ist schlechterdings unmöglich, daß Menschen, die ohne Atem zu schöpfen unter Wasser arbeiten müssen, lange leben können. Ihr Körper wird unaufhörlich von der Kälte des Wassers durchdrungen; ihre Brust wird vom häufigen Zurückhalten des Atems zusammengepreßt; mithin bekommen sie Blutspeien [...] und sterben daran. Ihr Haar, das von Natur schwarz ist, bekommt eine ganz andere Farbe und wird brandrot, wie das Fell der Meerwölfe. Auf ihrem Rücken schlägt Salpeter aus; kurz, sie sehen aus wie Ungeheuer in Menschengestalt [...]«[162]

Der Pater Acosta stellt betrübt fest, daß infolge ihres großen Überflusses Perlen, die einst den Herrschern vorbehalten gewesen seien, zu seiner Zeit sogar von Negerinnen getragen würden.

In Castilla del Oro (Panama), in Kolumbien und in Peru finden sich Smaragde. Die kolumbianischen Steine liegen unter der Erde; um sie herauszulösen, wird die Ader so lange mit Wasser begossen, bis sie von der umgebenden Erde frei ist. Die peruanischen Steine, die nach allen Zeugnissen die schönsten sind, befinden sich innerhalb von Kieseln aus sehr weißem Marmor. Nur in Kolumbien war es den Spaniern vergönnt, die Minen dieses Steins zu sehen; in Panama und Peru gelang es ihnen niemals, das Geheimnis ihres Ursprungs zu entdecken. Niemand spricht von magischen oder heilenden Eigenschaften der Smaragde, und wenn man feststellt, daß dasselbe für Gold und Perlen zutrifft, so fragt man sich, ob der Grund dafür nicht darin liegt, daß die Eingeborenen dieser kostbaren Güter vollständig beraubt wurden und die Chronisten sich nicht über sie informieren konnten, wie sie es z. B. bei Tabak und Kakao getan haben. Tatsache ist, daß Oviedo auf Plinius zurückgreifen muß, um die magischen Eigenschaften dieser Edelsteine zu beschreiben, und sich damit zufrieden gibt, ihr Aussehen zu bewundern.

Pater Acosta, der gegen Ende des Jahrhunderts schreibt, ist vor allem von der Entwertung der einst kostbaren Materialien beeindruckt. Er erzählt, daß er 1587 auf einem Schiff, das ihn nach Spanien zurückbrachte, zwei große Kisten voller Smaragde gesehen habe, und berichtet von einem italienischen Juwelier, der, nachdem er für einen einzigen Stein ein Vermögen geboten hatte, eine ganze Kiste solcher Kleinode zu Gesicht bekam und sich daraufhin weigerte, etwas davon zu kaufen.

III. LASTER UND ABGÖTTEREI

Nach Ansicht der Rechtsgelehrten konnte das Heidentum allein Ausrottung und Sklaverei nicht rechtfertigen: es mußten Nichtunterwerfung und greuliche Sitten hinzukommen. So erkennt selbst der weise Pater Vitoria, der es gewagt hatte, Spanien das absolute Recht zur Eroberung und dem Papst die Vollmacht zum Verschenken der amerikanischen Länder abzusprechen, den Krieg an, sofern er gegen aufständische Menschenfresser gerichtet ist.[163] So erklärt auch Dr. Sepúlveda, dem es doch um die Rechtfertigung des bereits Geschehenen geht: »Sofern die Heiden nichts anderes und Schlimmeres als Heiden sind und man ihnen nur vorwerfen kann, keine Christen zu sein — was wir Ungläubigkeit nennen — gibt es keinen gerechten Grund, [. . .] sie mit Waffen anzugreifen.«[164]

Als Männer der Praxis wußten die Eroberer sogleich, woran sie sich zu halten hatten, um das erste Hindernis zu überwinden, und schlossen sich alsbald der zweiten These ihres geistigen Führers an: »Was hätte diesen Barbaren Glücklicheres widerfahren können, als der Herrschaft derjenigen unterworfen zu werden, durch deren Klugheit, Tugend und Religion sie sich aus barbarischen und kaum menschlichen Wesen in Menschen und, soweit sie es werden können, in Bürger, aus Schandtätern in Gerechte, aus Gottlosen und Sklaven von Dämonen in Christen und Anbeter des wahren Gottes verwandeln?«[165]

Bewegt von der Sorge um die heroischen Kreuzfahrer, offenbart Sepúlveda, ›der Vorläufer‹, ihnen den Willen Gottes: »[. . .] Wir müssen eingreifen, damit sie [die Amerikaner] von ihren Verbrechen abgeschreckt werden, insbesondere von denjenigen, die am meisten wider die Natur sind und Gott, den Schöpfer der Natur, beleidigen, und vor allem von der Abgötterei, die unter allen Sünden die schlimmste ist [. . .] Wenn wir diese Verbrechen, die Gott so sehr beleidigen, nicht bestrafen, stellen wir die Geduld Gottes auf eine Probe, denn es steht fest, daß nichts Gott mehr kränkt als die Verehrung von Götzenbildern.«¹⁶⁶ Folgen wir also den Eroberern bei der einträglichsten Jagd, die es jemals auf der Welt gab.

Im Katalog der am meisten gebrandmarkten Laster ist die Homosexualität das Verbrechen *par excellence*. Sie bringt die Eroberer außer sich vor Empörung. Nachdem sie ›die Sünde wider die Natur‹ einmal entdeckt haben, sehen sie sie überall, obgleich sie auf den Inseln anscheinend nicht anzutreffen war. Mit dem ganzen Gewicht seiner Kenntnisse widerlegt Las Casas in diesem Punkt die Anschuldigungen Oviedos, und in der Tat konstatieren die Berichte des letzteren die Sitte erst von Venezuela an, während Diego de Landa beobachtet, daß sie in Yukatan nicht vorkommt.¹⁶⁷ Die Heftigkeit Oviedos ist Zeichen einer echten Entrüstung; um sie zu vermitteln, beschreibt er sorgfältig sowohl die Kleidung, Haltungen und Techniken als auch die soziale Stellung dieser Ungeheuer. Mehr als einmal erzählt er von dem Schock, den er empfand, als er in Santa Marta ein Schmuckstück erblickte, das die Vereinigung zweier Männer zeigte. Er entstellte es eigenhändig mit Hammerschlägen, bevor er es zum Schmelzen gab. Ebensowenig wie der berühmte Chronist mit der griechischen Welt vertraut, die doch zu seiner Zeit hoch in Ansehen stand, ließ Vasco Núñez de Balboa Dutzende dieser harmlosen Knaben lebendig verbrennen und von Hunden zerreißen. Allein Las Casas tadelt den Eroberer von Castilla del Oro und spricht ihm das Recht ab, Richter zu sein.

Eine andere Sünde, deren brutale Verfolgung heute überrascht, ist der Tabakgenuß: »Die Indios auf dieser Insel [Hispaniola] hatten unter ihren übrigen Lastern ein besonders schlimmes. Es bestand darin, daß sie bis zur Besinnungslosigkeit eine bestimmte Art von Räucherei trieben, die sie *tabac* nennen. Sie machten das mit dem Rauch einer bestimmten Pflanze, die, nach dem, was ich habe erfahren können, eine Art Bilsenkraut ist, freilich nicht von derselben Form und Gestalt, denn dieses Kraut hat einen etwa fünf Spannen hohen Stiel und breite, dicke, weiche und behaarte Blätter [. . .] sie verwenden es auf folgende Weise: die Häuptlinge und die angesehensten Personen besitzen kleine, hohle Stäbe, etwa eine Spanne lang und dick wie ein kleiner Finger, mit zwei Öffnungen, die [. . .] in die gleiche Röhre münden. Das Ganze aus einem Stück, sehr glatt und gut gearbeitet. Sie stecken diese Öffnungen in ihre Nasenlöcher und das andere Ende der Röhre in das brennende Kraut [. . .] und atmen den Rauch ein: ein-, zwei-, dreimal oder mehr, sooft sie können, bis zu dem Augenblick, in dem sie bewußtlos umfallen [. . .] Die Indios, die keine solchen Röhren besitzen, atmen den Rauch mit Hilfe von Federn oder Schilf ein [. . .] Sie nennen *tabac* das Instrument, das zum Fassen des Rauches dient, und nicht das Kraut oder den darauf folgenden Schlaf, wie manche meinen.

Die Indios schätzen dieses Kraut über alles und pflanzen es in ihren Gärten und Feldern an; [...] sie halten das Kraut oder den Rauch nicht nur für gesund, sondern auch für eine sehr heilige Angelegenheit [...] Ich verstehe nicht, was für Vergnügen sie daraus ziehen, wenn es nicht das Trinken ist, was sie tun, bevor sie rauchen [...] Ich weiß, daß manche Christen es schon praktizieren, besonders solche, die an der Krankheit mit dem Ausschlag leiden. Während sie so entrückt sind, sagen sie, spüren sie die Schmerzen von ihrer Krankheit nicht [...] Inzwischen haben viele Neger in der Stadt [...] die gleiche Gewohnheit angenommen, und sie bauen das Kraut auf den Feldern ihrer Herren an [...] Sie sagen, daß sie nach beendeter Arbeit Tabak nehmen und ihre Müdigkeit nicht mehr fühlen.«[168]

Der Genuß des Tabaks in Form von Zigarren auf dem Kontinent ist weniger malerisch. In Venezuela wird er von den Sehern verwendet, denen das Zusammenrollen des verbrannten Blattes die Antworten des ›Dämons‹ offenbart. Man konsultiert diesen, wenn man eine Reise unternehmen will, wenn man zum Fischfang gehen will, sodann, um zu wissen, ob eine Jagd erfolgreich sein wird oder ob man von seiner Frau geliebt wird. In Nikaragua dagegen verwenden ihn die Gäste bei einem Gelage, und wenn auch diese Feste immer einen zeremoniellen Charakter besessen haben, so wirkt doch folgende Szene, der Oviedo, von dem ihre Beschreibung stammt, beigewohnt hat, wie das aus der Zeit der Vorfahren überlieferte Modell einer modernen Versammlung: »Als sie anfingen zu trinken, brachte der Häuptling selbst ein fingergroßes Bündel Tabak, das aus einem zusammengerollten Blatt hergestellt und mit zwei oder drei Agavenfäden zusammengebunden war. Beides, Blatt wie Pflanze, werden mit sehr großer Sorgfalt von ihnen angebaut; sie zünden es an einem Ende an, und es brennt, bis es aufgebraucht ist, was einen ganzen Tag dauert. Von Zeit zu Zeit stecken sie das der brennenden Spitze entgegengesetzte Ende in den Mund und atmen einen Augenblick lang den Rauch ein; sie nehmen es wieder heraus, halten den Mund verschlossen und eine Zeit den Atem an, danach blasen sie den Rauch durch Nase und Mund wieder aus. Jeder von den Indios hielt eines dieser gewickelten Blätter in der Hand.«[169]

Unerwartet ist die Eigenschaft des Tabaks, als Abführmittel zu dienen.[170] In Yukatan indessen spielt er eine Rolle bei der Zeremonie der Taufe: der Helfer des Priesters bläst dem Kind neun Züge Tabakrauch ins Gesicht, bevor er ihm den Duft des Blumenstraußes, den er bei sich trägt, zu riechen gibt.[171]

Es ist unmöglich, eine vollständige Liste der Hauptsünden aufzustellen, denn die Eingeborenen waren in den Augen ihrer Feinde alle von Natur aus zur Hölle verdammt. Zum Beweis mag die Tatsache dienen, daß Las Casas häufig seine Landsleute ermahnt, nicht unerbittlicher als Gott zu sein, da dieser sichtlich das Vorhandensein von Geschöpfen billigte, welche sie in seinem Namen vernichten zu müssen glaubten. Denn es gibt keinen Chronisten, sei er Höfling oder Eroberer, der nicht, als sei es seine Pflicht, seinen Schriften ganze Rosenkränze von Beschimpfungen einfügt, selbst wenn sie wichtige Behauptungen widersprechen: »Ungeheure Sodomiten, Faulenzer, Lügner, Undankbare, Wankelmütige, Lumpen«.[172] Alle diese ›Laster‹ sind für sie so eng mit der sozialen Struktur verbunden, daß, um sie zu widerlegen, Las Casas mit eigener Hand die Tausende von Seiten seiner *Apologética Historia* schreiben sollte, das edelmütigste Werk, das ein Mensch jemals geschaffen hat. Vor der Betrachtung dieser ›ruchlosen‹ Sitten soll ein Blick auf die Abgötterei uns belehren, worin dieses Verbrechen, auf das bis zum heutigen Tage sich die universelle Verurteilung der amerikanischen Völker gründet, besteht.

a) Abgötterei

Obgleich alle Zeugen feststellen, daß auf den Inseln und einem großen Teil des Kontinents weder Glaube noch Kulte existieren, erwähnt niemand eine Anschauung oder eine Haltung, ohne seinem Entsetzen über die Macht Ausdruck zu geben, welche die Dämonen über die Barbaren ausüben. Gómara faßt die Kenntnisse der Eroberer in dem Ausspruch zusammen: »Der oberste Gott dieser Insel ist der Teufel«[173], und Oviedo pflichtet ihm in einem makabren Scherz vollkommen bei: »Der Satan ist von dieser Insel schon vertrieben worden; er ist mit dem Tod der meisten Indios verschwunden; die noch übrig sind, sind sehr wenige und den Christen unterworfen.«[174] Selbst Las Casas teilt diese Überzeugung; auch für ihn ist der Teufel der Urheber merkwürdiger übernatürlicher Erscheinungen, deren Echtheit er mit vielen seiner Landsleute anerkennt.

Von den Darstellungen des bösen Geistes gibt es genaueste Schilderungen, die freilich vollständig der Phantasie entstammen: »Nichts wird von diesen Leuten so geachtet wie das scheußliche und verdorbene Gesicht des Teufels; gemalt, auf verschiedene Weise geschnitzt, mit vielen grauenvollen und ungestalten Köpfen und Schwänzen, mit grimmigen Eck- und Fangzähnen; unmäßig großen Ohren, blitzenden Drachen- und Schlangenaugen [...]«[175] Petrus Martyr seinerseits versichert, daß die Götzen der Inseln den höllischen Manen gleichen und daß ein in Nikaragua sehr verehrtes Bildnis »den teuflischen Gottheiten ähnlich sei, die sie auf die Mauern malen, um den Menschen Angst zu machen«.[176]

Es ist merkwürdig, wie dieses phantastische System verschwindet, wenn man den Gegenstand auf konkrete Weise angeht; die schauerlichen Konterfeie werden dann ausnahmslos zu einfachen kleinen Statuen. Las Casas beschränkt sich darauf, die Häßlichkeit der Holzskulpturen zu erwähnen, und Petrus Martyr bemerkt, daß die Baumwollfiguren aussehen wie Gespenster. Die Bildnisse des ›Teufels‹ scheinen in der Tat niemals etwas anderes als menschliche, tierische oder pflanzliche Darstellungen gewesen zu sein, die Gespenster selbst waren nur Bildnisse von Menschen aus bestickter und ausgestopfter Baumwolle, die vielleicht durch ihre weiße Farbe »den Gespenstern ähneln, die unsere Künstler auf Mauern malen«[177].

Da nun der Teufel zusammen mit den Körpern, die er bewohnte, von den Inseln vertrieben worden war, sind die einzigen erhaltenen Angaben über die Götzen und die um sie veranstalteten Kulte diejenigen, die der Pater Ramón Pané 1494 auf Geheiß des Kolumbus gesammelt hat. Seine Schriften dienen allen Historikern als Quelle. Außer den Menschenbildnissen aus Stoff erwähnt Petrus Martyr in der Nachfolge Panés *cemis* (Idole) von menschlicher Form und Haltung. Ein einziger, aus Marmor, stellt eine Frau dar —; andere, ›Vierfüßler‹, scheinen Hunde oder Jaguare zu sein, noch andere sind kleine Steine oder Knochenstücke, welche die Magier den Kranken entlocken. Las Casas, nachdem er erwähnt hat, es gebe bei den Bewohnern Venezuelas einige seltene Götterbilder, berichtet, daß »sie vorgeben, zusammen einen einzigen Gott, die Sonne, zu besitzen«[178]; von den Jesuiten erfährt er, daß Götterbilder in Brasilien ebenso unbekannt sind wie die Götter selbst, daß statt dessen der Donner als göttliche oder übernatürliche Wesenheit verehrt wird. An anderer Stelle versichert er, daß es im ganzen karibischen Gebiet bis nach Nikaragua weder Tempel noch Götzenbilder gebe, und erwähnt den Glauben an die Existenz eines ›wahren‹ Gottes, der Prinzip aller Dinge ist und im Himmel wohnt.[179] Für die ihm wohlbekannte Gegend von Cubagua stellt Las Casas fest, daß ungewöhnlicherweise Kreuze vorkommen: das griechische Kreuz und das Andreaskreuz. Gómara beschreibt ihren Kult: »Sie haben ein Kreuz, das dem des Heiligen Andreas gleicht, und ein Zeichen wie von der Schrift, das viereckig, geschlossen und von einer Ecke zur andern mit einem Kreuz durchzogen ist. Viele Mönche und andere Spanier sagten, daß es ein Kreuz sei, daß sie sich damit gegen nächtliche Erscheinungen verteidigten — und daß sie es in die Nähe der Neugeborenen legten.«[180] Für Panama, wo er so lange lebte, erwähnt Oviedo nur die Anbetung von Sonne und Mond; dafür widmet er breiten Raum den Glaubensvorstellungen von Nikaragua, wo ein Mönch systematische Untersuchungen angestellt hatte. Gestützt auf seine eigenen Beobachtungen sowie auf die von Pater Francisco de Bobadilla gelieferten Fakten, dessen Berichte er außerdem wiedergibt, erwähnt Oviedo das Vorkommen von Götterbildern aus Holz und aus Ton und von Hirschkopfskulpturen, Bildnissen des Gottes dieses Tieres. Aus der Lektüre der Berichte geht hervor, daß die Religion Nikaraguas der von Mexiko ungefähr gleich war, mit demselben Schöpferpaar und einem ähnlichen Kalendersystem und Sintflutmythos.

Von Kolumbien erzählt Las Casas, daß es zahlreiche Holzstatuen gibt, die die Größe eines Mannes haben und mit Wachsgesichtern versehen sind, Statuen, die Ahnenbilder zu sein scheinen.[181] Diego de Landa bestätigt diese Vermutung, indem er Skulpturen in Yukatan beschreibt, die die Asche vornehmer Verstorbener enthalten, deren ursprünglicher Schädel aus Harz nachgebildet worden ist.[182] Oviedo berichtet über Götterbilder in Kolumbien, die bei Sonne und Mond Fürbitte für die Menschen halten, und beschreibt Skulpturen von etwa einer Elle Länge, die man ständig in einem Korb mit sich führt. Diese von den Eingeborenen hochverehrten Bildnisse erwiesen sich jedoch als nützlich für die Eindringlinge: nicht nur hinderten sie die Bewegungen der eingeborenen Krieger, sondern sie erregten auch die Begierde der Spanier, die sich ihrer zu bemächtigen suchten. Denn sie hatten bald entdeckt, daß diese transportablen Figuren, die am Arm ihrer Gegner aufgehängt waren, »aus hohlem Holz bestanden und in ihrem Innern eine weitere Figur aus massivem Gold bargen, in deren Bauch sich viele Smaragde befanden«.[183] Oviedo versichert, daß der Enthusiasmus, mit dem sich seine Landsleute dieser heiligen Bilder bemächtigten, von den Eingeborenen für einen Beweis religiöser Frömmigkeit gehalten wurde.[184]

Um diese Anhäufung vager und zweifelhafter Einzelheiten zu beschließen, zitieren wir einen Abschnitt über die Seele, der in ganz besonderer Weise den Mechanismus beleuchtet, welcher die vertrautesten Erscheinungen fremd und unkenntlich werden ließ: »Es sind so einfache Menschen, daß sie nicht einmal einen Namen für die Seele haben und daß sie von ihrer Eigenart nichts wissen. Sie erstaunen über das Etwas, das Mensch und Tier bewegt, und erklären, daß es sich dabei um ein Geheimnis handle, das nach dem körperlichen Leben weiterbestehe. Sie glauben, wenn man ohne Fehl gelebt und seinen Leib vor jeglicher Willkür gegen andere bewahrt habe, so werde dieses Etwas in den Genuß ewiger Glückseligkeit gelangen. Wenn der Körper durch Diebstahl, Grausamkeit oder wilden Zorn befleckt ist, sind sie überzeugt, daß tausend Qualen sie an finsteren Orten unterhalb des Erdmittelpunkts erwarten.«[185]

Das Bemerkenswerte an diesem Text ist, daß gerade der primitive Teil dieses Berichtes dem Katholizismus zugehört, denn wenn es einerseits wahr ist, daß dieses unbekannte Etwas im Leben der Eingeborenen eine äußerst wichtige Rolle spielte — rühmten sich nicht die Spanier, viele Sklaven allein mit dem

Versprechen gemacht zu haben, sie ins Paradies zu führen? —, so ist andererseits die Authentizität der Hölle, welche der italienische Höfling beschreibt, außerordentlich unwahrscheinlich. Alles scheint darauf hinzuweisen, daß in Amerika die Idee einer unterirdischen Welt keine der im europäischen Mittelalter so beliebten finsteren Phantasmagorien hervorbrachte. So ist es — um im Antillengebiet zu bleiben — bezeichnend, daß Bobadilla auf die Frage, was der Mensch nach dem dem Tode wird, zur Antwort erhält, daß die Guten in den Himmel kommen — »dorthin, wo die Sonne entsteht« — und die Bösen in der Tat unter die Erde, aber um dort zu verschwinden. Sie werden, auf ihre Skelette reduziert, vergraben, und es bleibt nichts von ihnen übrig; und »wenn jemand böse gelebt hat und stirbt, so vergeht er mit seinem Körper, und nichts erinnert mehr an ihn«.[186] Für diese Anschauung ist es die Norm, daß der Körper verschwindet und allein das Herz oder jenes Unwägbare, dank welchem die Menschen leben, zur Sonne zurückkehrt. In Yukatan war eine der Methoden, sich ein derartiges Weiterleben zu sichern, der Selbstmord, eine Todesart, die unter dem Schutz der Göttin Ixtab stand.[187]

b) Die Gehilfen des Teufels

Das Dunkel, das den Begriff der Gottheit und ihre Darstellung umgibt, lichtet sich durch die Genauigkeit der Angaben über ihre Gehilfen. Deren außergewöhnlicher Vorrang läßt den Grund für die Undeutlichkeit des Bildes von den Göttern erraten. Auf halbem Weg zwischen Zauberer und Priester sind sie nicht nur Vermittler, sondern ihre Körper sind die Wohnungen, von denen aus die Götter zu der Gemeinschaft sprechen; sie sind lebendige Bildnisse, wirksamer als jedes andere und verehrt, »wie die Christen einen Kardinal verehren und noch viel mehr, denn die Indios halten sie für Heilige oder für göttliche und unfehlbare Personen«.[188]

Die Versicherung, daß »sie den Teufel anbeten und mit ihm sprechen«,[189] kommt sehr häufig in den Chroniken vor, und die Identifizierung der Gehilfen mit der Gottheit wird durch den Brauch erhärtet, daß sie an deren Stelle Fragen beantworteten, mitunter aus dem Innern hohler Götterbilder heraus; ferner durch die Rolle, die sie bei der Herstellung der Skulpturen innehatten: kein Rohstoff konnte ohne eine vorhergehende Begutachtung seiner übernatürlichen Eigenschaften in ein Heiligenbild verwandelt werden. Der erste Ethnologe Amerikas, Ramón Pané, berichtet von der Prüfung, die ein Baum durchmachen mußte, bevor sein Holz akzeptiert wurde. Da seine Schilderung die einzige vorhandene Quelle darstellt, verdient sie zitiert zu werden: »Wenn einer des Weges geht und zu sehen glaubt, wie sich ein Baum bis zu seiner Wurzel bewegt, hält er erschreckt inne und fragt ihn, wer er sei, und der Baum antwortet: Führe einen *buhitihu* hierher; er wird dir sagen, wer ich bin. Der Indio erzählt dann dem Medizinmann, was er gesehen hat. Der Magier oder Zauberer geht sogleich zu dem Baum hin [...], setzt sich neben ihn und vollführt die *cohoba* [...] Wenn sie beendet ist, erhebt er sich, sagt ihm alle seine Ehrentitel, als wären es die eines großen Herrn, und spricht zu ihm: Sage mir, wer du bist, was du hier machst, was du von mir willst, und warum du mich hast rufen lassen; sage mir, ob du willst, daß ich dich fälle; wenn du mit mir kommen willst, werde ich dir ein Haus bauen mit einem Gut darum. Darauf sagt ihm der Baum oder der *cemí*, der zum Idol oder Teufel geworden ist, die Weise, wie es nach seinem Wunsch geschehen soll. Der Zauberer fällt ihn, wie es befohlen ist, und baut ihm sein Haus mit einem Besitztum, und viele Male im Jahr vollführt er für ihn die *cohoba*, die dazu dient, ihn anzubeten, ihn zu besänftigen, von dem *cemí* Dinge zu erfahren, gute oder schlechte, und auch, um ihn um Reichtum zu bitten. Wenn sie wissen wollen, ob sie ihre Feinde besiegen werden, betreten sie ein Haus, zu dem allein die Vornehmsten Zutritt haben. Ihr Herrscher beginnt als erster, die *cohoba* auszuführen [...], und keiner von denen, die mit ihm sind, spricht, bevor er nicht geendet hat. Danach [...] verharrt er einen Augenblick mit gesenktem Haupt und mit den Armen auf den Knien; sodann erhebt er sein Haupt, blickt zum Himmel und spricht. Darauf antworten ihm alle zugleich mit lauter Stimme, und wenn sie alle ihm gedankt haben, erzählt er ihnen die Vision, die er im Rausch mit der *cohoba* empfangen hat, die er durch die Nase einnimmt und die ihm in den Kopf steigt.«[190]

Las Casas gibt nur die Beobachtungen des katalanischen Mönches Pané wieder, und seine Beschreibung der *cohoba* ist identisch mit dem Tabakgenuß, wie ihn Oviedo schildert: ein brennendes Kraut, dessen Rauch man mit einem sich gabelnden Rohr, das in die Nase eingeführt wird, einatmet. Niemand teilt mit, ob der Tabak, um diesen Rausch hervorzubringen, allein oder mit irgendwelchen Zutaten vermischt verwendet wurde, aber alle erwähnen die rituelle Einnahme von Alkohol vor dem Rauchen.

Der Überblick über die sozialen Funktionen der Medizinmänner in Venezuela, der uns von Oviedo geliefert wird, besitzt für das ganze karibische Gebiet Gültigkeit: »Überall gibt es einen *boratio*, zu dem sie gehen, um die Zukunft zu erfahren. Sie fragen ihn, ob es regnen wird, ob das Jahr trocken oder fruchtbar sein wird, ob sie in den Krieg ziehen sollen oder nicht, ob die Christen gut sind oder ob sie sie töten werden [...] Der *boratio* erklärt, er werde antworten, sobald er den Teufel befragt habe, und für diese Unterredung schließt er sich allein in eine Hütte ein, wo er Tabakrauch einatmet [. . .] Wieder hervorgekommen, offenbart er, was der Teufel ihm gesagt hat, und antwortet auf alle Fragen [. . .] Für diese Arbeit gibt man ihm Schmuckstücke aus Gold und andere Dinge.«[191]

Diese Vermittler der Gottheit, Wahrsager und Propheten, waren immer auch Ärzte und kannten die heilenden Eigenschaften der Umwelt. Mit seiner außergewöhnlichen Befähigung, Synthesen zu finden, hat Gómara ein schönes Bild ihrer Praktiken geliefert: »Wenn sie weissagen und auf Fragen antworten sollen, essen sie ein Kraut, das sie *cohoba* nennen, zerrieben oder ganz, oder sie atmen seinen Rauch durch die Nase ein. Dadurch geraten sie außer sich und haben tausend Visionen. Sobald die Gewalt des Krautes in ihrer Wirkung nachgelassen hat, erlangen sie ihre Sinne wieder. Dann erzählen sie, was sie im Rat der Götter gesehen und gehört haben [. . .] Auch zur Heilung von Kranken verwenden sie dieses Kraut *cohoba*, das es in Europa nicht gibt; sie schließen sich mit dem Kranken ein, drehen sich drei- oder viermal um ihn herum, spucken, machen tausend Grimassen, blasen den Kranken an und saugen seinen Hals, denn sie sagen, daß an dieser Stelle das Übel aus dem Körper herausgeht. Sie betasten mit ihren Händen den ganzen Körper bis zu den Zehen und werfen das Übel zum Haus hinaus; manchmal zeigen sie einen Stein oder einen Knochen [. . .], den sie aus dem Mund nehmen und sagen, daß nun die Heilung kommen wird, weil sie den Grund der Krankheit herausgezogen haben. Die Frauen bewahren diese Steine auf wie Reliquien, um eine leichte Niederkunft zu haben [. . .] Viele alte Frauen waren Ärzte; sie verabreichten die Medikamente mit dem Mund mit Hilfe eines Rohrs.«[192]

Dies Verfahren wird noch heute in der gleichen Weise in fast ganz Amerika angewandt und folgt dem Schema von einst mit erstaunlicher Treue. Deshalb ist der eben zitierte Text in doppelter Weise von Interesse, denn die geschilderten Bräuche scheinen darin ebenso ihren ursprünglichen Sinn verloren zu haben wie heutigentags die Überreste der vorkolumbischen Zeit: aus ihrem moralischen und gesellschaftlichen Zusammenhang gerissen und ohne die therapeutische Wirkung der Heilkräuter zu besitzen, sind diese Verfahren, sowohl bei den Chronisten als auch den modernen Medizinmännern, nur mehr leerer und gefährlicher Aberglaube. Wegen der Seltenheit dieser für den Anthropologen so unschätzbaren Dokumente zitieren wir eine weitere Beschreibung von Gómara, die einige Varianten aufweist: »Sie heilen mit Kräutern und rohen, gekochten oder zerriebenen Wurzeln, mit Fett von Vögeln, Fischen und Landtieren, mit Holz und mit anderen Dingen, die der Unberufene nicht kennt, mit geheimnisvollen Worten, die sie selbst nicht verstehen, wie Zauberer sie gebrauchen. Sie lecken und saugen, um den schlechten Saft herauszutreiben, der die Krankheit verursacht, und sie spucken ihn nicht dort aus, wo der Kranke sich befindet, sondern außerhalb des Hauses. Wenn die Schmerzen oder das Fieber sich vermehren, behaupten sie, daß er von Geistern besessen sei, [...] und sie tasten mit der Hand den ganzen Körper ab, lecken die Gelenke, saugen heftig und wiederholt, wobei sie sagen, daß sie so den Geist rufen. Danach nehmen sie ein Stück Holz von einem bestimmten Baum, dessen Eigenschaft [...] kein Mensch kennt, und drehen es im Mund und im Hals herum, bis sie erbrechen, soviel sie im Magen haben; manchmal ist es mit Blut vermischt, so groß ist die Kraft, die sie dabei einsetzen, oder die Kraft des Holzes. Sie stöhnen, heulen, zittern und stampfen [...]; die Kranken schwitzen zwei Stunden lang [...] und erbrechen schließlich eine Art sehr dicken Schleim, und mitten darin eine kleine, harte, schwarze Kugel, die von den Hausbewohnern weit weg in die Felder geworfen wird [...]«[193]

Gómara zweifelt nicht daran, daß diese Ärzte enge Beziehungen zum Fürsten der Finsternis unterhalten. So berichtet er, daß ein gewisser Pater Ortiz und andere Franziskaner und Dominikaner im Indischen Rat angehört wurden und dort versicherten, »daß die Teufel manchmal in die Menschen fahren und ihnen weise Ratschläge geben«.[194] An anderer Stelle erzählt er den Fall einer von den Spaniern erbetenen Weissagung, die sich als richtig erwies.

Petrus Martyr hebt hervor, wie anstrengend diese Verfahren sind, und berichtet von der Überraschung der Dominikaner, als sie sahen, daß der *piache* nach einem so unglaublichen Kraftaufwand nicht starb. Als einer von ihnen den Zauberer nach dem Grund fragte, warum er sich einer solchen Qual unterziehe, erklärte ihm dieser, daß ohne seine Gesänge, sein Saugen und seine Kämpfe »der Teufel niemals die Eingeweide des Kranken verlassen hätte«.[195]

Für Venezuela führt Oviedo an, daß der Arzt zuvor den Patienten verhörte und ihm Fragen über seine Krankheit, seinen Willen zur Genesung und sein Vertrauen in die ärztliche Autorität stellte. Falls die Antworten negativ ausfielen, verließ er den Ort.[196] Um die Zukunft zu erforschen, zogen sich die Zauberer in dunkle Beträume oder in die Wälder zurück, wo sie mit Geschrei den »Teufel« herbeiriefen.[197] Die Begegnung führte zu einem Kampf, der dem *piache* schreckliche Leiden verursachte.

Der *chilan* von Yukatan, der ebenfalls ein mit dem Teufel verkehrender Zauberer und zugleich Medizinmann war, verwandte in seiner Therapie auch den Aderlaß.[198]

Die Einweihung eines ›Zauberlehrlings‹ dauerte zwei Jahre und stellte die physische und nervliche Widerstandskraft der auserwählten Jugendlichen auf eine harte Probe; sie bestand aus langen Perioden abgeschiedener Einsamkeit in den Wäldern, aus

Fasten und anderen Mitteln der Reinigung und aus stets nächtlichen Besuchen von alten Weisen, die dem jungen Adepten die Geheimnisse des Berufes offenbarten.[199]

Wie ihre Mitmenschen waren die Priester auf den Inseln nackt; sie trugen jedoch mehrere Bilder auf sich, eines davon auf der Stirne befestigt. Auf dem Festland waren diese Bilder mit einer schwarzen, unauslöschlichen Farbe auf den Körper tätowiert. Die großen weißen Gewänder, ähnlich denen von Yukatan, tauchen erst in Nikaragua auf.

Obwohl die sexuelle Enthaltsamkeit eine bedeutende Rolle spielte, hatten die Priester die Möglichkeit, sich zu verheiraten. Dies ist einem Text von Petrus Martyr über Panama zu entnehmen: »Während der Zeit des Fastens und Betens bleibt das Gesicht der Priester vollständig rein, obgleich der übrige Körper immer bemalt ist; sie erheben ihre Augen und Hände zum Himmel und enthalten sich nicht nur des Umgangs mit Konkubinen und jeglichen geschlechtlichen Verkehrs, sondern auch allen Kontaktes mit ihren eigenen Ehefrauen.«[200] Das offizielle Verfahren der Defloration der jungen Mädchen, das in Venezuela den Priestern zufiel, zeigt, daß es ein Gelübde der Keuschheit nicht gab. Und der Tatbestand, daß in Nikaragua und Yukatan der regierende Fürst eines Gebietes auch die priesterlichen Funktionen ausübte, erklärt einerseits die geistigen Normen, die seinen Zugang zur Macht regelten, andererseits das Vorhandensein von Priestersöhnen, von denen oft die Rede ist.

Gómara berichtet aus Nikaragua, daß »alle Priester sich verheiraten, außer denjenigen, welche die Sünden der anderen anhören. Diese erlegen entsprechend den Fehlern Bußen auf und sind bei Strafe verpflichtet, von dem Gebeichteten nichts zu verraten.«[201] Aus den Befragungen Francisco de Bobadillas geht indessen hervor, daß diese Beichtväter keine Priester, sondern unverheiratete Greise waren, welche die Gläubigen bei sich empfingen. Auserwählt unter den am löblichsten geachteten Mitgliedern der Gemeinschaft, zeichneten sie sich durch eine um den Hals gehängte Kürbisflasche aus, die vielleicht das Wasser enthielt, dessen sie sich für rituelle Besprengungen häufig bedienten. Die Beichte war geheim, und die Bußen bestanden in körperlichen Dienstleistungen in den Tempeln.[202] In Yukatan dagegen war sie öffentlich, und wenn kein Priester vorhanden war, wurde sie vor den Mitgliedern der Familie abgehalten.[203]

Nach den Auskünften, die Las Casas von portugiesischen Jesuiten erhielt, gab es in Brasilien eine andere Art der Beichte, die mit den Priestern verbunden war: »In manchen Jahren kommen bestimmte Zauberer aus fernen Ländern, umgeben von einer Aura von Heiligkeit, und vor ihrer Ankunft werden die Wege gereinigt, [...] und die Frauen gehen von Haus zu Haus und bekennen öffentlich die Fehler, die sie gegenüber ihren Männern begangen haben, wobei sie sich gegenseitig um Verzeihung bitten.«[204]

Die Spanier hielten alles, was ihr Verständnis überstieg, für Abgötterei und Teufelswerk. Daher wurden Ärzte, Weise, Priester oder Künstler der schwarzen Magie ohne Unterschied mit dem Namen Zauberer versehen; auf diese Art begründete sich die Methode, unter der gleichen Rubrik Erscheinungen einzuordnen, die nur sehr wenig gemeinsame Punkte aufweisen. So wurden, wie bei manchen modernen Religionshistorikern, hochgeistige Tätigkeiten auf die gleiche Stufe gestellt wie niedrige Formen des Aberglaubens, so z. B. die ›Tötung‹ eines Menschen, indem man ihn ohne sein Wissen am Nabel saugt, bis er vollständig ausgetrocknet ist; der Rat, den sich die Bewohner Kolumbiens bei jeder Gelegenheit bei der Sonne holten, indem sie Kräuter kauten und die Antworten des Gestirns aus den Bewegungen der Glieder ablasen; oder auch die Fähigkeit, sich in ein Tier zu verwandeln.

c) Die ›Häuser der Götzen‹

Keine Quelle erwähnt Tempel auf den Inseln oder auf dem Kontinent bis nach Kolumbien. Las Casas vermerkt mehrere Male ihr Nichtvorhandensein auf Hispaniola, Kuba und an den Küsten Venezuelas; er spricht jedoch davon, daß gewisse alleinstehende Häuser vom gleichen Aussehen wie die übrigen zum Beten bestimmt waren und daß in einigen besonderen Räumen der Häuptlingswohnungen Zeremonien stattfanden.[205] Petrus Martyr erzählt von einer Höhle auf Hispaniola, die reich mit Gemälden verziert war und aus welcher nach dem allgemeinen Glauben die Sonne und der Mond hervorgekommen waren: »Sie machen Pilgerzüge zu diesen Höhlen, wie wir nach Rom zum Vatikan, dem Oberhaupt unserer Religion [. . .]«[206] Bei ihrer Jagd nach Schätzen entdeckten die Europäer in Kolumbien, daß die Eingeborenen aus Verehrung für bestimmte Gebirge dort »viel Gold und kostbare Steine vergruben« und »daß unter keinen Umständen ein Indio, selbst wenn man ihn dazu zwänge, davon [. . .] etwas stehlen würde, denn er zöge bei weitem den Tod vor«.[207]

Oviedo berichtet von der Provinz Cartagena, daß es 49 aus Holz gebaute Tempel gebe, ohne jedoch Genaueres darüber mitzuteilen, obgleich er an anderer Stelle schreibt, daß die Idole sich bei den Bewohnern befänden. Im Landesinnern von Kolumbien ist von Tempeln im Zusammenhang mit bestimmten sozialen Funktionen die Rede: so hängt man dort die zur Strafe abgeschnittenen Ärmel und Haare adliger Frevler auf; bevor einem die Regierung übertragen wird, zieht man sich dorthin für lange Zeit zurück; man begräbt dort Mitglieder der Gemeinschaft.

Die Religion der Bewohner von Nikaragua ist stärker strukturiert; die Idole befinden sich sowohl in großen Tempeln wie in kleinen Kapellen der Wohngebiete. Trotz ihrer Zahl und Bedeutung wissen wir wenig über diese Kultstätten, außer daß der Pater Bobadilla »viele Idole zerstörte, Heiligenschreine, Gebetshäuser und Tempel der Indios verbrannte«.[208] In einer Antwort auf die Fragen dieses Verbreiters des Christentums erklärt ein Eingeborener: »Unsere Tempel sind für uns dasselbe wie die Kirchen für die Christen, denn es sind die Tempel unserer Götter. Dort opfern wir ihnen Weihrauch und bitten sie um Gesundheit, wenn wir krank sind, und um Wasser, wenn es nicht regnet [. . .] Der oberste Häuptling betet für uns alle im Innern des Tempels, und die anderen Indios und Indianerinnen betreten diese Stätte niemals.«[209] So konnte die Schwelle dieser religiösen Gebäude und wahren Tabernakel nur von einigen Eingeweihten überschritten werden; der Häuptling schloß sich dort für die einjährige Klausur ein, durch die er in den Rang eines ›Vaters des Tempels‹ erhoben wurde.

Diego de Landa ist überzeugt, daß, »wenn Yukatan durch die Zahl, Größe und Schönheit seiner Gebäude Berühmtheit erlangen könnte, wie andere Teile Westindiens sie durch Gold, Silber und Reichtümer erworben haben, sich sein Ruhm ebenso weit verbreiten würde wie der von Peru und Mexiko, denn es ist das Land, das von allen in Westindien entdeckten die reichste Fülle an Bauten aufweist: sie sind so zahlreich [. . .] und in ihrer Art so gut aus Quadersteinen erbaut, daß man staunt.«[210]

d) ›Teuflisches Treiben‹

Da sich in den Ritualen intensiver als in allem anderen die Verbundenheit des Eingeborenen mit einer Umgebung ausdrückte, die von den Göttern über die Gemeinschaft, in deren enger Abhängigkeit er lebte, bis zu den leblosen Objekten reichte, sind sie in einem Zustand der Zerstückelung auf uns gelangt, den man unmöglich allein mit Hilfe der Chroniken wieder aufheben kann. Schon die Zeitgenossen der Eroberung beklagten das Verschwinden des überlieferten Wissens; freilich begannen die Untersuchungen immer erst, nachdem die Menschen durch die Knechtschaft in einen Zustand gelangt waren, in dem ihr Glaube jeglichen Wert verloren hatte. Schon Oviedo betrauert das Vergessen, das ihm in einem Gebiet mit hohem kulturellen Niveau wie Nikaragua begegnet, und sucht nach den Gründen: »[. . .] der Krieg, der Kontakt mit den Christen und die Zeit, ferner die Gier der Richter, der Gouverneure und anderer, die sich beeilten, die Indios gefangenzunehmen und als Sklaven nach Castilla del Oro und anderswohin zu verkaufen, [. . .] haben zur Ausrottung der alten und selbst der jungen Indios geführt [. . .], und mit dem Verschwinden der Menschen sind natürlich auch die Kulte verlorengegangen.«²¹¹

Das Fasten, die Enthaltsamkeit und der Rückzug in die Einsamkeit stellten die Grundlage nicht nur des religiösen, sondern auch des sozialen Verhaltens dar. Las Casas berichtet, daß zusammen mit der *cohoba* und dem Opfer der ersten Früchte das Fasten auf Kuba die wichtigste Kulthandlung bildete: »Auf dieser Insel war besonders eigenartig das Fasten, das manche beobachteten, vor allem das der *behiques*, die Priester oder Zauberer sind. Sie fasteten vier Monate und mehr, ohne etwas anderes zu sich zu nehmen als den Saft einer Pflanze [. . .], was gerade ausreichte, um sie am Leben zu erhalten. Diese Pflanze muß außerordentlich starke Wirkungskräfte besitzen [. . .] Wie aus den Zeugnissen von Mönchen und Indios hervorgeht, die sie kannten und in großer Fülle auf dieser Insel wachsen sahen, handelt es sich um dieselbe Cocapflanze, die in Peru so sehr geschätzt wird. Ausgemergelt und gequält von diesem harten und grausamen Fasten, das sie an den Rand des Todes brachte, waren die *behiques* dann bereit und würdig, das Angesicht des *cemí*, welcher nur der Dämon sein konnte, zu sehen. Dieser antwortete ihnen, erteilte Auskünfte über das, was sie ihn fragten, und fügte hinzu, was er für geeignet hielt, sie zu täuschen. Die *behiques* berichteten dies alles dem übrigen Volk und überzeugten es davon. Dies war das einzige Anzeichen von Irrtum und Abgötterei; es gab nichts anderes in der Art auf der Insel Kuba, denn wir konnten weder Idole noch Statuen noch irgend etwas anderes entdecken, was an Abgötterei erinnerte.«²¹²

Dieselbe Sitte existierte auch auf Hispaniola, und Oviedo beobachtet sie auch in Venezuela: »Einige Tage, bevor sie in den Krieg ziehen, bevor sie opfern oder sonst Dinge tun, denen sie Wichtigkeit beimessen, fasten die Indios dieses Landes mehrere Tage hintereinander, [. . .] ohne etwas zu essen und zu trinken, und wenn sie essen, dann sehr wenig [. . .] Wenn die Fasten ihr Ende nehmen, sind sie abgemagert und von fahler Gesichtsfarbe [. . .] Und dieselben Fasten wie der Indio halten auch seine Frauen und Kinder und sein ganzes Haus, sofern sie dafür nicht zu jung sind.«²¹³ In Kolumbien halten die Eingeborenen eine Fastenzeit von zwei Monaten ein, während derer sie »glauben, religiöser zu leben«.²¹⁴ »Um die Sonne nicht zu erzürnen, essen sie während einer bestimmten Zeit des Jahres kein Salz und haben keinen Verkehr mit ihren Frauen.«²¹⁵ In Nikaragua leben sie von der Zeit der Saat bis zur Ernte keusch getrennt von ihren Frauen, essen kein Salz und trinken keinen Wein.²¹⁶ Diego de Landa beobachtete in Yukatan, daß Enthaltsamkeit — vor allem sexueller Art — den größeren Teil der Riten begleitete (Totenfeiern, Bußrituale, religiöse Feste) und daß man sich auf die

Übernahme eines »Amtes in der Republik« durch ein dreijähriges Fasten vorbereitete.[217] Allgemein verbreitet war die Sitte, zu fasten, ehe man auf Goldsuche ging.

Gómara und Petrus Martyr verzeichnen für die Inseln den Brauch des reinigenden Erbrechens. Und Petrus Martyr berichtet entsetzt, daß man in Panama, Nikaragua und Yukatan während einer feierlichen Zeremonie das männliche Glied junger Leute durchstach.

Wenn die Gewohnheit des Fastens die Spanier verwirrte — sie verwundern sich alle und betonen die Geschicklichkeit des Teufels, Gott nachzuahmen —, so dient dagegen der Alkohol ihrem Vorhaben aufs beste. Aber so schwierig es für uns sein mag, in der Trunkenheit etwas anderes zu sehen als die Schande, für die sie im Abendland gehalten wird, so war doch in Wirklichkeit der Alkohol in der gleichen Weise wie der Tabak, die Cocapflanze, die halluzinogenen Pilze oder das *peyotl* (eine meskalinhaltige mexikanische Kaktuspflanze) ein Zugangsweg zu den Göttern. Die Normen, die überall seinen Genuß regeln, bilden dafür einen ausreichenden Beweis. Als Oviedo einem Häuptling seine Trunkenheit bei bestimmten Zeremonien vorwarf, antwortete ihm dieser, daß es so die von den Vorfahren hinterlassene Ordnung bestimme und daß, wenn er mit der Tradition bräche, seine Untertanen nicht zögern würden, ihn zu verlassen.[218]

Der Brauch, sich in die Einsamkeit zurückzuziehen, ist ebenso verbreitet wie das Fasten, zu dessen Begleiterscheinungen er oft gehört. Jede Person von hohem Rang, sei sie Mann oder Frau, muß in ihrer Jugend einige Jahre in einem Heiligtum verbringen, ohne die Sonne zu sehen; und je höher der fürstliche Rang ist, um so mehr Jahre hält man sich darin auf. Nach Ende der Klausur hat man das Recht, sich die Ohren zu durchlöchern und Goldschmuck anzulegen.

Nach diesen Reinigungsakten vollzog sich der Kontakt mit den Göttern auf verschiedene Weisen, von denen die häufigste das Beweihräuchern war. Diese Räucherungen mit aromatischem Harz, zu denen kleine, tragbare Räucherfässer oder große Kohlenbecken benutzt wurden, begleiteten häufig auch bestimmte soziale Tätigkeiten. So wurde z. B. in Kolumbien »in den Heiligtümern der Weihrauch mit Gold und Edelsteinen in ein Feuer geworfen. Sie sagen, daß sie diese Räucherungen ausführen, damit die Sonne ihnen ihre Übeltaten und Sünden verzeiht. Als die Christen neu in das Land gekommen waren, wurden sie am Eingang eines jeden Dorfes, in das sie kamen, von Indios empfangen, die Feuer anzündeten und sie beweihräucherten, weil sie die Christen für Söhne der Sonne hielten.«[219] Las Casas bemerkt, daß in Brasilien dem Feuer die Eigenschaft zuerkannt wurde, den ›Teufel‹ zu vertreiben. Daher unterhielten die Eingeborenen ihre Feuer die ganze Nacht und schliefen nahe beim Herd. In Yukatan vertritt das Räuchern das Beten, und »selbst die Reisenden tragen Weihrauch und ein Räuchergefäß bei sich«.[220]

In Kolumbien »opfern sie mit Wasser, das sie in den Heiligtümern mit vielen feierlichen Gesten vergießen. Sie opfern auch mit Erde; sie nehmen sie feierlich in ihre Hände und bringen sie unter die Heiligtümer [...] mit Hilfe von unterirdischen Schächten, durch die sie bei ihren Opferhandlungen auch das Gold und die Juwelen werfen.«[221] Landa erwähnt die Verwendung eines Weihwasserwedels bei allen Riten. In Kolumbien opferte man auch viele Vögel, deren Köpfe als Opfergaben in den Tempeln blieben. Oviedos Beobachtungen über die Menschenopfer unterstreichen deren gemäßigten Charakter: er erwähnt sie nur für ganz bestimmte Fälle, so z. B. den eines gefangenen Kindes, eines vergöttlichten Knaben. Das Kind wurde im Alter von fünf oder sechs Jahren aus fernen Ländern geholt, »wo sie mit der Sonne sprechen«, und wurde hoch verehrt. Bei Erreichen der Pubertät sollte es geopfert werden; wenn es sich jedoch trotz Überwachung vorher einer Frau genähert hatte, wurde sein Blut unrein und es wurde befreit. Wenn einer dieser jungen Leute geopfert war, wurde ein anderer geholt, um ihn zu ersetzen.[222] Für Nikaragua berichten die Chroniken von einer stärkeren Verbreitung der Menschenopfer. Es wird sogar erwähnt, daß die Opfer dort gehäutet wurden und ihnen das Herz herausgerissen wurde.[223]

Unter den kultischen Spielen war der ›Fliegerbaum‹ dazu bestimmt, die Kakaoernte zu feiern: von der Spitze eines Mastes, der in der Mitte eines Platzes errichtet war, warfen sich — an Stricken befestigt — Männer als Vögel in die Luft und kamen, den Kopf langsam nach unten drehend und die Arme ausgebreitet, herab, bis sie den Boden berührten. Dieses Fest steht in Mexiko noch heute in hohem Ansehen.

Angesichts der engen Verbindung zwischen Nikaragua und Mexiko ist es erstaunlich, daß in Nikaragua das Ballspiel unbekannt war. Es war das bedeutendste unter den heiligen Spielen und war nicht nur bei den Bewohnern der Inseln verbreitet, sondern bis nach Südamerika hin. So hören wir von Oviedo, daß auf Hispaniola »sich auf den Plätzen und an den Dorfausgängen überall ein Ort befand, der dem Ballspiel vorbehalten war«. Die Beschreibung, die er von diesem Spiel, einem Vorläufer des heutigen Fußballs, gibt, ist so vollständig und lebendig, daß wir aus ihr einige Abschnitte anführen. Er schildert die für das Volk bestimmten Steinbänke und die kleinen Bänke der Vornehmen, *duhos* genannt, aus schönem Holz kunstfertig gearbeitet, dann die Aufstellung der Spieler auf den beiden entgegengesetzten Seiten des Geländes; er verweilt besonders bei der Machart der

Bälle. Sie sind hergestellt »aus Baumwurzeln, Kräutern und Saft, die zusammen eine schwarzem Pech ähnliche Mischung bilden. Sie vermischen diese und noch andere Stoffe und kochen alles zu einer Paste [. . .] Diese schwarze Masse klebt nicht an den Händen, und wenn sie getrocknet ist, wird sie schwammig [. . .] Diese Bälle springen unvergleichlich viel besser als die mit Luft gefüllten. Wenn sie nur aus der Hand auf den Boden fallen, steigen sie sehr viel höher wieder auf und hüpfen sehr viel [. . .] Da sie massiv und ziemlich schwer sind, würden sie, wenn man sie mit offener Hand oder mit der Faust schleudern würde, schon nach einigen Schlägen die Hand verletzen oder verstauchen. Daher stoßen sie den Ball mit der Schulter, dem Ellbogen oder dem Kopf, am häufigsten mit der Hüfte oder dem Knie, und zwar mit einer bemerkenswerten Behendigkeit, denn selbst wenn der Ball ganz flach über dem Boden kommt, werfen sie sich über eine Entfernung von drei oder vier Schritten in die Luft [. . .] Das Spiel besteht darin, den Ball in das andere Feld über die gegnerischen Linien hinübergelangen zu lassen.«[224]

Aus Puerto Rico ist das Ballspiel unter dem Namen *batey* bekannt; erwähnt wird es, als nach einem Aufstand der Eingeborenen ein Spanier als Preis für die siegreiche Partei ausgesetzt wurde. Ein Historiker der Missionierung von Paraguay erblickt in den Guaraní »die Erfinder des Fußballs«.[225]

IV. DIE GEMEINSCHAFT

a) Architektur

Das soziale Verhalten erscheint im gesamten Antillengebiet bemerkenswert konform. Außer geringfügigen Besonderheiten in der Kleidung treten bedeutende Momente der Verschiedenheit anscheinend nur in der Architektur und im Städtebau auf, die auf den Inseln eigentlich gar nicht vorhanden sind, deren Ausdrucksform und Maß aber auf dem Kontinent, vom Golf von Paria an, bestimmend werden. Was Brasilien angeht, so beschreibt Gaspar de Carvajal, der Chronist der ersten Amazonasbefahrung, wirkliche Städte im Landesinnern, während Vespucci nur Dörfer und große Hütten gesehen hatte; das Zeugnis Carvajals sollte jedoch hundert Jahre später bei der zweiten Expedition durch den Theologen Cristóbal de Acuña bestätigt werden. Selbst wenn man von ihren Erzählungen nur das in Betracht zieht, was den mittleren Teil des Flusses betrifft, von seiner Vereinigung mit dem Rio Negro an — also sehr weit entfernt von den Gebieten der Inka —, so zeigen doch beide Autoren, daß das rechte und das linke Ufer bis zur Mündung von stark strukturierten

Gemeinschaften besiedelt waren. Zwar kommen ihnen die Niederlassungen, die sie sehen, fast immer vor, als seien sie abhängig von weiter im Inneren gelegenen Städten: sie treffen auf Fischereien, Märkte, ›Landhäuser‹. Dennoch zeigen diese alle Anzeichen städtischen Lebens: eine dichte Bevölkerung, Verteidigungsvorrichtungen, welche die Spanier oft am Landen hindern, breite und zahlreiche Straßen, Befestigungsanlagen, weiträumige Plätze, öffentliche Gebäude, »in denen es viele Kleider aus Federn in den verschiedensten Farben gab, welche die Indios bei ihren Feierlichkeiten anlegten«.[226] Die Dörfer folgen einander in solcher Häufigkeit, daß der Amazonas plötzlich wie ein Fluß im Mutterland erscheint: »Wir gelangten immer weiter durch bewohnte Gegenden, und eines Morgens um acht Uhr sahen wir auf einem Hügel eine schöne Stadt, die ihrem Aussehen nach die Hauptstadt eines großen Reiches sein mußte.«[227] »[...] Und als wir eine Windung des Flusses umfahren hatten, tauchten zahlreiche und sehr große, ganz weiße Städte auf.«[228] »[...] Ein Dorf folgte dem anderen im Abstand von weniger als einer halben Meile [...], und im Landesinnern, etwa zwei Meilen entfernt, sahen wir sehr große weiße Städte.«[229] Man ist überrascht zu hören, daß hier, am Unterlauf der gigantischen Schlagader der Tropen, »die Erde ebenso gut und fruchtbar ist wie in unserem Spanien [...] Es ist ein gemäßigtes Land, wo man viel Getreide ernten wird und wo alle Früchte gedeihen werden.«[230] In einer abschließenden Erklärung, als er schon über die Ankunft am Meer berichtet, faßt Carvajal den Eindruck von der Kultur des Landes, an dem er mehrere Monate entlanggefahren ist, folgendermaßen zusammen: »Ich habe den Wunsch, es kundzutun, daß alle Völker, die wir an diesem Fluß gesehen haben, [...] überaus vernünftig, lebhaft und erfinderisch sind: das ist an allen ihren Werken abzulesen, die sie hervorbringen, seien es Plastiken, Zeichnungen oder vielfarbige Gemälde, die so gut sind, daß es ein wahres Wunder ist.«[231]

Vespucci bringt seine Bewunderung für jenes ›Venedig‹ mit seinen Pfahlbauten zum Ausdruck, das er in Venezuela entdeckt hat; in seiner *Apologética Historia* stellt Las Casas eine lange Liste der Städte auf, die bis nach Panama hin die Küsten zieren: sie sind umgeben von Umfriedungen aus großen, stachligen Bäumen und mit Verteidigungsgräben befestigt;[232] Oviedo beschwört die Schönheit von Managua, der Hauptstadt von Nikaragua, die er drei Jahre nach seinem ersten Aufenthalt verlassen und in Trümmern wiederfinden sollte.[233] Nur für dieses Land findet sich der mexikanische Brauch bezeugt, die Plätze mit Säulenhallen zu umgeben; freilich hätte diese Einzelheit, die von einem Informanten Bobadillas nebenbei erwähnt wird,[234] ebensogut unbekannt bleiben können, denn die Eroberer gaben über die Städte immer nur knappe Mitteilungen: »Das Dorf, das in einer schönen Landschaft gelegen und von einer Mauer aus Bäumen umgeben war, fanden sie leer vor [...] Innerhalb der Einfassung standen fünf sehr schöne Häuser, die die Spanier anzündeten, und außerhalb, auf einer halben Meile in der Runde, standen noch mehr als 400 Häuser, von denen sie den größeren Teil verbrannten.«[235]

Angesichts des bündigen Charakters der Mitteilungen über Architektur und Städtebau ist eine Angabe, die Oviedo liefert, besonders wertvoll, vor allem deshalb, weil Chroniken und Ausgrabungen es ermöglichten, das, wovon die Rede ist, in Mexiko wiederzufinden: es handelt sich um einen Gebäudekomplex, in welchem funktional verschiedene Einheiten gleicher Grundfläche harmonisch miteinander verbunden sind, so daß eine chaotische Anhäufung ebenso vermieden wird wie das beunruhigende Übermaß von Gebäuden z. B. bei Schlössern. »Innerhalb dieser Mauern stehen nur die sieben Häuser des Herrschers, die zusammen so etwas wie eine Burg oder ein königliches Schloß ausmachen. Das erste und vornehmste gehört ihm, das zweite seinen Frauen, das dritte bewohnen die Frauen, die ihn und seine Gattinnen bedienen, das vierte enthält die Waffen, viele Bogen und Pfeile und andere Geschosse für den Krieg; im fünften leben seine Söhne und werden die jüngsten aufgezogen; im sechsten lagern die Vorräte und die zum Essen notwendigen Waren; das siebte und letzte ist die Küche, wo man für den Fürsten und für alle, die im Inneren dieses Hofes leben, das Essen bereitet.«[236]

Dasselbe System, wie es Oviedo hier für Venezuela schildert, scheint in Kolumbien vorzuwalten: »Die Gebäude der Vornehmen sind außergewöhnlich: aus Holz, wahrhafte Festungen oder königliche Paläste, innen und außen von vielen Mauern eingefaßt, und zwar mit einer solchen Kunst, daß sie den Darstellungen gleichen, die von Unwissenden Labyrinthe genannt werden.«[237] In Veragua dagegen lebte der Häuptling in einem runden Haus, das von Säulenhallen umgeben war, »in denen 300 Personen Platz hatten«.[238]

Die labyrinthähnlichen Einfassungen werden für Nikaragua nicht erwähnt, aber die Wohnstätten der Herrscher folgen dem Modell der Gruppierung von Funktionseinheiten. Glücklicherweise hat Oviedo eines dieser Anwesen kennengelernt und davon eine Beschreibung und einen Plan hinterlassen, die mehrere Aspekte der Architektur und des täglichen Lebens dieses Landes verdeutlichen: die Gebäude, acht an der Zahl, sind um einen großen, viereckigen Platz verteilt, den sie einschließen; darunter sind drei, die nicht in dieser Häuserflucht stehen und die bei den Palästen Venezuelas nicht vorhanden sind: zwei Grabhäuser, welche Gebeine von Kindern enthalten, sowie eine Säulenhalle mit dem Diwan, wo der Häuptling und seine Minister ihre zahlreichen Regierungspflichten erfüllen.[239]

Gómara[240] und Petrus Martyr berichten, daß in der Mitte dieser königlichen Plätze, auf die sich die Häuser der Adligen öffneten, das Haus der Goldschmiede stand. Wir wissen sehr wenig über Architektur und Städtebau in Yukatan. Nur Petrus Martyr spricht von Palästen, die von Terrassen gekrönt sind, und von Skulpturen »aus Marmor«.[241]

b) Möbel und Zierat

Bei der Beschreibung eines Hauses, die Oviedo in allen Einzelheiten liefert, beobachtet er Türen, die dazu dienen, Insekten den Eingang zu verwehren, wohingegen Las Casas versichert, daß die Eingeborenen niemals ihre Häuser abschließen. Die von Oviedo wahrgenommenen Türen müssen in der Tat eine Ausnahme gebildet haben, denn selbst in den großen Gebäuden der Mexikaner und Inka wurde das Innere nur durch Vorhänge abgeschirmt, die an den Pfosten mit Schnüren aufgehängt waren und zwar mittels Perforationen, die man bei Ausgrabungen wiedergefunden hat. Diese Vorhänge waren im allgemeinen aus Baumwolle; es ist jedoch nicht ausgeschlossen, daß sie auch aus Stroh geflochten sein konnten, denn die farbigen Matten wurden auf vielerlei Weise verwendet. In Kolumbien bewundert Oviedo »die Bemalung und Politur der Gebäude«. Für die Gegend von Cubagua fügt Gómara hinzu: »Sie halten sehr darauf, ihre Häuser mit gefärbten oder bemalten Matten aus Schilf und Palmen, mit Zierstücken aus Stoff, aus Gold, aus Perlen zu schmücken, worüber unsere Spanier sehr erstaunten. Sie befestigen am Kopfe ihres Bettes Muscheln, um ihr Rauschen zu hören.«[242]

Der *duho*, ein aus Holz geschnitzter Schemel »mit vier Füßen und leicht nach innen gewölbt«, der ebenso als Kopfunterlage wie als Sitz diente, wird von allen Möbelstücken auf den Inseln wie auf dem Festland am meisten erwähnt. Die Vornehmen führten ihn mit sich zu den Spielen und wenn sie Besuche machten; der Häuptling, den Oviedo bei der Wahrnehmung seines Amtes erlebte, empfing in ausgestreckter Lage, den Kopf auf diesem Gegenstand; wenn er zum Essen ging, nahm er ihn mit, um sich darauf zu setzen.[243]

Die Hängematte war ebenso verbreitet wie der *duho*. Daneben gab es jedoch auf dem Festland ein Liegebett, »drei Spannen hoch, aus großen Bambusstäben hergestellt [...], mit einer dicken Palmenmatte bedeckt; darauf lagen noch drei weitere, sehr fein und ausgezeichnet gearbeitet«.[244] In Kolumbien »sind die Betten ebenso hoch wie die unsrigen«.[245] In Yukatan war das Bett genauso gebräuchlich wie die Hängematte. In der Nähe des Ruhelagers des Häuptlings war ein Pfeiler oder ein Bord angebracht, auf dem sich ein Bogen, Pfeile und eine kleine Kürbisflasche mit Honig befanden.

Die Keramik — deren Schönheit manchmal gerühmt wird, wie z. B. die der glänzenden und kohlrabenschwarzen Töpferwaren von Nikaragua — gehört zum Mobiliar. Die Weihrauchgefäße, Kohlenbecken und Götterbilder, die von der Archäologie wiedergefunden werden, müssen in den Räumen der Wohnungen einen bedeutenden Platz innegehabt haben.

c) Kleidung und Körperschmuck

Die Frau. Bis nach Nikaragua ist Nacktheit die Regel. Christoph Kolumbus schreibt dem König, daß »[...] diese Menschen, Männer und Frauen, nackt sind, wie ihre Mütter sie zur Welt gebracht haben; die Frauen tragen ein Ding aus Baumwolle, das ihre Natur verhüllt, aber sonst nichts«.[246] Die Brust bleibt überall unbedeckt, und das »Ding aus Baumwolle« wird lose oder festgebunden getragen; es ist etwa 20 cm breit und hängt an einer Schnur, die um die Taille gebunden ist, »lose vor ihrer Natur oder ihren Schamteilen, der Willkür des Windes ausgesetzt«.[247] Diese »Art von lockeren Kniehosen, die, wenn auch nur ein schwacher Wind weht, nichts verbergen«,[248] die Oviedo im Norden von Kolumbien beobachtet, scheint nicht der auf den Inseln verwendeten zu entsprechen, wo von einem indiskreten Wind niemals die Rede ist. Es muß sich dort also um den Schurz handeln, der zwischen den Beinen hindurchgeführt und sowohl auf dem Rücken wie auf dem Bauch befestigt wird. In Mexiko ist dieser Schurz, der *maxtlatl* genannt wird und breiter ist als der vorerwähnte, das Kleidungsstück der Männer. Oviedo verzeichnet, daß er von den Frauen in Venezuela wie in Nikaragua verwendet wird: »Die Frauen [im Norden Venezuelas] tragen Hosen, die aus einem etwa zwei Spannen breiten Stück Stoff gemacht sind und von einer Schnur gehalten werden, mit der sie sich gürten. Dieses Stück Stoff bedeckt die Hüften und geht zwischen den Beinen hindurch und ist an demselben Gürtel befestigt, so daß es ihre Schamteile und den Bauch bedeckt. Der übrige Teil des Körpers ist nackt.«[249] Der *maxtlatl* von Nikaragua unterscheidet sich davon nur durch seine schönen Stickereien.

Auf den Inseln sind die Jungfrauen nackt, und auf Cubagua ist dieser Brauch von einer Schönheitsbehandlung der Beine begleitet: »Unterhalb und oberhalb des Knies werden die Beine fest zusammengeschnürt, damit die Schenkel und die Waden sich stark vergrößern, was ihnen überaus schön erscheint.«[250] Auf dem Festland in Venezuela tragen die Jungfrauen wie die Verheirateten einen *maxtlatl*, aber sie geben ihren Status durch einen über der Brust gekreuzten Faden kund. Von der ersten sexuellen Begegnung an trägt die Frau entweder den Schurz oder einen Rock, der meistens nicht bis zum Knie reicht; nur die vornehmen Damen bedecken ihre Waden, manchmal bis zu den Knöcheln.

Diese Art Rock, lang oder kurz, besteht immer aus einem größeren oder kleineren Stück Baumwollstoff, das um die Hüften gewickelt und von einem Gürtel gehalten wird, so daß die Spanier ihn trotz der Weite, die er manchmal aufweist, oft als Schürze bezeichnen.[251] Dieser gewickelte Stoff wird, während er in Yukatan das einzige Kleidungsstück der Frau bildet, von Venezuela über Kolumbien und Panama bis Nikaragua mit dem Schurz kombiniert.

Von Kolumbien an wird die Brust mit einem kleinen Umhang bedeckt,[252] der, auf verschiedene Weise bemalt, in die weibliche Bekleidung Nikaraguas eingeht. In Panama kommt er nicht vor; dafür gibt es dort, und nur dort, einen Büstenhalter, den die Spanier für ganz außergewöhnlich halten: eine künstlerisch gearbeitete Goldplatte, (»die bis zu 200 Pesos wiegen konnte«), mit einem Loch für die Schnur, die über den Schultern zusammengeknüpft wird: »Die Erfindung dieser Goldplatte, um die Brüste zu heben, bildet die Eleganz der vornehmen Damen des Golfs von Urabá.«[253] In Yukatan haben nur die Frauen in der Gegend des Golfes von Mexiko die Angewohnheit, ihre Brust zu bedecken.[254]

Die Haare werden sehr gepflegt, und im allgemeinen wird der Kopf nicht bedeckt. Eine Ausnahme bildet Cartagena, wo Gómara die majestätische Schönheit der Frauen unter anderem auf das Tragen eines Diadems zurückführt; im übrigen Kolumbien trägt man farbige Kränze mit einer Blume auf der Stirn. »Frauen wie Männer besitzen schöne, glatte und schwarze Haare, auf die sie sehr stolz sind.«[255] In Nikaragua verzeichnet Oviedo Kämme aus Hirschknochen, weiß wie Elfenbein oder aus schwarzem, sehr hartem Holz. Ihre Zähne sind in eine aus Exkrementen von Fledermäusen hergestellte Masse eingesetzt. »Ich hatte mehrere solcher Kämme, denn ich brachte sechs oder sieben von dort nach San Domingo. In der Nähe des Feuers schmilzt diese Masse, die weiß wie Wachs ist, sehr schnell; in kaltem Zustand ist sie hart und hält die Zähne des Kamms zusammen wie Eisen.«[256]

Im allgemeinen werden zwei Arten von Haartrachten beobachtet: im karibischen Gebiet lange Haare mit Fransen, in Yukatan und Nikaragua Zöpfe, die auf dem Kopf »in zwei oder vier Hörnern« zusammengefaßt sind.[257] Cieza de León berichtet, daß in Cartagena sich die Frauen als Zeichen der Trauer den Kopf rasierten.[258]

Schmuckgegenstände sind Ketten, Armbänder und Ringe, die

sowohl an den Armen wie an den Beinen getragen werden. Wo es keine natürlichen Perlen gibt, stellt man sie aus weißen, schwarzen und violetten Muscheln her. Außer Ohrgehängen verwenden die Frauen, zumindest in Nikaragua und Yukatan, auch Schmuckstücke, die in den hierzu mit großen Löchern versehenen Ohrläppchen getragen werden;[259] seltener auch Nasengehänge. Gómara vermerkt die letzteren nur für die Damen von Cartagena,[260] und Diego de Landa für die von Yukatan[261].

Die Bemalung des Körpers wird für die Frauen nur selten erwähnt. In Kolumbien »malt man sich das Gesicht mit Öl oder Petroleum in verschiedenen Farben, und sie schminken den Körper zinnoberrot. Die Frauen bemalen sich auf die gleiche Weise, und je höher ihre Stellung ist, um so mehr sind sie bemalt.«[262] In Nikaragua »haben alle Indios [...] und besonders die Anführer und ihre Frauen die Arme mit einer schwarzen Farbe bemalt, die aus ihrem eigenen Blut und aus Kohle hergestellt ist; dazu wird die Haut vorher mit Steinmessern geritzt. Die Bemalung stellt einen Tiger dar.«[263] Landa notiert, daß die Frauen ihren Oberkörper mit »Petroleum« bemalen (wobei sie die Brüste zum Stillen freilassen), und erklärt, daß die Zeichnungen feiner und schöner sind als bei den Männern.[264]

Deformierungen des Kopfes scheinen bei beiden Geschlechtern vorzukommen. Während einer von den Informanten Bobadillas darin ein Kennzeichen der männlichen Schönheit erblicken will,[265] beschreibt Landa ausdrücklich die daraus für die Frauen entstehenden Folgen. Die Eingeborenen dieser Gegend (Yukatan) zeichnen sich noch durch zwei weitere Deformierungen aus: krumme Beine, bewirkt durch die Art, wie die Frauen die kleinen Kinder rittlings auf der Hüfte tragen, und einen künstlich herbeigeführten Silberblick, den man dadurch erzeugt, daß man zwischen den Augenbrauen der Neugeborenen ein Gehänge befestigt, um sie zum Schielen zu bringen. Ungeachtet dieser Besonderheiten werden die Frauen Yukatans von einem anonymen Autor als »außergewöhnlich schön« bezeichnet und von Landa selbst für schöner als die Spanierinnen erklärt: sie sind »größer und besser gebaut [...], nicht weiß, sondern gebräunt, was mehr durch die Sonne und ihr häufiges Baden bewirkt wird als von der Natur«.[266] Oviedo hingegen begeistert sich für die Frauen Nikaraguas, die er für die schönsten von ganz Westindien hält.

Der Mann. Der Schurz ist außer in Mexiko nur im Landesinnern von Kolumbien, in Nikaragua und an den Küsten Yukatans verbreitet; er besteht dort aus einem dünnen, gedrehten Streifen, der von der Brust bis zu den Hüften gewickelt wird und dessen Ende zwischen den Beinen hindurchgezogen und auf dem Bauch befestigt ist.[267] In den übrigen Gegenden ist das einzige Kleidungsstück der Männer ein Etui aus Bambus, Gold oder aus einer Kürbisflasche. Die folgende, auf Venezuela gemünzte Beschreibung gilt für das ganze Gebiet: »Die Indios gehen vollkommen nackt, aber sie tragen einen Kürbisflaschenhals von passender Größe, in welchem sie ihr männliches Glied verbergen; alles übrige bleibt unbedeckt, und die Kürbisflasche ist mit einer Schnur, die durch zwei Löcher gezogen ist, an der Taille befestigt.«[268]

Außer ›Decken‹, womit Stoffstücke gemeint zu sein scheinen, welche als Umhang verwendet werden, beschreibt Oviedo in Nikaragua ein ärmelloses ›Mieder‹ aus farbigem Stoff, aus dem Gómara, der sein Vorkommen in Santa Marta bestätigt, ein »kleines, enges Hemd mit kurzen Ärmeln«[269] macht. In Kolumbien tauchen die ersten Kopfbedeckungen auf: Stoffmützen und Haarbeutel (welche in Nikaragua die Häuptlinge und Vornehmen tragen)[270], ferner die ersten Schuhe: »[...] zwei Sohlen aus Hirschleder, ohne Oberleder, mit Stricken aus Baumwolle oder mit Lederriemen befestigt, die von den Zehen bis zu den Fersen reichen wie bei Hanfschuhen.«[271]

Der Schmuck der Männer — unter anderem auch Halsketten — ist dem der Frauen gleich; Ausnahmen machen das Nasengehänge, das bei Frauen weniger gebräuchlich ist, und eine Verzierung der Unterlippe, welche die Frauen nirgends zu tragen scheinen. Das Nasengehänge konnte ein Ring oder auch ein Stäbchen aus Gold oder Stein sein (Landa spricht für Yukatan von Bernstein), oder aber es handelte sich, wie in Nikaragua, um »Goldknöpfe, so groß wie Kichererbsen, an denen Ringe hingen«[272] und die die Nasenlöcher zierten. Die Unterlippenverzierung, die nur in Nikaragua getragen wurde, bestand aus einem weißen, runden Knochen, der »nach Art der Indios von Neuspanien«[273] in das Kinn eingelegt wurde. Dieser Gegenstand konnte auch aus Gold sein: er wurde dann im Mundinnern getragen und ließ die Unterlippe vorspringen. Zum Essen nahm man ihn heraus.[274]

Die Bemalung des Körpers ist allgemein. In Venezuela »haben die Mehrzahl der Leute das Gesicht mit schwarzer Farbe bemalt, die niemals entfernt wird und sich auch nicht entfernen läßt. Denn die Bemalung [...] kommt so zustande, daß man die Haut mit Steinmessern oder Stacheln aufritzt, bis sie blutet, und in die Schnitte ein Pulver aus Kohle streut, so daß sie [die Bemalung] ebenso lange hält, wie sie leben, und erst mit ihrem Körper zusammen vergeht.«[275] In Yukatan haben die jungen Männer erst nach ihrer Heirat das Recht, sich zu tätowieren.

Wir haben oben von der Deformierung des Kopfes in Yukatan und in Nikaragua berichtet, wobei Gómara noch eine Eigenart erwähnt, die uns aufgrund bestimmter, in Mexiko gefundener bildlicher Darstellungen interessiert: »[...] deformierte Köpfe mit einem Loch in der Mitte als Schönheitszeichen und als Unterlage zum Tragen von Lasten.«[276]

Die zahlreichen Haartrachten haben eine symbolische Bedeutung, die nur höchst selten deutlich gemacht ist. So kennen wir die Bedeutung des rasierten Kopfes, obgleich er sehr häufig erwähnt wird, nur dank einem Text von Las Casas: ihm entnehmen wir, daß das Rasieren des Kopfes das Kennzeichen eines Jungverheirateten oder auch eines sexueller Vergehen Schuldigen sein konnte; daneben war es ein Zeichen von Trauer.[277]

In Kolumbien existierte die Mode der ›Kronen‹, einer Tonsur des obersten Teils der Schädeldecke, daneben wird die Sitte erwähnt, den Kopf zu rasieren, aber eine Strähne im Nacken stehenzulassen. In Nikaragua werden die Haare mit einem Band zu einem einzigen Zopf am Hinterkopf geflochten, oder der vordere Teil ist rasiert und erst von den Ohren an bleiben die Haare stehen. Wie in Mexiko zeichnet sich der siegreiche Krieger durch eine hohe Haarsträhne aus, die mitten auf dem Kopf emporsteht.[278] Der Friseur verwendet Steinmesser, »die ebenso gut schneiden wie gute Scheren«.[279]

Die Körperhaare galten als tierisch, und die Eingeborenen enthaarten sich mit Hilfe von Pinzetten, Kräutern oder mit einem Puder, der aus Ameisen hergestellt wurde.[280] Landa berichtet aus Yukatan, daß die Mütter ihren Söhnen von früher Kindheit an die Haare mit sehr heißen Tüchern abbrannten. Und Petrus Martyr versichert: »Sie hielten die Unsrigen für wilde Tiere wegen ihrer Bärte und ihrer Körperhaare.«[281]

Das Schwärzen der Zähne kennzeichnet den Beginn der Pubertät: »Sobald sie anfangen, körperliche Begierde zu empfinden, haben sie den ganzen Tag über Kugeln aus Blättern von der Größe einer Nuß in ihrem Mund, die sie nur herausnehmen, um zu essen oder zu trinken. Mit diesem Medikament schwärzen sie ihre Zähne, bis sie die Farbe von Kohle haben. Sie schmähen die Unsrigen und nennen sie Weiber und Kinder, weil sie weiße Zähne haben.«[282]

V. DIE GESELLSCHAFT

a) Das Paar

Schon in seiner Schrift *Sumario* von 1526 betont Fernández de Oviedo die Tatsache, daß der Inzest verboten ist, was er zuerst auf den Inseln und danach allenthalben festgestellt hat: »Sie haben jeder ihre Frau, und niemand heiratet seine Tochter oder seine Schwester oder schläft mit seiner Mutter.«[283] Er nimmt dieses Thema unendlich oft wieder auf, wobei er erkennt, daß selbst die Christen dieses Verbrechens schuldig werden: »[...] Deshalb bin ich erstaunt, daß diese wilden Indios, die so voll von Lastern sind, im Hinblick auf die Frauen nicht sündigen und sich mit ihren Müttern, Töchtern oder Schwestern nicht vereinigen [. . .] Sie unterlassen dies sicherlich nicht aus Anständigkeit und Achtung, sondern aus der Gewißheit [. . .], daß derjenige, der mit seiner Mutter, seiner Tochter oder Schwester schlafen würde, eines schlimmen Todes sterben müßte.«[284] Im ganzen Verlauf seines umfangreichen Werkes wird er nicht müde, diesen charakteristischen Zug immer wieder zu unterstreichen: »[. . .] Es ist auffallend, daß [in Panama] sich niemand mit seiner Mutter noch mit seiner Tochter oder Schwester verheiratet und mit so nahen Verwandten keinen körperlichen Verkehr hat.«[285]

Dieses Prinzip scheint so sicher verankert zu sein, daß, als Francisco de Bobadilla sich nach der Strafe für denjenigen erkundigt, der sich mit seiner Mutter, Tochter oder Schwester verheiratet, er zur Antwort erhält, daß es keine solche gäbe, denn »niemand würde jemals so etwas tun«.[286]

Aus Yukatan berichtet Landa ein Verbot, das über Ehen von Personen desselben Namens (aus der Familie des Vaters) verhängt ist, während sie mit Vettern aus der Familie der Mutter erlaubt sind.[287] Ungeachtet aller Umwälzungen besitzt das Inzestverbot noch heute in den Dörfern seine Kraft, und die Ethnologen verzeichnen nur vereinzelte Verstöße dagegen in den Städten. In Quintana Roo erstreckt sich das Inzestverbot auch auf die Vettern.[288]

Alles dies hindert Petrus Martyr nicht, nach einer langen Mitgliedschaft im Indischen Rat die Existenz inzestuöser Verbindungen zu verkünden: »Kein noch so enger Grad der Zusammengehörigkeit oder Verwandtschaft hindert sie, wie anderswo, an der körperlichen Vereinigung, so daß die Väter mit ihren Töchtern, die Brüder mit ihren Schwestern schlafen [. . .]«[289] Dabei war ihm die Wahrheit keineswegs unbekannt, und seine falschen Erklärungen lassen sich nur durch die glühenden Auseinandersetzungen um die Rechtfertigung der Eroberung erklären, an welchen er nach seinen Aussagen wiederholt teilgenommen hat. Seine Schrift datiert übrigens von 1525 — ein Jahrzehnt vor der Entdeckung Perus, wo der Inzest üblich war.

Das Sakrament der Ehe scheint so hoch verehrt worden zu sein, daß die Töchter der Vornehmen sich zwei Jahre lang zurückzogen, um sich darauf vorzubereiten; trotzdem war es nicht ausgeschlossen, sich, wenn keine Kinder vorhanden waren, aus gemeinsamem Entschluß wieder zu trennen. Die Polygamie, die in Yukatan gänzlich unbekannt war,[290] war in anderen Ländern nur den Häuptlingen gestattet; indessen wurde nur die erste Frau als legitim angesehen. Die Ehebrecherin konnte verstoßen werden, und in diesem Fall war es ihr verboten, sich wieder zu verheiraten, dagegen konnte der betrogene Ehemann eine andere legale Ehe eingehen. Die Kinder des Paares blieben bei dem einen oder anderen Elternteil, je nachdem, wie sie sich entschieden.

Dank dem Berichterstatter Bobadillas sind uns die Riten der Hochzeit überliefert: der Häuptling — der vor allem in Nikaragua und in Yukatan die Funktionen eines Priesters ausübte — führt die Verlobten in ein besonderes Häuschen, wobei er sie am kleinen Finger der linken Hand hält, und läßt sie nach einer Predigt allein einem Feuer gegenüber, das den Raum kaum erhellt. Unbeweglich schauen die jungen Leute, wie das Holz verzehrt wird, und wenn es erlöscht, »sind sie verheiratet und führen das Weitere aus«.[291]

Die Jungfräulichkeit spielt eine im ersten Augenblick nicht leicht verständliche Rolle, denn sie erscheint zugleich als erforderlich und als hinderlich. So kann ein nicht mehr jungfräuliches Mädchen nach der Hochzeitsnacht verstoßen werden, während in der Mehrzahl der Fälle die jungen Männer ein bereits erfahrenes Mädchen zu bevorzugen scheinen. Wir glauben, den Grund für diese Doppeldeutigkeit aus einigen Bemerkungen des gleichen Berichterstatters ablesen zu können: »Man fragt den Vater oder die Mutter der Verlobten, ob diese noch Jungfrau ist; wenn sie dies bejahen und der Ehemann findet, daß es nicht so ist, gibt er sie ihnen zurück und ist frei, und das Mädchen wird übel angesehen; ist sie jedoch nicht mehr Jungfrau und alle sind sich über diesen Punkt einig, dann findet die Hochzeit statt, denn viele ziehen ein entjungfertes Mädchen einer Jungfrau vor.«[292] Daraus ist zu erkennen, daß der Grund des Verstoßens der Mangel an Aufrichtigkeit ist und der moralische Fehler nicht im Verlust der Jungfräulichkeit, sondern in der Lüge liegt.

Mehrere Anzeichen bestätigen diese Hypothese, vor allem die gesunde und verantwortungsbewußte Einstellung, die sich im gewöhnlichen Verhalten überall offenbarte. Allein die Tatsache, daß die Jungfrauen nicht als solche gesucht waren und daß die Jungfräulichkeit, weit entfernt, eine Bedingung für die Ehe zu sein, nur einen physischen Faktor unter mehreren vorstellte, die die Attraktivität bedingten, läßt eine Freiheit der Frau vermuten, die um so echter war, als neben dem Recht des jungen Mädchens, sich vor der Ehe zu prostituieren, ohne daß man es als anstößig empfunden hätte, das Gelübde der Jungfräulichkeit existierte, und zwar außerhalb jeglichen religiösen Zusammenhangs. Berichte der Chronisten (Gómara und Martyr) über kriegerische Jungfrauen, die aus Rache von einem ganzen Trupp von Christen vergewaltigt wurden, zeigen deutlich, daß der Tatbestand der Jungfräulichkeit in gleichem Maße anerkannt und geachtet wurde wie andere gesellschaftliche Tatbestände. So wurde die Vergewaltigung in Nikaragua damit bestraft, daß der Schuldige zum Sklaven der Eltern des Opfers gemacht wurde.

Das wenige, das wir von Yukatan wissen, erlaubt den Schluß, daß die Sitten dort ähnlich waren, denn wenn auch Landa nur davon spricht, wie leicht sich ein Paar trennen und wieder verheiraten konnte (nur die erste Ehe wurde durch den Priester geweiht), so berichtet der große Maya-Forscher Morley von einer bezeichnenden Beobachtung: »Eine junge Frau, die ein oder mehrere illegitime Kinder besitzt, hat keine größere Mühe, einen Mann zu finden, als ihre tugendhafteren Schwestern.«[293] Diese Abwertung der Jungfräulichkeit zeigte sich besonders deutlich in einer sehr eigenartigen Sitte auf Kuba: dort schlief die Jungvermählte zuerst mit allen Kollegen ihres Mannes — Häuptlingen, Verwaltern oder Handwerkern —, »und nachdem viele sie genossen haben, kommt sie heraus, schüttelt ihren Arm mit erhobener Faust und ruft ›manicato, manicato‹, was so viel wie mutig und stark bedeutet [. . .]«.[294] In Venezuela erfüllten die Priester diese Pflicht: »Wenn eine Jungfrau sich verheiratet, muß zuerst der *piache* oder Priester mit ihr schlafen, um das Glück des Paares sicherzustellen, und am nächsten Tag wird sie dem Ehemann übergeben [. . .]«[295] Gómara fügt hinzu, daß die Nebenfrauen der Könige dieser Behandlung nicht teilhaftig werden, und erläutert die Situation dieser »heiligen und religiösen Männer [. . .], denen man die Bräute zur Defloration übergibt, was bei ihnen ein frommer Brauch ist. Die ehrwürdigen Väter übernehmen diese Tätigkeit, um nicht ihre Vorrangstellung und die Ehrerbietung zu verlieren, und die Ehemänner sind so ruhiger [. . .]«[296] In Nikaragua fällt die Entjungferung den Fürsten zu. Von Oviedo hören wir die Erklärung, die ihm einer von ihnen für dieses Verfahren gab. Als der Chronist ihm vorwarf, »er schlafe den größten Teil seiner Nächte mit einem unberührten jungen Mädchen, was eine große Sünde und greuliche Sache in den Augen Gottes sei; und er habe viele Frauen, statt einer, wie es sich gehöre, ohne diejenigen zu rechnen, die er entjungfere, gab er zur Antwort, daß er [. . .] wirklich nicht mehr als eine liebe; wenn es möglich wäre, wäre er sehr viel glücklicher mit einer als mit vielen, aber die Eltern brächten sie ihm und flehten ihn an, sie zu nehmen [. . .], und er tue es, um viele Söhne zu haben. Was die Jungfrauen betreffe, so geschehe es, um sie [. . .] zu ehren, denn danach würden sie von den übrigen Indios mehr zur Ehe begehrt.«[297]
Diese Umkehrung der Werte erreicht ihr Extrem im Falle der Prostitution: sie wurde in Nikaragua ebenso geachtet wie jede andere Arbeit; es war üblich, daß ein junges Mädchen sich mit Gelegenheitsliebhabern ihren Lebensunterhalt verdiente und damit ihre Mitgift vermehrte. Die Eltern willigten nicht nur ein, sondern hatten mit ihr das beste Einvernehmen: sie lebte weiterhin zu Hause — ihre Tätigkeit fand an einer besonderen Stelle des Marktes statt —; falls es notwendig wurde, unterstützten die

Eltern sie, und wenn sie sich verheiraten wollte, trat der Vater ihr ein Stück des Landes ab, das er besaß. Die gesellschaftliche Anerkennung dieser Beziehungen wird bestätigt durch das Verhalten der jungen Männer gegenüber dem Mädchen, das seinen Körper verkauft (zehn Kakaobohnen war der offizielle Preis). Als sei sie eine Arbeiterin oder Angestellte, wird sie von der männlichen Jugend der Nachbarschaft umgeben, geliebt, zur Arbeit begleitet oder abgeholt. Oviedo besteht mehrmals auf dem Faktum, daß diese Männer, für die er keinen anderen Namen als ›Zuhälter‹ weiß, weder Geld noch besondere Gunst empfingen. Wenn das Mädchen den Wunsch äußert, sich zu verheiraten, verrät sie zuerst nicht den Namen des Erwählten und bittet ihre Verehrer, ihr ein Haus zu bauen. »Und sie machen sich ans Werk und bauen es, ohne daß das Geringste daran fehlt, sie vervielfachen eher noch ihre Aufmerksamkeiten, denn es helfen noch Freunde und Verwandte mit. Sie halten es für eine große Ehre, bei der Frau bleiben zu können und unter so vielen Mitbewerbern ausgewählt zu werden.«²⁹⁸ Sie bezeichnet das Objekt ihrer Liebe erst am Ende des Hochzeitsessens, nachdem sie sich entschuldigt hat, sich nicht vervielfachen und nicht mit allen zusammenbleiben zu können. Diese Worte sind keine Konvention, denn unter den Ausgeschlossenen gab es stets Selbstmorde. Nur die Verwandten und Freunde des Gewinners feiern bis zum Morgengrauen den glücklichen Ausgang, und »von diesem Augenblick an wird sie zu einer vorbildlichen Frau, die [...] keinem anderen Mann sich nähert und ihr Hauswesen gut leitet«.²⁹⁹

Zu diesem Schluß gelangen auf verschiedenen Wegen sämtliche Chronisten. So wiederholt sich in Gómaras Schriften ständig der Satz, mit dem er die Erfahrung seiner Landsleute zusammenfaßt: »Die Jungfräulichkeit bedeutet ihnen wenig [...], aber wenn die Frauen einmal verheiratet sind, leben sie ehrenhaft.«³⁰⁰ Die sexuelle Gleichheit der Frauen, ihre totale körperliche Ungebundenheit und das genaue Wissen um ihre Bedürfnisse scheinen sich auch in gewissen Freiheiten zu zeigen, welche die Gesellschaft dem Ehepaar einräumt. Denn obwohl einerseits von vollkommener Treue berichtet wird, werden doch andererseits Abweichungen von der Norm offen toleriert. Es versteht sich, daß diese Sitten Oviedo außer sich brachten: »Ich habe niemals von einer galanteren, lasterhafteren, einem verdorbenen Volk gemäßeren Gewohnheit gehört als der folgenden, die bei diesen Indios üblich ist: Bei einem gewissen, sehr bedeutenden Fest, an dem sich viel Volk versammelt, ist es Sitte, daß die Frauen während der Dauer des Festes (das in der Nacht stattfindet) frei sind, sich zu vereinigen, mit wem es ihnen gefällt, wie hoch auch ihre soziale Stellung [...] ist. Ist diese Nacht vorüber, so gibt es nichts Ähnliches mehr, auch findet dies nicht mehr als einmal jährlich statt [. . .], und es folgt darauf weder Strafe noch Eifersucht.«[301] In Venezuela stellt der Gebieter seinem Gast die schönste seiner Frauen zur Verfügung, »und wenn er wieder abreist und sie ihm nachzufolgen wünscht, kann sie selbst die Entscheidung darüber treffen, ohne daß ihr Mann eingreift; wenn sie bleibt, wird sie nicht etwa schlecht behandelt, sondern ihr Mann muß sie um so mehr lieben, dafür, daß sie ihre Pflicht seinem Freund gegenüber getan hat und daß sie ihn nach dieser Erfahrung nicht verlassen hat«.[302] Die Großzügigkeit, mit der die vornehmen Damen von Panama ihre Gunst verschenken, ist nach Oviedo ohne Grenzen: »Sie sagen selbst, daß die Vornehmen nichts verweigern dürfen, worum man sie bittet; das täten nur die Ungehobelten.«[303]

Außerdem sind Abtreibungen durchaus üblich, wobei die Jungverheirateten vorgeben, daß »die Alten die Kinder zur Welt bringen sollen; sie selbst wollten nicht so beschäftigt sein, daß ihnen das Vergnügen verlorengeht, und [. . .] nicht ihre Brüste verunstalten, die ihr ganzer Stolz und wirklich sehr schön sind [. . .]«.[304]

Bei einem dieser dem Anschein nach frivolen Geschöpfe in Castilla del Oro beobachtet Oviedo »einen Fall bemerkenswerter Liebe, die eine Indianerin für ihren Mann empfand, und wie sie den Autor dieser Schrift anflehte, ihrem Mann, den er hängen ließ, zu verzeihen«.[305] Nachdem ihr Mann tot war, erklärte die Frau sich der Revolte gegen die Spanier für schuldig und verlangte grimmig das gleiche Los für sich und ihre Kinder. Als sie aufgrund ihrer Unschuld verschont blieb, hatte sie den Mut — der unter diesen Bedingungen wahrhaftem Heroismus gleichkam —, bis zu Oviedo vorzudringen, um ihn an seine Worte zu erinnern. Dies ist seine Schilderung des Zwischenfalls: »[. . .] und als ich die Indios unter den Spaniern aufteilen ließ, [. . .] kamen die Indianerin und ihre Tochter in die Hände eines meiner Freunde, ihre Söhne zu anderen; darauf kam sie schreiend zu mir und sagte: ›Herr, hast du mir nicht gesagt, daß weder ich noch meine Söhne schuldig sind? Wenn dieses wahr ist, warum nimmst du mir meine Söhne weg [. . .] und entfernst sie von mir?‹ Daraufhin richtete ich es so ein, daß sie mit ihren Söhnen und ihrer Tochter bei einem Herrn unterkam.«[306] Im übrigen vernimmt man, daß als Folge der Eroberung die Ehepaare beschließen, nicht mehr zusammen zu schlafen, »um keine Sklaven zur Welt zu bringen«.[307]

Auf den ersten Blick erscheint diese Würde unvereinbar mit einer Gesellschaft, in der man die Frau als untergeordnetes Wesen betrachtet; doch gibt es wenig Elemente, die ihre rechtliche Stellung erhellen. Die Frau konnte Arzt werden, aber religiöse Ämter scheinen ihr verwehrt gewesen zu sein. Dagegen gibt es Anzeichen dafür, daß sie weder von militärischen

Dingen noch von Regierungsämtern noch von der Verwaltung der Ländereien ausgeschlossen war. Was den letzten Punkt angeht, so spricht Oviedo von vornehmen Damen, die zahlreiche Arbeiter unter sich haben und zur Arbeit einteilen.[308]

An den Küsten Venezuelas arbeitet die Frau auf dem Feld und führt den Haushalt, während der Mann auf die Jagd geht. In Nikaragua widmen sich die Männer der Landwirtschaft, dem Fischfang und dem Haushalt, während die Frau Handel treibt.

In Yukatan allerdings entspricht die Frau, so wie Diego de Landa sie zeichnet, dem abendländischen Ideal jener Epoche: sie ist von geringer Intelligenz, zudem unfähig, Handel zu betreiben; sie setzt sich niemals mit Männern zusammen an einen Tisch, dreht ihnen schamhaft den Rücken zu, wenn sie ihnen zu Trinken einschenkt, und geht ihnen voll Unterwürfigkeit aus dem Wege.[309] Als junges Mädchen hat sie keinerlei Anrecht auf ein Erbe, als verheiratete Frau sind ihre Rechte so beschränkt, daß man beim Tod ihres Mannes ihr die Söhne wegnimmt, denn die rechtliche Nachfolge geht ohne Einschränkung auf den Bruder des Verstorbenen über.

Solch mustergültiges Verhalten findet die Bewunderung des Bischofs Landa; freilich macht er selbst einige Einschränkungen: weiter unten fügt er hinzu, daß manche Frauen die Erzeugnisse ihrer Arbeit auf den Märkten verkaufen, daß sie sich ebensowohl der Erziehung ihrer Kinder wie der Haushaltung widmen, denn auf ihnen ruht die Verantwortung für die Bezahlung der Tribute; ferner organisieren sie Bälle für sich selbst, zu denen die Männer keinen Zutritt haben, betrinken sich bei ihren Gelagen und gehen sogar so weit, einen untreuen Ehemann zu züchtigen. Ungeachtet der patriarchalischen Verfassung und der Diskriminierung in bezug auf öffentliche Ämter scheint es doch so, als entbehre die Frau Yukatans nicht gänzlich die schöne Autonomie, die sie in der karibischen Zone besitzt.

b) Die Regierung

Das Gebiet, mit dem sich unsere Untersuchung befaßt, war in relativ kleine Provinzen aufgeteilt, deren jede von einem autonomen König regiert wurde, unter welchem Beamte als Minister und Gouverneure fungierten. Auf Hispaniola gab es fünf solcher Herren, und ihre Herrscher — deren tragisches Geschick einer gesonderten Behandlung wert wäre — zeigten sich weise und bewiesen eine vorbildliche moralische Haltung. Die Geschichte von Hatuey, einem nach Kuba geflohenen Häuptling, ist ein Beispiel unter vielen. Als er wußte, daß die Fremden die Insel überfallen würden, versammelte er die Seinen und erläuterte ihnen nach einer Darlegung der Situation, daß der Grund für das

Verhalten der Weißen in der Verehrung liege, die sie einem großen, ihm wohlbekannten König entgegenbrächten. Mit diesen Worten öffnete er einen mit Gold angefüllten Korb: »Hier seht ihr den Herrn, dem sie dienen und den sie verehren und für den sie hergekommen sind; für ihn verfolgen sie uns, für ihn haben sie unsere Väter und Brüder, unser ganzes Volk und unsere Nachbarn getötet, uns aller unserer Güter beraubt [. . .] Da sie nun auch hierher kommen werden [. . .] und uns, um diesen Herrn zu suchen, verfolgen und bedrücken werden, wie sie es schon in unserem Lande getan haben, wollen wir ihm ein Fest geben, damit er, wenn sie kommen, ihnen sagt, daß sie uns nichts Böses tun.«[310] Da Hatuey jedoch an der Wirksamkeit dieses Fürsprechers zweifelte, beschloß er, nachdem zu seiner Ehre Tänze aufgeführt worden waren, ihn nicht zu behalten, denn »selbst wenn wir ihn in unseren Eingeweiden versteckten, würden sie ihn uns wegnehmen; laßt ihn uns deshalb in den Fluß tief ins Wasser werfen, so werden sie nicht wissen, wo er ist«.[311]

Wie erwartet, zeigte sich der Gott ungerührt von ihren Bitten: wer Widerstand leistete, wurde umgebracht und Hatuey lebendig verbrannt. Als er bereits an den Pfahl des Scheiterhaufens gefesselt stand, bot ihm ein Franziskaner die Taufe an, wodurch er in den Himmel käme. Hatuey erkundigte sich bei ihm über das Schicksal der Christen nach ihrem Tod, und als er erfuhr, daß die Guten in den Himmel kämen, verweigerte er das Sakrament mit der Bemerkung, daß er der Gesellschaft derart grausamer Menschen die Hölle vorziehe.

Beim Tode eines Fürsten ging die Herrschaft an seine legitime Frau über. Nach ihr trat ihr ältester Sohn oder der Sohn der Schwester des Monarchen — niemals der des Bruders — die Nachfolge an. Unter der spanischen Besatzung regierten mehrere Frauen nach dem Tod ihrer Männer mit Wachsamkeit und Klugheit bis zu ihrer unausweichlichen Ermordung, und alle Chronisten singen das Lob der schönen Anacaona, der Königin der größten Provinz Hispaniolas, der es für einige Zeit gelungen war, ein gewisses Kräftegleichgewicht im Verhältnis zu den Eroberern aufrechtzuerhalten, und die man schließlich lebendig verbrannte.

Auch in Kolumbien hatte die Frau, wie Cieza de León berichtet, als Rechtsnachfolgerin Zugang zur Macht; auch dort galt, daß Ämter und Vermögen dem Sohn der Schwester des Verstorbenen als Erbe zufielen. Nach Oviedo gab es in Nikaragua kein erbliches Königtum, sondern die einzelnen Gemeinwesen wurden durch Senate oder Ältestenräte, Versammlungen alter, verehrter, durch Abstimmung gewählter Männer regiert,[312] die sich in einem besonderen Haus trafen, um die Angelegenheiten der Gemeinschaft zu diskutieren, bis ihre Zustimmung oder ihre

Ablehnung einhellig war. Diese für die Spanier hinderliche Demokratie, die ihnen auferlegte, verschiedenen Ansichten Rechnung zu tragen, wurde durch ein Regime von Häuptlingen ersetzt, durch das man die Eingeborenen besser kontrollieren konnte. Da Oviedo in demselben Text von erblichen Fürstentümern spricht, muß die Besonderheit von Nikaragua darin bestanden haben, daß dem Herrscher eine Art Staatsrat zur Seite gestellt war, der für seine Regierung tatsächlich eine Rolle spielte. Das gleiche scheint für Yukatan gegolten zu haben, von wo berichtet wird, daß in jeder Angelegenheit, welche die Gesamtheit des Volkes betraf, mehrere Beamte das letzte Wort besaßen — Beamte, welche »die spanischen Schriftsteller des 16. Jahrhunderts mit den Ratsherren (*regidores*) der spanischen Kommunalverwaltung vergleichen«.[313] Diese Gleichartigkeit ist um so wahrscheinlicher, als bestimmte andere von Morley gesammelte Angaben mit den von Oviedo übermittelten Nachrichten übereinstimmen: »Die Aufgaben der *ah holpopob* (was auf Maya soviel heißt wie ›die an der Spitze der Matte‹) sind nicht so deutlich. Es wird berichtet, daß sie den Herren bei der Regierung ihrer Städte zur Seite standen und daß die Bevölkerung auf dem Weg über sie Zugang zu den Herren erhielt. Sie waren Berater ihrer Herren in Angelegenheiten der Außenpolitik und bei Gesandtschaften aus anderen Staaten. Ferner heißt es von ihnen, daß sie dem *popolna* vorstanden, dem Haus, wo sich die Männer trafen, um öffentliche Angelegenheiten zu beraten [. . .].«[314] Gerade auf diese Dinge aber weist Oviedo hin, als er über den Häuptling von Nikaragua spricht: dieser Herrscher trat niemals in direkten Kontakt mit Botschaftern oder mit Vertretern des Volkes, sondern er war, wie Oviedo berichtet, ständig von zahlreichen Würdenträgern und Anführern umgeben, die als Verbindung zur Außenwelt dienten, sei es, um Nachrichten zu empfangen und ihm zu überbringen, sei es, um seine Instruktionen und Weisungen weiterzugeben.[315] In der Schilderung Oviedos ist noch bemerkenswert, daß alle diese Personen ihren Tag in liegender Stellung verbringen, die Hofleute auf Matten zu ebener Erde auf dem Boden einer Galerie, der Häuptling auf einem Diwan, den Kopf nach Osten und die Füße gegen seine Minister. Daraus erklärt sich vielleicht, daß die Maya von »denjenigen, die sich an der Spitze der Matte befinden« redeten. Oviedos Häuptling hatte ständig einen rituellen Bogen bei sich, und Morley beobachtet, daß auf den Denkmälern Yukatans das Rangabzeichen des Anführers ebenfalls eine Waffe ist. In Nikaragua verkündeten Botschafter, die ein Szepter aus Federn trugen, dem Volk die Entscheidungen der Ratsversammlung, und für die offiziellen Bekanntmachungen bediente man sich mit Rasseln versehener Heroldsstäbe, die der Herrscher persönlich dem öffentlichen Ausrufer übergab.

Ein exquisites Zeremoniell, das die Mahlzeiten begleitete, erstaunte die Spanier immer wieder, um so mehr, als selbst während der Zeit der Versklavung die Herrscher weiterhin nach demselben Ritual mit den Mitgliedern ihres Hofes die mageren Lebensmittel teilten. Nach dem Abendessen genossen sie die einschläfernde Wirkung des Rauches von Kräutern und aromatischem Harz. Landa verwundert sich über ihre Angewohnheit, sich vor und nach den Mahlzeiten sorgfältig den Mund zu waschen.

Die Regierenden, die gleichermaßen auf sozialem und auf religiösem Gebiet mit Autorität versehen waren, verbrachten, bevor sie ihr Amt antraten, alle eine bestimmte Zeit in einem Heiligtum. Wir haben gesehen, daß sie in Nikaragua am Ende eines Jahres ›Vater des Tempels‹ wurden und daß in Kolumbien der Thronfolger je nach der Größe des Erbteils fünf oder sieben Jahre eingeschlossen blieb. Während dieser Zeit der Zurückgezogenheit durften sie nicht die Sonne sehen, widrigenfalls sie ihres Ranges verlustig gingen. Es scheint, als ob diese Dualität der Macht, obwohl weniger offenkundig, auch in Yukatan existierte, wo das höchste religiöse Amt ebenfalls erblich war.[316] Die Angehörigen der Regierungskasten geboten so zu gleicher Zeit über den geistlichen und den weltlichen Bereich, und mit dieser Verschmelzung begründet Morley die Tatsache, daß keinerlei Anzeichen für Auseinandersetzungen der beiden Arten von Autorität zu finden sind. Noch heutzutage verkörpert der *Nohoch Tata* die höchste Autorität einer Gemeinschaft. Er besitzt in gleicher Weise die weltliche und die religiöse Oberherrschaft.[317] Für Quintana Roo, ein Gebiet, wo sich alte Traditionen besonders kräftig erhalten haben, hat der mexikanische Ethnologe Alfonso Villa Rojas noch in unseren Tagen die Beobachtung gemacht, daß »seine Regierungsform durch eine politisch-religiöse Organisation bestimmt ist, in der das höchste Amt das des Hohenpriesters ist. Dieser nimmt gleichzeitig die Funktion eines Ratgebers für die Probleme der öffentlichen Verwaltung wahr [...] Die religiöse Haltung durchdringt alles, und man greift keine ernsthafte Angelegenheit an, ohne daß man vorher die Barmherzigkeit des Heiligen Kreuzes, Jesu Christi und mehrerer Heiliger durch Messen und andere Zeremonien angerufen hat.«[318]

c) Der Adel

Die Angehörigen eines Fürstenhauses, worunter auch Diener und Arbeiter gerechnet wurden, besaßen alle dasselbe heraldische Abzeichen, das sie als Tätowierung auf dem Körper trugen. Es ist im besonderen von einem Jaguarmotiv die Rede. Obgleich der Erbe prinzipiell das Recht hatte, sein Wappen frei zu wählen, versichert man, daß derjenige, der das seiner Familie zurückwies, von der Gemeinschaft geächtet wurde. Indessen wird berichtet, daß manche vor der Übernahme dieses unauslöschlichen Abzeichens zögerten. In einem Verfahren, das der Ethnologe Robert Redfield in Quintana Roo beobachtet hat, scheint die Vorstellung fortzuleben, daß sich in bestimmten Bildnissen die Einheit einer Gruppe kristallisiert: »Jeder weiß von Kind auf genau, welche Symbole der heiligen Mächte für ihn von Bedeutung sind und welchen Grad von Bedeutung jedes einzelne von ihnen hat [. . .] Alle, die zur selben Familie, zum selben Dorf, zum selben Volksstamm gehören, verehren auch dieselben Symbole der Gottheit [. . .] Die Heiligen spiegeln die Struktur der Gesellschaft [. . .] Jede Familie hat ein religiöses Symbol der gleichen Art, und dies Symbol ist eine Nachbildung der Dorf- und Stammessymbole.«[319]

Adel von ausschließlich militärischer Natur konnte auf dem Schlachtfeld erworben werden. In diesem Fall bedeckten die in schwarzer Farbe tätowierten Wappen den Körper erst nach und nach: beim ersten Grad wurde der rechte Arm geschmückt; in einer zweiten Phase wurde die Brust mit demselben Motiv wie der Arm bemalt; auf der dritten und letzten Stufe wurde, jedenfalls in Venezuela, das Gesicht mit einem Strich von einem Ohr zum anderen gekennzeichnet. »Der Indio, dessen Gesicht [. . .] bis zur Stirn bemalt ist und der sich außerdem in eine Tigerhaut kleiden darf [. . .], wird als ein ebenso tapferer Offizier geachtet [. . .] wie der Cid.«[320] Mit diesen Auszeichnungen verlieh der König Ländereien, Frauen, Arbeiter und Sonderrechte. Die Söhne dieser Helden waren für die militärische Karriere bestimmt. Die Tätowierungen — deren Zustandekommen nach Diego de Landa eine wahre Folter darstellte — waren das Werk »sehr geschickter und von diesem Beruf lebender« Spezialisten.[321]

d) Sklaverei

Die Europäer bezeichneten mit dem Namen ›Sklaven‹ alle Bediensteten. Nichts bestätigt jedoch, daß die Sklaverei als Institution existiert hätte. Las Casas versichert, daß »in ganz Westindien niemals zwischen Freien oder deren Söhnen und Sklaven ein Unterschied der Behandlung bemerkt worden ist, allenfalls ein sehr geringer — ausgenommen Neuspanien und die anderen Provinzen, wo die Sitte bestand, den Göttern Menschenopfer zu bringen: dort opferte man besonders diejenigen, die man im Krieg als Sklaven fing [. . .]«.[322] Diese Gleichheit erklärt möglicherweise das nikaraguanische Gesetz, nach welchem, »[. . .] wenn ein Diener mit der Tochter seines Herrn schläft, die Angehörigen beider Seiten, die sich in dem Hause befinden, die zwei

Hurer lebendig begraben«.[323] Diese Bobadilla gegebene Auskunft scheint für den Diener den Status eines Sohnes zu bestätigen, um so mehr, als sie die Antwort auf eine Frage über den Inzest bildet und als dieser in Nikaragua das einzige Verbrechen ist, das mit dem Tode bestraft wird.

Wie dem auch sei, eine freie Person wurde zum Sklaven entweder durch Gefangennahme auf dem Schlachtfeld oder als Strafe für bestimmte Delikte. Jedoch wird in Nikaragua und Yukatan auch der Ankauf von Sklaven erwähnt. Im größeren Teil des karibischen Gebiets war ein tätowiertes Gesicht das Zeichen der Sklaverei, und Oviedo vermerkt, daß die Tätowierung der Vornehmen niemals über den Mund oder die Ohren hinausging; nur bei den Sklaven bedeckte sie die obere Gesichtshälfte.

e) Das Recht

In Nikaragua und Yukatan wird die Todesstrafe für kein anderes Delikt als den Inzest in Betracht gezogen; selbst für die Tötung eines Menschen lautet die Verurteilung nur auf eine materielle Entschädigung. Diebstahl, den man sonst überall grausam bestrafte, wurde hier mit einiger Milde behandelt: jemand, dem ein Diebstahl nachgewiesen wurde, mußte im Dienst des Geschädigten bleiben; konnte er das Gestohlene nicht ersetzen, so wurde er sein Sklave. Um seine Schandtat offenkundig zu machen, schnitt man ihm in Nikaragua die Haare ab, aber sobald sie wieder nachwuchsen, ließ man ihn in Ruhe. In Yukatan tätowierte man ihm das Gesicht.[324] Ehebruch wurde in diesem Land durch den betroffenen Ehemann selbst gerichtet; er konnte dem Schuldigen verzeihen oder ihn mit Steinwürfen töten. Noch heute wird in Quintana Roo der Ehebruch mit Auspeitschung bestraft.[325] In Nikaragua bestand das dabei eingegangene Risiko höchstens in einer Tracht Prügel.

Anderswo ergibt sich ein sehr verändertes Bild. In Kolumbien »sind sie sehr streng in der Bestrafung von Verbrechen, vor allem bei öffentlichen Verbrechen wie Totschlag, Diebstahl und bei der abscheulichen Sünde wider die Natur [...] Bei weniger ernsthaften Vergehen werden körperliche Strafen [...] auferlegt, wie das Abschneiden der Hände, der Nase, der Ohren, oder Auspeitschung«.[326] In Panama wird nur das niedere Volk von den Rechtsverwaltern zu Gefängnis oder Todesstrafe verurteilt; ein Vornehmer, der für schuldig befunden wird, wird dem Henker erst übergeben, nachdem ihn der Häuptling persönlich seines Ranges entsetzt hat. Diebstahl wird in dieser Gegend als das schlimmste aller Vergehen gegen die Gemeinschaft betrachtet, und jeder hat das Recht, einem auf frischer Tat ertappten Dieb die Hände abzuschneiden, selbst wenn er nur einen Maiskolben gestohlen hat. Auf Hispaniola wird der Dieb gepfählt. Bemerkenswert ist es, daß die Verweigerung des Begräbnisses für eine schlimmere Strafe gehalten wurde als der Tod selbst.[327]

f) Das Eigentum

Wie bei den heutigen Gemeinschaften von Eingeborenen war das Land Gemeinbesitz. Die Verheirateten erhielten ein Stück, das im Falle von Scheidung oder Ableben an die Familie zurückfiel. Für die Küsten Venezuelas verzeichnet Gómara: »Sie umzäunen ihre Gärten und Felder mit einer einfachen Baumwollschnur [. . .], die nicht höher als der Gürtel angebracht ist. Sie betrachten es als ein schweres Vergehen, in diese Einfassung einzudringen, sei es über die Schnur hinweg, sei es unter ihr hindurch, und sie glauben, daß der Eindringling eines baldigen Todes stirbt.«[328]

Petrus Martyr faßt die Regelung der Eigentumsverhältnisse folgendermaßen zusammen: »Es ist so eingerichtet, daß die Indios das Land gemeinsam besitzen, so wie das Sonnenlicht und das Wasser, und daß sie die Begriffe ›dein‹ und ›mein‹, die Keimzellen allen Übels, nicht kennen. Sie begnügen sich mit so wenig, daß es mehr Felder gibt als sie brauchen, und niemandem fehlt es an etwas. Sie leben mitten im goldenen Zeitalter und umgeben ihren Besitz weder mit Gräben noch mit Mauern oder Hecken. Sie wohnen in offenen Gärten, ohne Gesetze, ohne Bücher und ohne Richter, und sie üben Gerechtigkeit durch natürlichen Instinkt. Sie betrachten denjenigen als Bösewicht und Verbrecher, der daran Gefallen findet, andere zu beleidigen.«[329]

g) Der Handel

Oviedo behauptet, daß, »wenn die Indios nicht Krieg führen, sie sich dem Handel widmen«.[330] Für den Warentransport, der die entferntesten Gebiete dieser Länder miteinander verband, waren unaufhörlich Karawanen unterwegs. Außerhalb von Nikaragua und Yukatan, wo die Kakaobohnen als Geld dienten, war die übliche Form des Verkehrs der Tauschhandel.

Überall erweckten die Märkte die Bewunderung der Spanier, sowohl durch den unglaublichen Reichtum ihrer Produkte als auch durch die riesigen Menschenmengen, die sich in vollkommener Harmonie auf ihnen bewegten. In Nikaragua wurden die Marktverwalter vom Rat der Alten für vier Mondmonate gewählt. Ihre Aufgabe war es, über die Ordnung zu wachen, »Brutalität und falsche Gewichte zu verbieten, zu verhindern, daß weniger gegeben wurde, als erlaubt war, diejenigen ohne

Mitleid zu strafen, die Regeln und Sitten verletzten, und Fremde freundlich zu empfangen, damit sie wiederkämen [. . .]«.[331] In Venezuela verwendete man, um die Waren zu wiegen, »sehr feine Balkenwaagen aus weißen Knochen, die wie Elfenbein aussehen, oder aus schwarzem, ebenholzartigem Holz«,[332] und Cieza de León verzeichnet für Panama den Gebrauch »kleiner Balkenwaagen [. . .], mit denen das Gold gewogen wird«.[333]

In Nikaragua gehört der Markt zum Aufgabenbereich der Frau; Männer sind dort nur zugelassen, sofern sie Fremde sind. Die einheimischen Männer können nicht einmal aus Neugierde davor stehenbleiben, ohne einen Skandal zu verursachen und Beschimpfungen oder sogar Schläge zu erhalten.

h) Die Überlieferung

In der karibischen Zone war die gesamte Überlieferung mündlich; sie vollzog sich durch Erzählungen, in denen von berühmten Personen, von Mythen oder von ruhmreichen Taten berichtet wurde. Im Chor gesungen, begleiteten diese rhythmisierten Erzählungen Hochzeiten, Begräbnisse oder Ernten und bildeten den zentralen Teil der berühmten *areitos*: »Diese Weise des Gesangs [. . .] ist eine Art Geschichte vergangener Ereignisse, von Krieg und Frieden [. . .] und von all dem, was sie den jungen und alten Menschen mitteilen wollen, damit sie es auswendig lernen und in ihrer Erinnerung aufbewahren, denn durch die Wiederholung verhindern diese Gesänge das Vergessen [. . .] und ersetzen Bücher [. . .].«[334]

Diese Feste, von rituellen Trinkgelagen begleitet, dauerten mehrere Tage und besiegelten auch Verträge und Regierungsentscheidungen, von denen das Volk auf diese Weise Kenntnis bekam und die es sich in den Gesängen zu eigen machte. Die *areitos* bildeten so einen tiefverwurzelten Ausdruck der Gemeinschaft, stellten eine Tätigkeit dar, welche die Mitglieder eines Gemeinwesens untereinander aufs stärkste verknüpfte, und zwar mit einem Band, dessen sakraler Charakter offenkundig ist. Es ist bedeutsam hierfür, daß die hohen Würdenträger, die *ah holpopob* (›diejenigen, die sich an der Spitze der Matte befinden‹), deren ausschlaggebende Rolle wir gesehen haben, als Leiter jenes Hauses fungierten, wo sich die Männer versammelten, um öffentliche Angelegenheiten zu beraten und die Tänze für die Volksfeste zu erlernen; denn der *ah holpop* »war der Vorsänger und hatte in jeder Stadt die Verantwortung für die Tänze und Musikinstrumente«.[335] Der *Nohoch Tata* selbst, ein großer religiöser Würdenträger, der über die Angehörigen seiner Gemeinde mehr Autorität besitzt als jedes Glied der katholischen Hierarchie von Yukatan, ist zugleich der oberste unter den Singmeistern.[336] Diego de Landas Aussage, daß eine starke

Freundschaft die Teilnehmer an diesen Festen untereinander verband,[337] wird durch eine Episode aus der Eroberung Hispaniolas illustriert, wie es besser nicht möglich wäre: es handelt sich um die Haltung des Königs Mayobonex, der sich und sein Königreich opfert, um seinen Freund Guarionex, welcher ihn um Asyl gebeten hatte, zu retten. Als die Repressalien unerträglich wurden und das Volk den König darum bat, den Flüchtling den Angreifern auszuliefern, weigerte sich Mayobonex, indem er unter anderem daran erinnerte, daß er und seine Frau, die Königin, von diesem Herrscher in die *areitos* seiner Herrschaft eingeweiht worden seien. Mayobonex starb auf der Folter, nachdem er der Vergewaltigung seiner Frau hatte beiwohnen und außerdem hatte zusehen müssen, wie die übrigen Glieder seiner Familie von Hunden zerrissen wurden; der König Guarionex überlebte ihn um einige Wochen, im Gebirge versteckt.

Musik und einige Spiele begleiten manchmal die *areitos*. Dabei spielt die Trommel, wenn sie auch nicht als einziges Instrument verwendet wird, die Hauptrolle. Sie hat im großen und ganzen überall die Form, die sie in Hispanolia besitzt: »Aus einem runden, hohlen, konkaven und mannsgroßen Stück Holz hergestellt [...], hat sie einen Ton wie die dumpfen Trommeln der Neger; aber sie beziehen sie nicht mit Leder, sie bohren nur Löcher und Schlitze, die bis ins Innere gehen, was ihren Klang so unerfreulich macht. Und so, mit diesem schlechten Instrument oder ohne es, erzählen sie [...] singend ihre vergangene Geschichte, und durch diese Gesänge rufen sie ins Gedächtnis, wie die Herrscher von einst starben, wie viele und von welcher Art sie waren und andere Dinge, die sie nicht vergessen wollen.«[338]

Von Panama berichtet Oviedo, daß es dort Trommeln gibt, die mit der Haut von Hirschen oder anderen Tieren überzogen sind; obgleich die größten, deren Transport fünf oder sechs Männer erfordert, weiterhin in Gebrauch bleiben, gibt es auch kleine Trommeln, die man an den Wänden des Hauses aufhängt.[339] In Venezuela bemerkt er bei einem Fest, das nicht zum *areito* gehörte, Flötenspieler: »[...] um die Spanier zu erfreuen, spielten fünf oder sechs indianische Musiker jeder auf einem fünf Spannen langen Rohr [...], das wie eine Flöte aussah; harmonisch zusammenstimmend, brachten sie verschiedene Töne hervor [...], und zu dieser Musik tanzten sie während der ganzen Nacht auf unterschiedliche Weise, sowohl die Männer als auch die Frauen [...], wobei sie Glöckchen an den Füßen befestigt hatten.«[340]

Zwei Arten von Trommeln werden auch für Yukatan erwähnt: eine kleine, die mit einer Hand geschlagen wird, und eine große, hergestellt aus einem hohlen Baum, bei der der Klang mit einem sehr langen, am Ende mit Harz überzogenem Stab erzeugt wird und die einen sehr düsteren und traurigen Ton von sich gibt. Außerdem ist noch von langen, dünnen Trompeten aus hohlem Holz die Rede, die in einer gebogenen Kürbisflasche enden; ferner von dem Panzer einer Schildkröte, den man mit der Handfläche schlägt und der einen trübseligen Ton hervorbringt. Pfeifen aus Hirschknochen, Hohlmuscheln und Weidenflöten[341] vervollständigen die Instrumentenliste.

Bücher tauchen zum erstenmal in Nikaragua auf. Ihre Beschreibung könnte sich fast auf die mexikanischen Codices beziehen: »Sie besaßen Bücher aus Pergament, das sie aus Hirschleder herstellten. Die Bücher waren etwa eine Hand breit und 10 bis 12 Schritt lang; mit Hilfe von Falten konnten sie verkleinert, verdoppelt und zusammengelegt werden [...] Darauf malten sie ihre Schriftzeichen oder Bilder [...], so daß, obwohl es keine Schrift war, die man hätte lesen können, sie damit verständlich ausdrückten, was sie wollten.«[342] Diego de Landa unterläßt es merkwürdigerweise, die Bücher zu beschreiben, in denen, wie er sagt, mit richtigen Buchstaben Lehren niedergelegt waren, die er im übrigen mit einer Genauigkeit berichtet, die für alle späteren Entzifferungen die Grundlage bilden sollte. Die Tatsache, daß er als Bischof von Yukatan einer der größten Zerstörer dieser Handschriften war, erklärt wahrscheinlich sein Schweigen über ihr Aussehen. Dagegen verweilt Petrus Martyr des längeren bei der überraschenden Existenz von Büchern in Yukatan: »Sie sind aus einer pflanzlichen, mit Kalk überstrichenen Haut hergestellt; ihre Seiten sind untereinander mit einem beständigen und biegsamen Klebstoff verbunden, so daß sie sich in ein langes Band auseinanderfalten lassen, das auf beiden Seiten beschrieben ist [...] Geschlossen sind sie wie die unsrigen, mit kunstvollen Holzeinbänden. Sie enthalten die Ordnung der Zeremonien, die Gesetze, die astronomische Zeitrechnung und die Zeiten der Saat.«[343]

i) Der Krieg

Nirgends im Gebiet der Antillen scheint es ein Berufsheer gegeben zu haben. So behauptet es Las Casas,[344] und Oviedo bestätigt dies, wenn er sagt, daß, wenn kein Krieg war, sich alles Volk dem Handel widmete. In Yukatan waren in jeder Stadt Männer zur Verfügung, die im Bedarfsfall die Waffen ergriffen; nur zwei Anführer repräsentierten eine Art dauernder militärischer Verwaltung: einer dieser Posten war erblich, der andere wurde für die Dauer von drei Jahren jemandem zuerteilt. Während dieses Zeitraums war der erwählte Kriegsmann zur Keuschheit und zum Fasten verpflichtet.[345]

Ein Brauch in Venezuela führt dazu, daß der Krieg vorübergehend die ganze Gruppe beschäftigt: »Wer einen Krieg erklären will und seine Nachbarn darum bittet, sich mit ihm zu verbünden, sendet einen Indio, der ihm treu ist, mit einem Pfeil seines eigenen Bogens zu den anderen Häuptlingen und Herrschern; derjenige, der den Pfeil behält und ihm einen anderen zurückschickt, gibt damit zu erkennen, daß er ihm helfen wird; wenn er sich weigert, den Pfeil anzunehmen, wird er es nicht tun. Wenn er es wünscht, kann der Indio neutral bleiben, oder aber er sagt dem Botschafter, daß der Feind seines Herrn ihm schon vor ihm seinen Pfeil gesandt und er sich bereits verpflichtet hat, ihm zu helfen. Auf diese Weise erkennt man schnell die Stärke der Verteidigungskräfte, über die der eine wie der andere verfügt.«[346]

Pfeil und Bogen waren im ganzen karibischen Gebiet in Gebrauch. Wir haben gesehen, daß die Küsten bis nach Panama mit einem Gift verteidigt wurden, »dem man nur durch ein Wunder entgeht, wenn man getroffen wird, denn eher werden sie rasend und sterben, verschlingen sich selbst und beißen in die Erde«.[347] Hier ist das Rezept der Mixtur, die ihre Besitzer für mehr als zwanzig Jahre vor der endgültigen Sklaverei bewahrte: »Aus kleinen, duftenden Äpfeln, gewissen großen Ameisen, [...] Vipern, Skorpionen und anderen giftigen Tieren bereiten sie eine schwarze Mischung, wie sehr schwarzes Pech.«[348] Später sollte der Chronist in der Lage sein, noch weitere Bestandteile zu nennen: »[...] Spinnen, eine Mischung von Säften aus Pflanzen und Wurzeln, eine gewisse Art Wespen [...] sowie eine violette Haut, die auf dem Meerwasser schwimmt«.[349] Petrus Martyr fügt hinzu, daß dieses Gift von alten Frauen zubereitet wurde, die das Geheimnis kannten und die während der zwei Tage, welche es dauerte, das Gift zu kochen, an den Dämpfen starben.[350] In Provinzen, die wie Panama und Nikaragua diese Zubereitung nicht kannten, wurden die Pfeile mit einer Spitze aus Stein oder Fischknochen versehen.

Die Lanze und die *macana* – eine flache Keule, die mit einer doppelten Schneide ausgestattet war wie ein Schwert – bildeten neben Pfeil und Bogen bis nach Nikaragua die gebräuchlichsten Waffen. In diesem Land waren die beiden Schwertschneiden mit Steinzähnen bestückt, »die wie Rasiermesser schneiden«.[351] Die Steinschleuder wird nur für die Küsten Venezuelas und Kolumbiens angeführt, während die Speerschleuder, die im ganzen Umkreis der Antillen vorkommt,[352] auch in Panama und Kolumbien bekannt ist.[353] Diese in Mexiko sehr gebräuchliche Waffe, die der Soldat Cieza de León für schlecht erklärt,[354] scheint es in Nikaragua nicht gegeben zu haben, so daß es den Anschein haben könnte, als sei das Land in diesem Punkt dem Einfluß von Norden und Süden verschlossen gewesen. Indessen erwähnt sie Diego de Landa auch nicht für Yukatan, wo sie archäologisch nachgewiesen werden konnte. Stellt man zusätzlich zu dieser Liste noch in Rechnung, wie schwach die Verteidigungswaffen waren, so kann man mit Las Casas nur zu der Überzeugung kommen, daß die militärische Ausrüstung vor allem dazu bestimmt war, »Krieg gegen Fische zu führen«.[355] Namentlich sind die Schilde aus Baumrinde, aus Bambus sowie aus Leder und Haaren hergestellt und bieten keinerlei Widerstand gegen Eisen, ebensowenig wie die baumwollenen Panzer, die, mitunter — wie in Yukatan — mit grobem Salz ausgepolstert,[356] erst von Nikaragua an auftauchen. Und doch kann Petrus Martyr erstaunt ausrufen: »O Wunder! Diese nackten und unbewaffneten Leute jagten die Unsrigen, die wohlbekleidet und bewaffnet waren, in die Flucht, schlugen sie manchmal vernichtend, ohne einen einzigen übrig zu lassen, und durchlöcherten sie mit Wunden.«[357]

Der Krieg mit seinen Riten und seiner Pracht ist eine der bedeutendsten Zeremonien. Um eine Kriegserklärung zu rechtfertigen, richtet man einen ganzen Mondumlauf lang Gesänge an die Sonne, um ihr die Beweggründe vorzutragen. Von der Expedition zurückgekehrt, nimmt man die Gesänge wieder auf, um entweder dem Gestirn für den errungenen Sieg zu danken oder um es (mit Singen, Weinen und Beichten) für die Tollkühnheit um Verzeihung zu bitten.[358]

Der Armee gehen stets Musikanten voraus, die auf Muscheln und Trommeln spielen. Die Anführer tragen, um sich auf dem Schlachtfeld kenntlich zu machen, prächtige Federbüsche und eindrucksvolle Schmuckstücke aus Gold, denn »nirgends wollen sie so sehr als Männer von Rang erscheinen und so gut gekleidet sein wie im Krieg«.[359] Als Zeichen der Tapferkeit bemalen sie den ganzen Körper mit roter Farbe.

In Kolumbien trugen die Vornehmen goldene Harnische, welche die Christen ihre Müdigkeit vergessen ließen; sie verdoppelten ihre Kräfte, um jene zu entwaffnen. Der Paradecharakter des Krieges zeigt sich besonders deutlich darin, daß die vornehmen Damen ihre Männer begleiteten, ebenfalls mit Gold und großen Federbüschen geschmückt und in Hängematten ausgestreckt, die von mehreren Männern getragen wurden. Gómara erzählt von Frauen aus Cartagena, die sich mit Spindel und Rocken in den Krieg begeben,[369] und Oviedo spricht von Frauen, »die sich nicht verheiraten wollen und Pfeil und Bogen wie die Indios tragen und mit ihnen zusammen in den Krieg ziehen; sie üben Keuschheit; einen Mann, der von ihnen ihren Körper oder ihre Jungfräulichkeit fordert, dürfen sie straflos töten«.[361] Die Männer bitten niemals um Frieden, auch dann nicht, wenn sie an einer Gesandtschaft beteiligt sind, sondern es sind die Frauen, welche Vorschläge unterbreiten, verhandeln und nötigenfalls die Kapitulation anbieten. So wurde auch gegenüber den Spaniern verfahren. Unter anderem geben sie an, »daß es besser ist, wenn sie [die Frauen] lügen«.[362] Die Gebeine heroischer Vorfahren werden mit ins Feld genommen, weil ihr Vorbild anspornend wirken soll. Oviedo berichtet von einer unwandelbaren Gewohnheit: ein Gefangener wird niemals etwas anderes aussagen, als was man ihm befohlen hat, selbst wenn man ihn zu Tode foltert oder ihn zu bestechen versucht.[363]

j) Bestattungsriten

Auf den Inseln wurden die Körper bestattet; ihren Geistern wurde eine im allgemeinen unheilbringende Realität zugeschrieben, wie es noch heute bei den meisten Eingeborenengruppen der Fall ist. Las Casas erklärt den Brauch, daß Leichen und manchmal sogar Sterbende in den Bergen ausgesetzt werden, aus der großen Angst, welche die Geister einflößten: »Wenn ihnen bei Nacht ein Geist erschien, sei es in Wirklichkeit oder in ihrer Vorstellung, sagten sie, daß es die *hupía* sei; das will sagen: die Seele eines der Ihren, die zurückkehrte.«[364]

Mit der Anschauung vom Weiterleben des Körpers scheint die Opferung der schönsten Frauen der Vornehmen verbunden zu sein, die mit der Leiche ihres Gemahls lebendig begraben wurden.[365] Die Rechtfertigung, die in Panama für diesen Brauch gegeben wurde, setzt eine gewisse Anschauung vom Geistigen voraus: die Opfer, zu denen hier auch Diener und Landarbeiter zählen, bringen sich selbst dar, um in den Besitz einer Seele zu gelangen, ohne die sie ins Nichts versinken und wie die Tiere ausgelöscht sein würden. In diesem Glauben scheint die Vorstellung von einer Seele durch, die vom Menschen selbst geschaffen wird und einen unzerstörbaren Kern bildet, der im allgemeinen seinen Sitz im Herzen hat. Nur wenigen Auserwählten gelingt diese Erschaffung; die übrigen fallen entweder dem Nichts anheim oder werden zu Geistern. In dieser Diskriminierung zeigt sich die Existenz deutlich voneinander geschiedener sozialer Kategorien, denen eine große Vielfalt der Bestattungspraktiken und -riten entsprach.

Einer dieser Riten scheint allen gemeinsam zu sein: eine Periode von 15 bis 20 Tagen, während derer in Gesängen die Taten und Handlungen des edlen Verstorbenen beschworen werden, damit seine Söhne und Vasallen sie für immer in ihr Gedächtnis aufnehmen. In Hispaniola erhielten die Vornehmen, die dem Toten die letzte Ehre erwiesen, sein bewegliches Gut als Erbe.

Wenn die Frauen ihrem verstorbenen Mann in den Tod nachfolgen, wird dieser in einem Graben im Innenhof oder im Garten bestattet. Über dem Graben wird ein Dach errichtet, so daß ein Mausoleum entsteht. Die Leiche befindet sich in diesem Fall sitzend in der Mitte des Grabes. In Hispaniola wird sie mit einer Baumwollbinde umwickelt und auf einen *duho* gesetzt; in

Castilla del Oro thront sie auf einem kostbar bestickten Tuch, umgeben von unzähligen Goldgegenständen. Die Frauen, die dem Toten ins Grab folgen, verbringen vorher lange Zeit mit den anderen, angetan mit ihren schönsten Schmuckstücken, tanzen und singen das Lob des Verstorbenen

In Panama begingen, nach Oviedo, Dutzende von Dienern beim Tod ihres Herrn Selbstmord, indem sie ein Gift schluckten, das sie mit einem Perlmuttlöffel oder einer Kürbisflasche aus einem großen Topf schöpften; sie wurden getrennt bestattet.[366] Als einziges kontinentales Land hat Panama die Opferungen mit den Inseln gemeinsam; außerdem kennt man dort die Austrocknung des Körpers, ein Verfahren, das in Venezuela das am weitesten verbreitete ist — mit dem Unterschied, daß der Körper in Panama nicht zu Pulver zerkleinert wird: vielmehr wird er langsam am Feuer getrocknet und dann entweder in das Familiengrab oder, eingehüllt in fünf oder sechs Decken, in die Hängematte seines eigenen Zimmers gelegt. In Venezuela wird der ausgetrocknete Körper ebenfalls in einer Hängematte aufbewahrt, aber wenn nach vielen Jahren die Hängematte zerfällt, lädt der Sohn Verwandte und Freunde ein, die Knochen seines berühmten Vaters zu trinken. Die vielen Seiten, welche Oviedo der Beschreibung dieser Leichenfeiern widmet, »die sie für die größten aller Ehren und Feierlichkeiten halten«, faßt Gómara lakonisch zusammen: »Sie beweinen während der ganzen Nacht den Tod ihres Herrn; ihre Klagen bestehen darin, seine Heldentaten zu besingen; danach rösten sie ihn, mahlen ihn zu Staub und trinken ihn in Wein.«[367] Wenn der Verstorbene nicht dieser sozialen Kategorie angehört, wird er in einem Grab beerdigt, und »nach einer gewissen Zeit« findet ein neues Begräbnis statt.

Die Logik der Ausbreitung der Riten ist nicht einfach zu begreifen. Auf den ersten Blick scheinen die extremen Pole der geographischen Lage bestimmten Verschiedenheiten in den Glaubensvorstellungen zu entsprechen: einerseits die Inseln mit ihrem Glauben an Geister und ihrem Totenkult, andererseits Nikaragua, wo die Vornehmen eingeäschert und lediglich auf ihren Grabmälern Terrakottabildnisse des Toten zerbrochen werden, »um seine Erinnerung 20 oder 30 Tage aufrechtzuerhalten, denn danach verschwindet alles [...]«.[368] Dann aber zerschneidet ein dazwischenliegendes Gebiet wie Panama das, was sonst als eine Entwicklungslinie angesehen werden könnte. In Yukatan wurden die vornehmen Herren eingeäschert, die übrigen Glieder der Gemeinschaft wurden in ihrem Hause begraben, das daraufhin verlassen wurde.[369] In Kolumbien legte man den Toten mit meist sehr prächtigen Gaben in einen Sarg, dann begrub man den Sarg im Hause oder in außerhalb gelegenen Gräbern.[370] Der Sarg eines Königs war aus Gold und wurde in einem See versenkt. Außerdem gab es den Brauch, die Körper von Fürsten in besonderen Heiligtümern aufzubewahren, wo sie auf Hängematten oder Betten ausgestreckt lagen. Nachdem der Körper sich aufgelöst hatte, wurden die Überreste rot bemalt und in einem Topf verschlossen, der dann mit vielem Gold vergraben wurde. In einigen Fällen nahm man die Eingeweide heraus, füllte die Bauchhöhle mit Gold und Edelsteinen und wickelte den Körper in mehrere Leichentücher aus schönen Stoffen. Oviedo berichtet, daß »es eine unendliche Zahl von Toten in den zu diesem Brauch bestimmten Tempeln gibt. Ihre auf diese Art ausgestopften Bäuche sind von den Händen unserer Soldaten mit Sorgfalt gereinigt worden, und auf diese Weise wurde eine große Menge Gold und Edelsteine gesammelt [. . .]«[371]

VI. SCHLUSSFOLGERUNGEN

So offenbart der schmale Ring der Länder des Antillengebietes einerseits die außergewöhnliche Gleichartigkeit der amerikanischen Kultur, andererseits den Sachverhalt, daß die dort zu beobachtenden Abweichungen bald mit Mexiko, bald mit Peru im Zusammenhang stehen, wobei manchmal Eigenheiten nebeneinander zu finden sind, welche diese beiden Extreme polarisieren.
Wenn man die von der natürlichen Umgebung bestimmten Elemente beiseite läßt, sieht man, daß die Verhältnisse auf dem Isthmus und den Inseln den auf dem gesamten Festland vorhandenen Mustern entsprechen und daß sie auf gemeinsamen moralischen und rituellen Fundamenten beruhen. Daneben zeigen sie allerdings Verschiedenheiten und Schichtungen, deren Grund in dem doppelten kulturellen Druck liegt, dem das Verbindungsglied von Norden und von Süden ausgesetzt war. Leider können wir hier nur einen kurzen Blick auf die hervorstechendsten Punkte dieser gegenseitigen Durchdringung werfen.

a) Die Verschiedenheiten

Matriarchat und Inzest
Die deutlichste Scheidung zwischen Norden und Süden ist der Unterschied im System der Verwandtschaftsbeziehungen. Während schon in Yukatan der Status der Frau es ihr nicht nur unmöglich macht, Regentin zu werden, sondern sie auch rechtlich nicht in der Lage ist, nach dem Tod ihres Mannes ihre eigenen Kinder aufzuziehen, und während im Reich der Azteken das Patriarchat vorherrscht, dominiert in der südlichen Hemisphäre

wie auf den Antillen ein mutterrechtliches System. Die Angaben zu diesem Problem sind äußerst verstreut und selten, aber da sie sämtlich übereinstimmen, scheint ihre Aussagekraft weitgehend gesichert, um so mehr, als sie sich den Chronisten, die ihre wirkliche Tragweite nicht kannten, nur durch Evidenz aufgedrängt haben können.

Der Soldat Pedro de Cieza de León trägt zu diesem Gegenstand die besten Informationen bei, so daß selbst der Inka Garcilaso de la Vega dauernd auf ihn zurückgreift. Cieza landet, aus Spanien kommend, in Panama und gelangt in langsamen Etappen bis nach Cuzco, wo er an den Bürgerkriegen teilnimmt, die schließlich die Brüder Pizarro von der Macht verdrängen sollten. Aus seinen Erzählungen geht hervor, daß das Mutterrecht auch an den Küsten des Pazifik vorherrscht, denn für die Perleninseln, gegenüber von Panama, trifft der Chronist zweimal die Feststellung, daß die Erbnachfolge in den Fürstentümern sich nach der Abstammung in weiblicher Linie richtet.[372] In Ekuador ist »der Sohn der Schwester der Erbe«, und die Neffen, von denen Gómara in Peru spricht, können, wie wir sehen werden, nur die Kinder der Schwester sein.[373]

Von Kolumbien an nimmt das Übergewicht der mütterlichen Abstammung eine unerwartete Wendung: immer wieder schreibt Cieza, wie über das Tal von Calli: »Sie heiraten ihre Nichten und [...] ihre Schwestern«.[374] Auf der Insel Puna (Ekuador) »schlafen sie mit ihren leiblichen Schwestern«,[375] und in der Gegend von Cuzco »heiraten sie ihre Nichten oder ihre Schwestern«.[376] Gómara bestätigt, daß sie tatsächlich ihre Schwestern heiraten, »[...] aber die Betreffenden sind Soldaten«.[377]

Wenn man bedenkt, welches Tabu in der karibischen Zone auf inzestuösen Beziehungen lag — ein Tabu, das die mexikanische Gesellschaft streng beachtete —, so gelangt man zu der Überzeugung, daß diese Abweichung von dem starrsten Gesetz indianischen Verhaltens mit einer Lebensnotwendigkeit zusammengehangen haben muß. Es ist vielleicht bedeutsam, daß der Inzest, der von dem ersten Inka eingeführt wurde, ausdrücklich als das Zentrum der hohen Weisheit des mythischen Manco Capac bezeichnet worden ist.[378] Jahrhunderte später forderte ein anderer Inkaherrscher ein Land auf, seinem Reich anzugehören, ohne eine andere Bedingung zu stellen als die, »daß sie ihre Söhne mit ihren Töchtern verheiraten sollten«. Garcilaso bestätigt, daß »sie sich in einer Familie untereinander heiraten, damit sich ihre Familien nicht vermischen«.[379] Da der König seinen Erben unter den Söhnen seiner Schwester wählen mußte, ohne Rücksicht auf die Zahl seiner Frauen und das Erstgeburtsrecht, wäre die Annahme möglich, daß der Inzest die in Königshäusern notwendige Form der mutterrechtlichen Struktur war:

von zwei in gleicher Weise heiligen Gesetzen hätten die Inka eines verworfen, genauso wie die Mexikaner, die den Inzest zurückwiesen und das Patriarchat einführten — als ob eine Verbindung beider es nicht zugelassen hätte, eine ausgedehnte gesellschaftliche Struktur zu festigen. Die Regelung dieser Geschwisterehen enthält eine Bedingung, welche die Überlegenheit der mütterlichen Abstammung erweist und unsere Hypothese zu stützen scheint. Cieza de León führt aus, daß, obgleich der zukünftige König sich nur mit der legitimen Tochter seiner eigenen Eltern verheiraten konnte, dem Paar doch eine gewisse Unabhängigkeit eingeräumt war: für den Fall, daß die Schwester einen Sohn von einem anderen Mann hatte, war festgesetzt, daß dieser Sohn den Thron erbte, ohne Rücksicht auf sämtliche Söhne, die der Herrscher etwa anderweitig hatte.[380]

Jungfräulichkeit

Wir haben gesehen, daß in den Gebieten, in welchen die Frau den Vorrang hatte, der gesellschaftliche Wert der Jungfräulichkeit gleich Null war. Die Tatsache, daß in Mexiko, wo die Gesellschaft patriarchalisch ausgerichtet war, das Ideal eines jungen Mädchens ebensogut aus einem europäischen Kloster hätte stammen können, macht es wahrscheinlich, daß dieser Wert mit dem System der Verwandtschaftsbeziehungen zusammenhängt. Eine solche These ist um so plausibler, als in der südlichen Hemisphäre, wo das Mutterrecht weiterbestand, die Jungfräulichkeit nicht höher bewertet wurde als auf den Antillen. In Mexiko hingegen bildeten Scham und Keuschheit die obersten Qualitäten der vollkommenen Braut, ungeachtet der Existenz freier Ehen und der offiziellen Anerkennung der Scheidung.[381] So könnte sich, auch wenn der Kontext unbekannt wäre, die Bemerkung Petrus Martyrs, daß in einem bestimmten Gebiet niemand vor der Hochzeit die körperliche Liebe kennt,[382] nur auf dieses Land beziehen.

Was dagegen Cieza de León aus dem Gebiet von den Perleninseln bis Cuzco zu diesem Thema berichtet, zeigt genau das umgekehrte Bild. Auf den Perleninseln heiratet man, nachdem man seine Jungfräulichkeit verloren hat,[383] und sehr wenige Ehemänner finden ihre Frau als Jungfrau vor. In der Provinz von Cuzco »ist ihre Braut sehr selten noch jungfräulich«. Noch bezeichnender ist die Tatsache, daß man in der Gegend von Huancavilca »diejenige, die heiraten will, entjungfert, um ihr höhere Ehre zu erweisen«. Und in Ekuador ist es die Mutter selbst, die mangels Spezialisten das junge Mädchen für die Hochzeitsnacht vorbereitet, indem sie sie mit ihren eigenen Händen defloriert.[384]

Das Schicksal des Leibes

Man stellt mit Erstaunen fest, daß die Frau dort, wo sie über die meisten Rechte verfügt, zusammen mit der Leiche ihres Mannes lebendig begraben wird; die karibische Sitte, einem Toten seine schönsten Gattinnen mit ins Grab zu geben, ist bis nach Peru verbreitet.

Der Leichnam wurde so behandelt, wie es der Glaube an die Wiedererstehung des Körpers forderte: in mehrere reich bestickte Tücher eingehüllt, wurde der Verstorbene, so auf Hispaniola, auf einen *duho* gesetzt und mit seinen kostbarsten irdischen Gütern und allem, was ihm nützlich sein konnte, begraben. Das umfaßte alles von seinen Dienern bis zu Essen und Trinken: ein Bambusstab, der neben dem Toten aufgestellt wurde und dessen anderes Ende ins Freie führte, gestattete es, ihn auch später noch mit Maisbier zu versorgen. Aufgrund dieses Glaubens an die Auferstehung der Leibes flehten die Eingeborenen die Spanier an, bei der Plünderung der Gräber die Gebeine nicht zu verrücken.[385]

In Mexiko dagegen, wo der Leib nicht als Selbstwert, sondern als Instrument der Befreiung betrachtet wurde, wurde er im allgemeinen eingeäschert, und nur ein kleiner Hund hatte die Aufgabe, ihn an die Stätte zu begleiten, »wo der Tod sich vollendet«. Wir haben gesehen, daß in Nikaragua die Leichen ebenfalls verbrannt wurden. Dieses Land erweist sich so als ein Ort, wo Sitten und Riten, die anderswo unvereinbar sind, zusammenfließen und in ihrer ganzen ursprünglichen Wirksamkeit nebeneinander bestehen; so nimmt Nikaragua die mexikanische Religion an, behält aber zugleich die grundsätzlichen Normen der Gesellschaftsstruktur der Antillen bei: Inzestverbot und Vorherrschen des Mutterrechts.

Der Handel

Über die Märkte der Inka weiß man nicht viel; aber man hat guten Grund anzunehmen, daß den Männern der Zugang dazu nicht verwehrt war wie in Nikaragua: Cieza de León beschreibt die Reichtümer der Märkte von Cuzco und Potosí, und er hätte es sicherlich nicht versäumt, auf eine derart auffallende Eigenheit hinzuweisen. In der kurzen Beschreibung des Marktes von Jauja durch Miguel de Estete[386] wird diese Frage ebenfalls nicht berührt, und da wir auch über die Märkte der Antillen nichts wissen, bleibt das Phänomen von Nikaragua vereinzelt.

Indessen gibt es noch heute einige Überreste früherer Verhältnisse, die zu einer Aufklärung beitragen könnten: so ist es beispielsweise auf dem Isthmus von Tehuantepec teils formell, teils unausgesprochen den Männern verboten, den Markt zu betreten. Der mexikanische Künstler Miguel Covarrubias hebt wiederholt diese Besonderheit in der Stadt Tehuantepec hervor:

»Es ist außergewöhnlich, einen Mann aus der Gegend auf dem Markt zu sehen, falls er nicht Zigaretten kaufen oder eine Schale Schokolade trinken will.« Er schließt daraus: »Offenbar verkaufen nur die Frauen auf den Märkten; die wenigen, sanftmütigen Männer, die man dort sieht, kommen aus anderen Gegenden [...] Wenn ein *tehuano* es wagte, auf dem Markt einen Stand einzurichten, würden ihn die scharfen Zungen der Frauen bald vertreiben«, denn »[...] die *tehuanas* nehmen kein Blatt vor den Mund, und für einen schüchternen Mann ist es eine Feuertaufe schlimmster Ordnung, sich auf den Markt zu wagen, wenn er aus irgendeinem Grund den Witz oder die Abneigung der Marktweiber auf sich zieht.«[387]

Etwa zwanzig Kilometer weiter, in einem Dorf zwischen Sand und Lagunen mit Namen San Mateo del Mar, betreten die Männer den Markt überhaupt nicht und warten geduldig außerhalb des Bretterzauns, der ihn einschließt, bis eine Frau die Güte hat, ihnen zu bringen, was sie verlangen.

Diese weiterhin lebendigen Traditionen, zu denen noch das System der Verwandtschaft hinzukommt, offenbaren, daß die Küsten des Pazifik dem kulturellen Vorbild der Inseln und der karibischen Länder folgten. Diese Hypothese erscheint um so gesicherter, als auch die übrigen Merkmale des mexikanischen Isthmus mit demselben Vorbild offensichtlich übereinstimmen: die Überlegenheit der Frau auf kommerziellem Gebiet erstreckt sich auch auf alle anderen Bereiche. Mit Humor berichtet Covarrubias von der Unabhängigkeit, welche die Frau in Tehuantepec genießt; und die Antwort eines jungen Mädchens, dem er die Gefahren andeutet, denen sie nachts auf einer einsamen Straße ausgesetzt sein könnte, ist der Haltung der karibischen Jungfrauen, die Oviedo so sehr bewunderte, durchaus ebenbürtig: er möge sich nicht beunruhigen, denn »›es gebe genug Steine auf dem Weg, um mit jedem, der ihr zu nahe träte, fertig zu werden‹. Die Freimütigkeit der zapotekischen Frauen, ihr recht unumwundener Gebrauch von Kraftausdrücken und ihre soziale und wirtschaftliche Unabhängigkeit machen sie den Männern ebenbürtig und verleihen ihnen ein Selbstvertrauen, das in Mexiko einmalig ist [...] Mit der Legalität der Ehe nimmt man es nicht allzu genau, und freie Verbindungen sind nicht ungewöhnlich. [...] Kinder aus solchen Verbindungen [...] werden offiziell unter dem Namen der Mutter registriert.«[388] Vielleicht hat auch die Tatsache, daß die *tehuanas* als die schönsten Mädchen Mexikos gelten, etwas mit ihrer Stellung zu tun. »Der augenfälligste Vorzug von Tehuantepec sind seine Frauen. Ihre Kleidung, ihre Schönheit, ihre tropischen Reize sind den Mexikanern zur Legende geworden [...]«[389] Wenn für Oviedo, wie man sich erinnern wird, die schönsten Frauen Westindiens die nikaraguanischen waren, so muß es, ganz wie bei den *tehuanas*, vor allem ihre souveräne, stattliche Erscheinung gewesen sein, die sie den übrigen überlegen machte.

Die Männer, die unter diesen hervorragenden Matriarchaten leben, schämen sich nicht, Aufgaben zu übernehmen, die anderswo als des starken Geschlechts unwürdig gelten. Cieza de León erzählt, daß in Ekuador und in der Umgebung von Cuzco »die Frauen aufs Feld gehen, während die Männer spinnen, weben und [. . .] Kleider schneidern [. . .]«[390] Diese Sitte hat sich heutzutage in den Städten weitgehend verloren, besteht aber noch in ländlichen Gegenden: während die Frau der unvergeßlichen Familie, die mich in San Mateo del Mar beherbergte, auf dem Markt war, wusch der Mann die für mich bestimmte Hängematte, versorgte das Feuer und nähte eifrig *huipiles* (Hemden) auf der Maschine.[391]

Da derartige Überreste der Kultureinheit, deren Zentrum das Mutterrecht bildete, sich nur in den Ländern entlang dem Pazifik finden, kann man vermuten, daß sie ihren Ursprung im Gebiet des heutigen Peru genommen hat. Die Macht des verwandtschaftlichen Systems, das die Inka berücksichtigen mußten, um ihre Herrschaft aufzurichten, wird nur verständlich, wenn man annimmt, daß dieses System auch in den vorhergehenden Kulturen dominierend war.

Es gibt nur eine Möglichkeit, mehr darüber zu erfahren: die Archäologie. Im Vorbeigehen sei erwähnt, daß die zapotekischen Vorfahren der *tehuanos,* ungeachtet des Einflusses, den die mexikanische Hochebene auf sie ausübte, ihre Toten in Gräbern beerdigten, ebenso wie diejenigen, die an die Auferstehung des Körpers glaubten. Wenn man annimmt, daß sich hierin eine Ähnlichkeit der Glaubensvorstellung zeigt, so könnten die zahlreichen Skelette, die man in den Gräbern von Monte Albán immer zusammen findet, die von Frauen und Dienern seien, die den Verstorbenen begleiteten.[392]

b) Die Einheit

Trotz dieser Verschiedenheiten existiert auf dem gesamten Kontinent eine durchgehende kulturelle Grundschicht von solcher Breite, daß es naheliegt, an einen gemeinsamen Ursprung zu denken; der Mehrheit der Eingeborenen ist, unabhängig von ihrem Zivilisationsstand, eine Vielzahl von Merkmalen gemeinsam. Dazu gehören, was den menschlichen Körper und seine Behandlung betrifft, die Deformierung des Kopfes, die allein die Araukaner nicht praktiziert zu haben scheinen, die Bemalung des Gesichts und des Körpers (die in den Antillen gebräuchliche Tätowierung wird aus den übrigen Ländern nicht berichtet), die Enthaarung, in die Ohren und in andere Teile des Gesichts eingesetzter Schmuck, die Verwendung von Federbüschen und die Gewohnheit des täglichen Bades. Dieser letzte Brauch, der bis zu den kältesten Gebieten des Nordens und Südens verbreitet war, erschien den Spaniern so fremdartig, daß sie ihn bald zu einem der Hauptgründe für die hohe Sterblichkeit unter den Besiegten erklärten.

Weiterhin sind die gegorenen Getränke und die Züchtung der Bienen und des eßbaren Haushundes so eng mit dem täglichen Leben verflochten wie die Narkotika und die Räucherungen mit dem Ritual der Kulte. Überall findet sich auch die durch Gesänge vermittelte mündliche Überlieferung, die Legende von einem Zeitalter, das mit der Sintflut zu Ende ging, der Glaube an die spirituelle Wirksamkeit von Fasten, Keuschheit und Einsamkeit, die Symbolik der Sonne und des Herzens für die Darstellung der übernatürlichen Mächte und schließlich ein hochentwickelter Sinn für Zusammengehörigkeit nicht nur mit den Gliedern einer Gemeinschaft, sondern mit den Menschen ganz allgemein und der gesamten Schöpfung.

Folgendermaßen beschrieb Sylvanus Morley die heutigen Maya, nachdem er mehrere Jahrzehnte unter ihnen verbracht hatte: »Sie sind ein fröhliches, gesprächiges und gesellschaftsliebendes Volk [...], höflich und freundlich gegenüber Fremden [...] Ihr Wettbewerbsgeist ist nicht stark entwickelt.« Dafür haben sie »große Achtung vor dem Gesetz und einen ausgeprägten Sinn für Gerechtigkeit«.[393]

Diese Qualitäten, vereint mit einer Offenheit des Geistes, die sie dazu trieb, sich Unbekannten zu nähern, um sie kennenzulernen und zu verstehen, bildeten die größte Schwäche der Eingeborenen gegenüber den Europäern; denn diese lebten eingeschlossen in ihre Schemata, unfähig, vorgefaßte Urteile zu modifizieren, die auf der Gewißheit einer rassischen Überlegenheit fußten, welche sie mit gutem Grund niemals auf die Probe stellten. Die Eingeborenen wurden, wie John Collier sagt, erobert, weil sie den Menschentyp, dem die Eroberer angehörten, nicht begreifen konnten.[394] Die Tatsachen, die geeignet wären, diese Behauptung zu beweisen, ergäben ein sehr aufschlußreiches psychologisches Porträt der amerikanischen Urbevölkerung; die hervorstechendste unter ihnen ist ohne Zweifel die Hinnahme der rassischen und kulturellen Verschiedenheit, die sie stets und überall dazu trieb, Untersuchungen über die Art der Neuangekommenen anzustellen, bevor sie zum Handeln übergingen. Da wir diesen Punkt nicht ausführlich behandeln können, sei lediglich daran erinnert, daß die Eingeborenen, wenn sie isoliert leben, sich merkwürdig treu bleiben und in Ehrenhaftigkeit, Stolz und Gastfreundschaft ihren Vorfahren in nichts nachstehen, und dies ungeachtet vieler Jahrhunderte eines Kolonialregimes, in welchem »der Diebstahl ein alltäglicher Vorgang«[395] und die Lüge die mächtigste offizielle Waffe war: Sergio Bagú spricht von Gesetzen, die nur deshalb verkündet wurden, damit sie im Gesetzbuch standen, und deren Nichtbeachtung den Kolonialbeamten ausdrücklich empfohlen wurde. So versichert der Maya-Forscher Morley, daß den Eingeborenen Yukatans der Diebstahl, obwohl es keine Schlösser gibt, etwas völlig Unbekanntes ist;[396] und das, was er über ihre Weigerung berichtet, etwas anzunehmen, das sie nicht mit einer Gegengabe vergelten können (als die Eingeborenen z. B. erfuhren, daß die Krankenpflegedienste umsonst waren, trugen alle Leute Geschenke herbei), findet seinen Widerhall in den alten Schriften. So erzählt Christoph Kolumbus, wie die Küstenbewohner die empfangenen Geschenke der Reihe nach an den Strand zurückbrachten, weil die Spanier nichts von ihnen annahmen. Diese würdige Haltung erklärt zweifellos auch eine Antwort, die Bobadilla von einem seiner Informanten erhielt: als er sich danach erkundigte, »um wessen Liebe willen sie um Almosen bäten«, erklärte man ihm, daß sie »nicht um der Liebe Gottes willen um etwas bitten; sie sagen nur, ›gib mir dies oder das, denn ich brauche es‹«.[397]

Noch heutzutage bleibt die Gastfreundschaft die geheiligte Pflicht, die sie zur Zeit der Eroberung war. Aus Peru berichtet Cieza, daß die Bewohner der einzelnen Provinzen durchreisende Christen beherbergten und speisten, »ohne ihnen etwas Böses anzutun, selbst wenn es nur ein einzelner ist, der vorbeikommt«.[398] Diego de Landa seinerseits versichert, daß die Menschen in Yukatan den Besuchern und Reisenden immer etwas zu essen anbieten, »auch wenn danach nur wenig für sie selbst übrigbleibt«.[399]

Die hervorstechenden Züge der vorkolumbischen Gemeinwesen sind der gemeinsame Besitz des Landes und die gegenseitige Unterstützung. Die Ausführungen Landas über Yukatan sind auf den ganzen Kontinent anwendbar: »Die Indios pflegen den guten Brauch, sich gegenseitig bei allen Arbeiten zu helfen.«[400] So verwundert sich Covarrubias über den Geist der Zusammengehörigkeit, der noch heute die Bewohner der zapotekischen Dörfer vereint, über die Solidarität, die innerhalb eines blutsmäßig so stark vermischten Volkes besteht, die in großen städtischen Gemeinwesen lebt. Diese Solidarität ist im übrigen noch so weit allgemein verbreitet, daß die Völkerkundler sich fragen, ob die bestehenden Strukturen der Eingeborenen nicht als Basis eines modernen Genossenschaftswesens dienen könnten. Tatsächlich zeigt der mexikanische Ethnologe Julio de la Fuente, daß eine Untersuchung der vorhandenen Gegebenheiten, genügend gründlich durchgeführt, es erlauben würde, diesen grundlegenden Aspekt der alten Mentalität besser zu verstehen.

Einen Ausdruck dieser für die Ureinwohner so charakteristischen sozialen Weisheit und persönlichen Entsagung sehen wir in der ›Republik‹, die von Jesuiten 150 Jahre lang in Paraguay aufrechterhalten werden konnte, in einem Milieu, aus dem die Eingeborenen mit mehr Grausamkeit vertrieben worden sind als wilde Tiere. Denn anders kann man sich, wie groß auch das Organisationstalent der Patres gewesen sein mag, kaum die Tatsache erklären, daß eine Republik, »für die die Welt keinerlei Vorbild kannte«,[401] ein Gemeinwesen, das man als »vollkommenes Ebenbild der frühen Kirche«[402] bezeichnet hat, sich an keinem anderen Ort verwirklichen konnte als unter jenen Guaraní, die, um überleben zu können, zu Nomaden geworden waren, die die Portugiesen und Spanier selbst von den Feldern der Missionen wie Vieh stahlen und die sogar die Historiker, welche diese ungewöhnliche Leistung beschreiben, noch heute »für die unbezähmbarsten Wilden« halten.

Diese ›Wilden‹ hatten eine Demokratie des nikaraguanischen Typs: aus Alkalden gebildete Stadträte und vom Volk gewählte Steuerbeamte und andere Minister.[403] Sie beherrschten alle Künste bis hin zu der der Rede und waren von einer manuellen Geschicklichkeit, die ihre Beschützer immer von neuem überraschte; so konnte eine Indianerin eine feine europäische Spitze ohne die geringste Hilfe nachmachen. »Gestern noch wilde und faule Krieger«,[404] bauten sie den einzigen industrialisierten Staat Südamerikas auf, ein Werk, das Montesquieu als grandios bezeichnete und von dem Voltaire sagen konnte, es sei »ein Triumph der Menschheit«.

Auch ohne Berücksichtigung der Erkenntnisse der modernen Ethnologie wird evident, daß die Tugenden, welche Clovis Lugon der katholischen Erziehung zuschreiben will, im Gegenteil den Eingeborenen von Natur aus eigen sind. Obwohl Lugon selber die Sehweise der Eingeborenen kaum versteht, liefert er doch Beweise für sie, die an die ersten Dekaden des Petrus Martyr erinnern: »Schon der Gedanke der Aneignung von Grundbesitz blieb ihrer Mentalität fremd; die gegenseitige Unterstützung und das Vertrauen auf sie waren so vollständig, daß Familien, denen man anbot, sich in einem der fruchtbarsten Gebiete ein Grundstück abzustecken, sich in königlicher Verachtung mit einem winzigen Zipfel begnügten.«[405]

Gestützt auf Quellen der Epoche, spricht der Autor außerdem von der Reinheit der Sitten und der religiösen Inbrunst jener ›Wilden‹, deren Gewissensbisse jede Beichte endlose Zeit dauern ließen: »Es gibt bei ihnen niemals weder Prozeß noch Streit; Mein und Dein sind nicht einmal bekannt.«[406] Wenn über den Ursprung dieses Verhaltens noch Zweifel bestehen sollten, so würden sie durch die Erklärung zerstreut, die der Häuptling der Guaraní nach der Vernichtung seiner Gemeinden noch mitten im 18. Jahrhundert gegenüber den Behörden von Buenos

Aires abgab: »Wir sind keine Sklaven, und wir wollen sichtbar machen, daß wir die spanische Sitte, ›jeder für sich selbst‹, nicht billigen und es vorziehen, uns bei der täglichen Arbeit gegenseitig zu helfen.«[407]

Die Leistung der Guaraní, ihr ›kommunistisches Gemeinwesen‹, welches dank dem Schutz der Jesuiten verwirklicht werden konnte, zeigt, was aus Amerika hätte werden können, wenn ihm Kolonisten beschieden gewesen wären, die das Land mit Einsicht genutzt und dabei die natürlichen Neigungen der Eingeborenen berücksichtigt hätten. Der Arbeitseifer der wenigen Tausend, denen jene Bewährungsfrist geschenkt wurde, war unvorstellbar, und die Zeugnisse über diesen der Geschichte entrückten Augenblick sind von großem Wert, wenn man die Sicht verstehen will, die die Eingeborenen von der Welt hatten.

Denn schließlich besteht in dieser besonderen Weltsicht der einzige grundsätzliche Unterschied zwischen der europäischen Kultur und der der amerikanischen Völker vor der Eroberung. Die Beweise dafür sind zahlreich. Die Unfähigkeit der Eingeborenen, sich einer ihnen oktroyierten Kultur anzupassen, ihre geheimnisvolle Anhänglichkeit an untergegangene Werte, die Lebensnotwendigkeit der Begegnung mit allen Mitmenschen und das Angewiesensein auf deren Achtung, schließlich der Widerwille gegen die Bereicherung, der sie unserer merkantilen Gesellschaft entfremdet, lassen sie wie das versteinerte Insekt erscheinen, das man in der Oberfläche eines riesigen Felsblocks findet.

Einen weiteren Beweis bilden die Versuche der Azteken und der Inka zur Lösung des Problems der Produktion und der Distribution in stark überbevölkerten Ländern ohne Maschinen. Denn obwohl anfänglich das rechte Maß fehlte und Irrwege beschritten wurden (was mit der Zeit kompensiert worden wäre), waren diese weitreichenden politischen Unternehmungen, deren Rahmen in beiden Fällen die Größe des heutigen Europa überstieg, nur deshalb möglich, weil sie sich auf eine sittliche Struktur und auf Institutionen stützen konnten, deren Grundsätze erst heute der in die Sackgasse geratenen Gesellschaft Europas den Ausweg zu zeigen beginnen.

Sergio Bagú ist, soweit wir wissen, unter den Soziologen der einzige, der sich von mechanischen Formeln freimacht und die Leistungen der vorkolumbischen Zeit in ihrem wahren menschlichen Kontext sieht. Für diesen Forscher war die Gemeinschaft, die inmitten der Großreiche des 15. Jahrhunderts weiterbestand, eine Schule der Arbeit, der Liebe zur Erde, der persönlichen Leistung und Würde, der Sachlichkeit und freien Entscheidung. Da das Streben nach materiellem Besitz »das gesellschaftliche Ganze niemals vergiftete«, gab es keinen Grund zum Betrug, und die Sklaverei, die zu allen Zeiten die Gesellschaften korrumpiert hat, war niemals Teil des wirtschaftlichen Systems. Bagú kommt kurz darauf zu sprechen, daß die herrschende Klasse sich zur Stützung ihrer Macht kaum der Ungerechtigkeit bedienen mußte, und bemerkt schließlich, daß »allein der vollständige Einsatz menschlicher Leistungkraft und Begabung die Existenz einer solchen Kultur ermöglichte. Ein Einsatz, der unter der Peitsche nicht zustande kommen kann, sondern voraussetzt, daß alle — Planende und Ausführende, Befehlende und Gehorchende — vereint sind in einem Geist der Integration, der sie das Natürliche mit dem Ästhetischen, das Wirtschaftliche mit dem Politischen und Religiösen identifizieren läßt.«[408]

3. Der Weg zurück zu den Quellen

Es hat sich erwiesen, daß das Festland kulturell eine Einheit darstellt, innerhalb derer die Varianten entweder in Mexiko oder in Peru ihren Ursprung haben. Unsere Untersuchung wird sich deshalb im folgenden auf diese beiden Komplexe beschränken, zumal nur für sie die vorhandenen Kenntnisse ausreichen, um zu einem Gesamtverständnis vorzudringen.

Zum Zeitpunkt der Eroberung erstreckte sich die Nahua-Kultur des mexikanischen Hochtales bis nach Nikaragua, während das Gebiet der Quechua-Sprache von Ekuador bis Argentinien und Chile reichte. Trotz analoger psychologischer und gesellschaftlicher Grundlagen wiesen die beiden Reiche eine fundamentale Verschiedenheit auf: war das Reich der Inka der erste Versuch, eine Einheit herzustellen, hatte man dort mit der Quechua-Sprache ein gemeinsames Verständigungsmittel gerade erst eingeführt, so folgte das Reich der Azteken den Spuren einer früheren Einheit, und die von ihm beherrschten Völker sprachen seit langem dieselbe Sprache.

Die wichtigste Folge dieses Unterschiedes lag in dem Umstand, daß die Geschichtsüberlieferung der beiden Bereiche von sehr ungleicher Ergiebigkeit war: während in der festen Struktur Mexikos eine ganze Lawine von Dokumenten über die Vergangenheit erhalten blieb, die während des ersten Jahrhunderts der Besetzung echte Forschungsbegeisterung wecken konnte, erschloß sich der großartige Staatsapparat Perus erst der Archäologie. Nun war jedoch, wie wir gesehen haben, das Fehlen von historischer Tradition eine unerläßliche Bedingung für die Bildung und die Rezeption einer Erobererideologie, die nur dann Fuß fassen konnte, wenn es ihr gelang, die zugrunde gerichtete Kultur ihrer zeitlichen Tiefe zu berauben und sie in eine flache, neutrale Oberfläche umzuformen, die ausschließlich dazu bestimmt war, widerzuspiegeln, was man auf sie projizierte. Anders wäre schwer zu begreifen, weshalb man so viel Energie darauf verwandte, die harmlosen eingeborenen ›Weisen‹ zu töten, die Handschriften zu vernichten und diejenigen zu verfolgen, die sie versteckten — so wenig wie man verstünde, weshalb jegliche Forschung, die auch nur Fragmente des eingerissenen Gebäudes wiederherzustellen suchte, bis zum Ende der Kolonialherrschaft strikt verboten blieb.

Schon allein die Vorteile, welche die Menschenopfer für die Rechtfertigung der Eroberung boten, genügen, um zu erklären, warum auch den geringsten Versuch, die moralische Verantwortung für diese Handlungen abzuschwächen, die Acht treffen mußte. Denn offensichtlich ist das Urteil über sie abhängig davon, ob man sie als konstitutiv für die geistige Haltung eines Volkes betrachtet oder man in ihnen die zeitlich begrenzte Lösung eines schweren wirtschaftlichen Problems sieht, mit dem dieses Volk ringen mußte. In einem Fall nehmen sie dem Denken, das sie sich zu eigen macht, jeden geistigen Wert, im zweiten sind sie ein willkürlicher und unmenschlicher Versuch, eine Krise zu lösen, ein Versuch von der gleichen Art wie diejenigen, auf welche die westliche Kultur immer häufiger zurückgreift.

Es ist erstaunlich, daß die unerläßliche Auflösung der Geschichte sich in Peru von Anfang an den Eroberern anbietet. Cieza de León hat zwar mehrfach Gelegenheit, große Heiligtümer zu erwähnen und von Zeremonien zu sprechen, die die Inka respektieren, er erklärt jedoch nichtsdestoweniger, daß die Ureinwohner vor der Zeit des Inkareichs kaum als Menschen angesprochen werden konnten: »[. . .] sie sagen, daß sie wie Tiere waren und daß viele von ihnen Menschenfleisch aßen«.[409]

Noch kategorischer ist das Zeugnis des Inka Garcilaso de la Vega: gleich den Spaniern, von denen er sich für diesen Fall den Ton und die Argumente ausborgt, läßt er die Geschichte seines Vaterlandes erst mit der Verwandlung der Ureinwohner in Menschen beginnen, die den Inka zu verdanken sei.[410] Man hätte dies bei ihm um so weniger erwartet, als er, kurz nach der Invasion der Fremden in Cuzco als Sohn einer eingeborenen Adligen geboren, sein Leben der Beschreibung des zerstörten Königreichs widmete. Sein Werk, das eine Fülle von sehnsüchtigen persönlichen Erinnerungen enthält und dabei von großer Tiefe und Geschlossenheit ist, hat in Peru nicht seinesgleichen. Deshalb überrascht es, wenn er in den Refrain der Eroberer einstimmt und seinen eigenen Vorfahren eben jenen blutigen Götzendienst und jene abscheulichen Sitten zuschreibt, die seit einem Jahrhundert dem Indischen Rat und der öffentlichen Meinung in Europa wieder und wieder als Schreckgespenst vorgeführt wurden: die Autochthonen waren Tiere ohne Vernunft, sie verehrten gemeine und niedrige Gottheiten, denen sie Männer und Frauen jeden Alters opferten; in ihrer Gier nach Menschenfleisch tranken sie vom Blut der Opfer, ehe diese noch ihren Geist ausgehaucht hatten, und hatten sogar Metzgereien, in denen solches Fleisch verkauft wurde. Die Abhängigkeit ist so deutlich, da Garcilaso schließlich einen Abschnitt über die Grausamkeiten

Mexikos wörtlich zitiert, denn, so sagt er, man versteht daraus besser, was sich in jenem »ersten Zeitalter« zutrug.

Was die südlichen Länder betraf, konnten die Zensoren somit beruhigt sein; es blieb lediglich Mexiko, wo sie verhindern mußten, daß die Wahrheit ans Licht kam. Was in dieser Hinsicht unternommen wurde, zeigt sich besonders deutlich darin, daß nacheinander mehrere Handschriften Bernardino de Sahagúns verschwanden. Sahagún war ein Mönch, der damit beauftragt war, Material über die Sitten der Urbevölkerung zu sammeln. Die Ergebnisse seiner Arbeiten erwiesen sich als unbrauchbar für die Absichten der Kirche, und so gingen drei Manuskripte, die er in die Metropole gesandt hatte, auf unerklärliche Weise verloren. Der Tod überraschte ihn, als er dabei war, zum viertenmal die Ergebnisse seiner Forschungen zusammenzufassen. Er war 90 Jahre alt.

Sahagún war 1529 aus Spanien angekommen, noch ehe man die Überreste von Tenochtitlan gänzlich zerstört hatte (man war damals sehr damit beschäftigt, die Kolonialstadt aufzubauen, und benutzte die Tempel als Steinbrüche). Er war tief beeindruckt, zunächst von der Größe der Ruinen, später von der Weisheit, die er nach und nach bei den Eingeborenen entdeckte, deren Sprache er bis zur vollkommenen Beherrschung erlernte. Aus diesen Entdeckungen sollte ihm dasselbe Erlebnis erwachsen wie Las Casas: sein Leben änderte sich von Grund auf durch die Kenntnis, welche er von der Natur der Wilden gewann, die zu bekehren er gekommen war, und durch seine Achtung vor den geistigen Werten, deren Unterdrückung man ihm zur Pflicht machte.

Freilich kann es nichts Gegensätzlicheres geben als die Gestalt und die Tätigkeit dieser beiden Männer: auf der einen Seite die plötzliche und spektakuläre Bewußtseinsveränderung des Las Casas, sein faszinierend furchtloses und temperamentvolles Auftreten gegenüber Eroberern und Herrschern, auf der anderen bei dem Franziskaner ein demutsvoll der Lehre gewidmetes Leben, ein langsam im Innern zurückgelegter Weg und eine einsame Vision der Wahrheit, die er in einem kaum beachteten Werk von unschätzbarem Wert festzuhalten und sichtbar zu machen sich bemüht. Seine *Allgemeine Geschichte der Dinge von Neu-Spanien* ist aus intimer Vertrautheit mit den Besiegten erwachsen; die Genauigkeit ihrer Methode, die Schärfe der Beobachtung, der es in erstaunlichem Maße gelingt, das Wesentliche zu treffen, und die Weite der Sicht, die von der modernen Ethnologie kaum übertroffen worden ist, machen diese Darstellung neben dem Werk des Las Casas zu dem edelsten Denkmal, das Europa seinen Opfern gesetzt hat. Die Archäologie ist heute in der Lage, bestätigen zu können, daß in dieser grandiosen Zusammenfassung sämtliche Aspekte des vorkolumbischen Lebens mit vollkommener Treue aufgezeichnet sind und daß nur sie es ermöglicht, die Mehrdeutigkeit der Texte zu überwinden und zu einer neuen Synthese vorzudringen.

Es ist bezeichnend, daß im Zentrum von Sahagúns Darstellung zwei Dinge stehen: die Geschichte jener Kultur, von der die Azteken nur die entfernten Abkommen waren, und der Bericht davon, wie in den von ihnen beherrschten Gebieten etappenweise der Samen allen menschlichen Wissens ausgestreut wurde. Die hervorragende Stellung, die im gesamten Werk die Tolteken einnehmen, jenes Volk, das als erstes das Hochtal von Mexiko innehatte, diese Stellung macht von vornherein deutlich, daß eine schlüssigere Wiederherstellung des historischen Ablaufs als die Sahagúns nur dann denkbar wird, wenn für die Kultur, um die sich seine *Allgemeine Geschichte der Dinge von Neu-Spanien* entfaltet, Vergleichsmaterial zur Verfügung steht, das ihm nicht zugänglich war. Mit anderen Worten: der heutige Forscher kann nichts anderes tun, als das Schema Sahagúns zugrunde legen und es durch die Ergebnisse der modernen Untersuchungen erhellen.

Diesen letzteren ist es nun gelungen, in den Schriften des Franziskaners einen Irrtum aufzudecken, der zwar für eine Synthese ohne Einbeziehung der materiellen Überreste, wie sein Werk sie darstellt, keine schwerwiegenden Folgen hat, dessen Wirkung jedoch verheerend wird, wenn man auf seiner Grundlage die archäologischen Zeugnisse zu deuten sucht. Der Irrtum besteht darin, daß Sahagún die Stadt der ersten, fernen Vorfahren der Kultur mit einer aztekischen Stadt verwechselt. Da die erstgenannte zu dem Zeitpunkt, als Sahagún seine Nachforschungen anstellte, seit Jahrhunderten zerstört war, konnte die Verwechslung der beiden Städte um so leichter geschehen, als sie denselben Namen trugen. Ihr gemeinsamer Name *Tula*, ›Ort des Schilfs‹, war nämlich die Bezeichnung für jegliches große städtische Zentrum und deshalb der Name noch mehrerer anderer Städte. Es kam hinzu, daß die richtige Deutung archäologischer Zeugnisse im 16. Jahrhundert noch nicht möglich war und daß ferner die antike Stadt nicht nur Heimat der ältesten Vorfahren, sondern auch die Wiege des Gestirns war, mit dem das Zeitalter der Erbauer des ersten Tula — genannt Zeitalter ›der Bewegung‹ — begann. Schließlich hieß diese urbildliche Stadt — die Hauptstadt der *Tolteken* (Ausdruck der Nahua-Sprache für ›große Kunsthandwerker‹) und ihres Königs Quetzalcoatl — nicht nur *Tula*, sondern zugleich *Teotihuacan*, ›Ort, wo der Mensch zum Gott wird‹. Mit diesem Doppelnamen Tula-Teotihuacan, den auch die späteren Tula trugen, erscheint die Stadt auch auf manchen Karten aus der Eroberungszeit.

Da die beiden Namen an zwei Ereignisse gemahnen, die den Kern der mexikanischen (Nahuatl-) Mythologie bilden (Tula als Königreich des berühmten Fürsten Quetzalcoatl, Teotihuacan

als Ort des Scheiterhaufens, aus dem die Fünfte Sonne empor-
stieg), hat man dazu geneigt, sie im Verlauf der Erzählungen zu
trennen. So wurde Tula als Hauptstadt von Kunsthandwerk und
Wissenschaft bestätigt, in Teotihuacan dagegen, dem Ort der
Verwandlung eines Menschen in ein Gestirn, sah man eine
Metropole sakralen Charakters, zu der die Menschen des ganzen
Kontinents in Pilgerzügen kamen. Und während Tula immer
mehr mit dem späteren städtischen Zentrum identifiziert wurde,
das seinen Namen trägt, entglitt Teotihuacan allmählich, in dem
Maße, wie seine religiöse Oberherrschaft zurückging, dem Rah-
men der Zeit und versank in der Geschichtslosigkeit der Legende.
Dieser Irrtum, der die vorkolumbische Kultur des Jahrhun-
derts beraubte, in welchem sie geschaffen wurde, liegt wie ein
Schleier vor dem Bild, das die Forscher des 16. Jahrhunderts entworfen haben. Die Arbeiten dieser Pioniere wurden im vergangenen Jahrhundert veröffentlicht. Erst heute wird allmählich das
Mißverständnis sichtbar, das ihre Fundamente untergräbt.

II. DIE AZTEKEN

Bei ihrer Einwanderung ins Gebiet des mexikanischen Hochtals
waren die Azteken noch Nomaden, denen selbst die allerersten
Anfänge einer städtischen Kultur unbekannt waren. Sie haben
diese niedrige Herkunft keineswegs verleugnet und auch die
Größe jener ›großen Künstler‹ gefeiert, die Tula erbaut hatten.
Dennoch haben sie die Vergangenheit auf zwei oder drei Jahrhunderte reduziert — den Zeitraum, innerhalb dessen sie als ›aus-
erwähltes Volk‹ die Geschichte ihres schwindelerregenden Auf-
stiegs zur Macht stattfinden lassen konnten.
Die Azteken waren lange Zeit hindurch von verschiedenen Staaten, in deren Dienst sie als Söldner fungierten, in Abhängigkeit
gehalten worden; nach ihrer Einwanderung, die um das 13. Jahrhundert anzusetzen ist, entwarfen sie ein Geschichtsbild, in welchem drei Momente bestimmend waren:
1. Die Existenz einer Stadt mit Namen Tula, die von den Tolteken bewohnt wurde und in der alles menschliche Wissen seinen
Ursprung hatte.
2. Die Weitergabe des toltekischen Erbes etwa im 13. Jahrhundert, nicht durch Tula, sondern durch Colhuacan, eine Stadt südlich des Sees auf der Hochebene, die das Zentrum der Nahua-
Kultur bildete.
3. Wanderzüge, die sowohl für die mythischen Vorfahren als
auch für die Chichimeken charakteristisch sind. Dabei bezeichnet
der Ausdruck *Chichimeken* jede Gruppe im unzivilisierten Zustand, im Gegensatz zu *Tolteken*, den Zivilisierten schlechthin.

Die Wanderzüge der Chichimeken werden mit denjenigen verwechselt, die lange vor der Existenz von Colhuacan in einem ganz anderen Zusammenhang stattfanden. Sie bilden ein Labyrinth, in welchem sich alle Autoren verlieren, bis sie auf den vertrauten Namen *Tula* stoßen. Durch einen Taschenspielertrick, den im einzelnen nachzuvollziehen nicht leicht ist, wird aus dem späten Tula die heilige Stadt und verwandeln sich die Barbaren in ›große Kunsthandwerker‹. Selbst der unvergleichliche Sahagún verstrickt sich in das Gewirr von blind aneinandergereihten Namen und kann sich nur daraus befreien, indem er unmerklich die rohes Fleisch essenden Einwanderer mit den Tolteken identifiziert. Daher rührt die Schwäche seiner Rekonstitution des historischen Verlaufs: wider alle Wahrscheinlichkeit werden die Bewohner des Tula des 13. Jahrhunderts in den Rang jener berühmten Vorfahren erhoben, die die späteren Beherrscher Mexikos in die Zivilisation einweihten, und so verschwindet Colhuacan aus seinen Schriften.

Die Zeugnisse aus der Zeit der Eroberung sahen in den Azteken die Erben von Colhuacan. Mithin können die Tolteken, deren Kultur diese Azteken angeblich übernommen haben, nicht die Tolteken des alten Tula sein. Dies wird auch für Tula nie behauptet; außerdem sind die Texte voll von Angaben über die Vermittlerrolle von Colhuacan, und die Bande zwischen den Mexikanern und dieser Stadt waren von so grundlegender Bedeutung, daß jene sich zur Zeit der Eroberung selbst *Colhua*, ›Bewohner von Colhuacan‹, nannten.

Aus den alten Handschriften existiert eine ansehnliche Zahl von Auszügen; dagegen gibt es nur fünf oder sechs systematische Versuche, auf der Grundlage dieser Fragmente und der damals noch lebendigen mündlichen Tradition eine historische Abfolge zu rekonstruieren. Der älteste, der auch über die Azteken am meisten Informationsmaterial enthält, stammt von Diego Durán, einem Mönch, von dem man wegen seiner vollkommenen Beherrschung des Nahuatl (d. h. der Nahua-Sprache, der Landessprache Mexikos) und wegen seiner Kenntnis anderweitig nicht bekannter Texte vermutet, daß er im Lande selbst geboren wurde. Seine Voreingenommenheit für die Azteken, die er grenzenlos bewundert, macht sein Werk zu einer der wertvollsten Quellen. Denn es gehörte in der Tat eine echte Leidenschaft dazu, sich einer Aufgabe zu unterziehen, deren Schwierigkeiten Durán selbst fachmännisch abzuwägen weiß: »Ich bin mir bewußt, welche ungeheure Mühe es bereiten wird, so alte Chroniken und Geschichten aufzuzeichnen, und schon gar aus so alter Zeit, denn nicht nur haben die früheren Mönche die Bücher und Schriften verbrannt, und diese sind sämtlich verloren, sondern auch die Greise und alten Leute, die solche Schriften hätten verfassen und von der Gründung und dem Ursprung dieses Landes hätten erzählen können, von denen ich meine Kenntnisse über ihre Vergangenheit hätte beziehen müssen — auch diese gibt es schon nicht mehr«.[411]

Der zeitliche Abstand zu der zu schildernden Vergangenheit, der diesem Pionier solche Besorgnis verursacht, beträgt kaum dreihundert Jahre, denn seine Erzählung beginnt mit den späteren Erbauern von Tenochtitlan. Freilich bleibt das erste Auftreten der Azteken auf der politischen Bühne in solchem Dunkel, daß man sie kaum von den übrigen Nomaden unterscheiden kann, die im Verlauf des 10. Jahrhunderts in das Land einfallen. Als sie eintreffen, wimmelt das Hochtal bereits von kleinen Fürstentümern im Zustand der Rebellion und von Chichimeken, die ein Obdach suchen und bei allen Auseinandersetzungen erscheinen, in der Hoffnung, ein Stück Land an sich bringen zu können.

In dieser Periode sozialer Unruhen machen sich die Azteken zunächst durch die Wildheit bemerkbar, mit der sie in die Kämpfe eingreifen. Nach zahlreichen Abenteuern werden sie von Colhuacan unterworfen, und trotz der Kritik, die ihre Ungebärdigkeit weckt, erscheinen sie plötzlich als so wichtig, daß ein Fürst der Colhua ihnen seine geliebte Tochter anvertraut und sich zu einer ihrer feierlichen Kulthandlungen begibt. Die Azteken organisierten bei dieser Gelegenheit ein Komplott, das ihre Vertreibung aus dem Königreich zur Folge haben sollte. Durán legt solches Gewicht auf die Erzählung dieses im wahrsten Sinne abscheulichen Ereignisses, daß wir es für angebracht halten, seinen Bericht wiederzugeben. Sei er echt oder falsch — er bezeichnet innerhalb des historischen Übergangs, dessen Angelpunkt Colhuacan darstellt, jenen Augenblick, von dem an die vorkolumbische Welt sich der Seite des Terrors zuneigen sollte:

»In jener Nacht sprach Huitzilopochtli zu seinen Kultdienern und Priestern: ›Ich habe euch gesagt, daß diese Frau die Frau der Zwietracht und des Hasses zwischen euch und denen von Colhuacan sein muß, und damit mein Vorhaben in Erfüllung geht, sollt ihr dieses Mädchen töten und in meinem Namen opfern, denn von heute an nehme ich sie mir zur Mutter. Wenn sie tot ist, sollt ihr sie abhäuten und mit der Haut einen von den jungen Adligen bekleiden. Der soll sich dann die Frauenkleider des Mädchens anziehen, und ihr sollt den König Achitometl einladen, daß er kommt, die Göttin, seine Tochter, anzubeten und ihr ein Opfer darzubringen [. . .]‹

Der König und alle Vornehmen verließen Colhuacan und begaben sich nach Tizaapan. Die Mexikaner kamen heraus, sie zu empfangen, begrüßten sie und bewirteten sie aufs beste [. . .] Die Mexikaner brachten den jungen Indio, der die Haut der Königstochter trug, in einen Raum neben das Götterbild und sagten: ›Herr, jetzt bist du bewirtet, jetzt kannst du hereingehen und unseren Gott und die Göttin, deine Tochter, sehen, ihnen deine

Ehrerbietung bezeugen und deine Opfer bringen.‹ Der König, der nichts Böses ahnte, stand auf und begab sich zu dem Tempel, den sie gebaut hatten, und als er in dem Raum mit dem Götterbild angekommen war, begann er, große Zeremonien zu vollführen und Rebhühnern und anderen Vögeln den Kopf abzuschneiden [. . .] Und da der Raum dunkel war, sah er nicht, wem [. . .] er die Opfer brachte; dann aber nahm er ein Räuchergefäß mit glühenden Holzkohlen und warf Räucherwerk darauf [. . .], und durch das Feuer erhellte sich der Raum. Da sah er den, der neben dem Götterbild saß und mit der Haut seiner Tochter angetan war, ein so häßliches und fürchterliches Ding, daß er von ungeheurem Schrecken erfaßt wurde, das Räuchergefäß hinwarf, das er in der Hand hielt, und laut schreiend herauseilte und sagte: ›Ah, meine Vasallen, ihr von Colhuacan, kommt und rächt die schändliche Bosheit, die die Mexikaner begangen haben! Sie haben meine Tochter getötet, sie haben sie gehäutet, und ein Jüngling, den sie mich haben anbeten lassen, hat ihre Haut angezogen. Sie sollen sterben und vernichtet werden, so durch und durch schlecht und arglistig, wie sie sind! Laßt uns sie auslöschen, meine Vasallen, daß nichts mehr von ihnen bleibt!‹ Als die Mexikaner sahen, wie entrüstet Achitometl war und wie er sprach und wie seine Vasallen empört zu den Waffen griffen, [. . .]flüchteten sie mit ihren Frauen und Kindern zum Wasser hin und suchten Schutz im Inneren der Lagune [. . .]«[412] Während der anschließenden Verfolgung offenbarten ihnen die Götter den Ort ihrer späteren Hauptstadt: in der Mitte der von Weiden bewachsenen Lagune.

Nach etwa fünfzig Jahren, in denen sie viele Taten vollbringen mußten, um in einer ihren natürlichen und sozialen Gegebenheiten nach ihnen feindseligen Umgebung zu überleben, erscheinen die Azteken von neuem stark genug, um ein Königreich zu gründen, und ihren ersten Herrscher empfingen sie aus Colhuacan. Durán erzählt mit Befriedigung von der Freude des Colhua-Königs über diese Vereinigung, und die späteren Berichte schließen sich ihm an.

Eine Episode aus viel späterer Zeit kennzeichnet die Verehrung für Colhuacan, die bei den Azteken für alle Zeiten lebendig blieb. Nach einem Sieg, der das Hochtal endgültig in ihre Gewalt bringt, äußert ihr König den Wunsch, den Ursprungsort seines auserwählten Volkes kennenzulernen, und der Historiker, den man daraufhin befragt, gibt die folgende Antwort: »Mächtiger Herr, ich, dein unwürdiger Diener, weiß, was du zu wissen begehrst. Unsere Väter lebten an einem glückseligen Ort, den sie *Aztlan*, ›weiße Farbe‹ nannten. An diesem Ort gibt es einen großen, von Wasser rings umgebenen Berg, den sie *Colhuacan* nannten, weil sein Gipfel etwas nach unten gekrümmt ist, und deshalb wird er *Colhuacan* genannt, das heißt ›krummer Berg‹.

In diesem Berg gab es Löcher, Grotten oder Höhlen, in denen unsere Väter und Großväter lange Jahre gelebt haben.«[413]

Ein Nachkomme des Königs von Texcoco, Fernando de Alva Ixtlilxochitl, erweiterte den historischen Horizont um zwei Jahrhunderte, indem er die Invasion der ersten Chichimeken in ihn einbezog. Erst dem geschichtsschreibenden Mönch Juan de Torquemada am Ende des 16. Jahrhunderts gelang es jedoch, dieses ›Chichimekenreich‹, das in dem Hochtal Fuß faßte und dem damals auf der Höhe seiner Macht stehenden Colhuacan die Herrschaft streitig machte, in eine konsistente Geschichtsdeutung zu integrieren. Nicht weniger als Durán zeigt sich Torquemada der Hindernisse bewußt, die er zu überwinden haben wird, zumal er den Ehrgeiz hat, bis in die Zeit vor den Azteken zurückzugehen: »Von denen, die vom Ursprung dieser Völker geschrieben haben, habe ich schon öfter gesagt, daß sie nicht mehr unternommen haben, als von der Ankunft dieser letzten Mexikaner zu berichten, und da die Autoren sich gegenseitig nacherzählen, berichten sie auch alle dasselbe. Von anderen Völkern, die schon vorher da waren, erwähnen sie nichts. Dabei verhielt es sich in Wahrheit so, daß bei ihrer Ankunft bereits Völker dort waren und alles bevölkert war (und das war der Grund, weshalb sie gezwungen waren, mit dem Ort vorliebzunehmen, den sie in Besitz nehmen konnten). Mithin waren jene Völker, die dort wohnten, die ersten, und da dem so ist, muß die Geschichte mit ihnen anfangen. Und so gehe ich auch vor: ich habe nach ihrem Ursprung in Büchern geforscht, die die Eingeborenen sorgsam versteckt hielten, weil sie [. . .] vor den christlichen Missionaren große Angst hatten. Da nämlich die Bücher aus Bildern bestanden (noch dazu schlecht gemalten Bildern), meinten die Priester, es seien Götzenbilder, und verbrannten sie alle. Die Eingeborenen wollten wenigstens einige retten und zeigten sie nicht vor, und aus diesen habe ich gesehen, was man in vergangenen Zeiten erzählte und was im folgenden erzählt werden wird.«[414]

Es gelang Torquemada in der Tat, von den Ereignissen vor der Ankunft der Azteken einen zusammenhängenden Bericht zu geben; freilich fehlen in diesem Bericht die Jahrhunderte der Vorherrschaft von Colhuacan vollständig. Denn wenn auch die Einbeziehung des Chichimekenreiches den Anfang der geschichtlichen Zeit gegenüber Durán um drei Jahrhunderte zurückverlegt, so führt doch Torquemadas Unwissenheit, was Colhuacan betrifft, ihn dazu, ganz ähnliche Fehler zu machen wie die, die er verurteilt: am Beginn der neugewonnenen historischen Zeit setzt er ein Vakuum an, und mit dieser Annahme hat er, wie wir heute wissen, so wenig recht wie seine Vorgänger. Eine derartige Lücke im Wissen eines Forschers von solchem Rang zeigt jedoch, wie schwierig es auch damals noch war, die Handschriften der Eingeborenen aus ihren Verstecken zu holen.

Die von Torquemada wiederentdeckte Epoche beginnt etwa im 10. Jahrhundert mit dem ersten chichimekischen Herrscher, dessen Lebensgeschichte wir kennen, nämlich mit dem Reichsgründer Xolotl. Nach Ixtlilxochitl soll er im Jahre 962 ›toltekisches Land‹ erreicht haben, und da er, wie es heißt, das Land verlassen vorfand, teilte er es friedlich unter den Seinen auf. Wiederholt wird versichert, daß das Hochtal damals aus weiten Flächen menschenleeren, von Unkraut bedeckten Landes bestand, wo es den Neuankömmlingen mit großer Mühe gelang, zwei überlebende Tolteken zu entdecken. Die Wirklichkeit sah jedoch anders aus. Der »große Fürst der chichimekischen Völker« mußte sich mit den Colhua auseinandersetzen, denn wie wir lesen, »hatten sich die Tolteken, die der Vernichtung entgangen waren, wieder um ihren Hauptanführer Nauhyotzin geschart, der in Colhuacan wohnte [...], und der große Chichimeke Xolotl beschloß, ihnen in seiner Eigenschaft als oberster Herrscher über das gesamte Land von Anahuac einen Tribut aufzuerlegen und sie zu unterwerfen. Im Namen aller seiner Landsleute antwortete Nauhyotzin, [...] dieses Land hätten schon seine Vorfahren bewohnt, denen es gehört habe, und niemals seien sie bereit, einen fremden Herrn anzuerkennen und ihm Tribut zu zahlen; sie seien zwar wenige und besiegt, dennoch wollten sie ihre Freiheit behalten und niemanden über sich anerkennen. [...] Als Xolotl ihre Entschlossenheit sah, und daß sie sich mit friedlichen Mitteln nicht zu einer Einigung bringen lassen wollten, griff er zu den Waffen und sandte seinen Sohn, den Prinzen Nopaltzin, mit einem mäßig großen Heer gegen sie aus: es bedurfte nur weniger Truppen, denn die Gegner hatten zwar alle ihre Kräfte zusammengenommen, aber sie waren im Kriegshandwerk nicht so erfahren wie die Chichimeken. Die Schlacht fand in der Lagune von Colhuacan statt, und obgleich die Colhua über Boote verfügten, wurden sie von dem Prinzen Nopaltzin binnen kurzem geschlagen und versprengt [...] Dies geschah im Jahr 984 nach der Menschwerdung unseres Herrn Jesu Christi.«[415] Die Sympathie des Chronisten für Xolotl macht die Arroganz der barbarischen Einwanderer gegenüber einer Nation, die nichts gegen sie unternahm, nur noch deutlicher. Allerdings war weder die Macht Xolotls noch die Schwäche von Colhuacan so groß, wie sie nach dem Bericht erscheinen mögen; denn ein Urenkel des großen ›Kaisers‹ sollte von einer Dame aus Colhuacan in die Kultur der Nahua eingeweiht werden, drei Jahrhunderte später sollten aus dieser Stadt die Azteken ihren ersten König empfangen, und noch zur Zeit der spanischen Eroberung sollten die Herrscher des Aztekenreiches den Titel *Colhua-Tecuhtli*, ›Colhua-Herr‹, tragen. In der Zeit zwischen dem Sieg Xolotls und der Thronbesteigung von Colhua-Prinzen in Tenochtitlan war der Stadt Colhuacan freilich nichts als Unglück beschieden, denn die Nachbarschaft jener Barbarenstämme war für sie eine Quelle ständiger Leiden.

Der Zufall wollte es, daß gegen Ende des 16. Jahrhunderts ein vornehmer Nachkomme der Fürsten des Landes im Süden des Sees Interesse genug für sein Land hatte, um von der Erbfolgereihe seiner Vorväter einen Bericht anzufertigen. Ohne ihn wäre die Geschichte Mexikos nie hinter die von Ixtlilxochitl und Torquemada erreichte Grenze zurückgelangt, und Colhuacan wäre für alle Zeit ein historischer Schatten geblieben. Um nämlich die Ereignisse nachzuzeichnen, in deren Verlauf das mexikanische Hochtal zu dem politischen Gebilde geworden war, das die Spanier kannten, meinte Domingo Francisco de San Antón Muñón Chimalpahin seinen Bericht mit der Gründung Colhuacans im Jahre 670 beginnen zu müssen, wodurch uns drei weitere Jahrhunderte erschlossen werden. Mit der Wiedergewinnung dieser Periode ist die Brücke zwischen den Annalen und der Geschichte von Teotihuacan geschlagen und zugleich eine ununterbrochene chronologische Folge von zweitausend Jahren wiederhergestellt, durch welche auch die Vergangenheit ihre gigantischen menschlichen Dimensionen zurückerhält. Denn durch Colhuacan wird eine kulturelle Tradition erhellt, die durch die Ähnlichkeit der aztekischen Werke mit denen von Teotihuacan als kontinuierlich erwiesen ist, und damit wird auch den schriftlichen Dokumenten, die sich auf die acht Jahrhunderte vor der europäischen Eroberung beziehen, ihre Beglaubigung zuteil.

Das erste und wichtigste Problem, das diese Erweiterung der geschichtlichen Zeit klären hilft, ist die Herkunft der Azteken. Denn das geheimnisvolle Aztlan, jene weiße Stätte, welche die kleineren Chroniken weit im Norden ansiedeln, die jedoch schon der von Durán zitierte alte Weise nahe bei Colhuacan sieht, erweist sich nun identisch mit diesem; so liest man bei Chimalpahin: »[...] als [die Azteken] ihre Heimat verließen, genannt ›die große Stadt Aztlan‹, das alte Colhuacan«. ⁴¹⁶ Die Identität ist so vollständig, daß Aztlan oft nicht erwähnt wird; Motolinía schreibt etwa: »[die Mexikaner] stammten aus einer Stadt mit Namen Teocolhuacan,⁴¹⁷ welche die Spanier Culiacán nannten«.⁴¹⁸ »Andere Indios, die Colhua hießen, kamen aus fernen Ländern; sie brachten Mais und anderes Getreide sowie zahmes Geflügel mit, und sie waren es auch, die als erste Häuser bauten und den Boden bearbeiteten [...]«⁴¹⁹

Für die Historiker, die sich ohne die Hilfe der Archäologie in der Dunkelheit der Texte zurechtzufinden suchen, wird die schon reichlich verworrene Spur nur noch unentwirrbarer durch das Auftauchen eines dritten Entstehungsortes: *Chicomoztoc*, ›die sieben Höhlen‹. Während Aztlan-Colhuacan die Heimat der Azteken ist, erscheint Chicomoztoc als Herkunftsort aller Chichimeken unter Einschluß der Mexikaner. Es gibt jedoch mehrere Anzeichen, die auch diesen Ursprungsort, die ›Sieben Höhlen‹, mit Colhuacan identifizieren. *Colhuacan* bedeutet im Nahuatl ›gekrümmter Berg‹, und in manchen Annalen, unter anderen in der *Historia Tolteca Chichimeca*, finden sich die Höhlen innerhalb des gekrümmten Berges, der die Hieroglyphe für Colhuacan bildet.

Chimalpahin verweilt lange bei der äußeren Beschreibung von Chicomoztoc und bei der Aufzählung dessen, was dort geschieht, als wolle er es den Nebeln entreißen, die es schon zu seiner Zeit umgaben: die Höhlen befanden sich in einem von Wasser umschlossenen Berg, zu dem sich die Chichimeken mit Barken begaben, um ihrem Gott Fichtenzweige darzubringen.[420] In einer Handschrift ist der ›gekrümmte Berg‹ mit dem Gott der Azteken in seiner Mitte dargestellt, und Chimalpahin gibt an, daß »von dort, aus Chicomoztoc, zuerst die da herauskamen, die Colhua nebst den Tolteken, und so alle schließlich, hier die Menschen unserer Welt, wir Untertanen, die wir uns nennen: wir Menschen Neu-Spaniens.«[421] Selbst ohne die bemerkenswerte Bestätigung, welche die Ausgrabungen diesen Worten haben zuteil werden lassen, geht aus den Beschreibungen und Hieroglyphen hervor, daß Aztlan-Colhuacan-Chicomoztoc für die Nomaden nicht eine physische, sondern eine geistige Heimat war: der Ort, wo sie ihrer Aussage nach für die Kultur geboren worden sind. Allein die Tatsache, daß für die Azteken in Colhuacan die erste Erscheinung ihres Gottes stattfand, zeigt, von welcher Art die Bande zwischen ihnen und dieser Stadt waren, und darüber hinaus bezeugen die anderen nachklassischen Zentren des Hochtals, daß sie alle gleichermaßen von dort die ersten Elemente der Nahua-Kultur empfangen haben.[422]

Wie können diesem Thema hier nicht mehr Raum widmen und beschränken uns daher auf die Feststellung, daß einerseits der Berg, an dessen Fuß das heutige Colhuacan liegt, noch jetzt seinen gebogenen Gipfel und die riesigen Höhlen zeigt, die sich in seine Basaltmassen hineinfressen, daß andererseits seine Bezeichnung als ›weiße Stätte‹ von dem Salz abgeleitet sein könnte, das die Ufer des umgebenden Sees bedeckte; übrigens war zur Zeit der Eroberung der Hauptumschlagplatz für Salz von Tenochtitlan die Stadt Ixtapalapa, ein großer Ort auf dem Ostabhang des Berges.

In diesem Zusammenhang muß festgehalten werden, daß schon Sahagún und Torquemada, obwohl ihnen die Chimalpahin zugänglichen Dokumente unbekannt waren, den kulturellen Charakter des mythischen Chicomoztoc entdeckt hatten, das manche Archäologen noch heute in weiter Entfernung von dem Hochtal suchen: »Jede Familie [...] brachte, ehe sie fortging, in diesen sieben Höhlen ihre Opfer dar. Deshalb rühmen sich alle Völker dieses Erdteils, in diesen Höhlen, aus denen ihre Vorfahren hervorgegangen sein sollen, ihren Ursprungsort zu haben. Das aber ist falsch, denn sie kamen nicht von dort her, sondern gingen dorthin, um zu opfern [...]«[423] Torquemada, der einige Jahrzehnte später schreibt, kann den Irrtum von Vorgängern wie José de Acosta, Antonio Herrera und López de Gómara verurteilen, die mangels historischer Perspektive Chicomoztoc für eine geographische Heimat halten.[424]

Mit Hilfe der Archäologie hat man feststellen können, daß die Namen, die Colhuacan trägt, wie im Fall von Tula-Teotihuacan ein städtisches und ein sakrales Zentrum bezeichnen, die eine Einheit bilden: bei Ausgrabungen in dem Kloster am Fuße des ›krummen Berges‹ ist ausschließlich Material aus Teotihuacan gefunden worden. (Es gehört der letzten Phase an und weist leichte stilistische Veränderungen auf, die man z. B. in bestimmten geometrischen Ritzzeichnungen beobachten kann.)

Das städtische Zentrum, das von dem ›krummen Berg‹ einen halben Kilometer entfernt liegt, ist durch eine orangefarbene Keramik gekennzeichnet, die sich bis zur spanischen Eroberung hält. Da sich die relative Chronologie der einzelnen Epochen während der acht Jahrhunderte, in denen diese Keramik anzutreffen ist, nur anhand der Stilmerkmale ihrer schwarzen Bemalung ermitteln läßt, hat man sie unter der gemeinsamen Bezeichnung *Aztekisch* zusammengefaßt. Aztekisch I, das zunächst aufgrund stilistischer Charakteristika definiert wurde, hat sich als kennzeichnendes Merkmal von Colhuacan erwiesen: unzählige Spuren von ihm finden sich in einer Schicht von über einem Meter Dicke im Boden unter dieser Stadt. Außerdem zeigen sein Weiterbestehen in den späteren Schichten, in denen Aztekisch II auftaucht, seine langsame Abnahme zugunsten dieses letzteren und schließlich das Auftauchen des Aztekisch III, neben dem weithin ein starker Anteil von I und II vorhanden bleibt, daß diese Keramik nur lokalen Ursprungs sein kann und daß auch ihre Varianten in Colhuacan selbst entstanden sind. Diese Folgerung ist von um so größerer Bedeutung, als die Motive des Aztekisch I, das die frühesten Schichten von Colhuacan beherrscht, sich eindeutig aus Teotihuacan herleiten: auf der Colhuacan-Keramik erscheinen neben dem ›Krummen Berg‹ das kreisförmige Feuer, das auf dessen Gipfel brennt, die Dreiecke und das Sonnenauge. Bei der Betrachtung der Nahua-Symbolik wird sich erweisen, wie eng die Beziehungen zwischen Colhuacan und dem religiösen System sind, das in Teotihuacan der ›Stadt der Götter‹, seinen genauesten und zugleich grandiosesten Ausdruck fand. Die Erinnerung an diese Abhängigkeit haben übrigens die Annalen sorgsam bewahrt: »Unter den Orten, welche [die Tolteken] bewohnten, trug einer den Namen Colhuacan, und dieser war von da an die Hauptstadt des Königreiches derjenigen Tolteken, die entkamen.« »Nach dem Tod ihres Königs Topiltzin [. . .] vereinigten sich [die Tolteken] in Colhuacan.«[425]

Dieser Topiltzin, der der letzte König von Tula gewesen zu sein scheint, war der Gründer von Colhuacan: »Zur Zeit des Topiltzin wurden die Tolteken besiegt. Dieser König hatte zwei Söhne [. . .], von denen die Könige von Colhuacan abstammen [. . .]«[426] »Nach der Überlieferung von Texcoco starb Quetzalcoatl-Topiltzin [. . .] in diesem Jahr in Colhuacan.« »Nachdem die Tolteken auseinandergetrieben worden waren, hatten sie nur mehr den einen Namen Colhua.«[427]

Mit der Wiederherstellung der Beziehung zwischen Colhuacan und dem ersten Tula erhellt sich auch der Übergang von den Jahrhunderten der Kämpfe zur klassischen Zeit, und die Entwicklungslinie wird wieder sichtbar. Colhuacan wurde in einem Zeitpunkt gegründet, als die alte, heilige Metropole noch bestand, wenngleich eine Reihe von Faktoren, darunter die wachsende Bedeutung anderer religiöser Zentren, ein starker Anstieg der Bevölkerungszahl und das Hereinbrechen von Wandervölkern in das reiche Hochtal von Mexiko, ein tausendjähriges wirtschaftliches Gleichgewicht zerstört hatten. Zwei oder drei Jahrhunderte nach seiner Gründung war Colhuacan die einzige Quelle geworden, aus der die Chichimeken die Kenntnisse gewinnen konnten, die sie den Tolteken anglichen. Dies ist der Grund dafür, daß sie es als ihre Heimat ansahen und daß es – z. B. in dem *Codex Boturini* – als Ausgangspunkt der Wanderungen dargestellt wird, in deren Verlauf die so ›toltekisierten‹ Chichimeken auf der gesamten Peripherie der Lagune ihre Gründungen hinterlassen sollten. Diese ›Wanderungen‹, deren Motiv dasselbe Streben nach kultureller Einigung gewesen zu sein scheint, das die Bewohner der ›Stadt der Götter‹ bis nach Mittelamerika führte, fanden ihren Endpunkt im 13. Jahrhundert in Coatepec, an einem Berg im Norden des Sees, wo die Stadt Tula (Hidalgo) gegründet wurde. Nach etwa fünfzig Jahren Aufenthalt in diesem neuen Zentrum tauchen die Tolteken-Chichimeken wieder auf der Hochebene auf, und damit beginnt ihre eigentliche Geschichte: Unterwerfung durch Colhuacan, Opferung der Tochter des Königs dieser Stadt, Flucht auf die Wasser des Sees, in deren Mitte künftig ihre Hauptstadt liegen sollte. Diese Wanderung von Colhuacan nach Tula und zurück, die in allen Handschriften erwähnt ist, findet ihre Bestätigung in den archäologischen Funden: die Keramik der Städte längs des Weges ist die von Colhuacan in ihren verschiedenen Phasen vom Aztekisch I bis zum Aztekisch III, und letzteres findet sich sowohl in jenem spät gegründeten Tula als auch in den Anfängen von Tenochtitlan.

Aber trotz der Beweise jeglicher Art leben die alten Irrtümer weiter. Ein einziges Beispiel mag das unbegreifliche Desinter-

esse an der Geschichte der vorkolumbischen Zeit beleuchten:
die Schriften des Chimalpahin wurden in spanischer Sprache
erst im Jahre 1965 veröffentlicht, und in dieser Ausgabe fehlt der
Bericht über Colhuacan vor der Einwanderung der Chichimeken. Um zu diesem einmaligen Dokument Zugang zu erhalten,
mußten wir auf eine Übersetzung vom Nahuatl ins Deutsche zurückgreifen, die der Amerikanist Walter Lehmann zu Beginn
dieses Jahrhunderts angefertigt hat. Diese Lücke, die es ermöglicht, die chronologische Stellung von Colhuacan zu unterschla-
gen und Teotihuacan aus der Welt der Nahua-Kultur zu verban-
nen, hat heute weit schwererwiegende Konsequenzen als zur Zeit
der Chronisten, denn dank den Ausgrabungen ist die ›Stadt der
Götter‹ heute ein Zeuge, den man nicht außer acht lassen kann,
ohne daß das gesamte Bild der Vergangenheit verfälscht würde.
Wir wollen versuchen, dieser Situation abzuhelfen, und eine
Synthese der verschiedenen Standpunkte geben, die in dieser
entscheidenden Frage eingenommen worden sind.
Im 18. Jahrhundert hat sich an der Form, in der die von den
Azteken überlieferte Tradition dargestellt wird, gegenüber
früher nichts geändert. Francisco Javier Clavijero beschränkt sich
in seinem (ansonsten sehr einsichtsvollen) 1780 veröffentlichten
Werk darauf, die alten Formeln zu wiederholen: »[die Tolteken]
marschierten [. . .] unter dem Kommando von bestimmten Anführern oder Herrschern, die bei ihrer Ankunft in Tollantzinco
sieben an der Zahl waren [. . .] Etwa zwanzig Jahre später zogen
sie [. . .] nach Westen weiter, wo sie an den Ufern eines Flusses
die Stadt Tollan oder Tula gründeten und nach ihrer Heimat be-
nannten. Diese Stadt, anscheinend die älteste im Lande von
Anahuac und eine der berühmtesten in der Geschichte Mexikos,
war die Hauptstadt der toltekischen Nation und der Sitz ihrer
Könige. Ihre Vorherrschaft begann im Jahr 8 *acatl*, d. h. 667
unserer Zeitrechnung, und dauerte 384 Jahre.«[428]
Dies ist genau das Jahr, auf welches der Chronist Chimalpahin
die Anfänge von Colhuacan ansetzt, was durch die archäologischen Funde bestätigt wird. Da diese Stadt allenthalben als toltekisch bezeichnet wird, ist es offenkundig, daß Francisco Javier
Clavijero, der die ihm zugänglichen Angaben nicht mit den Ergebnissen anderer Wissenschaften vergleichen kann, die Daten
aus mehreren Texten miteinander verschmilzt und so das Tula
der chichimekischen Emigration mitten in die klassische Zeit versetzt.
Auch Manuel Orozco y Berra, der wie Clavijero über keinerlei
neue Erkenntnishilfen verfügt, schließt sich dieser Tendenz an;
freilich geschieht dies bei ihm nicht ohne einiges Zögern. Denn
mit seinen Deutungen, in denen zum erstenmal einem archäologischen Tatbestand Rechnung getragen wird, ist der Beginn einer
neuen Etappe erreicht: »Teotihuacan war, wie sein Name besagt,

den alten Göttern geweiht. Es bestand mit seinen Pyramiden seit der fernsten Vergangenheit. Es war ein Heiligtum, in dem Tiere verehrt wurden — eine der tiefsten Stufen in der Reihe der Religionen, die die Menschen erdacht haben.«[429] Die Vermutung dieses Gelehrten, die sich seither als irrig erwiesen hat, hat immerhin für sich, daß in ihr eine erste Gegenüberstellung der Texte und der materiellen Überreste vorgenommen wird. Das Problem, daß die Fünfte Sonne [s. u. S. 194 ff.] und die Epoche des Quetzalcoatl unabweisbar an einem Ort begonnen haben, an dem der Begründer des Nahua-Denkens unbekannt gewesen sein soll, versucht der berühmte Historiker zu lösen, indem er die Erbauer des späten Tula ins Spiel bringt: »Das Ereignis, das im Mythos vergegenwärtigt wird, ist die Weihung der Pyramiden von Teotihuacan an Sonne und Mond [. . .] Dienten sie nicht als Grabmäler, dann steht fest, daß sie Tempel waren — Tempel, die in der Frühzeit unbekannten Gottheiten heilig waren, welche später von Sonne und Mond von ihren Altären verdrängt wurden. Dies geschah zu der Zeit, als die Tolteken schon in Tollan ihr Königreich gegründet hatten.«[430] Die Tolteken sollen also mit den primitiven Tierkulten von Teotihuacan aufgeräumt haben, ehe sie nördlich des Sees ihre Hauptstadt erbauten. Wenn man bedenkt, daß dieser Anachronismus noch heute von vielen Fachgelehrten nicht bemerkt wird, kann man nur die Geschlossenheit des Systems bewundern, in das Orozco y Berra die ihm zugänglichen Informationen gebracht hat.

Im Jahre 1887 schließt sich Alfredo Chavero der These seines berühmten Kollegen über die Verdrängung des Tierkultes durch einen Gestirnekult aufgrund der Intervention der Tolteken an und übernimmt, was die Gründung von Tula angeht, das bekannte Schema: »Wir gelangen hiermit zu dem, was wir den im vollen Sinn historischen Teil nennen könnten [. . .] Die Tolteken waren nun da, und ihre Ankunft hat das Schicksal dieser Gegend von Grund auf verändert. Wenden wir uns den Wanderungen dieses erstaunlichen Stammes zu [. . .] Sei es, daß die Cuaxteca sie abwiesen, sei es, daß sie sich an das Leben in den Bergen nicht gewöhnten: sie zogen sich nach Tollantzinco zurück, und 16 Jahre später, im Jahr *Ce calli*, 713, zogen sie nach Tollan und errichteten dort ihre Hauptstadt.«[431]

Um dieselbe Zeit leitet der Franzose Désiré Charnay Ausgrabungen sowohl in Tula als auch in Teotihuacan. Auch er bleibt noch den alten Lehren verhaftet, aber seine Arbeit am Ort selbst versetzt ihn doch in die Lage, ein geschlosseneres Bild der Kultur zu entwerfen: »Ich habe dem Leser nicht mehr als einen flüchtigen Eindruck von diesem Volk [den Azteken] vermitteln wollen, und auch dies nur, um ihn darauf vorzubereiten, mir in meinen Untersuchungen betreffs der toltekischen Kultur zu folgen, die um vieles älter ist und von der nicht nur die Azteken, sondern auch alle übrigen Völker von Anahuac und Mittelamerika abhängen. Es gab also nur eine einzige Kultur, die wir überall wiederfinden werden, und diese zu rekonstruieren wird unser Ziel sein. Dabei werden wir uns nicht nur auf die Chronisten und Geschichtsschreiber stützen, sondern vor allem auf die Denkmäler, die uns nicht täuschen können [...] Um die Tolteken zu studieren, muß man nach Tula gehen, wo sie sich nach langen Wanderungen endgültig niederließen [...] Von Tollantzinco, wo sie eine Anzahl von Jahren lebten, gingen die Tolteken, wie Sahagún sagt, nach Tula [...]«[432]

Diese Tendenz, hinter der von den Annalen künstlich erzeugten Zerstückelung den Ausdruck ein und derselben Kultur zu sehen, wird in dem Maße stärker, wie man sich konkreten Untersuchungen zuwendet. So widerspricht Antonio Peñafiel nach einer Untersuchung der Monumente, die damals in Teotihuacan eben ans Licht gekommen waren, mutig seinen Vorgängern: »Nach der Ansicht unseres großen Historikers Manuel Orozco y Berra waren es nicht die Tolteken, die die Pyramiden von Teotihuacan und Cholula erbauten, sondern andere, primitive Völker, mit denen die Tolteken erst später in Kontakt kamen. Dieser Meinung war auch ich; ja, ich ging so weit, jegliche Beteiligung der Nahua-Rassen am Bau der Pyramiden zu bestreiten. Und doch gehört das, was an jenen Stätten gefunden worden ist, ihnen [...]«[433]

Das Interesse für den Charakter der Monumente von Teotihuacan wurde von Eduard Seler wachgehalten. In einer meisterhaften Arbeit von 1910,[434] in der er das neu gefundene Material sowohl mit den Chroniken als auch mit den Gottheiten und Symbolen verglich, konnte Seler zeigen, daß Teotihuacan nicht nur derselben Kultur angehörte wie Tula (Hidalgo) und Tenochtitlan, sondern daß es auch der Ort war, wo Götter, Mythen und Künste der aztekischen Welt ihren Ursprung hatten.

Unterdessen kam den Untersuchungen der Scharfblick Manuel Gamios zugute. Überzeugt, daß die Geschichte der vorkolumbischen Zeit Opfer einer Ungerechtigkeit sei, betrat er den Kampfplatz, um dem Recht wieder Geltung zu verschaffen. Nach jahrelanger Zusammenarbeit mit dem hervorragenden Völkerkundler Franz Boas gelingt ihm ein Werk über Teotihuacan, das in der Geschichte der Archäologie Mexikos ohnegleichen bleibt. Gegen das noch herrschende Chaos der Meinungen geht er zum Angriff über: »Thomas A. Joyce [*Mexican Archaeology*, New York — London 1914] behauptet unter Berufung auf die *Annalen von Cuauhtitlan*, daß die Ursprünge der toltekischen [...] Kultur auf den Beginn des achten nachchristlichen Jahrhunderts zu datieren seien. Wir möchten dagegen die Frage stellen: soll man diesen *Annalen* und den Chronisten der Kolonialzeit, die ähnlicher Ansicht sind, mehr Autorität zuerkennen als dem, was

schweigend, aber beredt die Baudenkmäler selbst aussagen? [...]
Wir kennen die Umgebung von Tula im Staate Hidalgo, da wir
sie selbst erforscht haben — freilich nicht so ausführlich, wie wir
es für die Zukunft noch vorhaben. Indes können wir aus der Beschaffenheit des Areals und seiner Topographie den Schluß ziehen, daß dort keine große Stadt existiert hat, wie sie das berühmte Tula der Chronisten sein muß, denn sowohl die Quan-
tität als auch die Qualität der dort vorhandenen Überreste von
Bauten, Handwerkserzeugnissen usw. lassen sie als eine unbedeutende Stadt der vorspanischen Zeit erscheinen.«[435]
Nicht nur durch Schriften, sondern vor allem durch Taten hat
Gamio dazu beigetragen, die Irrtümer, die die Geschichte des
alten Mexiko verfälschten, ins rechte Licht zu rücken. Im sicheren
Bewußtsein, daß niemand der Evidenz der Tatsachen würde
widerstehen können, unternahm er in Teotihuacan große Ausgrabungen, die in der Entdeckung des Quetzalcoatl-Tempels
und des ihn einschließenden großartigen Architekturkomplexes
ihren krönenden Erfolg fanden.
Im Lichte so eindrucksvoller Zeugnisse gerieten die Forschungen
seitdem in eine logische Ordnung. Es war jetzt die Beobachtung
möglich, daß die Dokumente des 16. Jahrhunderts Widersprüche
enthielten: einerseits identifizierten sie die Hauptstadt der Tolteken mit Tula-Hidalgo, andererseits erwähnten sie zugleich auch
ein Tollan-Teotihuacan. Diese Anspielungen, die die Historiker
vor den Erkenntnissen der Archäologie nicht bemerkt hatten,
wurden jetzt allmählich mit in Betracht gezogen, so daß der
Amerikanist Walter Lehmann zu einem bestimmten Zeitpunkt
die Situation folgendermaßen zusammenfassen konnte: »Teotihuacan war in der Tat das sakrale Zentrum der alten Tolteken.
Auf einer Malerei aus Texcoco ist das Ideogramm für Teotihuacan dasselbe wie Tollan. In der Handschrift des Gesprächs der
›Zwölf Mönche‹ wird Tollan [...] mit Teotihuacan gleichgesetzt.
In einer von Chavero zitierten Handschrift der Sammlung Boturini [...] steht die Angabe, daß das große Teotihuacan früher
toltekisch genannt wurde. Eine ähnliche Angabe habe ich in den
von J. F. Ramírez angefertigten Abschriften in der mexikanischen Nationalbibliothek gefunden.«[436]
In weniger als dreißig Jahren war es einer Handvoll fähiger Gelehrter gelungen, eine wahre Lawine von Beweisen aus Archäologie, Geschichte, Sprachwissenschaft und Religionswissenschaft
in Bewegung zu setzen und so einen Weg freizulegen, dessen
Existenz Jahrhunderte hindurch unbekannt geblieben war. Diese
Neuorientierung der Forschung zeigt sich in den Werken sämtlicher Völkerkundler, und der hohe Wert, den die genaue Ein-
schätzung seiner Vergangenheit für den heutigen Mexikaner besitzt, inspirierte die Feder der dieses Wertes am stärksten bewußten Forscher zu leidenschaftlichen Synthesen. Wir nennen hier

besonders den feinsinnigen Gelehrten Enrique Juan Palacios sowie Miguel Othón de Mendizábal, dessen Werk nicht nur eine Fundgrube von Kenntnissen und Anregungen ist, sondern auch und vor allem ein höchst begeisterndes Dokument, das vom Glauben an die Werte der Menschheit diktiert ist. Mendizábal ist entschlossen, mit den Berichten aufzuräumen, die bis dahin die Geschichte seines Landes verfälscht haben, und rüttelt an der trägen akademischen Wahrheit: »Dies zweite Tollan [...] hat man mit der Stadt identifiziert, deren Ruinen heute noch in Tula [im Staate] Hidalgo sichtbar sind. Dies ist jedoch einer der vielen Irrtümer in unserer noch in den Anfängen steckenden National-geschichte – ein Irrtum, den der Routinegeist und die Nachlässig-keit der Forscher perpetuieren. Die Ruinen von Tula im Staate Hidalgo sind die Überreste der Stadt, welche die wandernden Azteken auf dem Berg von Coatepec und in dessen Umgebung gründeten und welche von ihnen den Namen Tollan erhielt [...] So berichten es mit einer Fülle von Einzelheiten der Anonymus des Codex Ramírez, Tezozomoc und Durán, die bekanntlich die aztekische Überlieferung in ihrer ganzen Reinheit erhalten haben. Ihre Angaben verdienen, zumal da sie sich auf Epochen beziehen, deren Abstand zu den Berichterstattern relativ gering ist, mehr Vertrauen als die vagen Anspielungen der Chronisten, die Tula als Hauptstadt der Tolteken haben erscheinen lassen. Zudem ist angesichts der geringen Größe der Ruinen wahrhaft befremdlich, daß man ihnen je eine derartige Bedeutung hat zu-weisen können, vor allem deshalb, weil auf der *Mapa Quinatzin* das ideographisch-phonetische Schriftzeichen für Teotihuacan eindeutig *Tollan-Teotihuacan* lautet.«[437]

Indessen war das Gewicht der langen Jahrhunderte falscher Deu-tungen zu groß, als daß der einmal freigelegte Weg nicht noch mehrmals wieder verlassen worden wäre, und diesmal war es die Archäologie, die den Zugang zu ihm verdecken half.

Bei den 1940 begonnenen Ausgrabungen in Tula-Hidalgo fand man Skulpturen ähnlich denen, die man in Chichén Itzá entdeckt hat und die man auf den Einfluß des mexikanischen Hochtals auf den Norden von Yukatan um das 11. Jahrhundert zurück-führt. Da Tula-Hidalgo somit die einzige Stadt war, in welcher die der mexikanischen Phase von Chichén eigentümlichen forma-len Elemente auftauchten, war man schnell damit bei der Hand, auf der, wie man meinte, soliden materiellen Grundmauer eine historische Fassade zu errichten. Und so sank bei Gelegenheit einer vor allem von Archäologen beschickten Zusammenkunft im Jahr 1941 die Hauptstadt der Tolteken offiziell zurück in jene barbarischen Jahrhunderte, aus denen sie lediglich für einen kurzen Augenblick herausgetreten war. Nur Enrique Juan Pala-cios sah damals das Chaos voraus, das diese neuerliche Entschei-dung heraufbeschwor, aber seine eher intuitiv wirkenden Argumente wogen die vermeintliche Evidenz des archäologischen Befundes bei weitem nicht auf. So gewann, nachdem man reihum mit Leidenschaft dieselben Texte zur Rechtfertigung entgegengesetzter Thesen zitiert hatte, die festgestellte Ähnlichkeit der Funde die allgemeine Zustimmung für sich.

Wenn jedoch im 16. Jahrhundert die Unkenntnis der voraztekischen Wirklichkeit es leicht gemacht hatte, eine tausendjährige Stadt aus der Geschichte auszuklammern, so war dies nach den großen Leistungen eines Batres und Manuel Gamio in Teotihuacan nicht mehr denkbar. Deshalb verbreitete sich nach dem Rückfall in die alten Schemata eine tiefe Ratlosigkeit unter den Archäologen, die sich mehr und mehr gezwungen sahen, die Augen zu schließen, um nicht in peinliche Konflikte zu geraten. Dem entsprach, daß die Historiker keine Geschlossenheit der Deutung mehr erreichten — denn wie hätte man auch heute noch mit der gleichen Sorglosigkeit wie die alten Chronisten von Teotihuacan und Colhuacan keine Notiz nehmen können? In beiden Fachrichtungen endlich nahm man seine Zuflucht wieder zu Litaneien der Namen von Völkerstämmen — in der Hoffnung, auf diese Weise die Widersprüche auszutreiben: die Kultur wurde zerstückelt, und ihr Sinn verschwand in der Versenkung.

Trotz solcher Hindernisse ergibt sich für die Archäologie aus den 29 Jahren, die seit dieser drastischen Entscheidung vergangen sind, eine positive Bilanz. Zehn Grabungskampagnen in Tula-Hidalgo haben endgültig Klarheit darüber gebracht, welchen Ort diese Stadt in der Chronologie einnimmt: Während die Wurzeln ihres religiösen, gesellschaftlichen und künstlerischen Lebens bis nach Teotihuacan zurückreichen, entstammt ihre eigene künstlerische und handwerkliche Produktion eben jener Übergangsphase, die man toltekisch-chichimekisch nennt. Wie überall erweist die Keramik den Zeitpunkt der ersten Besiedlung: was in den Gebäuden gefunden wurde, gehört ausnahmslos dem aztekischen Typ von Tenochtitlan an. Hatte man zunächst angenommen, daß eine bestimmte grobe, rot bemalte Ware eindeutig toltekischen Charakter zeige, so erwies sich bald, daß gerade diese Ware aus der Zeit vor der Stadtgründung stammen muß, fand sie sich doch ausschließlich *unter* den Stuckböden der Gebäude. Aus der Parallelität der Funde mit aztekischer Ware ergibt sich andererseits, daß Tula-Hidalgo die erste Hauptstadt der Erbauer von Tenochtitlan gewesen sein muß, was man in den Annalen seit jeher lesen konnte und was auch Manuel Gamio und Othón de Mendizábal betont hatten. Tula-Hidalgo wird auf diese Weise der Rolle ledig, eine Kultur gestiftet zu haben, die mehr als 1000 Jahre vor ihm existierte; die Kenntnisse über diesen Ort erweisen sich statt dessen als überaus wertvoll für das Verständnis jener nachklassischen Phase, vor der trotz der sie betreffenden Schriften noch so dichte Schleier liegen.

Teotihuacan dagegen hat sich als der reinste Ausdruck jenes Denkens der Nahua erwiesen, das die Europäer für alle Zeiten ausgelöscht zu haben glaubten. Wie sein Abkömmling Tenochtitlan ist es völlig durchdrungen von der Botschaft Quetzalcoatls und feiert sie mit den gleichen formalen und farblichen Mitteln. Die Verwandtschaft ist von derart hervorstechender Evidenz, daß die ›Stadt der Götter‹ nach den jüngsten Ausgrabungen des Nationalen Anthropologischen Instituts von Mexiko wie das lebendige Spiegelbild der heldenhaften Hauptstadt der Azteken erscheint, die der Kapitulation vor dem Feind den Untergang vorzog.

III. MYTHOS UND GESCHICHTE

Das Hauptmoment der Verwechslung, das auch Ursache der folgenschwersten Irrtümer war, war das Eindringen des Mythos in Berichte über bestimmte soziale Persönlichkeiten, die für die Welt der Nahua von grundlegender Bedeutung sind. Das eindeutigste Beispiel ist die Geschichte des Königs von Tula. Denn im Leben jener ›großen Kunsthandwerker‹, von denen sich alle Völkerstämme des mexikanischen Hochtals herleiten, nimmt die zentrale Stellung ein kultureller Heros ein, dessen Natur deutlich ambivalent ist.

Er ist zunächst ein König von übermenschlicher Reinheit. Dann folgt er schlechten Ratgebern, berauscht sich, verläßt sein Königreich und verbrennt sich schließlich auf einem Scheiterhaufen. Von den Flammen befreit, steigt sein Herz zum Himmel auf und verwandelt sich dort in den Planeten Venus.

Die Abenteuer Quetzalcoatls bilden den umfänglichsten Teil der gemalten Bücher und der Annalen der vorkolumbischen Zeit. In einer Sprache von großer poetischer Konzentration geformt, nehmen sie den gesamten Horizont ein, und ihr Gesang durchklingt die Jahrhunderte, als würfen ihn hohe Berggipfel einander zu, bis er schließlich in den Schriften der Kolonialepoche fixiert wird, die so zum Echo dieses majestätischen Mythos werden. In diesen Erzählungen wird der Glanz der Taten gefeiert, die Quetzalcoatls Herrschaft erleuchten, die Weisheit der Tolteken, seiner Jünger, Kampf und Entsagung, die Stationen einer Wanderung ins Land der Sonne, sein Freitod im Feuer und die Himmelfahrt seines Herzens, das von Zehntausenden buntgefiederter Vögel geleitet wird.

Wer nicht den Versuch unternimmt, diesem Epos einen Kern historischer Wahrheit zu entreißen, verzichtet zugleich auf die Kenntnis der Schöpfer des alten Mexiko, deren König Quetzalcoatl nach einhelliger Aussage aller Quellen ist. Deshalb suchen manche Forscher zu einem konsistenten Bild zu gelangen, indem sie nur die wirklichkeitsnächsten Elemente übernehmen. Die Angaben der Texte über den König von Tula sind so präzis, daß seinem Königreich ein unbestreitbarer Schein von Realität anhaftet: die Hauptstadt und ihre Bewohner werden in allen Einzelheiten beschrieben, die Reformen und Neuerungen des Herrschers der Reihe nach aufgezählt.

Man widmet sich diesen Angaben mit um so mehr Energie, als sie innerhalb der Chroniken den einzigen festen Grund bilden, und hat schließlich nur mehr das eine Ziel, sie abzusichern. Als Folge dieses Bedürfnisses nach sicheren Aussagen wird Quetzalcoatl in zwei getrennte Personen aufgespalten, zwischen denen keine lebendige Beziehung besteht. Auf der einen Seite ist er ein mächtiger, von Leidenschaften bewegter Alleinherrscher, der schließlich von einem Rivalen entthront wird; auf der andern ist er der Schöpfergott, der Held von Ereignissen, die sich der Logik entziehen. Man entledigt sich des Gottes, indem man ihn in die Unwirklichkeit des Mythos verbannt, und widmet sich fortan dem König, der allein der Erforschung würdig ist.

Ihm in Raum und Zeit einen festen Platz anzuweisen, erscheint zuerst als oberstes Ziel aller Forschungen über die Zeit vor der Eroberung. Man begreift jedoch bald, daß auf diesem einfachen Weg keinerlei Verständnis Quetzalcoatls möglich wird, da dessen Charakter sich in seinem Abstieg in die Unterwelt und seiner Verklärung mindestens ebensosehr offenbart wie in seiner Tätigkeit auf sozialem Gebiet. Man kann demnach seine beiden Persönlichkeiten nicht getrennt betrachten, ohne daß sie ihren Sinn verlieren, denn Quetzalcoatls mythisches Verhalten ist, wie sich erweist, unlösbar verbunden mit seiner menschlichen Existenz als König von Tula, genauso wie umgekehrt diese von seiner göttlichen Schöpfernatur nicht zu trennen ist.

Wenn man die Gestalt eines ihrer Aspekte beraubt, löst man im übrigen die Schwierigkeiten keineswegs; denn der König, der seine Untertanen verläßt, weil er sich dem Rauschtrank hingibt, ist nicht weniger ungreifbar als der Mensch, der zum Planeten wird. So waren denn auch alle Einkreisungsversuche erfolglos: Quetzalcoatl hüpft in den Annalen mit respektloser Leichtigkeit von Epoche zu Epoche, von Stadt zu Stadt. Seine Riesengestalt beherrscht die Bühne ohne Unterbrechung jahrhundertelang, denn die Historiographen datieren sein Leben in weit voneinander entfernte Epochen: während Sahagún und Chimalpahin es auf die ersten Jahre unserer Zeitrechnung ansetzen, lassen ihn andere Chronisten sogar erst in den Jahrhunderten der Kämpfe nach dem Niedergang der klassischen Phase auftauchen, obwohl er mit dieser letzteren unlöslich verbunden ist.

Die Tatsache, daß eine ganze Kultur ihn unablässig als ihren Schöpfer beansprucht, mag wohl tiefere Gründe haben, als eine persönliche Herrschaft sie liefern könnte. Und gesteht man Quetzalcoatl seine ganze mythische Größe zu, so bietet sich in den Texten sogleich die Lösung des Rätsels an. Freilich erscheint diese auf den ersten Blick verwirrend: die Texte charakterisieren die ›großen Kunsthandwerker‹ stets als Verehrer eines einzigen Gottes — mit Namen Quetzalcoatl.

Da sich der König erst nach dem Verlassen seines Reiches und nach seinem physischen Tod in ein Gestirn verwandelt, kann sein Kult als Herr der Morgenröte nicht gleichzeitig mit seinem Erdenleben bestanden haben. Wenn jedoch seine Gegenwart nur durch seine göttlichen Attribute wahrnehmbar wird, dann ist auch jeder Versuch, die Heimat des Schöpfers der Nahua-Kultur zu enträtseln, zum Scheitern verurteilt; denn die Städte, die die Zeichen seiner Botschaft bewahrt haben, können immer nur später sein als der Mensch aus Fleisch und Blut. Sein Herrschaftsgebiet mit Hilfe der Symbole eines Kultes auszumachen, der erst nach seinem Tode entstehen konnte, wäre ganz ähnlich, als wollte man den Schritten des Predigers Jesus von Nazareth mit Hilfe der Monumente folgen, die dem gekreuzigten Christus errichtet wurden. Nur der Nachweis, daß der Kult Quetzalcoatls dort *nicht* vorhanden ist, könnte demnach einen Ort als Hauptstadt des gleichnamigen Königs der Tolteken wahrscheinlich machen. Aber wie sollte man ihn dann identifizieren? Und wäre der Versuch nicht widersinnig angesichts der Tatsache, daß alle späteren Jahrhunderte die ›großen Kunsthandwerker‹ durch ihre leidenschaftliche Verehrung des in Licht verwandelten Menschen charakterisieren?

Der König, dem der Ruhm für die Leistungen der Tolteken zugeschrieben wird und der sein Land verließ, um ins Land der Sonne zu gehen, wird in den Annalen als Priester des Quetzalcoatl bezeichnet. So weit man jedoch die Regierungszeit dieses Königs auch zurückdatieren mag, in jedem Fall hatte er nach dem Zeugnis der Annalen einen vergöttlichten Vorgänger, denn den Gott charakterisiert eben die Tatsache, daß er aus einem Menschen hervorgegangen ist. Der notwendige Schluß ist also, daß nur eine Untersuchung der Bestandteile der Kosmogonie es ermöglichen kann, die Natur des Sakralen und die des Profanen, die in den Zeugnissen unentwirrbar vermischt sind, zu erkennen.

IV. DIE KOSMOGONIE

Das erste Kennzeichen der Nahua-Kosmogonie ist die Tatsache, daß sie nicht von einer, sondern von mehreren Schöpfungen berichtet. Das zweite besteht darin, daß es sich bei diesen Schöpfungen nicht um Erschaffungen von physikalischen Welten handelt, sondern um zeitliche Perioden, die Zeitalter, Epochen oder Sonnen heißen und deren jede durch die Vorherrschaft eines Elements gekennzeichnet ist. Dessen Macht wird jedesmal plötzlich durch ein anderes Element gebrochen, das die Stelle des vorigen einnimmt. So folgt dem Weltalter der Sonne ›Vier Jaguar‹ (der Jaguar symbolisiert die Erde) die Sonne ›Vier Wind‹ und auf diese die Sonne ›Vier Feuerregen‹, die ihrerseits durch die Sonne ›Vier Wasser‹ abgelöst wird.

Wir haben es also mit einem System zur Erklärung der Natur zu tun, das auf dem dynamischen Nebeneinander von vier Elementen aufbaut. Aber diese Erklärung bildet nicht etwa Endziel und Zweck der Geschichte, sondern sie dient als Hintergrund für weitere Entwicklungen. In Wahrheit verweist der Mythos auf das Schicksal des Menschen, und jede einzelne Weltzerstörung endet mit einer Veränderung seiner Natur.

Mit dem Ende des Weltalters ›Vier Jaguar‹ geht die vollständige Vernichtung der Menschheit einher. Aber im folgenden Weltalter tauchen die Menschen wieder auf, nur um einer neuerlichen Katastrophe ausgeliefert zu werden, denn am Ausgang der Zeit ›Vier Wind‹ werden sie sämtlich in Affen verwandelt. Das hindert nicht, daß es auch im Zeitalter ›Vier Feuerregen‹ Menschen gibt, die an seinem Ende zu Vögeln werden. Dasselbe wiederholt sich in der Weltzeit ›Vier Wasser‹, nach deren Untergang die Welt von Fischen bevölkert ist.

Der Mensch, so scheint es, ist abhängig von der Natur jedes der Weltalter und wird von dem Element bestimmt, das in ihm herrscht. Aber die Sonnen, denen er so zugehört, sind nicht von Dauer, somit erscheinen die einzelnen Formen zum Untergang verurteilt, der Mythos tendenziell als Metapher eines Experiments. Jede Periode endet mit dem Scheitern des Elements, das ihr zugrunde liegt. Folglich gelten *Erde, Wind, Feuer* und *Wasser* als nicht fähig zu einer befriedigenden Verwirklichung, solange nicht ein fünftes Element hinzukommt. Da jedoch sämtliche physikalischen Komponenten der Welt der Reihe nach verworfen werden, kann das schöpferische Element nur die *Zeit* sein: allein die Bewegung der Zeit ist fähig, die Materie ihrer Trägheit zu entreißen und sie zum Leben der Formen zu erwecken. In der Tat scheint der Mythos zeitliche Zyklen darzustellen, das Drama der Vollendung des Menschen, seine Bemühung, sich über das Stückwerk des Wahrnehmbaren zu erheben. Die Fortsetzung der Erzählung muß erweisen, ob diese Hypothese zutrifft.

Am Ende der Sonne ›Vier Wasser‹ ist die Lage verzweifelt: Himmel und Erde sind wie erstarrt, die Menschheit ist vollständig verschwunden. In diesem dramatischen Augenblick kennen nun die Götter keine andere Sorge als die, die durch das Fehlen des Menschen verursacht ist: »Die Götter fragten einander und sagten: ›Wer wird leben, da der Himmel stillesteht und der Herr der Erde sich nicht mehr bewegt? Wer wird leben, o Götter?«[438]

Aufgrund ihrer so zugegebenen Unfähigkeit, die Weltordnung wiederherzustellen, sind die Götter gezwungen, bei der Erschaffung einer neuen Menschheit den Versuch zu machen, sie der Gewalt des Todes zu entreißen. Für diese gefährliche Mission ins Jenseits bestimmen sie Quetzalcoatl. Nach einem erbitterten Ringen mit dem Herrn des Totenreichs bringt Quetzalcoatl Knochen in seine Gewalt, die er mit dem eigenen Blut zum Leben erweckt.

Unter den eben zur Welt gekommenen Geschöpfen wählen die Götter dasjenige aus, welches die Schöpfung vor der ständigen Vernichtungsdrohung erlösen soll. »Sie riefen Nanahuatl an und sagten ihm: ›Jetzt wirst du Himmel und Erde bewachen.‹«[439] Wider alles Erwarten zeigt sich Nanahuatl von diesem Vorrecht kaum erfreut. »Er wurde sehr betrübt und sprach: ›Was sagen die Götter da? Ich bin nur ein armer Kranker.‹«[440] Aber die Götter hatten richtig gesehen. Nach einer leidvollen Läuterung verwandelt sich das unförmige und mit Beulen bedeckte Geschöpf Nanahuatl in die strahlende Fünfte Sonne. »Der Name dieser Sonne ist *Naollin* (›Vier Bewegung‹). Das ist schon die unsere, unter der wir heute leben. Dies hier ist sein Kennzeichen, denn die Sonne fiel ins Feuer im göttlichen Herd von Teotihuacan.«[441]

Die Lichtkraft, die hier ein Mensch aus seinem Innersten zieht, kann nur für die plötzliche Offenbarung der Allmacht des Geistes stehen. Diese Deutung gewinnt dadurch noch an Wahrscheinlichkeit, daß Nanahuatl vor dem Gelingen diese Kraft in sich ansammelt, indem er durch härteste Übungen die Zerstörung seiner Individualität vorbereitet. Der Mythos betont den Mut, dessen es für diese Tat bedarf, indem er die Bemühungen Nanahuatls mit denen eines anderen Kandidaten kontrastiert, dem es wegen seiner Oberflächlichkeit nur gelingt, sich in den Mond zu verwandeln. Dieser Kandidat bleibt dem Schein so verhaftet, daß er die Bußexerzitien durch kostbare Gegenstände zu ersetzen sucht und, um dem schließlichen Feuertod zu entgehen, am Rande des Scheiterhaufens bleibt.

Es ist nun deutlich, daß die vergangenen Sonnen für die einzelnen Etappen eines Weges stehen, da ihre Abfolge endlich und wider die Wahrscheinlichkeit die eben geschilderte Wendung hervorbringt. Aber welches sind die Kräfte, die hier wirken, und wie sind die Synthesen zu bewerten, die im Zuge dieses unermüdlichen Fortschreitens entstehen?

Mit dem letzten Sieg geht die Welt ins Zeitalter der Bewegung ein. Demnach kann das zerstörerische Moment der vorangegangen Epochen nur die Trägheit sein. Denn die Freiheit Nanahuatls, im Hinblick auf eine ihm noch verborgene Wirklichkeit zu handeln, scheint ein Bild für die Natur zu sein, die endlich von einer Dynamik bewegt wird, welche nur dem Geist eignet. Damit wären die einzelnen erschaffenen Weltalter zu verstehen als die Geschichte des allmählichen Emportauchens der Materie aus ihrer ursprünglichen Trägheit, als die Geschichte ihrer Rettung aus dem Nichtsein.

Die Behandlung dieses Themas erweist sich als noch ergiebiger, denn nicht allein die Materie ist bedroht, sondern das Sein selbst. Wir haben gesehen, daß am Ende des vierten Weltalters der Himmel ebenso unbeweglich ist wie die Erde. Diese Erscheinung ist nun keineswegs einmalig, vielmehr wiederholt sie sich bei der Entstehung der Fünften Sonne, und mit ihr das Zurücktreten der Götter hinter den Menschen. »Nachdem [er] sich ins Feuer gestürzt hatte und sich verbrannt hatte, setzten sich die Götter sogleich, um abzuwarten, von welcher Seite Nanahuatzin [Nanahuatl] wieder auftauchen würde. Lange Zeit hatten sie gewartet, da begann sich der Himmel zu färben, und ringsum erschien das Licht der Morgenröte. Man sagt, daß die Götter von da an auf die Knie fielen, um zu sehen, von woher der zur Sonne gewordene Nanahuatzin kommen würde. Nach allen Seiten blickten sie, drehten sich um sich selbst, aber es gelang ihnen nimmermehr, zu denken oder zu sagen, aus welcher Richtung er kommen würde, in nichts kamen sie zu einer Gewißheit. Manche dachten, er käme von Norden, und bereiteten sich, ihm entgegenzublicken, andere gegen Mittag: auf allen Seiten vermuteten sie, daß er kommen werde, denn auf allen Seiten war der Glanz der Morgenröte. Noch andere wandten sich und blickten gegen Osten und sagten, da, von dieser Seite, muß die Sonne kommen [. . .] Und als die Sonne schließlich kam, sah sie sehr rot aus und schien von einer Seite zur andern zu wanken; keiner konnte sie anblicken, denn sie blendete die Augen und strahlte mit vielen Strahlen, und ihre Strahlen verbreiteten sich überall [. . .]«[442]

Die seltsam passive Haltung der Götter und ihre Abhängigkeit von der Entscheidung des Menschen zeigen sich erneut, als die Fünfte Sonne mitten im Himmel stillesteht: gelingt es nicht, sie zu überreden, sich weiterzubewegen, so kann sie binnen kurzer Zeit alles zerstören. Wie zuvor fangen die Götter zunächst an zu klagen: »Wie sollen wir leben können? Wird sich die Sonne nicht bewegen? Werden wir unter dem gemeinen Volk leben müssen?«[443] Dann bitten sie den verwandelten Menschen um einen Ausweg. Die Antwort des neuen Gestirns ist fürchterlich; damit es sich bewegen kann, müssen die Götter untergehen: »[. . .] und sofort darauf kam das Göttersterben [. . .] in Teotihuacan«.[444]

So ist Teotihuacan nicht nur der Ort, wo Menschen sich in Götter verwandeln, sondern zugleich der, wo die Götter sterblich werden. Es ist die Wiege einer Wirklichkeit, deren Werden eine doppelte Vernichtung erfordert. Während jedoch die freiwillige

Selbstzerstörung Nanahuatzins sich erklären läßt, ist dies für den Tod der Götter nicht unmittelbar möglich. Denn man versteht, daß die Grenzen des Individuellen die Freisetzung des inneren Lichts verhindern; man begreift dagegen nicht, was auf seiten der Götter ein Geschehen hemmt, in welchem gerade sie die bestimmenden Rollen spielen sollten. In dieser einmaligen Auffassung des Göttlichen liegt unserer Meinung nach die Originalität der Nahua-Kultur und -Philosophie. Wir wollen versuchen, tiefer in ihren Sinn einzudringen.

V. DER BEGRIFF DES GÖTTLICHEN

Der Mensch, der Himmel und Erde aus der Erstarrung rettet, ist vor allem durch zwei Eigenschaften gekennzeichnet: er ist dem Reich des Todes entronnen, und er hat die Macht, sich in einen Himmelskörper zu verwandeln. Sein Schicksal erweist sich somit als ein linearer Aufstieg von den dunklen Tiefen seiner Herkunft bis zu den lichterfüllten Gipfeln, denen er zustrebt. Erstaunlich ist vor allem der Umstand, daß diese transzendentale Bestimmung keineswegs auf die Selbstverwirklichung des einzelnen beschränkt bleibt, sondern vielmehr als die einzige Möglichkeit zur Rettung der gesamten Schöpfung einschließlich der Götter angesehen wird.

Was kann innerhalb dieses Mechanismus der Erlösung des Kosmos die Beschränkung der göttlichen Macht bedeuten? Warum finden sie sich widerspruchslos mit der Vorherrschaft des Menschen ab? Wo liegt die Schwäche im Status der Götter, die doch *per definitionem* alle anderen beherrschen müßten? Vielleicht kann eine nähere Analyse der Fünften Sonne etwas Licht auf diese Anomalie werfen.

Die fundamentale Einzigartigkeit des neuen Gestirns besteht darin, daß es aus einem menschlichen Wesen geboren wird, das gewagt hat, bis zu den Abgründen der Erde vorzustoßen. Nanahuatzin-Xolotl ist nämlich nur der Doppelgänger Quetzalcoatls in dessen dramatischer ›Höllenfahrt‹. Es zeigt sich damit, daß das Charakteristikum der Fünften Sonne die Fähigkeit ist, die Materie zu durchdringen, eine Fähigkeit, die sie an die Quelle der Erscheinungen führt und ihr entdeckt, daß die Vielheit der Welt nichts ist als die Umkehrung einer unsichtbaren Einheit.

Daneben weist die Tatsache, daß der Anstoß, der zur Energie wird, seinen Ursprung in einer Begegnung mit dem Tod hat, darauf hin, daß der Mythos einen Sieg über die unentrinnbarste Notwendigkeit symbolisiert und die freie Handlung zur eigentlichen Bedingung des Lebens macht.

Wir haben gesehen, daß die Götter an der Entstehung des Weltalters der ›Bewegung‹ aktiv mitwirken: sie sind es, die den Menschen nötigen, sein schweres Schicksal als Erlöser auf sich zu nehmen. Da sie jedoch nach Vollendung dieses Prozesses untergehen, muß man schließen, daß der Mensch im gleichen Moment, da er die Dimension seiner wirklichen Welt entdeckt, von dem Willen getragen wird, die Distanz zwischen dieser und dem Licht zu durchmessen, also der Vermittler zwischen zwei antagonistischen Kräften zu sein, deren Gegensatz ohne ihn für alle Zeit dauern müßte. Den *Raum* zwischen diesen Kräften muß er in der *Zeit* seines Daseins überwinden; seine Rolle besteht also darin, die Beweglichkeit des Augenblicks, der sein Leben ist, in die Trägheit nicht nur der Materie, sondern auch einer abstrakten Ewigkeit eingehen zu lassen.

Das Schicksal des Menschen wird demnach als Gleichgewichtsmoment zwischen zwei Mächten aufgefaßt, die, wären sie sich selbst überlassen, beide gleichermaßen die Erstarrung der Welt bewirken würden: der rohen Materie und der allzu reinen Vernunft. Dagegen entsteht aus ihrer Vereinigung die denkende Materie, die einzige Form, durch die Leben möglich ist. Das Ringen, das in der Abfolge der ausgelöschten Sonnen-Weltalter versinnbildlicht wird, ist nicht durch die einseitige Zielsetzung der Erlösung der Materie durch den Geist bestimmt; vielmehr stellt es die gemeinsame Bemühung zweier Kräfte dar, die auf dasselbe Ziel gerichtet sind und verschwinden, sobald dieses erreicht ist. Die Überwindung sowohl des Todes als auch der Gottheit ist zugleich die Sicherung des Sieges *beider* Zustände durch ihre Verwirklichung in einer neuen Form.

So verliert die Unterwerfung der Götter ihr Geheimnis. Sie willigen in ihren Tod ein (in manchen Fassungen der Legende sind sie es selbst, die ihre Opferung vorschlagen), weil ihr Werk vollendet ist. Deshalb berichtet auch der Mythos von ihrem Tod erst nach dem Entstehen der Fünften Sonne: daß sie sich für diese entscheiden können, setzt ja bereits ihr Eingehen in eine neue Wirklichkeit voraus, die aus ihrer Vernichtung entsprungen ist.

Die Geschichte vom Fürsten Quetzalcoatl wirft ein helles Licht auf die Rolle der Akteure in diesem Drama. Bei dessen Beginn findet man einen Priester, der Herrscher über ein wunderbares Königreich ist und sich für alle Zeit in eine fromme Zurückgezogenheit eingeschlossen hat. »Solange er lebte, zeigte er sich nicht öffentlich; er blieb im Inneren eines sehr dunklen und stark bewachten Zimmers. Seine Pagen bewachten ihn auf vielen Seiten, die sie alle abriegelten, und sein Zimmer war das letzte [...]«[445] Eines Tages tauchen wunderliche Gesandte auf, denen es nach vielen vergeblichen Versuchen gelingt, bis zum König vorzudringen. Ihre Absicht ist, ihn zu überreden, sein Volk zu verlassen. Der Vorwand, den sie gebrauchen, ist sehr bedeutsam:

sie wollen ihm einen Körper verleihen, und dafür dringen sie in das Dunkel ein, wo er verborgen lebt, und tragen einen Spiegel bei sich. »Der erste war Tezcatlipoca. Er nahm einen doppelten Spiegel, eine Spanne groß, und wickelte ihn ein. Als er ankam, wo Quetzalcoatl wohnte, sagte er zu seinen Pagen, die ihn bewachten: ›Geht und sagt dem Priester, es ist ein junger Mann gekommen, um dich dir selbst zu zeigen und dir deinen Leib zu geben.‹ Die Pagen gingen und benachrichtigten Quetzalcoatl, und der sagte: ›Was ist das, Ahne und Page? Was für ein Ding ist mein Leib? Seht euch an, was er bei sich hat, danach soll er hereinkommen.‹ Aber jener wollte es sie nicht sehen lassen und sprach: ›Geht und sagt dem Priester, daß ich selbst in eigener Person es ihm zeigen muß.‹ Sie gingen und sagten ihm: ›Er ist nicht willens, Herr, er besteht darauf, es dir zu zeigen.‹ Quetzalcoatl sprach: ›Er soll kommen, Ahne.‹ Sie gingen und sagten es Tezcatlipoca; der trat ein, grüßte ihn und sprach: ›Mein Sohn, Priester Ce Acatl Quetzalcoatl, ich grüße dich; ich bin gekommen, dich deinen Leib sehen zu lassen.‹ Da sprach Quetzalcoatl: ›Sei willkommen, Ahne. Woher kommst du? Was ist das mit meinem Leib? Laß sehen.‹ Jener antwortete: ›Mein Sohn, Priester, ich bin dein Vasall. Ich komme vom Abhang des Nonohualcatepetl. Sieh deinen Leib an, Herr.‹ Darauf gab er ihm den Spiegel und sprach: ›Sieh dich und erkenne dich, mein Sohn, in dem Spiegel mußt du erscheinen.‹ Auf einmal sah Quetzalcoatl sich selbst; er erschrak sehr und sprach: ›Wenn mich meine Vasallen sähen, könnten sie davonlaufen.‹ Denn er war unansehnlich, die Lider voller Falten, die Augenhöhlen eingesunken und das ganze Gesicht sehr angeschwollen. Als er aber den Spiegel gesehen hatte, sagte er: ›Nie wird mich einer von meinen Vasallen sehen, denn ich werde hier bleiben.‹«[446]

Die panische Angst, die das plötzliche Auftauchen dieses unbekannten Gesichts hervorruft, kann nur auf die Berührung von Geist und Materie deuten, auf den Augenblick, in welchem der Geist in einen Zustand unerträglicher Zweideutigkeit eintritt. Was in der Behandlung dieses alten Themas überrascht, ist die Tatsache, daß diese Begegnung, weit davon entfernt, auf Sturz und Erniedrigung zu weisen, erst eigentlich die Bedingung der Erlösung ist, denn aus ihr geht das Wesen hervor, das die Welt aus der Finsternis errettet. Es ist bedeutungsvoll, daß der unbewegliche und weltferne Priester ebensosehr in der Dunkelheit verloren ist wie der Herr des Todes.

Diese schöpferische Begegnung scheint als Endpunkt der doppelten Bewegung konvergierender Verlangen aufgefaßt zu werden, als Antwort des Wesens auf den Ruf des Objekts, des *Einen* auf das *Vielfache*. In der von Sahagún überlieferten Fassung wartet der Priester bereits: »Darauf benachrichtigten sie Quetzalcoatl und sprachen zu ihm: ›Mein Fürst, es ist wer, ein altes Männchen, gekommen, der dich sehen will [. . .] Wir haben ihn hinausgeworfen, aber er will nicht gehen. Er sagt: ›Ich will den Herrn sehen.‹ Da sprach Quetzalcoatl: ›Er möge kommen, er möge hereinkommen, denn ich erwarte ihn schon seit fünf, seit zehn [Tagen]!‹«[447]

Dem Mythos entspricht die Symbolik der Darstellungen: das Verlangen der Materie erscheint als eine zu voller Länge aufgerichtete Schlange, das des Geistes als der himmlische Vogel, der sich kühn erdwärts stürzt: der *quetzal*, der es darstellt, ist so geartet, daß ein solcher Sturz für ihn eine tödliche Gefahr bildet.

Kaum körperlich geworden, wird der *quetzal-coatl*, betrunken von dem Wein, den ihm seine Besucher anbieten, zum Opfer des physischen Begehrens: »Als Quetzalcoatl schon fröhlich war, sagte er: ›Geht und holt mir meine ältere Schwester Quetzalpetlatl her, damit wir uns beide betrinken.‹ Da gingen seine Pagen nach Nonohualcatepec, wo sie Buße tat, und sagten zu ihr: ›Herrin, meine Tochter, Quetzalpetlatl, die du fastest, wir sind gekommen, dich mitzunehmen. Der Priester Quetzalcoatl wartet auf dich, du wirst bei ihm weilen.‹ Sie sprach: ›Sei es zu guter Stunde. Laß uns gehen, Ahne und Page.‹«[448]

Nach einer Liebesnacht mit der schönen Quetzalpetlatl entschließt sich Quetzalcoatl, sein Königreich zu verlassen, wie seine Versucher es wollen. Die Gewissensqualen, die die Auslösung des menschlichen Dramas in ihm weckt, werden in der mythischen Erzählung sehr deutlich: »Als es Tag ward, wurden sie sehr traurig, und ihre Herzen wurden weich. Und Quetzalcoatl sprach: ›Weh mir Unglücklichem!‹ Und er sang das Klagelied, das er erdacht hatte, um von dannen zu gehen: ›Schlimmer Handel ist ein Tag fern von meinem Haus. Mögen die Mitleid haben, die weit von hier sind, ich fand es schwer und gefährlich. Mag nur der stehen und singen, dessen Körper aus Erde ist; ich bin nicht aufgewachsen mit der Trübsal der Dienerarbeit.‹ [. . .] Und gleich darauf machte sich Quetzalcoatl auf und davon. Er stand auf, rief alle seine Pagen und weinte mit ihnen. Dann entwichen sie nach Tlillan Tlapallan, der Stätte des Scheiterhaufens. Er ging und versuchte allenthalben, aber kein Ort gefiel ihm. Und als er dort angekommen war, wohin er ging, wurde er abermals traurig und weinte. Man sagt, daß er in diesem Jahr 1 *acatl*, als er zum himmlischen Ufer des göttlichen Wassers gelangt war, innehielt, weinte, [. . .] und seine Ehrenzeichen aus Federn und seine grüne Maske bereitete [. . .] Als er sie angetan hatte, zündete er selbst das Feuer an und verbrannte sich [. . .] Als er nur mehr Asche war, in dem Augenblick sahen sie, wie das Herz Quetzalcoatls sich erhob. Sie wußten, es war zum Himmel gefahren und in den Himmel eingetreten. Die Alten sagten, es habe sich in den Stern verwandelt, der mit der Morgenröte aufgeht. Weiter sagen sie, dieser sei erschienen, als Quetzalcoatl gestorben sei, den sie deshalb den Herrn der Morgenröte genannt hätten [...] Nur vier Tage nach seinem Tod sei er nicht erschienen, weil er während dieser Zeit unter den Toten weilte, und ebenfalls während vier Tagen habe er sich mit Pfeilen versorgt, so daß nach acht Tagen der große Stern erschienen sei, den sie Quetzalcoatl nennen. Und sie fügten hinzu, daß er danach als Herr den Thron bestieg.«[449]

Logischerweise muß die Verwandlung dieses Königs in einen Planeten vor der Fünften Sonne stattgefunden haben, da Quetzalcoatl bei der Geburt dieser letzteren als Gottheit beteiligt ist: daß er zuvor ins Innere der Erde hinabgestiegen ist, designiert ihn für den Besuch im Reich der Toten. Teotihuacan ist somit der Ort beider Abenteuer; das der Fünften Sonne, die nach den Texten die Spitze der dortigen Pyramide bildet, stellt auch das Ende allen Suchens dar, den Beginn der Weltzeit, »die bereits die unsere ist«. Teotihuacan war folglich nicht nur, wie sein Name besagt, ›Stadt der Götter‹, sondern auch das ursprüngliche Tollan, dessen Herrscher zum Herrn der Morgenröte wird, indem er sich in die Flammen eines Scheiterhaufens wirft, der nun nicht auf der Spitze eines Monuments, sondern in einer noch natürlichen Umgebung steht.

Hört man das Klagelied des heiligen Priesters, so möchte man meinen, daß nur der Geist unter den Folgen seines Abenteuers leidet. In Wahrheit bleibt jedoch auch dem, »dessen Körper aus Erde ist«, keine einzige von den Qualen erspart, die sich aus dem Erwachen des Bewußtseins ergeben, und das Verhalten der Materie ähnelt dem ihres Partners, des Geistes, in allen Einzelheiten. Es beginnt schon mit ihrem anfänglichen Wissensdurst, ihrer Ahnung von der Existenz einer unwahrscheinlichen Wirklichkeit: weiß der Priester Quetzalcoatl nicht, was ein Leib ist, so ist die Schlange — Symbol der Materie — so wenig wie er in der Lage sich vorzustellen, was sie auf dem Gipfel der Anstrengung entdecken wird. Beide werden von einem unwiderstehlichen Verlangen geleitet, das jedoch sein Ziel nicht kennt. Und wenn es erscheinen mag, als habe die Rolle des höheren Prinzips mehr Gewicht, so ist es wichtig, demgegenüber festzuhalten, daß die Initiative zu der Begegnung von unten ausgeht: das Handeln des Höheren wird durch den Anruf bestimmt, der von der Erde kommt.

Denn der wichtigste Versucher Quetzalcoatls ist Tezcatlipoca, ›Herr Rauchender Spiegel‹,[450] eine Figur, die wie die Antithese des büßenden Königs wirkt. Er ist Schutzherr der Sklaven und ihrer Herren, Anstifter von Kriegen und Zwietracht, Beichtvater für die Sünden des Fleisches, die er begünstigt. Er ist widersprüchlich, wechselhaft, von vielfältiger Erscheinung. Er symbolisiert die ›Erdsonne‹, ein Gestirn, das von der Dichte der Nacht verschlungen wird. Aufgrund dieser Eigenschaften und des vernebelten, rauchenden Spiegels, der sein Emblem ist, erscheint er wie ein Bild für die Stofflichkeit. Und hierfür ist von Bedeutung, daß die Folge von Weltperioden, durch die die Schöpfung ihr Bewußtsein entdeckt, aus dem Kampf hervorgeht, den sich diese beiden entgegengesetzten Wesenheiten liefern.

Wir sahen, daß der König von Tula, sobald man ihm die Welt mit einem Spiegel offenbart hatte, Verlangen nach einer Frau empfand. In der Nahua-Symbolik steht die Frau, zusammen mit der Schlange und den Zeichen des Todes, für die biologische Natur, die Materie. Die Frau, mit der sich Quetzalcoatl vereinigt, ist jedoch ebenfalls eine Büßerin, die in Askese lebt; damit ist ausgedrückt, daß auch die Materie, die eins mit dem König wird, die Trägheit überwunden hat wie er.

Die vorherrschende Rolle der Natur in dieser heroischen Sage wird deutlich, wenn man die Göttinnen studiert: die qualvolle Angst, die die Natur leidet, weil sie sich für ein Prinzip entschieden hat, das sie dazu führt, ihre Grenzen zu überschreiten, findet ihren vielleicht bewegendsten Ausdruck in dem Mythos von Huitzilopochtli. Wegen ihrer außerordentlichen Bedeutung für die Symbolik zitieren wir die Erzählung von der Geburt Huitzilopochtlis mit nur geringen Kürzungen.

»Folgendes wußten und erzählten die alten Leute von hier über Geburt und Ursprung des Teufels namens Huitzilopochtli, der von den Mexikanern hoch geachtet und verehrt wurde: Es gibt einen Berg mit dem Namen Coatepec, der bei der Stadt Tula liegt. Dort lebte eine Frau namens Coatlicue. Sie war die Mutter bestimmter Indios, die Centzonhuitznahua hießen, und die hatten eine Schwester mit Namen Coyolxauhqui. Coatlicue tat Buße, indem sie jeden Tag auf dem Berg Coatepec fegte. Und eines Tages, als sie ging und fegte, geschah es ihr, daß eine kleine Kugel aus Federn, so groß wie ein Wollknäuel, auf sie herabfiel. Sie ergriff sie und steckte sie unter ihre Kleider [. . .], und als sie zu Ende gefegt hatte, wollte sie sie hervorholen, fand sie nicht mehr. Davon, heißt es, wurde sie schwanger. Als aber die Centzonhuitznahua das bemerkten [. . .], wurden sie sehr zornig und sagten: ›Wer hat sie schwanger gemacht, die Schmach und Schande auf uns gebracht hat?‹ Und ihre Schwester Coyolxauhqui sprach zu ihnen: ›Meine Brüder, laßt uns unsere Mutter töten, denn sie hat Schande über uns gebracht, indem sie [. . .] schwanger geworden ist.‹ Und als die Coatlicue das erfuhr, war sie sehr bedrückt und fürchtete sich, aber ihr Kind, das sie im Leibe trug, redete zu ihr und tröstete sie und sagte: ›Hab keine Angst, denn ich weiß, was ich tun muß.‹ Und als die Coatlicue diese Worte hörte, beruhigte sich ihr Herz, und ihre Bedrückung verließ sie [. . .] Aber die Centzonhuitznahua hatten die Waffen ergriffen und bereiteten sich zum Kampf. Sie drehten und umwickelten ihre Haare wie tapfere Männer. Und einer von ihnen, Quauitlicac, war wie ein Verräter, denn alles, was seine Brüder sagten, hinterbrachte er sogleich Huitzilopochtli, der noch im Bauch seiner Mutter war [...] Und Huitzilopochtli antwortete ihm und sprach: ›O mein Onkel, beobachte, was sie tun, und höre genau zu, was sie sagen, denn ich weiß schon, was ich tun muß.‹ Nachdem die Centzonhuitznahua übereingekommen waren, daß sie die Coatlicue töten wollten, brachen sie auf nach dem Ort, wo sich ihre Mutter befand. Ihre Schwester Coyolxauhqui ging ihnen voran, und sie mit allen ihren Waffen, Fahnen, Schellen und Speeren [folgten] in Reih und Glied. Und der Quauitlicac stieg auf den Berg, um Huitzilopochtli zu benachrichtigen, daß die Centzonhuitznahua schon gegen ihn unterwegs waren, um ihn zu töten. Darauf antwortete Huitzilopochtli und sprach zu ihm: ›Schau scharf aus, wo sie kommen!‹ Und Quauitlicac sagte ihm, sie seien schon an einem Ort mit Namen Tzompantitlan. Und zum anderen Mal fragte der Huitzilopochtli den Quauitlicac und sprach: ›Wo sind sie jetzt‹, die Centzonhuitznahua?‹ [...] ›Sie sind an einem anderen Ort namens Coaxalpa.‹ Und wiederum fragte der Huitzilopochtli den Quauitlicac, wo sie angekommen seien, und bekam zur Antwort: ›An einem anderen Ort, der heißt Apetlac.‹ Und noch einmal fragte der Huitzilopochtli [...] ›Wo sind sie jetzt?‹ [...] ›Auf halber Höhe des Berges.‹ Von neuem fragte der Huitzilopochtli den Quauitlicac: ›Wo sind sie angekommen?‹ [...] ›Schon ganz nahe, und ihnen voran geht die Coyolxauhqui.‹ Und als die Centzonhuitznahua ankamen, da wurde Huitzilopochtli geboren. Er war bewehrt mit seinem Schild Teueuelli, einem Speer und einem blauen Szepter. Sein Gesicht war wie bemalt, und auf dem Kopf trug er einen Kopfputz aus Federn; sein linkes Bein war sehr dünn und gefiedert, und beide Oberschenkel und beide Arme waren mit blauer Farbe bemalt. Und der Huitzilopochtli befahl einem namens Tochancalqui, eine Schlange aus Kienfackeln mit Namen Xiuhcoatl anzuzünden [...] und mit ihr wurde die Coyolxauhqui verwundet und starb, und er hieb sie in Stücke, und ihr Kopf blieb auf dem Berg Coatepec [...] Und darauf erhob sich der Huitzilopochtli, ergriff seine Waffen und griff die Centzonhuitznahua an. Er verfolgte sie, warf sie von dem Berg [...] bis an dessen Fuß. Dann jagte er sie viermal um den Berg herum. Die Centzonhuitznahua konnten sich [...] weder verteidigen noch standhalten [...]; sie wurden besiegt, und viele von ihnen fanden den Tod. Da baten und flehten die Centzonhuitznahua den Huitzilopochtli an, er solle aufhören, sie zu verfolgen, und sich von dem Kampf zurückziehen, aber der Huitzilopochtli wollte nicht und gab es ihnen nicht zu, bis er fast alle getötet hatte. Und sehr wenige entkamen [...]«[451]

Diese Erzählung bildet gleichsam den zweiten Akt des mythischen Dramas: nach den Klagen des Priesterkönigs, mit denen der erste Teil endete, sehen wir den Kampf seines unglücklichen Gewissens. Die Kulissen haben sich verändert: nicht mehr der nunmehr unsichtbare Geist hat die Hauptrolle, sondern die Erde, die ihn verbirgt und die er verzweifelt zu beleben sucht. Denn er ist zwar entschlossen zur Tat geschritten, aber sein Schicksal hängt nach wie vor von der Muttergöttin ab: verschließt sie sich der Stimme, die sich im Innersten ihres Wesens erhebt, so muß er in seinem Gefängnis untergehen.

Auf diese Wartezeit bezieht sich vielleicht ein Text, dessen Sinn sonst schwer zu fassen wäre. Ehe er sich auf den Weg ins Exil begibt (d. h. nach seiner Inkarnation und dem darauffolgenden Liebesakt), schließt sich Quetzalcoatl vier Tage lang in einer Art Sarkophag ein: »Als seine Pagen gesungen hatten, sprach Quetzalcoatl zu ihnen: ›Genug, Ahne und Page. Ich verlasse die Stadt, ich gehe. Befehlt, daß sie eine Kiste aus Stein machen!‹ Alsbald bauten sie eine Kiste aus Stein, und als der Bau vollendet war, legten sie Quetzalcoatl hinein. Er blieb nur vier Tage in der Steinkiste [. . .]«[452]

Daß Quetzalcoatl vier Tage lang bei den Toten gehalten wird, spricht für die Vermutung, daß es sich in allen besprochenen Fällen (Quetzalcoatls Gang in die Unterwelt; Nanahuatls Läuterung; Huitzilopochtlis Ängsten im Mutterleib; Quetzalcoatls Eingeschlossensein in der Steinkiste) um den Aufenthalt in der Finsternis handelt, der zum Erreichen des Lichts unerläßlich ist.

Was Coatlicue betrifft, so scheint es, als deute die Todesgefahr, in der dies Stück sich auflehnender Natur schwebt, einerseits auf ihren Rückfall in die blinde Zersplitterung, die in ihrer zahlreichen Nachkommenschaft verkörpert ist, andererseits auf die Gefahr, der die Natur ausgeliefert ist, jede Möglichkeit einer Integration in die lebensschaffende Zeit dadurch preiszugeben, daß sie im Raum, in der Bewegungslosigkeit allmählich zerfällt. Coatlicues Beiname ›Herz der Erde‹ geht wahrscheinlich auf eben die Notwendigkeit zurück, über sich selbst hinauszuwachsen: »Damit wir wissen, weshalb man sie ›Herz der Erde‹ nannte: sie sagen, der Grund sei, daß sie, wenn sie wollte, die Erde beben ließ.«[453] Über die Bedeutung dieser Erdbeben kann kaum Zweifel bestehen, denn die Rolle, die der Muttergöttin in den Texten ohne Ausnahme zufällt, ist die eines Kriegers, und zwar sogar eines Kriegers, der in der Schlacht umkommt. Sie ist das erste Wesen, das einen rituellen Tod erlitten hat. Es weist nämlich vieles darauf hin, daß Coatlicue trotz des scheinbar glücklichen Ausgangs ihres Abenteuers nach der Geburt Huitzilopochtlis vom Tod ereilt wurde: alle bildlichen Darstellungen zeigen sie enthauptet, und dies gilt auch für die vier anderen Erdgöttinnen, die ihre Varianten bilden.

Hieraus folgt, daß Mutter und älteste Tochter in Wirklichkeit ein einziges Wesen sind, das als schlimmsten Feind sich selbst zu überwinden hat. Daher rührt der pathetische Aspekt der Geschichte: um das Lichtwesen, das in ihr wohnt, zur Welt zu bringen, muß Coatlicue sterben. Sie ist es also, der die langen Verhandlungen und Ermahnungen des künftigen Gottes gelten, die keinen anderen Zweck haben, als sie zu überreden, sich dem Tod anheimzugeben. Der erstaunlichste Zug der Erzählung ist die Betonung der Notwendigkeit, gemeinsam zu handeln: der himmlische Krieger kann ohne die volle Zustimmung der Materie nicht zur Welt kommen.

In einer Chronik wird die Situation gut gekennzeichnet, indem dort der Mord ohne Umschweife Huitzilopochtli zugeschrieben und Coyolxauhqui zu dessen Mutter gemacht wird: »Dort unten, in Teotlachco, verschlang Huitzilopochtli seine Oheime und seine Mutter. Die er sich zur Mutter genommen hatte, Coyolxauhcihuatl, mit ihr begann er. Als er sie tötete in Teotlachco, köpfte er sie und aß ihr Herz.«454 Auch Durán bestätigt die Identifikation: er macht die Muttergöttin zur Schwester Huitzilopochtlis.

Der Tod Coatlicues versinnbildlicht die Erschütterung der Natur in ihrer Anstrengung, sich zu befreien, die *Bewegung*, die der Weltzeit Quetzalcoatls ihren Namen gibt. Die ganze Anlage des Mythos ist von dem Bemühen antagonistischer Prinzipien geprägt, die miteinander ringen, um die tödliche Vereinzelung zu überwinden, unter der sie beide, Geist und Materie, leiden; beide nehmen die Risiken des Kampfes auf sich, weil sie hoffen, sich in die Zeit, die Erlöserin der Menschen, zu integrieren.

Damit diese Fusion gelingen kann, müssen beide auf ihre Form verzichten. Sie müssen das Opfer erleiden und einwilligen, zu vergehen, damit etwas anderes entstehe. Diese doppelte Vernichtung steht im Mittelpunkt aller Mythen. Wir müssen daher annehmen, daß sie auch die Grundlage des Nahua-Denkens bildete. Deshalb muß auch die Bedeutung Quetzalcoatls nicht in seiner Eigenschaft als Person, sondern in seinem Wert als Archetyp liegen: er ist der Mensch, der in seinen Entscheidungen frei ist. Sobald man sich dieser Rolle bewußt ist, verliert auch seine Allgegenwart ihr Geheimnis. Man weiß übrigens genau, daß der höchste Würdenträger der Priesterschaft den Titel ›Quetzalcoatl‹ trug und die Hauptepisoden im Leben des Gottes rituell nachvollziehen mußte. Damit erklärt sich auch, daß im gesamten Verlauf der Geschichte so viele Könige ihre Stadt verlassen und ins Land der Sonne ziehen — eben das Phänomen, das in den Dokumenten aus der vorspanischen Zeit solche Verwirrung stiftet.

Trotz ihrer Kompliziertheit, die sich dem Nichteingeweihten schwer erschließt, finden die Nahua-Mythen ihre Entsprechung in den Darstellungen der bildenden Kunst und in der Gesellschaft selbst. Ohne die archäologischen Funde und die Angaben der Chronisten wären diese ›Fabeln‹ für uns heute ebenso sinnentleertes Stückwerk wie für die Gelehrten des 16. Jahrhunderts. Durch die Untersuchung der Quellen ist es heute möglich, in diesen Erzählungen zwei chronologisch verschiedene Schichten zu unterscheiden, deren Vermischung die gesamte Struktur unkenntlich machen würde. Es sind einerseits die Berichte über die Entstehung des Planeten Venus und der Fünften Sonne aufgrund der freien Willensentscheidung eines bestimmten Königs von Tula, andererseits ist es die Figur der Büßerin, die Huitzilopochtli zur Welt bringt. Huitzilopochtli ist ein Sonnengott; es zeigt sich jedoch, daß das Gestirn, mit dem ihn die Azteken identifizierten, anderer Herkunft ist als das, mit dem das Weltalter des Quetzalcoatl begann. Dies Weltalter ist es aber, dem die Mexikaner ihrer Aussage nach angehörten, und wir haben gesehen, mit welcher Beständigkeit und mit welchem Stolz sie sich als Abkommen jenes Heros bezeichneten, dessen Sprache sie sprachen und dessen Leistungen ihnen in allen Gebieten Vorbild waren.

In der Tat zeigt die Ikonographie, daß die beiden Gestirne nicht die gleiche Natur haben. Huitzilopochtli erweist sich als die späte Umformung eines Bildes der Seele, einer Figur, welche die Sonne nur bei ihrer Geburt und im Aufsteigen darstellte. Die Wahl dieser Figur, in der sich der Augenblick der Verwandlung eines menschlichen Wesens in Lichtenergie ausdrückt, hat offensichtlich zum Ziel, die unaufhörliche Anstrengung deutlich zu machen, die der Erfolg eines bestimmten Unternehmens forderte — eines Unternehmens, das ursprünglich als Sieg des Geistes konzipiert war, dann auf die Ebene des Weltlichen transponiert wurde, um schließlich als das Ideal des Kriegers auf die Fahnen geschrieben zu werden. Es ist deutlich, daß die Azteken einerseits das Gestirn verehrten, das vor Zeiten auf der Spitze der Pyramide von Teotihuacan entstanden war, daß sie jedoch andererseits einen Mythos geschaffen haben, der die feindselige Umgebung spiegelt, in der sie lebten und in der sich zu behaupten ihnen nur ein unbändiger Wille zur Macht ermöglichte.

Die ganze vorkolumbische Geschichte ist in der Zeitspanne enthalten, die den lebendigen und leidenschaftlichen Glauben an die Verwirklichung des Geistigen auf Erden vom Einsatz dieses Glaubens für weltliche Zwecke trennt. Innerhalb dieser Zeitspanne verwandelt sich eine noch urwaldartige Welt in ein übervölkertes, städtisches Land. Erkennbar wird dieser Zeitraum nur durch die Veränderungen, die in jeder seiner einzelnen Phasen die Ikonographie durchmacht. Der unwandelbare Kern dieser Bildersprache, in der sich der gesamte Kontinent ausdrückt, ist von den ersten Zeugnissen eines Gemeinwesens bis zur Vernichtung der Reiche durch die Europäer die Gestalt des Jaguars. Ehe wir also die jeder der beiden Hemisphären eigenen Symbole getrennt betrachten, wollen wir bei diesem gemeinsamen Bild einen Augenblick verweilen.

In Mexiko wie in Peru datieren die Spezialisten die frühesten Kultstätten um 1000 v. Chr. Diese Datierung ist zwar provisorisch, wird jedoch im ganzen durch das Fehlen von Profanbauten bestätigt, das diese Periode kennzeichnet. In ganz Mittel- und Südamerika sind die Tempel einer katzenhaften Gottheit geweiht, deren Darstellungen häufig realistisch sind, aber mitunter menschliche Züge in solchem Maße mit aufnehmen, daß sie vom Tier nur mehr ein einziges Kennzeichen, etwa die Größe des Rachens oder die Biegung der Lippen, behalten. Da die Götter der Nahua (wo der Jaguar, der mit der Entstehung der Fünften Sonne in Beziehung steht, ausdrücklich Symbol für die Inkarnation des Lichts ist) zu einem in hohem Maße geistig-abstrakten System gehören, kann der Jaguar der Frühzeit nicht ohne vorherige genaue Untersuchung seines ikonographischen Umfeldes zu ihnen in Beziehung gebracht werden. Wir wenden uns deshalb zunächst Peru zu, wo die Symbolik bis zum Ende einen stärker deskriptiven Charakter behält.

Der große Archäologe Julio Tello hat, um die allgegenwärtige Figur des Jaguars zu begreifen, auf Legenden der Urwaldbewohner des Amazonasgebiets zurückgegriffen, wo die Raubkatze ebenfalls eine besondere Rolle spielt.[455] Tello hat sie schließlich direkt mit der Sonne identifiziert. Die Erzählungen, die er anführt, verlaufen im großen und ganzen immer gleich: ein Jaguar verschlingt eine Frau, die zuvor sei es von der Sonne, sei es vom Blitz, sei es von der obersten Gottheit geschwängert worden ist, und rettet die Zwillinge, die nach dem Tod seines Opfers geboren werden. Ehe sie sich in Gestirne verwandeln, töten die Zwillinge die ›Jaguarin-Mutter‹, die sie aufgezogen hat. Es ist bemerkenswert, daß auch hier, wie in den Abenteuern des Huitzilopochtli, die Entstehung einer neuen Ordnung, in der der Himmel mit einem irdischen Element vereinigt werden soll, die Vernichtung der Hauptbeteiligten fordert. Der Jaguar, der die Trägerin des göttlichen Samens verschlingt und die aus diesem Samen hervorgehenden Zwillinge rettet, erscheint als der verantwortliche Beschützer des Lebens heiliger Kinder; die Sonnennatur, die er sich so zu eigen macht, tritt auch in der Tatsache hervor, daß er in den alten peruanischen Mythen die Sonne verschlingt, wenn sie sich verfinstert. Tello zeigt dann, daß dieser Gestirnsjäger zugleich auch der Stammvater der Menschen ist, und da die in Peru vorherrschende Gesellschaftsordnung matriarchalisch war, behauptet er, daß die ›Jaguarin-Mutter‹, die in allen Erzählungen vorkommt, die Stammutter der gesamten Menschheit ist. Die Natur des Menschen wäre somit aus der Inkarnation des himmlischen Feuers in einem Wesen hervorgegangen, dessen tollkühne Kraft in der Katzensymbolik

Ausdruck findet. Wir werden noch sehen, daß die peruanische Kultur nach der Auffassung ihrer Mythen ebenso wie die mexikanische erst hat entstehen können, nachdem Heroen die Welt aus der Finsternis erlöst hatten, in der sie der Schöpfergott zurückließ.

Die olmekische Kultur zeigt als mexikanische Entsprechung zu dieser Frühphase Perus ebenfalls ständige Hinweise auf die Verwandtschaft des Jaguars mit dem Menschen, als ob dessen Entstehung mit dem Symbolismus der Raubkatze untrennbar verbunden sei. Die Kunst im Süden von Veracruz und in Tabasco, die in dieser Hinsicht eine noch deutlichere Sprache spricht als die von Chavín, zeigt immer wieder die Entstehung dieses übernatürlichen Phänomens des Jaguarmenschen (Abb. 3): überall tauchen Figuren auf — einige von ihnen auf der Schwelle einer Nische, die für die Höhle der Mythen stehen könnte (Abb. 4) —, die in ihren Armen jaguarartige, aufgedunsene, streng blickende Kindergestalten tragen, welche häufig ein Beil halten (Abb. 5). Die Herkunft solcher Kinder ist unmißverständlich in zwei Skulpturen dargestellt, die die Verbindung eines Jaguars mit einer Frau zeigen.[456] Das Beil ist Symbol des Himmelsfeuers auf Erden; es besteht oft aus Edelstein, mitunter mit eingeritztem Dekor versehen (Abb. 6). Dutzende von kreuzförmig angeordneten Beilen bilden die Hauptmasse der Opfergaben.[457] In dieser frühen Periode beherrscht der Jaguarmensch auch Monte Albán, ein Kulturzentrum, das mit manchen Gebräuchen der Pazifikküste in Beziehung steht (Abb. 7).

Nur eine Untersuchung ihres Kontextes kann diesen Symbolen eine Tragfähigkeit zurückgeben, die hinreicht, um sie den in späteren Jahrhunderten auf ihnen errichteten Systemen als Grundlage dienen zu lassen. Da außerdem die verschiedenen Zeichen, aus denen sich diese Bildersprache zusammensetzt, untereinander so eng zusammenhängen, daß, geht man von Einzelheiten aus, dies für die Untersuchung kaum andere als schädliche Folgen haben kann, ist die einzig mögliche Methode die, dem langen Weg zu folgen, den sie bis zu ihrer eigenen Vollendung zurücklegen. Weil in Peru die Grundelemente der Zeichenstruktur durchweg sichtbar bleiben, werden wir mit der Entzifferung der peruanischen Bilderwelt den Anfang machen. Sie wird sich für das Verständnis der schwierigen Spekulationen des Nahua-Denkens als wertvolle Hilfe erweisen.

*Abb. 3 (links oben):
Vermenschlichung von
Raubtierdarstellungen.
La Venta, Tabasco
Abb. 4 (rechts oben): Figur,
die ein jaguarartiges Kind
opfert. La Venta, Tabasco
Abb. 5 (rechts Mitte):
Jaguarartige Erwachsene
und Kinder; Flachrelief auf
dem in Abb. 4 erkennbaren
Altar. La Venta, Tabasco
Abb. 6 (ganz links): Beil
mit Gesicht eines Jaguar-
menschen und Kopf eines
Reptils. La Venta, Tabasco
Abb. 7 (links): Jaguar-
mensch, Flachrelief. Monte
Albán, Oaxaca*

4. Die Wiederentdeckung des amerikanischen Denkens durch die Archäologie

Durch die Beschäftigung mit der Kultur Perus (Abb. 8) wird die Wiederherstellung der verlorengegangenen kulturellen Einheit um eine unerwartete Dimension reicher, nicht nur, weil sie uns aus der Gefahr des Regionalismus befreit, sondern vor allem, weil sie es ermöglicht, die wechselseitigen Beziehungen zu erhellen. War es schon für sich genommen außerordentlich nützlich, von Mexiko Abstand zu gewinnen, so erscheinen darüber hinaus die Elemente der mexikanischen Kultur durch die Gegenüberstellung mit einem anderen Zusammenhang in einem unverhofft neuen Licht: jenseits der Verschiedenheiten, die bis dahin den Sinngehalt beider Kulturen verschleiert hatten, hat sich eine neue Erfahrung aufgetan, ja aufgedrängt. Wesenszüge und Schicksale, die jedes ihr eigentümliches Gepräge tragen, erweisen sich als verwandt, und diese Verwandtschaft weist zugleich den Weg zu einem deutlichen Bild des amerikanischen Eingeborenen. Denn hinter den Varianten offenbart sich (nicht zum erstenmal) eine Natur, deren Merkmale die Willenskraft und der Sinn für gegenseitige Unterstützung sind: die Grundlage jener großartigen und zerbrechlichen Reiche, wo nur die strengste Disziplin im sozialen Bereich, d. h. vor allem ein ständiges, wachsames Verantwortungsbewußtsein jedes einzelnen, angesichts der gefährlich groß gewordenen Bevölkerungsdichte das Fehlen mechanischer Produktionsmittel wettmachen konnte. Während die Opferpraxis der Azteken die menschliche Tragweite der mexikanischen Kultur verdunkelte, wurde Peru für die Europäer zum Inbegriff von Tugenden, Schönheiten und Naturschätzen, und vor allem wirkten die erstaunlichen Leistungen des Regierungssystems schon seit dem ersten Brief des Kolumbus — der selbst weder Peru noch Mexiko gesehen hat — nachhaltig auf die Einbildungskraft der Europäer. War die durch die Eroberung geweckte Entrüstung anfänglich mit Hilfe der ›Beweise‹ für die Grausamkeit der Kariben und die Menschenopfer Mexikos zum Verstummen gebracht, so brach sie aus Anlaß der Invasion von Peru mit um so stärkerer Gewalt hervor, als die Bürgerkriege die Wahrheit in brutaler Offenheit ans Licht treten ließen. Es bereitete gewisse Schwierigkeiten, sich

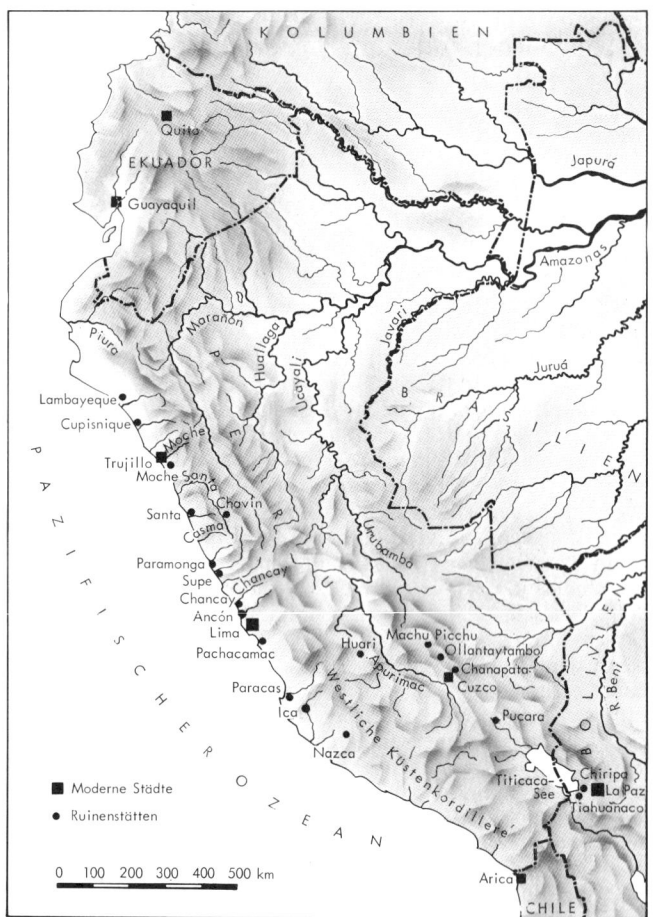

Abb. 8: Peru

auf die Minderwertigkeit von Völkern zu berufen, die einen
hohen politischen Entwicklungsstand besaßen, und Gemeinwesen als tierisch zu brandmarken, denen man trotz zahlreicher
Versuche niemals ernstlich rituelle Menschenopfer vorwerfen
konnte; hinzu kam noch die unbeschreibliche Heftigkeit der Auseinandersetzungen, die die Spanier unter sich führten. Zeugen-
berichte von Beamten, die mit dem Auftrag gekommen waren,
die Interessen der Krone wahrzunehmen, ließen der Öffentlich-

keit bewußt werden, wie ihre Landsleute sich selbst nicht weniger als die Eingeborenen ausrotteten. Die Peruaner wurden den Europäern zum Sinnbild der Opfer: ihre Leiden waren es, die Montesquieu sagen ließen, die Kolonisation Amerikas sei »eine der größten Wunden, die je dem Menschengeschlecht zugefügt wurden«,[458] und ihrem zerstörten Königreich wandten sich Generationen von Dichtern, Dramatikern, Denkern und Soziologen zu, um die Neue Welt zu begreifen. Der Historiker Raúl Porras Barrenechea erklärt, daß Peru »allen Utopisten des 18. Jahrhunderts als Modell einer glücklichen Gesellschaft unter einer väterlichen und kommunistischen Regierungsform gedient habe«.[459] Von den zahlreichen Würdigungen, die diesem Land zuteil geworden sind, sei hier eine der eindringlichsten aus neuerer Zeit zitiert: »Die unausweichliche Spannung, die dazu notwendig war, ein riesiges Gebäude auf schwachen Grundfesten aufrechtzuerhalten, verleiht dem politischen Werk der Inka, das von allen Leistungen der vorkolumbischen Epoche auf dem gesamten Kontinent zweifellos die größte Originalität und die weiteste Ausdehnung besaß, einen ganz eigentümlichen Akzent von Größe und Kühnheit.«[460] Der Völkerkundler Alfred Métraux weist auf diesen allgemeinen Enthusiasmus hin, um ihn zu widerlegen: »Der Mythos vom großen sozialistischen Staat der Inka geht aus einem recht oberflächlichen Begriff seiner Institutionen hervor.«[461]

Das in der nördlichen und südlichen Hemisphäre vorhandene historische Material bezieht sich also auf ganz unterschiedliche Phasen der beiden Kulturen: in Mexiko herrscht fast ein Überfluß an Dokumenten über die Ursprünge seiner Kultur, aber die Bedeutung seiner Institutionen und Religion ist durch die Ereignisse der letzten 50 Jahre vor der Eroberung verunklart worden; dagegen ragen die mächtigen Grundmauern des peruanischen Reiches aus dem Unbekannten hervor. Da sich jedoch die politische Entwicklung der Azteken und Inka zur gleichen Zeit abspielte – jene erobern 1425 das Zentrum, dem sie bis dahin tributpflichtig waren; diese treten 1428 mit Pachacutic Inca in die Phase der sozialen Verwirklichung ihrer Anschauungen ein –, ergeben die für *beide* Mächte überlieferten Daten nebeneinandergesetzt eine vollständige chronologische Abfolge. Wäre das so hergestellte Nacheinander nur ein künstliches Gebilde ohne inneren Zusammenhang, so müßte selbstverständlich die Koppelung einen ohnehin nur schwach erleuchteten Horizont nur noch mehr verdunkeln; da sich indes die Chronologie in allen Hauptpunkten zu entsprechen scheint, wollen wir uns versuchsweise die Hypothese zu eigen machen. Wir werden also einerseits diejenigen archäologischen Spuren Perus, für die sonst keine schriftlichen Hinweise existieren, im Licht der Funde und Dokumente untersuchen, die für das letzte Jahrtausend der Entwicklung Mexikos und dessen Leistungen vorhanden sind; andererseits werden wir die aztekische Gesellschaftsstruktur, die mit allem, was sie umgab, der Acht verfallen war und für die sich deshalb keiner der Humanisten des 16. Jahrhunderts erwärmte, so daß sie für uns völlig im Dunkeln liegt, der wohlbekannten und bewunderten Struktur der Inka-Kultur gegenüberstellen. Was immer dies Verfahren an Ergebnissen bringen wird — als Methode dürfte es allein schon deshalb einen Wert besitzen, weil es Erscheinungen, die anders schwer zu fassen sind, ein gewisses Relief verleihen kann.

a) Die Ursprünge

Wir wissen, daß die Inka keinerlei kulturelle Vorgänger anerkannten, sich als Schöpfer der Kultur ausgaben, deren Erben sie lediglich waren, und ein wenig schmeichelhaftes Bild ihrer Vorgänger entwarfen. Porras Barrenechea führt in seinem bedeutenden Geschichtswerk aus, daß »[. . .] die Inka keine Erinnerung an die Vergangenheit der unterworfenen Stämme bewahrten. Sie eigneten sich deren kulturelle Errungenschaften an und verschleierten das historische Werden der Völker, die vor ihnen vorhanden waren, in einem Nebel von Unverständnis und Vergessen [. . .] In der Sprache der Inka wurde diese ferne und undeutliche Epoche mit dem Namen *purunpacha* bezeichnet, was soviel heißt wie ›Zeit wilder oder barbarischer Völker‹.«[462] So zeigen die Chroniken tatsächlich stereotyp das Bild des ersten Inka, wie der nackten und gesetzlosen Jägern und Sammlern die Anfangsgründe des Bodenbaus lehrt, und seine Gemahlin, die Königin, wie sie den Frauen beibringt, Kleider zu weben, und schreiben die Erfindung der einzelnen Elemente der kunstvollen Gesellschaftsstruktur des 16. Jahrhunderts den Monarchen zu, die ihm folgten.
Diese Übereinstimmung der Chroniken gilt auch für die Lokalisierung des Vaterlandes der Sonne: »[. . .] Sie sagen, daß es ihnen lange Zeit an Licht gemangelt habe, daß Finsternis und Dunkelheit sie umgeben hätten, und dann sei die strahlendste aller Sonnen aus jener Insel Titicaca hervorgekommen [. . .]«[463] Ganz wie mit der Fünften Sonne der Nahua beginnt mit diesem Gestirn das zivilisierte Zeitalter; aber während die aztekischen Dichter und Historiker unablässig an die Herkunft von der aus diesem Licht hervorgegangenen Kultur der Vorfahren erinnern, soll die Sonne von Titicaca allein den Inka gehören: »Er sandte seine Söhne in die Lande [. . .], damit sie die Barbaren, die damals die Erde bewohnten, menschliches Leben lehrten.«[464] Eines dieser Sonnenkinder wird nach einem Aufenthalt in Höhlen, die merkwürdig an die der Chichimeken erinnern, zu Manco Capac. Da jedoch die Archäologie erwiesen hat, daß bereits vor diesem

König eine hochentwickelte Kultur existierte, muß man annehmen, daß in den Texten zwei Phasen gleichgesetzt werden, die in Wirklichkeit durch viele Jahrhunderte voneinander getrennt sind. Vergleicht man die große Zahl von Werken, die die kulturellen Fundamente von Peru bilden, mit der winzigen Schicht des von den Inka Hinzugebrachten, so wird ganz offensichtlich, daß die Identifizierung von mythischem und wirklichem Ursprung eine grobe Verfälschung der Tatsachen wäre. Denn es werden z. B. die Anwohner des schönen Titicaca-Sees, der heute zur Hälfte zu Bolivien gehört, einhellig als Tiere beschrieben, die in »Finsternis und Verwirrung« leben; in Wahrheit scheinen sie jedoch nicht nur einer göttlichen Botschaft teilhaft geworden, sondern auch die Erfinder wichtigster Kulturgüter und die Bewohner eines überaus heiligen Gebietes gewesen zu sein.

Am Ufer dieses Sees, knapp 4000 m über dem Meer, der wie kein anderer den Himmel widerspiegelt, wendet sich die Sonne zum erstenmal den Menschen zu; in einigen Überlieferungen trägt den Namen *Titicaca* die Mutter der Inka.[465] An dieser Stelle, »nach der Sintflut, über die sie nichts anderes zu sagen wissen, als daß sie stattgefunden hat, [...] erschien ein Mann in Tiahuanaco [...], der so mächtig war, daß er die Welt in vier Teile aufteilte und sie vier Männern übergab, die er Könige nannte«.[466] Tiahuanaco, das am Ufer des Sees erbaut wurde, ist die Stadt des Wira Kocha (eines unsichtbaren Gottes; die Sonne ist nichts weiter als seine Erscheinungsform), in deren Mauern »alle Dinge erschaffen worden sind« und von wo drei bärtige Kulturbringer ausgingen.[467] Aus dieser Gegend, die Collao genannt wird, stammt auch die Kenntnis der Kartoffel, der den Inka eigentümlichen spitzen Mütze und des Sakraments der Beichte. Da dieser Ort gleichzeitig die Stelle war, an der die Vorfahren vom Himmel herabstiegen, und die Heimat der Seelen, in die sie nach dem Tod des Leibes zurückkehrten,[468] wurde die Umgebung des Sees und alles, was dort wuchs, für heilig gehalten. »Sie pflückten einige Ähren [auf der Insel von Titicaca], die sie dem König als heiliges Gut überbrachten; dieser trug sie in den Tempel der Sonne und schickte davon den Jungfrauen von Cuzco [...] und an andere Klöster und Tempel des Königreichs, in einem Jahr den einen, im nächsten den anderen, damit alle dieses Kornes, das wie vom Himmel gekommen war, teilhaftig würden [...] Sie brachten einige Körner in die Getreidespeicher der Sonne und in die des Königs und in die Lagerhäuser des Rates, damit sie als göttliches Gut das dort gelagerte Brot für die Ernährung aller schützten [...] und vor dem Verderben bewahrten.«[469]

Die Verehrung für Tiahuanaco und seinen See scheint dem religiösen Denken des alten Peru ebenso inhärent zu sein wie die für Teotihuacan dem von Mexiko; der einzige Unterschied besteht darin, daß die Riten, von denen Garcilaso spricht, jüngeren Datums sein müssen, denn die Inka beherrschten Collao erst seit Beginn des 15. Jahrhunderts.[470] Erst nach dem Sieg des Pachacutic und seiner ›Entdeckung‹ von Tiahuanaco begannen die Pilgerzüge zu der Sonnenstadt, die dann mit der Ankunft der Europäer ein Ende fanden. Das zyklopische und geheimnisvolle Tiahuanaco beschrieb man als Hauptstadt der Riesen, die als Vorläufer der Inka galten;[471] es ist nicht ohne Bedeutung, daß auch die Azteken Riesen ins Spiel brachten, um die Existenz von Bauwerken zu erklären, deren Großartigkeit sie überwältigte.

In den Augen des Paters Bernabé Cobo war die Schöpferrolle von Tiahuanaco eine unbezweifelbare Tatsache. Wenn demnach ein Autor wie Fernando Montesinos (der einzige, der eine Vorgeschichte der Inka aufzeichnete) den ersten seiner Könige sagen läßt, »die Gesetze meiner Regierung werden aus der Vergangenheit wiedererstehen und nicht neu erfunden werden«,[472] so kann diese Vergangenheit nur die des großen südlichen Zentrums sein. Dafür spricht auch die Beschreibung eines anderen Chronisten, der zufolge die Inka, »als sie aus der Höhle hervorkamen, Kleider aus feiner, mit Gold durchwirkter Wolle trugen; dazu trugen sie Taschen, ebenfalls aus Wolle und Gold gewebt, denen sie aus Sehnen verfertige Schleudern entnahmen. Die Frauen kamen auch reich gekleidet [aus der Höhle] mit Umhängen, Gürteln und Goldspangen [...]«[473] Derselbe Chronist fügt seiner Ausstattung noch Geschirr aus Gold und andere Gegenstände hinzu, deren Existenz aufzeigt, daß die Söhne der Sonne, bevor sie zum »Nabel der Welt«[474], ihrem künftigen Sitz, gelangten, bereits Träger einer hochstehenden Kultur waren; und diese konnten sie nur von dem Land übernommen haben, aus dem sie ihrer Aussage nach herstammten.

Versuchen wir im folgenden die Kenntnisse zusammenzustellen, die die Archäologie für eine Epoche bietet, die den Annalen unbekannt geblieben ist und die lediglich in Berichten erwähnt wird, welche »eher Träume und zusammenhanglose Fabeln als historische Begebenheiten«[475] enthalten.

Aufgrund seiner Vergangenheit fand die Vorrangstellung von Tiahuanaco zu allen Zeiten ihre Verteidiger. Während des 19. Jahrhunderts bewegten sich die Diskussionen vorwiegend auf linguistischem Gebiet. So vertritt der Historiker Riva Agüero die Ansicht, die Erbauer von Tiahuanaco hätten wie ihre Nachfahren, die Inka, Quechua gesprochen, und die Aymara, deren Sprache in der Gegend heute noch in Gebrauch ist,[476] sollen die Zerstörer der ersten Metropole gewesen sein. Max Uhle, den Porras Barrenechea (dem wir diese Angaben entnehmen) einen »großen, einigenden Geist, [...] den Vater und Gründer der peruanischen Archäologie« nennt, behauptet dagegen, daß das

Aymara, von dem das Quechua nur ein Dialekt sei, über ganz Peru bis hin zur Herrschaft der Inka verbreitet blieb. Diese These hätte logischerweise dafür sprechen müssen, daß dem Zentrum, wo diese Sprache gesprochen wurde, auch die Vorherrschaft zuzuweisen sei; Max Uhle war jedoch im Gegenteil der Meinung, daß den Küstenkulturen die Priorität zukomme und Tiahuanaco nur ihr Abbild sei. Die verlorengegangene Vorrangstellung der alten Stadt wurde jedoch leidenschaftlich von dem Archäologen Arthur Posnansky zurückgefordert, der sein Leben dieser Arbeit widmete und sich in seinem berühmten Werk von 1946 »als bester Kenner und Interpret von Tiahuanaco erwies«.[477]

Der heftigste Angriff auf das hohe Alter der Stadt ging von Julio Tello aus, der lebensvollsten und anziehendsten Gestalt der südamerikanischen Archäologie. Mit einer ergreifenden Leidenschaftlichkeit und Selbstverleugnung sprengte er mit seinen anregenden und originellen Synthesen, den Früchten seiner unaufhörlichen Entdeckungen, das Gebäude der anerkannten Schemata. Durch seine echte Liebe für die hingeopferte Kultur, seine Sensibilität und sein historisches Einfühlungsvermögen, die es ihm ermöglichten, die Leiden der zu Parias erniedrigten Volksgruppen zu teilen, gelang es ihm auch in bewundernswerter Weise, den Fallstricken der Archäologie zu entgehen. Er bediente sich ihrer Technik, ging aber sogleich über die durch die Ausgrabungen und Klassifizierungen gewonnenen Ergebnisse hinaus: sie waren ihm lediglich Anhaltspunkte in der Entzifferung von Annalen, Mythen, Dokumenten und Symbolen. Seinem dynamischen Einsatz verdanken die Überreste aus vorkolumbischer Zeit ihre Anerkennung; das glühende Zeugnis, das er ablegte, seine bewegte Lehrtätigkeit an der Universität von San Marcos und seine streitbare Teilnahme an internationalen Kongressen wurden schließlich durch die Errichtung des Museums von Lima ruhmreich belohnt, wobei dieser Stadt glänzende Sammlungen zuteil wurden, deren hauptsächlicher Entdecker er selbst gewesen war.

Entgegen Max Uhles These bestreitet er, daß die Küste die Wiege der Kultur gewesen sei, wobei er unter anderem die dort herrschenden extremen Lebensbedingungen (Hitze, Trockenheit, Krankheit und Tod bringende Insekten) geltend macht, aber anstelle von Tiahuanaco erhebt Tello Chavín zum Ausgangspunkt der gesamten altamerikanischen Kulturen, denn im Gegensatz zu dem deutschen Forscher behauptet er die Priorität der peruanischen Kulturen vor denen von Mexiko. Bevor wir die Folgerungen aus diesen Positionen, die Fragen von Vorrangstellung und Einflußsphäre von Küste und Gebirge, von Chavín und Tiahuanaco, von Peru und Mesoamerika näher untersuchen, wollen wir die Werke, um deren Chronologie die Auseinandersetzung geht, in ihre räumliche Umgebung einordnen und dann ihren Sinn zu verstehen suchen.

Das Inkareich erstreckte sich mit einer Oberfläche von mehr als zwei Millionen km² (wie Altmexiko) von Ekuador bis Chile und Argentinien, entlang den eindrucksvollen Gebirgsketten der Anden, mit dem Pazifischen Ozean im Westen und den tropischen Regenwäldern des Amazonas im Osten. Anders als jene Staaten, auf deren Gebiet diese Regenwälder lagen und liegen, zeichnet sich Peru noch heute durch einen Küstenstrich aus, wo es nie regnet. Das Phänomen dieser Trockenheit am Rand eines tropischen Meeres hat alle Chronisten intensiv beschäftigt; jeder von ihnen bildete seine eigene Theorie, um es zu erklären. Die wahre Erklärung fand jedoch der Naturforscher Alexander von Humboldt, der eine von der Antarktis kommende kalte Strömung entdeckte, die das Verdunsten des Meerwassers verhindert und der Atmosphäre die zur Wolkenbildung nötige Feuchtigkeit entzieht. Diese Strömung, die heute den Namen ihres Entdeckers trägt, ist die Ursache dafür, daß sich an der westlichen Grenze Perus eine riesige Wüste erstreckt: sie ist 40–80 km breit und 2480 km lang. Eine goldene Fläche, in ewigen Nebel gehüllt, durchbrochen von einigen seltenen Oasen an den Mündungen der wenigen Flüsse, die nicht vom Sand verschlungen werden, sondern bis zum Ozean gelangen, stellt dies Gebiet ein wahres Totenreich dar. Der Sand, der jegliches Leben im Keim erstickt, hinterläßt überall die Zeichen seiner Herrschaft: er modelliert den Raum in schöne, wandernde Ellipsen und verwandelt die bis zum Meer hinabreichenden Anden in riesige, gespenstische Ungetüme.

Dieses mineralreiche Gebiet enthält sehr wenige Spuren von Denkmälern und nur zwei große archäologische Zentren: ein Heiligtum im Süden nahe bei Lima und ein städtisch besiedeltes Gebiet im Norden bei Trujillo. Hingegen birgt es eine astronomische Anzahl von Grabstätten, wo Leichen und Grabbeigaben aus großen unterirdischen Kammern, die schon von den Eroberern geplündert wurden (es gibt einen königlichen Erlaß, der dies legalisierte), fast unversehrt geborgen werden konnten und die von Julio Tello mit sorgsamer Achtung freigelegt wurden; sie weisen Unmengen kostbaren Schmucks, farbiges Tongeschirr und Stoffe von märchenhafter Schönheit auf.

Gegenüber den Sandmassen, die sie einschließen, die selbst die höchsten Gipfel heimsuchen und die bis weit ins Landinnere verfolgen, bilden die Anden plötzlich die Schwelle der von Menschen bewohnten Welt: die düsteren Höhen des ›schwarzen Massivs‹ (schwarz, weil dort kein Schnee liegt) im Westen sind die Schutzmauern fruchtbarer Täler. Weiter östlich, jenseits der tiefen Schluchten des Marañón-Beckens (Marañón heißt einer der Quellflüsse des Amazonas), ragen sie wieder majestätisch in die Höhe, diesmal von ewigem Schnee gekrönt. Chavín liegt in einer dieser Schluchten, am Fuße des ›weißen Massivs‹, Tiahuanaco an einem der höchsten Punkte des südlichen Teils. Die erhaltenen Bauten sind an beiden Orten megalithisch und mit einer Überfülle von Hoch- und Flachreliefs geschmückt, die ihnen eine vornehme Strenge verleihen.

Julio Tello nimmt für Chavín eine Oberfläche von 13 ha an, jedoch ist bis heute nur eine einzige architektonische Einheit sichtbar: das komplexe Gebilde eines Tempels, vor dem etwas tiefer ein Platz von 47×49 m liegt; in seiner Mitte befindet sich ein Altar. Das Hauptgebäude mit einer Grundfläche von 72×70 m hat in der Ansicht die Form eines Trapezes von etwa 10 m Höhe. Es ruht auf derselben steinernen Plattform wie seine Nebengebäude; das Dach bildet eine Terrasse, auf der sich noch zwei kleinere Räume befinden. Die Mauern bestehen aus Trockenmauerwerk, das mit Geröll ausgefüllt ist; sie sind von außen mit waagerecht liegenden Platten bedeckt, die einen schönen, dekorativen Effekt ergeben; die Innenseite ist mit feuergehärtetem Lehm verkleidet. Ein charakteristisches Merkmal der Architektur von Chavín stellen die Köpfe dar, die in einer bestimmten Höhe in regelmäßigen Abständen in die Außenmauern eingelassen sind. Das Innere des Gebäudes ist von zahlreichen kleinen Räumen und langen Galerien durchzogen, zu denen man durch unterirdische Treppen gelangt. Aufgrund von gefundenen Fragmenten sowie in Analogie zu anderen Tempeln derselben Kulturschicht hat Tello geschlossen, daß diese Räume mit Wandmalereien und Flachreliefs aus gebranntem Ton dekoriert waren. Die nach Osten gewandte Hauptfassade hat einen steinernen, mit Flachreliefs verzierten Türsturz und eine Treppe, die ihrem Entdecker zufolge mit den besten Denkmälern aus der Inkazeit in Cuzco konkurrieren kann. Auffallend ist, daß sich die Ost-Orientierung von Chavín in den Heiligtümern der südlichen Hemisphäre wiederfindet, während sich die von Mesoamerika nach Westen hin öffnen.

Das Heiligtum von Tiahuanaco breitet sich auf der ebenen Fläche der Puna aus. Die Messung seines Vorplatzes ergab 1000×450 m; er ist von einem Graben umgeben und trägt mehrere Gebäude. Der Archäologe Wendell Bennett entdeckte in einem Brunnen, den er in den Trümmern eines kleinen Tempels aushob, eine Figur von 7,50 m Höhe und eine zweite von 2,55 m mit »einem Bart in Hochrelief«, die die Legenden über das Ursprungsland der Inka veranschaulichen: es sind vorzeitliche Riesen, bärtige Kulturheroen, die der Titicaca in der Nacht der Zeiten hervorgebracht haben soll. Das Kalasasaya ist eine viereckige Fläche von 130×135 m mit einer Umfassungsmauer, in der horizontale Steine alle zwei Meter mit senkrecht stehenden Megalithen alternieren. Es schließt das berühmte ›Sonnen-

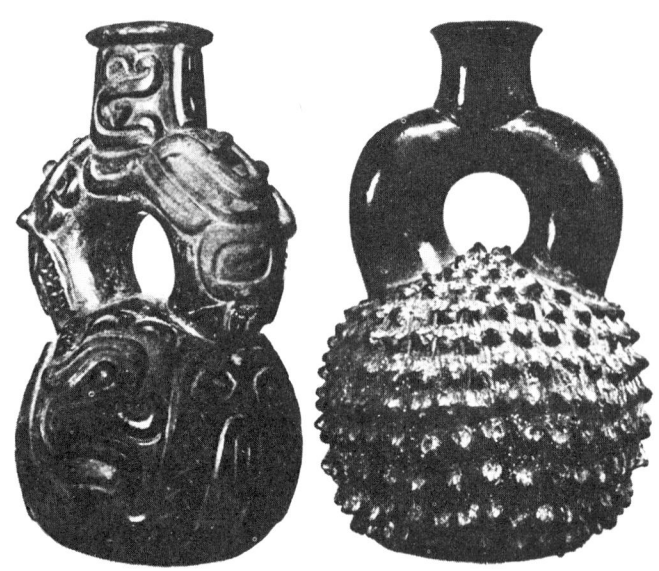

Abb. 9: Gefäße mit Bügelhenkel. Chavín

tor‹ ein, einen Monolithen, in dessen 3 m hohe und 3,75 m breite
Masse der Durchgang und über diesem ein Fries in Flachrelief
gehauen sind. Am südwestlichen Teil des Grabens, der den Vor-
platz einschließt, befindet sich Puma Puncu, ein Königreich der
Waagerechten, von dem Posnansky vermutet, daß es die ›Was-
serpforte‹ sei: die Stelle, an der Tiahuanaco mit dem Titicaca
verbunden war. Wie in angestrengter Erwartung erstarrt, evo-
zieren seine massiven, behauenen Sitze, die auf vier fast mono-
lithischen Terrassen von je acht Metern ruhen, eine sagenum-
wobene Welt. Andere riesige Steine mit einer Unzahl von
Nischen und kleinen Blindpforten vervollständigen diesen
Komplex, der besser vielleicht als jeder andere Tiahuanaco in
den Bereich des Mythos entrückt.
Obwohl Tiahuanaco und Chavín jedes seine einzigartige und
ergreifende Ausprägung besitzt, verbindet doch eine unleugbare Verwandtschaft die beiden Orte. Denn neben Ähnlichkeiten in der Architektur wie z. B. der Errichtung der Gebäude
auf megalithischen Plattformen, ihrer pyramidischen Form,
den unterirdischen Räumen und den in die Außenmauern ein-
gelassenen Köpfen tritt eine Vielzahl von Parallelen religiöser
und kultischer Art und nicht zuletzt die Tatsache, daß als Ausdrucksmittel der Stein gewählt wurde. Außerdem ist der Stil

Abb. 10: Skulpturgefäß mit Bügelhenkel. Moche

Abb. 11: Skulpturgefäß (Darstellung eines Tempels) mit Bügelhenkel. Chimú

Abb. 12: Skulpturgefäß (auf Thron sitzende Figur) mit Bügelhenkel. Chimú

der Reliefs in beiden Zentren wesentlich der gleiche, wenn auch die Roheit der Bildhauerarbeit von Tiahuanaco dazu geführt hat, daß man sie gegenüber der durchgebildeten Kunst von Chavín als eine frühere Stufe bestimmen wollte. Bevor wir zur Betrachtung des Symbolismus der Bilder übergehen, wollen wir uns noch kurz den Ergebnissen der an diesen antiken Stätten durchgeführten Ausgrabungen widmen.

Anhand bestimmter, im nördlichen Küstengebiet ausgegrabener Denkmäler und einer aus dem Süden stammenden Keramik hat Julio Tello die Merkmale einer ersten, ältesten gesamtperuanischen Kulturschicht definiert, deren Ausstrahlungszentrum Chavín bilden soll. Wenn freilich der Erweis des hohen Alters dieser Zone der Archäologie zu einem Bezugspunkt verholfen hat, dessen feste Bestimmbarkeit sehr ermutigend und hilfreich ist, so hat auf der anderen Seite nichts ihre gesamtperuanische Ausdehnung bestätigt, denn die Ausgrabungen haben nirgends überzeugendere Beweise als isolierte und daher als Indizien anfechtbare Elemente geliefert. So kommt es, daß die chronologischen Tabellen die Einflußsphäre von Chavín auf das Marañón-Becken einschränken und auf dieser Kulturstufe für den übrigen Teil des Gebietes Überreste verzeichnen, die nur sehr indirekt auf Chavín als Zentrum zurückgeführt werden können. Da die Architektur zu den einzelnen Entwicklungsphasen der verschiedenen Stile nichts beitragen kann, ist hier nur die Keramik von einiger Hilfe. Daher sei im folgenden eine Synthese der gegenwärtigen Kenntnisse versucht, wobei wir einen gewissen inneren Widerstand zu überwinden haben, denn das Problem, an das wir uns hier wagen, ist von Natur überaus schwierig, und wir haben selbst in keinem Punkt durch eigene Ausgrabungen zu seiner Aufklärung beigetragen. Es versteht sich von selbst, daß diese Synthese in dem Maße eine Einbuße erleiden wird, als es uns unmöglich ist, unsere Aussagen ständig mit dem archäologischen Material, mit den an Ort und Stelle gemachten Aufzeichnungen und Photographien oder mit den Beschreibungen der Ausgrabungsberichte zu konfrontieren, auf die sie sich doch stützen. Ebenso selbstverständlich wird es sein, daß wir Nuancen vernachlässigen müssen, die oft das Ganze, das zu erfassen wir uns bemühen, mehr verstellen, als daß sie es erhellen.

Als erstes sei daran erinnert, daß die früheste Etappe der altperuanischen Hochkultur, die ihre Werke ohne Unterbrechung bis zur spanischen Eroberung hervorbrachte, durch die Keramik von Chavín repräsentiert wird, die man etwa acht Jahrhunderte vor unserer Zeitrechnung datieren kann; dabei sei hier außer acht gelassen, daß demselben Typ von Keramik nach den Orten seiner Verbreitung verschiedene Bezeichnungen gegeben worden sind. Durch eine Reihe von Merkmalen ist sie leicht erkennbar:

sie ist stets einfarbig, im allgemeinen in einem schönen, gleich-
mäßigen und glänzenden Schwarz; ihre Gravierung erinnert
an die Bearbeitung von Steinen; sie hat die Form einer Flasche
oder einer Karaffe; ein Ausguß auf einem inwendig hohlen
Henkel schließt das Ganze ab. Dieser sogenannte ›Bügelhenkel‹
taucht auch in den regionalen Varianten des Nordens auf und
ist innerhalb ganz Amerikas für Peru charakteristisch (Abb. 9
bis 12). Der Zeitpunkt, zu dem die Gebäude Chavíns verlassen
worden sind, hat sich nicht genau bestimmen lassen, aber die
Herstellung der zu ihnen gehörenden Keramik läßt sich nicht
über das anfängliche Niveau hinaus verfolgen, das auch andere
nördliche Städte aufweisen, deren Produktion mit der Chavíns
identisch oder sehr eng verwandt ist. Ihre Kennzeichen sind die
Karaffenform, der Henkel (einfacher Bügel- und Brückenhenkel)
und das Vorherrschen der schwarzen Farbe. Schmuckfarben
zeigen sich nur als weiße Linien auf rotem Grund (Tello fand
solche Scherben in Chavín) oder in Zeichnungen von derselben
Färbung wie der Ton, die durch Verwendung der sogenannten
Negativmalerei entstehen: die für die Motive vorgesehenen
Stellen werden vor dem Eintauchen in die Farbe mit Wachs
abgedeckt.
Die Keramik von Tiahuanaco ist hiervon so verschieden, daß
sie ganz anderen Ursprungs zu sein scheint. Zwar kann man in
ihrer ersten Phase Formen von Chavín wiederfinden (die Fla-
schen, den ringförmigen Fuß, die geraden Wände und den fla-
chen Boden), aber dafür fehlt der das Gefäß überspannende Henkel vollständig: statt dessen ist ihr Kennzeichen ein hoher Trink-
becher, der in Chavín nicht vorkommt und der bei den Inka
zum heiligen Gefäß *par excellence* werden sollte, dem sogenannten *Kero* (Abb. 13 und 14). Das auffallendste Unterscheidungs-
merkmal zwischen Tiahuanaco und dem Norden ist jedoch die
Bemalung. Der Farbenreichtum, der für die Keramik von Tiahuanaco bis in die spätesten Schichten charakteristisch ist, hat
Wendell Bennett, auf den ihre Klassifikation zurückgeht, zu der
Feststellung geführt, daß »die enge Wechselbeziehung zwischen
dem Formenreichtum der Zeichnungen und der Polychromie
ein augenfälliges Kennzeichen der Keramik von Tiahuanaco
ist«.[478] Bennett unterscheidet das ›frühe‹ vom ›klassischen‹
Tiahuanaco aufgrund des Glanzes und der ungewöhnlich dicken
Auftragung der Farben; in der ›klassischen‹ Keramik verschwinden außerdem nach und nach die Flaschenform und der ring-
förmige Fuß, während die Farbtöne sich umkehren: die Farbe
der Motive des ›frühen Tiahuanaco‹ wird zur Grundfarbe des
klassischen, und die eingravierte Linie, die in der ersten Periode
die Zeichnungen einrahmt, wird in der Folgezeit meistens mit
schwarzer Farbe gemalt. Dagegen haben sich die aus der Gefäß-
oberfläche vorspringenden plastischen Köpfe auf den Weih-

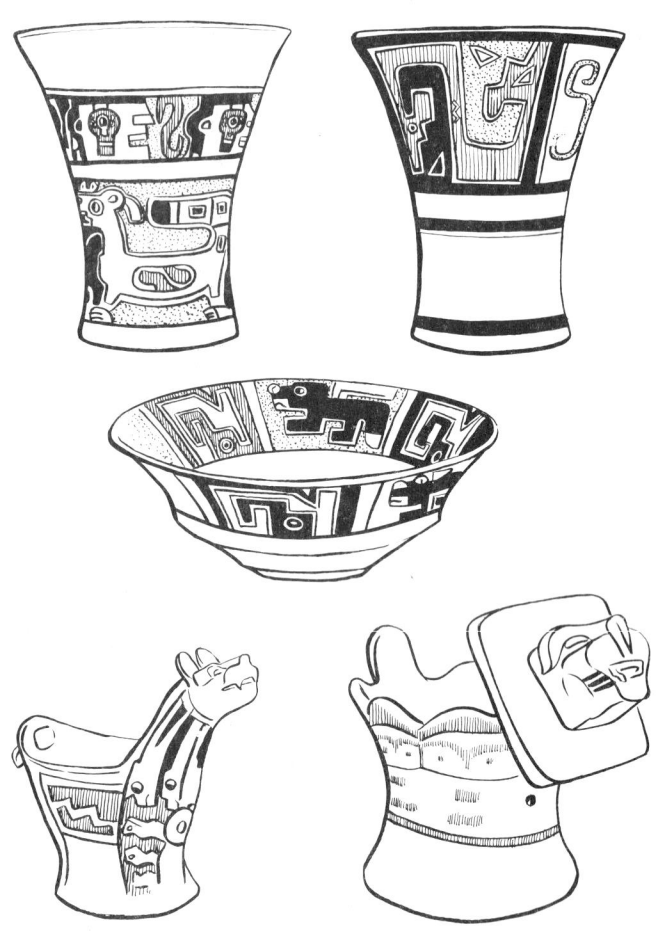

Abb. 13: Typische Keramikformen von Tiahuanaco

rauchgefäßen des ›frühen Tiahuanaco‹ bis in die Zeit der Inka
gehalten.
Wenn nun die Polychromie schon seit der Epoche Chavíns (die
in Chanapata, Chiripa und Pucara lokalisiert worden ist) der
charakteristische Zug der Keramik der südlichen Anden ist, so
ist diese Bemalung das spezifische Merkmal des Titicaca-Beckens,
und ungeachtet der Varianten, die sie aufweist,[479] muß Tiahuanaco der Entstehungsort sein. Denn solange Gegenbeweise feh-

len, gilt die Annahme, daß Einflüsse von einem strukturierten Zentrum ausgehen und die Peripherie prägen und nicht umgekehrt. Außerdem hat Julio Tello zwei Scherben vom Typ Tiahuanaco (schwarze, auf rotem Grund gravierte Motive) unter dem Tempel von Chavín gefunden,[480] und dieses Faktum genügt, um eine annähernde Gleichzeitigkeit der beiden Zentren zu postulieren, ohne daß man freilich deshalb genau bestimmen könnte, welches das frühere war. Die Hypothese, daß Chavín der Punkt ist, von dem aus sich die Kultur der südlichen Hemisphäre ausgebreitet hat, gewinnt durch die Argumentation Julio Tellos eine große Wahrscheinlichkeit; es bleibt dagegen zweifelhaft, ob die Entfaltung von Tiahuanaco einer späteren Zeit angehört als die Werke anderer Zonen derselben Periode, denn es ist das einzige soziale Zentrum, wo die charakteristischen Elemente dieser Werke auftauchen, und ohne ein solches Zentrum müßten diese Schöpfungen spontan aus dem Nichts entstanden sein.

Wenn es sich nur um eine der Inkonsistenzen handelte, die der Archäologie natürlicherweise überall anhaften, besäßen wir nicht die Vermessenheit, über Material zu diskutieren, das wir nicht einmal selbst in der Hand gehalten haben. Aber zufällig ist einer dieser Komplexe, die aus dem Nichts entstanden sein müßten, eines der außergewöhnlichsten Phänomene des gesamten Kontinents; es handelt sich um jenes überwältigende unterirdische Reich, das im Boden eines riesigen Wüstengebiets verborgen liegt [s. o. S. 218]: eine Unzahl bestickter Stoffe (einzelne Exemplare messen 4×20 m und sind aus einem Stück gewebt), eine Fülle von Schmuckstücken und Federn und Unmengen von feingearbeiteter farbiger Keramik. Schon Francisco Pizarro

Abb. 14: Großes becherförmiges Gefäß der Tiahuanaco-Nazca-Huari-Zeit

häufte durch die Plünderung dieser Grabstätten ein atemberaubendes Vermögen an; noch heute kann ein Archäologe während einer Arbeitssaison hunderte solcher Gräber entdecken, und die Plünderungen der Händler müssen, wenn man nach den nationalen und ausländischen Sammlungen urteilt, unermeßlich sein.

In der Gegend von Nazca gelang es Max Uhle im Jahr 1902, eine beträchtliche Sammlung von Gegenständen zu erwerben, und das Archäologische Museum von Lima zeigt die schönsten der fünftausend Stücke, die dieser Gelehrte den ›Schatzsuchern‹ abgekauft hat. In dieser Gegend haben die Plündereien niemals aufgehört, aber da der Sand die Wege und Spuren sofort wieder verwischt, blieben einige Zonen dennoch unberührt. Diesem Umstand ist es zu verdanken, daß Julio Tello 1925 die Gräber der *Cavernas*-Kultur in Paracas entdeckte, die in den Hügeln dieser Halbinsel in Schächten liegen, die in den roten Porphyr gehauen sind. Der Ausdruck ›Paracas‹ bezeichnet die Winde, von denen dies Gebiet ständig heimgesucht wird; es sind wahre Wirbelstürme, und der berühmte Archäologe beschreibt wiederholt ihre Heftigkeit und ihr Zusammentreffen mit dem Sand, das gewaltige Folgen zeitigt.

Die Bearbeitung des anstehenden Steins, eine Eigenart der vorspanischen Stätten der Anden, der Typ der Keramik sowie das Vorhandensein von Gräbern innerhalb derselben Überreste, die von Zeitgenossen der *Cavernas*-Kultur stammen, führten Julio Tello zu dem Schluß, daß die Gräber zeitlich unmittelbar nach Chavín einzuordnen sind. Die heutigen Archäologen verlegen beide in die gleiche Zeit.[481] Damit werden die Schöpfer der Reichtümer von Paracas, die nach Tello »von keinem anderen bisher entdeckten archäologischen Zentrum Perus übertroffen werden«,[482] in den Rang von Stammvätern erhoben.

Die auf der Halbinsel von Paracas vor Zeiten angelegten Gräber setzen sich aus drei übereinandergelagerten Komplexen zusammen. Jeder von ihnen hat eine andere Ausdehnung; keiner ist von der Erdoberfläche aus wahrnehmbar. Ihre Dächer bestehen aus Ästen, aus Walfischrippen und Leder von Seehunden. Alle enthalten eine große Anzahl Mumien: Tello hat in einem einzigen Grab bis zu vierzig Stück gefunden. Er beobachtete ein Überwiegen weiblicher Leichen, was einen Brauch bestätigen könnte, der noch bei der Ankunft der Spanier lebendig war: manche Ehefrauen folgten ihren Männern ins Jenseits. Aber unter den vierhundert Leichen, die der nachfolgenden Epoche angehören, sind die »großen alten Männer« in der Mehrzahl. Alle Schädel sind künstlich verformt, so daß sie teilweise regelrecht zylindrisch sind, und eine größere Anzahl unter ihnen weist Trepanationsspuren (Aufmeißelung der Schädeldecke) auf. Einige Funde geben Auskunft über die Werkzeuge, deren sich die Chirurgen bedienten: Skalpell, Obsidianmesser mit Griff,

Spateln aus Walfischzähnen, runde Baumwollstücke, Laken, Binden, Faden. Die Mumifizierung, die bis auf die Augen alles lebensähnlich erhält, begann damit, daß alle inneren Organe entfernt wurden; danach wurde der Körper über dem Feuer (Tello spricht häufig von geräucherten Leichen) oder mit Hilfe von nicht identifizierten chemischen Substanzen, die Flecken auf Gliedern und Leichentüchern hinterlassen haben, getrocknet. Aus einigen Insektenabdrücken, die auf der Haut zu entdecken waren, leitete Tello ab, daß die Toten noch sehr lange über der Erde bei den Lebenden blieben. Dieses Faktum könnte verraten, daß diese Völker bereits die Kulte und folglich auch die religiösen Vorstellungen kannten, die erst mit der Ankunft der Fremden im 16. Jahrhundert erloschen. Zur Beerdigung wurde die Leiche in Hockerstellung gebracht und zu einer kleinen, eiförmigen Masse geformt, die man in einen Korb legte. Dieser wurde dann mit Tüchern, meist von großer Kostbarkeit, umwickelt und mit Juwelen und kleinen persönlichen Gegenständen angefüllt und verwandelte sich so in einen Kegel, der manchmal bis zu 1,50 m hoch war. Diese kostbaren und zerbrechlichen Behälter häuften sich während der folgenden Epochen mit einigen einfachen Stilveränderungen weiterhin auf; die späteren Gräber enthalten ebenfalls Dutzende davon, die wie Ballen aufeinandergetürmt sind.

Diese große Wüste mit ihren funkelnden Eingeweiden gibt ein Problem auf, das nicht leicht zu lösen ist, denn von Anfang an zeigt sich in ihr eine sehr ausgeprägte Kultur, der bereits die gesamte Kunst, Medizin und Religion der Inka geläufig ist und deren Leistungen, angefangen mit den berühmten Straßen, die das Land durchziehen, gewisse Erfordernisse implizieren: die Zähmung von Tieren, die Technik des Bodenbaus und sogar eine ausgewogene und strenge soziale Organisation, wie sie von den Europäern bewundert worden ist.

Die These Julio Tellos, der zufolge diese Entwicklung ein örtliches Phänomen sein soll (verbunden mit einem Zentrum, das er in der Umgebung vielleicht noch zu entdecken hoffte), stößt auf Bedenken, denen zu begegnen sein Tod ihn hinderte. Es handelt sich nicht nur um das Rätsel, das immer mit dem Auftauchen einer neuen Welt verbunden ist (denn die Elemente, die Paracas etwa von Chavín erhalten haben könnte, erklären nicht die hohe Kultur, die seine Voraussetzung bildet), sondern es ergibt sich hier noch eine andere Schwierigkeit: wie läßt sich der Gedanke rechtfertigen, daß eine Hochkultur dieses Ausmaßes in der Wüste hätte entstehen und gedeihen können? Dies ist um so unwahrscheinlicher, als die Täler — die alle Dutzende von Kilometern voneinander entfernt liegen — für die fragliche Periode weder politische noch religiöse Zentren aufweisen. Dazu kommt noch, daß geologische Untersuchungen, die sich hier als sehr wertvoll erweisen, ergeben haben, daß ein Wechsel der hydrographischen Verhältnisse in dieser Gegend für eine Zeitdauer, die diejenige jeglicher möglichen menschlichen Besiedlung überschreitet, ausgeschlossen ist.[483]

Mit ihrer unerbittlichen Genauigkeit legt die Archäologie dar, daß die Bewohner der Ozeanküste, denen man die Schöpfung der ureigensten Bestandteile der alt-peruanischen Kultur zuschrieb, einfache Fischer waren, die das von den Vögeln auf benachbarten Inseln hinterlassene Guano einsammelten und als Dünger verwandten, die in Hütten lebten und keinerlei dauerhaftere Bauten errichteten, und seien sie noch so unbedeutend gewesen. Die Überreste, die Julio Tello im Zusammenhang mit den Grabstätten der *Cavernas*-Kultur fand, wiesen auf »vergängliche und verlassene Hütten« und eine Ernährung, die aus Weichtieren und Fischen bestand. Ausgrabungen jüngeren Datums, die von einer Gruppe von Fachleuten unter der Leitung des Franzosen Frédéric Engel in der ganzen Nekropolenwüste durchgeführt wurden, bestätigten das Fehlen von Architektur und den maritimen Ursprung der Überreste aus dem täglichen Leben. Damit hat man zwei Indizien für den sozialen Lebensstandard der Bewohner dieser Gegend. Es trifft sich, daß auch die Reste der aus späterer Zeit stammenden Gebäude (bestehend aus harten Ziegeln, die aus kleinen Steinen, schwarzen Algen, Holzstücken, Walfischknochen und kalkhaltigem Lehm hergestellt sind) sehr wenig Ähnlichkeit mit normalen Häusern aufweisen: »Ein Raum mit Küche, ein Flur und eine Totenkammer bilden sozusagen die strukturelle Grundeinheit in diesem gewaltigen Komplex von Bauten.«[484] Schließlich besitzt auch die dritte Phase — die Nazca-Kultur —, obwohl man die zu ihr gehörigen Keramikmanufakturen hat lokalisieren können, wenige Dörfer, und die pyramidenförmigen Hügelchen, die hier auftauchen — ebenfalls mit Totenkammern versehen —, sind äußerst selten. Wir sind daher gezwungen anzunehmen, daß die Küste niemals andere Bewohner gekannt hat als Saisonfischer und Totenwächter und daß die Herkunft der in den Gräbern enthaltenen Gegenstände anderswo zu suchen ist.

In der Tat: wie läßt es sich denken, daß das Weben von Stoffen, deren verwickelte Struktur fast ein ganzes Leben in Anspruch nehmen konnte, innerhalb einer Gruppe von Halbnomaden zu bewerkstelligen war? Wo könnten sich die Werkstätten der Juweliere und Goldschmiede befunden haben? Läßt sich ohne private und religiöse Bauten, ohne wirkliche Wohnstätten jene Organisation vorstellen, die für diese verschwenderische Vielfalt der Produktion erforderlich war? Und wo hätte man Ton, Farben, Wolle, Seide, Federn, Metalle, kostbare Steine und Hölzer aufbewahren sollen? Denn die Küste besitzt nichts von alledem. Wie wäre es zu begreifen, daß in einer feindlichen natürlichen Umgebung, die selbst für Fischer schwierig bewohnbar ist, ein Reifeprozeß stattfinden konnte, der jedem Volk zu Erreichung eines solchen Grades von kreativer Aktivität unentbehrlich wäre? Wie hätte man die Scharen von Handwerkern, Künstlern und Beamten, die die bisher entdeckten Kunstwerke möglich machten, ernähren können?

Wir haben gesehen, daß die Archäologen innerhalb der ersten Epoche drei kulturelle Zentren ansetzen: Chavín, Paracas und das Titicaca-Becken. Während die Grabstätten mit dem ersten nichts direkt gemein haben, scheinen sie statt dessen vom letzteren alles erhalten zu haben: die symbolische Stilisierung der Stoffe, Bräuche, die in der Tradition so sehr verwurzelt sind wie die Deformierung der Schädel, das System der Mumifizierung, die Form der Bestattung, die Keramik und die Vorliebe für menschliche Darstellungen. Wenn Julio Tello auch behauptet, daß die älteste Keramik der Küste »als eine Zwischenstufe zwischen der Keramik von Chavín, von der sie herstammt, und der Vorstufe der Nazca-Keramik zu betrachten ist«,[485] so räumt er dennoch ein, daß die Grabbeigaben der *Cavernas*-Kultur von Paracas aus Keramik und Stoffen im Stil von Tiahuanaco bestehen, und er vermutet, daß die Bündel von *Quipus* (Knotenschnüren), die er in diesen Gräbern fand, eine Kolla-Erfindung aus der Zeit vor den Inka sein müssen. Trotz auseinandergehender Meinungen wird diese Herleitung weiterhin akzeptiert. Wendell Bennett, dessen Arbeiten sämtlich auf die Erhellung dieses entscheidenden Problems ausgerichtet sind, erklärt, daß »seit langem die Verwandtschaft der Stoffmotive der Küste mit denen der Reliefs von Tiahuanaco anerkannt ist«.[486] So waren auch wesentliche Elemente aus den Grabstätten den Anwohnern des Sees geläufig, und obwohl ihre chronologische Einordnung nicht einwandfrei feststeht, so ist allein schon ihr Vorhandensein bezeichnend: Posnansky beschreibt unterirdische Kammern, in denen Körbe mit mumifizierten Leichen gefunden wurden, deren Schädel zylindrisch verformt waren und Trepanationsspuren aufwiesen.

In der Keramik hat Paracas sehr wenig mit Chavín gemein: die Gravierung ist unterschiedlich, denn sie umrandet nur die gemalten Motive, auch fehlen die Flaschen- und Karaffenform und der hohle Henkel. Hingegen weist sie deutlich erkennbare Züge des ›frühen Tiahuanaco‹ auf: geometrische oder figürliche Zeichnungen, die durch eine starke Gravierung hervorgehoben werden, Farbschichten, die so dick und glänzend sind, daß Tello sie ›Lacke‹ nennt, und einen gelbbraunen oder schwarzen Untergrund (Abb. 15). Allerdings verleihen das Eindringen der Negativmalerei, die in Chavín wie in Tiahuanaco gleichermaßen unbekannt ist, und einige Eigenheiten der Form, wie z. B. der abgerundete Boden der Schüsseln oder der Henkel mit einem Ausguß

*Abb. 15 (links oben): Schüssel
aus Paracas
Abb. 16 (rechts oben): Röhren-
förmiger Becher. Nazca
Abb. 17 (links Mitte): Nazca-
Figur mit Schmetterlingsdia-
dem (vergleiche Abb. 42)
Abb. 18 (rechts Mitte): Gefäß
der Nazca-Zeit
Abb. 19 (rechts unten):
Skulpturgefäß der Nazca-Zeit
mit Henkel*

an jedem Ende, der Keramik der *Cavernas* eine gewisse Selbständigkeit.[487]

Da Tiahuanaco das einzige archäologisch erschlossene Gebiet ist, das mit Paracas Züge gemeinsam hat, die in der gleichen Zeit überall sonst unbekannt sind, scheint eine Wechselbeziehung zwischen ihnen mit um so größerer Sicherheit festzustehen, als die Tiahuanaco-Kultur in der Zeit des Höhepunktes der Nekropolen über ganz Peru verbreitet war, was notwendig eine vorangegangene sehr lange Entwicklungszeit voraussetzt. Dieser unbezweifelbaren Periode des Einflusses, in der die Spuren von Tiahuanaco bis in die nördlichsten Zentren gelangen, gehen Epochen voraus, während derer sich eine langsame Verschmelzung der charakteristischen Züge der Küste mit denen des Hochlandes vollzieht; Epochen, um deren Abgrenzung sich die Fachleute bemühen und von denen wir im folgenden nur einen knappen Überblick geben werden.

Der polychromen und gravierten Keramik von ›Paracas Cavernas‹ folgt eine andere, die Tello ›Paracas Nekropolis‹ nennt; sie besitzt eine ähnliche Form, ist jedoch ohne Farben und Zeichnungen. Diese wird ihrerseits durch die Nazca-Keramik ersetzt, die sich durch eine von keiner anderen erreichte Leuchtkraft auszeichnet. Auf dem hellen Grund der Gefäße tauchen geheimnisvolle Gesichter und Wesen auf (Abb. 16–19). Trotz gewisser Verschiedenheiten stehen diese drei Epochen in einer deutlichen Beziehung zueinander, was auch niemand in Zweifel zieht: seit Tello wird allgemein angenommen, daß die Nazca-Keramik sich aus der der *Cavernas* herleitet.

Von diesen Keramikstilen hat allein die Nazca-Keramik eine große Ausbreitung gefunden, nicht nur entlang der Küste des Pazifischen Ozeans (Tello hat sie nördlich ihres Ausgangspunktes an etwa einem Dutzend Orten entdeckt), sondern auch im Hochland. Dieser Vorstoß der Küste in das Gebirge bringt das Zentrum hervor, das sich etwa auf demselben Breitengrad wie Cuzco befindet und den Namen Wari oder Huari trägt und dessen zahlreiche Ähnlichkeiten mit Tiahuanaco Wendell Bennett zu der Folgerung geführt haben, daß sie sich nur durch einen direkten Kontakt erklären lassen. Seine sehr eingehende stratigraphische Untersuchung führt ihn zu der Annahme, daß Huari ein während der Blütezeit von Tiahuanaco errichtetes profanes Zentrum gewesen ist. Die Keramik des ›expansiven Tiahuanaco‹ scheint damit einen Kreis zu schließen, der nur innerhalb dieser südlichen Zone verläuft, wobei die Hauptlinien, die von Tiahuanaco ausgehen, erst nach einem langen Umweg über den Pazifik in Huari ihren Endpunkt finden. Es ist sicher kein Zufall, wenn die Errichtung dieser Stadt und die Überschwemmung des Nordens mit ihren Produkten zeitlich mit der Aufgabe der Wüste von Paracas zusammenfällt, die sich durch die Ausgrabungen

Abb. 20: Stickerei von einem Leichentuch aus Paracas

als vollgestopft mit Kunstwerken erwiesen hat; die Abwendung
von den Nekropolen mußte logischerweise produktive Kräfte
freisetzen, die während Jahrhunderten von der Küste monopoli-
siert worden waren. Der lange Weg von Tiahuanaco nach Huari
wird, mehr noch als durch die Keramik, von den Stoffen erhellt, denn die Stickereien geben eine Einführung in Begriffe

Abb. 21: ›Schwebende‹ Tierfiguren; Stickerei. Paracas

und Formen, deren Zeitlosigkeit unter anderem durch ihr Weiterleben in der späteren Keramik bezeugt wird (Abb. 20–22). Die Symbole, die zuerst auf den Stoffen der ›Paracas Cavernas‹-Epoche auftauchen, bilden die Grundelemente der Welt von Nazca: die Nazca-Keramik aus der Zeit der Gründung von Huari auf der Hochebene wird von Motiven beherrscht, die teils den Riten der Nekropolen entsprechen, teils getreue Abbilder der Flachreliefs von Tiahuanaco sind. Damit erweist sich das politische Zentrum, das Tiahuanaco im Norden seines Königreichs aufbaut, als ein Ort, der auch zuvor schon von Trägern der Tiahuanaco-Kultur besiedelt war. Dieser Schluß scheint uns der einzig logische zu sein, er rüttelt jedoch an den Hypothesen, mit deren Hilfe die Archäologen die Art der Strömungen, die den Stil von Huari hervorbrachten, zu verstehen suchen. Luis Guillermo Lumbreras hat das archäologische Material analysiert, das Julio Tello (dem die Auswertung nicht mehr vergönnt war) an diesem Ort ausgegraben hatte. Die Analyse hat ein ganzes Netz von Einflüssen und Beziehungen zwischen der Küste und dem Hochland aufgewiesen, durch dessen Nuancenreichtum und Flexibilität sich für die Suche nach einer endgültigen Lösung unzählige Möglichkeiten eröffnen.

Wenn wir von dem Bereich der künstlerischen Beziehungen zu dem der materiellen Wirklichkeit übergehen, festigt sich die Rolle Tiahuanacos gegenüber der Küste immer mehr, denn kein anderes Gebiet besaß die organisatorischen Voraussetzun-

Abb. 22: ›Tauchende‹ Figur; Stickerei. Paracas

gen für die Umwandlung der Rohstoffe, die im Sand gefunden wurden, in handgearbeitete Gegenstände aus den Bergen. Zu der geistigen Autorität Tiahuanacos, die sich in der Großartigkeit seiner Gebäude kundtut, kommen nämlich noch einzigartige natürliche Bedingungen hinzu: der See als idealer Kommunikationsweg, die Nähe des Himmels und verschneiter Höhen und eine Lage in der kürzest möglichen Entfernung vom Meer. Durch die Gletscher besitzt es einen Überfluß an Süßwasser;

gleichzeitig verfügt es über Salzseen, und dank einem milden und gemäßigten Klima über Felder, auf denen Mais und Baumwolle angepflanzt werden; es ist die Heimat der Kartoffel und jener Tiere, die zur Woll- und Fleischgewinnung nützlich sind, der stolzen und zierlichen Llamas (Schafkamele), die nur im Hochgebirge leben. Durch seine geographische Lage zwischen der Küste und den Amazonasgebieten wird es zum Umschlagplatz für den Handel mit den tropischen Rohstoffen, deren sich die Künstler jener Zeit mit Vorliebe bedienen. Nicht zu vergessen ist dabei, daß dieser Handelsverkehr in Ermangelung von Geld einen Überschuß an handwerklichen Erzeugnissen und an Naturprodukten für den Tausch erforderte, der ohne die wirtschaftliche Organisation einer wirklichen Hauptstadt undenkbar wäre.

Dadurch, daß die Hauptstadt der Inka ebenfalls zum südlichen Teil des Reiches gehört, mag es den Anschein haben, als sei Chavín nur mehr eine einfache Regionalkultur. Jedoch legt der bestimmende Einfluß, den es auf viele Stile ausgeübt hat, zusammen mit seinem hohen Alter und seiner künstlerischen und religiösen Entwicklung es nahe, in ihm die Ausgangsbasis des erstaunlichen Projektes zu sehen, das darin bestand, die Wüste in eine Totenstadt zu verwandeln. Seine Amtsträger hätten dann nach einer angemessenen Stätte für die Stadt der Toten wie für die der Lebenden gesucht; die idealen äußeren Bedingungen der Küste für das eine und von Tiahuanaco für das andere zeugen von der Klugheit ihrer Wahl. Wenn diese Hypothese zutrifft, so muß Chavín eine außerordentlich lange Lebensdauer beschert gewesen sein (zwei polychrome Scherben, die in den Grundmauern seines Tempels gefunden worden sind, beweisen, daß es noch nach der Gründung von Tiahuanaco existierte), und es muß bereits im Vollbesitz der Kultur gewesen sein, die sich weit entfernt von ihm weiterentwickeln sollte. Denn das Vorhaben, eine Metropole von kontinentaler Geltung zu schaffen, setzt eine innere Spannkraft und einen Symbolismus voraus, denen implizit schon die religiöse und soziale Struktur der Inka zugrundeliegt. Nur wenn man Chavín gleichzeitig zum Ausgangspunkt Tiahuanacos und der Totenstadt setzt, gewinnt es genug Gewicht, um als Mittelpunkt einer gesamtperuanischen ersten Kulturstufe gelten zu können, einer Kultur, der jene Prägekraft eignete, die Jahrhunderte später in Huari neuen Auftrieb erhalten sollte.

Es wäre hochinteressant, die Veränderungen der Ikonographie zu verfolgen, die auf diesem ungeheuer langen Entwicklungsweg stattgefunden haben; aber dafür gilt es zukünftige archäologische Forschungsergebnisse abzuwarten. Wir müssen uns hier mit einer kurzen Analyse der Bilder begnügen, die die Reste dieser drei Ursprungsstätten voneinander unterscheiden.

Abb. 23 (links oben): Kopf eines Jaguar-Schlangenmenschen von einer Mauer des Tempels in Chavín de Huántar
Abb. 24 (rechts oben): Jaguar-Vogelmensch. Flachrelief aus Chavín
Abb. 25 (links unten): Stilisierter Jaguarkopf von einem Steingefäß aus Chavín
Abb. 26 (rechts unten): Flachrelief auf einer der Stelen von Sechín, Valle de Casma

b) Chavín de Huántar

Aus Chavín sind weder Malerei noch Textilien erhalten; es hat für uns kein anderes Ausdrucksmittel als das Flachrelief, denn das Hochrelief gab es nur als Architekturplastik (Abb. 23). Die menschliche Statue ist hier unbekannt, und die seltenen Menschendarstellungen, die immer durch Jaguarzüge entstellt sind, sind Flachreliefs (Abb. 24). Es besteht Anlaß zu glauben, daß das Vorherrschen dieser Darstellungsform nicht das Resultat zufälliger Funde, sondern das Ergebnis einer bewußten Entscheidung ist: einerseits vermeidet es die Keramik im allgemeinen, das menschliche Gesicht abzubilden (Abb. 25), und andererseits zeigt sich in Cerro Sechín, einem Zentrum aus etwas späterer Zeit als Chavín, das auf demselben Breitengrad an der Küste liegt, daß auch dort plastische Darstellungen nicht vorkommen; statt dessen wird die Gravur eingesetzt, namentlich für Stelen mit Menschenfiguren, die riesige Münder, aber keine Fangzähne haben (Abb. 26) und fast alle das charakteristische Band von Tiahuanaco über der Wange tragen.

In seinen außerordentlich komplizierten Tierdarstellungen erreicht Chavín einen Grad der Vollendung und eine Raffinesse, die bei den menschlichen Darstellungen unbekannt ist. Die Reliefs offenbaren eine Meisterschaft, die an Virtuosität grenzt: große, harte Steine sind mit einem Labyrinth von eleganten, geschmeidigen Linien bedeckt, die wirken, als seien sie Federzeichnungen. Diese Meisterschaft erstreckt sich auch auf die Komposition, so daß diese Werke zu den hermetischsten des ganzen Kontinents zählen. Dank den Analysen Tellos ist es schließlich gelungen zu entdecken, daß ihre Grundelemente fast immer animalischer, sehr selten menschlicher oder pflanzlicher Natur sind. Von ihrem anatomischen Zusammenhang ist abstrahiert, vielmehr sind sie nach einer Logik gegliedert, die die natürliche Ordnung umstößt. Wir sehen hier von den schwierigsten Beispielen ab und wählen als Paradigma das Katzenwesen, das sich auf den Pfoten aufrichtet (Abb. 27): der Kopf besteht aus den aneinandergesetzten Profilen (man muß, um das zu erkennen, die Zeichnung horizontal betrachten, dabei das Auge und die Nase unterhalb eines der beiden Kiefer verdecken), der Körper aus Augen, Mäulern, Zähnen, Krallen, Köpfen und Symbolen ohne eine andere Ordnung als die der Symmetrie. Den Schwanz bilden steife Adlerfedern.

Das geheimnisvollste aller symbolischen Gebilde befindet sich auf einem 4,53 m hohen dreiseitigen Monolith von der Form eines Dolches, dessen Spitze im Boden steckt und dessen Griff noch das Dach durchbohrt, als sei er gerade in den winzigen Raum gefallen, wo er steht. Der Raum ist der Schnittpunkt von unterirdischen, kreuzförmig angeordneten Galerien (Abb. 28 und 29). Der Stein ist mit einer menschlichen Figur verziert, die nicht

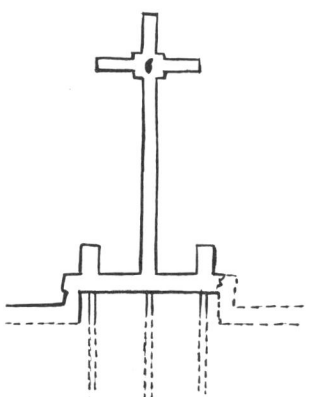

Abb. 27 (links oben): Stehende Raubkatze, deren Kopf aus aneinandergesetzten Profilen gebildet ist. Chavín

Abb. 28 (rechts oben): Der ›Dolch‹ (›Lanzón‹) von Chavín

Abb. 30 (links Mitte): Mit Schlangenköpfen besetzter Jaguar, der einen Kondorkamm trägt. Steinernes Flachrelief in Chavín

Abb. 29 (links unten): Schematische Skizze der unterirdischen Galerien im Tempel von Chavín. Der Fleck im Schnittpunkt des Kreuzes bezeichnet den Standort des dolchförmigen Monolithen, des sog. ›Lanzón‹

erhaben gearbeitet ist, sondern deren Gesicht und Körper sich gehauen, graviert und eingeritzt auf alle drei Flächen verteilen. In dieser Komposition, die trotz ihrer beunruhigenden Rätselhaftigkeit den anderen verwandt bleibt (aneinandergesetzte Profile, Glieder und Ornamentik aus Raubtierrachen, Augen und Schlangenköpfen), offenbart sich der Kern des religiösen Denkens von Chavín. Seine Elemente sind Katze, Vogel und Reptil, und seine Schlüsselstellung in der Ausdruckswelt dieses Heiligtums wird dadurch um so augenfälliger, daß seine Bauelemente in vielen leicht entzifferbaren Werken wiederkehren, so etwa in dem mit Schlangenköpfen bedeckten, von einem Kamm gekrönten und mit Kondorklauen versehenen Jaguaren (Abb. 30), so auch bei dem kammbewehrten Vogel, dessen Jaguarkopf in einem Schnabel endet und dessen Federkiele aus Kiefern und Fangzähnen und aus Schlangen bestehen (Abb. 31). Aber die Vogel- und Reptildarstellungen verschleiern keinesfalls die Tatsache, daß im Zentrum der Bilderwelt von Chavín der Jaguar steht: fast immer bildet er den Mittelpunkt der Kompositionen, und oft wird er allein dargestellt, zum Beispiel in der Keramik, die unablässig seinen stilisierten Kopf abbildet. Schließlich sind noch ein gleichschenkliges Kreuz und eine Art S zu nennen, die in Anbetracht ihres häufigen Vorkommens als Hieroglyphen anzusehen sind.

c) Tiahuanaco

Von ihrem ersten Auftauchen an besitzen die Werke des südlichen Landstrichs bereits die Merkmale, die sie über mehr als ein Jahrtausend hin auszeichnen: den Vorrang des Menschlichen, die Verbreitung des Augenbandes, das oft von den Schläfen ausgeht, die Häufigkeit der Treppen- oder Zackenlinie, sei es einfach, sei es doppelt (so daß sie Zinnen und dazwischenliegende Scharten bildet), sei es als *xicalcoliuhqui*, d. h. eine Folge von Dreiecken, die in Spiralen aufgefangen werden; schließlich Stilisierungen der Katze, des Reptils und des Vogels. Schon in Pucara, einer Stadt im Norden des Titicaca-Sees, die zeitlich mit Chavín und Paracas auf einer Stufe steht und über reiche Tonvorkommen verfügt, gibt es eine polychrome Keramik, auf der fast reliefartig gravierte Gesichter mit durchbrochenen Augenbändern auftauchen. Auf Statuen aus der frühen Zeit von Tiahuanaco finden sich nach Wendell Bennett Elemente der Ornamentik des Sonnentors: in der Art einer Aureole umgeben Flügel, Fische oder Kondore die Augenpartie. Das berühmte Sonnentor, das den klassischen Tiahuanaco-Stil repräsentiert, ist von den gleichen Fabelwesen bevölkert wie Chavín, allerdings mit dem Unterschied, daß hier nicht der Jaguar oder Kondor, sondern der Mensch im Mittelpunkt steht.

Abb. 31: Kondor mit Jaguar- und Reptilzügen. Flachrelief auf einem Fries in Chavín

Abb. 32: Kondor- und Vogelmenschen. Flachrelief auf dem ›Sonnentor‹ in Tiahuanaco, Bolivien

Geflügelte Männer, die ein Reptil als Szepter schwingen, und Menschen mit Kondorköpfen (Abb. 32) bewegen sich auf eine strenge Gestalt zu, die von vorn gezeigt ist. Diese trägt einen enormen Kopfputz aus Schlangen, die in Jaguar- oder Kondorköpfen enden, und hält in jeder Hand ein Reptil (Abb. 33). Ihr Mund ist mit Fangzähnen besetzt, und an den Augen hängt das charakteristische Band. Die Bedeutung dieser Bänder, die bei den menschlichen Bildnissen der südlichen Zone selten fehlen und z. B. auch auf den Mumienmasken von Tiahuanaco und, wie Tello fand, auf denen von Paracas vorkommen, ist noch ungeklärt. Man neigt dazu, in ihnen Tränen zu sehen, weshalb man auch von ›weinenden‹ Vögeln oder Göttern spricht — eine Konjektur, die durch die Aussage Fernando Montesinos bestätigt zu werden scheint, derzufolge eine der Äußerungen des Göttlichen »Tränen von Blut« sein sollen.[488]

Im unteren Teil des Frieses (unter den drei Reihen von Vogel- und Kondormenschen, die sich auf die Mitte des Tores zubewegen) erkennt man Gesichter, die von einem Strahlenkranz von Schlangen mit Vögel- und Jaguarköpfen umgeben sind und deren Augen Flügel tragen; sie stehen wie die zentrale Figur auf zinnenförmigen Sockeln aus ineinander übergehenden Treppenornamenten und befinden sich ihrerseits innerhalb einer anderen ›Zinne‹, die offen ist und deren Linien in Kondorköpfe übergehen (Abb. 34).

d) Die Nekropolen

Die polychrome und gravierte Keramik von Paracas beschränkt sich darauf, die ›weinenden‹ Gesichter und die Jaguare und Pumas aus dem Hochland nachzubilden. Dagegen zeugen die Stickereien von einem unerschöpflichen Einfallsreichtum. Von ihnen wurden durch Schüler Julio Tellos 1959 Abbildungen veröffentlicht; das Durchblättern dieses Buches stellt eine ebenso aufregende Erfahrung dar wie das Betrachten der Stoffe im großen Rundbau des Museums von Lima. Man verspürt den gleichen Wirbel dynamischer Farbenspiele, die allem logischen Denken wie jeglicher Vorstellungskraft spotten, dasselbe plötzliche Hereinbrechen eines Fremden in unser Alltagsleben, einer spannungsgeladenen, erwartungsvollen Welt. Es sind farbensprühende Kompositionen; die Farbtöne haben ihre Frische bewahrt, und jede Figur enthält ein Dutzend verschiedener Schattierungen. Lange, wellenförmige Wucherungen schmücken Menschengestalten, die in allen Regenbogenfarben leuchten und deren bewegliche Körper mehr zu schweben als zu ruhen scheinen; sie sind fast ausnahmslos sei es waagerecht — wie schwimmend —, sei es wie Taucher mit Kopf und Armen nach unten dargestellt (s. o. Abb. 20—22). Sie tragen Strahlenkränze um die

Abb. 33: Zentralfigur des ›Sonnentors‹ von Tiahuanaco

Abb. 34: Gesichter mit Aureolen und Mäanderstilisierungen auf dem ›Sonnentor‹ in Tiahuanaco

Köpfe, bemalte Gesichter und Augenschmuck und in ihren Händen die Abzeichen der Herrschaft: Szepter, gezähmte Raubtiere, menschliche Häupter, Befehlsstäbe (Abb. 35–38). Das Auffallendste an diesen schwerelosen Wesen sind die langen Fortwucherungen, die aus ihrem Mund, der Taille, den Szeptern, den verdoppelten Gesichtern, den Händen anderer kleiner Figuren hervorkommen; diese Appendices verzweigen sich und bringen nun ihrerseits Blumen, Jaguare, Vögel, Schlangen, Köpfe, Gesichter hervor, und daraus entspringen wieder neue Wucherungen, ohne Ende. Alles lebt in diesem wirbelnden Glanz: die bebenden Anhängsel der Szepter, die kleinen, scharfblickenden Raubkatzen, das Hin- und Herwogen der Voluten, Farbe und Ausdruck der Köpfe mit ihrem langen, wie vom Wind dahingewehten schwarzen Haar, die entweder die Zentralgestalt in ihren Händen hält oder die ihre Knöchel schmücken, die Liliputanerakrobaten, die sich um ihre Augen herumwinden, dem Schädel entspringen oder am Ende eines dem Mund entwachsenden Appendix ein gefährliches Gleichgewicht halten.

Die Identifizierung der Gattungen hat die Fachleute lange Zeit beschäftigt und zu Theorien angeregt. Wir sind jedoch der Meinung, daß die Formen bewußt übertrieben und unkenntlich gemacht worden sind und daß der Schöpfung dieser phantastischen Welt nur der Wunsch nach Entfremdung zugrunde liegen kann. Eine Darstellung, in der ein Szepter vor lauter aus ihm herauswachsenden Wucherungen zu leben beginnt und in einem Kopf mit herausgestreckter Zunge endet, in der schwebende Wesen Flüssigkeiten ausströmen, aus denen Gleichgewichtskünstler emporsteigen, oder in der Geschöpfe von türkisblauer, grüner, roter oder gelber Hautfarbe in einen aus sich bewegenden Spiralen bestehenden Raum eintauchen, kann sich einem naturalistischen Zugang schwerlich erschließen.

So jedoch ist man gegenüber der altindianischen Kultur immer verfahren; die bewundernswerten Gelehrten am Ende des letzten und Anfang dieses Jahrhunderts blieben in dieser Hinsicht Gefangene der westlichen Ideologie, wie es die Chronisten der Eroberung waren: man berief sich auf eine primitive Mentalität, um alles das ungeordnet darunter zu reihen, was mit einer gewissen Logik nicht zusammenstimmte; gleichwohl versuchte man aber, die Phänomene auf einen materiellen Utilitarismus zurückzuführen, der, obgleich als Erklärung ungeeignet, für elementar gehalten wurde. Aber wenn es in Kenntnis der peruanischen Quellen möglich sein mag, sich über die wirkliche Tragweite von Begriffen wie ›Seele‹ oder ›Auferstehung des Leibes‹, die in diesen Quellen bezeugt sind, zu täuschen, so ist es schwierig, diese Begriffe unberücksichtigt zu lassen, sobald man sich einem so konkreten und für den Pragmatiker verwirrenden Faktum gegenübersieht, wie es die Schichten von strah-

Abb. 35–38: Figuren aus den Stickereien von Paracas

lenden Kunstwerken im Untergrund der Wüste von Paracas und Nazca sind. Wenn man bedenkt, daß die Verwirklichung dieser titanischen Aufgabe während Hunderten von Jahren die Energie eines großen Teils der südlichen Hemisphäre auf allen Gebieten in Anspruch nehmen mußte, so kann man nicht umhin zu glauben, daß die Unsterblichkeit der Seele und die Auferstehung des Leibes Wahrheiten waren, die man beim Versuch der Deutung von Phänomenen, in denen sie sich derart deutlich auszudrücken scheinen, vernünftigerweise nicht außer acht lassen darf.

Denn sowie man bereit ist anzunehmen, daß die Kunstwerke, die das Innere einer unfruchtbaren Region ohne Siedlungen und Wohnbauten in eine Schatzkammer verwandeln, in einleuchtender Weise einer Vorstellung vom Schicksal zugeordnet werden können, wie sie in den peruanischen Schriften verkündet wird, enthüllen die Stickereien von Paracas ihr Geheimnis. Man wird gewahr, daß das Gemeinsame dieser Figuren Zeugnis einer Welt ist, die sich am Gegenpol der irdischen befindet: lichterfüllt und dynamisch (dieses Bild drängt sich durch das Wuchern der Voluten und die Leuchtkraft der Farben auf), von der Anmut regiert, ein Universum, wo alle Körper der Schwere enthoben sind. Wenn man weiß, daß im vorkolumbischen Amerika die geistige Entwicklung des Menschen durch die Gestirne symbolisiert wird, besonders durch die Sonne, aber auch durch Venus (in ihren zwei Phasen, die der Mythos von Peru als Zwillinge wiedergibt), die — wie in Mexiko — als Morgenstern die Funktion des Urbildes der Kultur besaß,[489] so erscheinen diese irisierenden und bewegten Figuren wie Abbildungen von Himmelskörpern, in die sich nach dem Glauben der Lebenden diejenigen verwandeln sollten, denen das strenge Ritual der Totenstädte zugedacht war. Es ist nicht ausgeschlossen, daß die Wucherungen durch ihre Dynamik und ihre Farbigkeit die Ausstrahlung dieser Wiederverkörperungen anzeigen und daß die fremdartige Erscheinung der Tiere sich daraus erklärt, daß sie ebenfalls in eine Welt übergegangen sind, die ihre alten Attribute überflüssig werden läßt. Aus diesem Grund verliert der Naturalismus von Chavín und Tiahuanaco seine Härte, und anstelle der scharfen Krallen des Kondors, der Schneidezähne oder der zielbewußten Wendigkeit des zum Sprung ansetzenden Raubtiers sind hier unbewaffnete und strahlende Wesen dargestellt: sanfte, farbenreiche Vögel, Pumas, harmloser als Katzen (sie lassen sich am Schwanz packen), glänzende Reptile. Durch das Fehlen der geraden Linie und des Dreiecks beschwört das in vielarmige Spiralen eingehüllte Ganze eine inkonsistente, sich ausdehnende Masse unerschöpflicher Lichtfluten und sich auftuende Quellen, deren überreiches Naß den Sterblichen vorenthalten ist.

Ein ikonographisches Element scheint diese Hypothese zu unter-

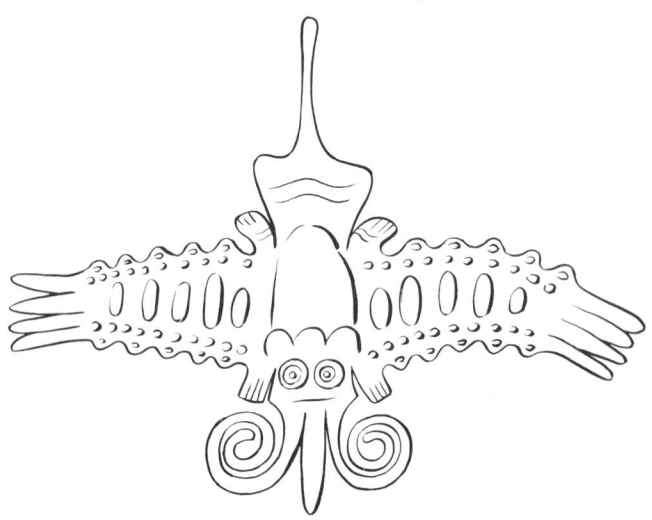

Abb. 39: Goldener Schmetterling mit menschlichen Zügen im Sturzflug

Abb. 40: Schmetterling mit menschlichen Zügen im Sturzflug (Kopf nach unten). Malerei auf einem Nazca-Gefäß. Archäologisches Museum Lima, Peru

stützen. Die Bedeutung dieses neuen Bestandteils, der weder in Chavín noch in Tiahuanaco existiert, erscheint um so grundlegender, als er mit dem Abnehmen der Stoffe keineswegs ausstirbt, sondern vielmehr in die Nazca-Keramik übergeht, wo er eine uneingeschränkte Vorrangstellung einnimmt. Es handelt sich um eine Art Band, das sich in der Mitte ausbuchtet und ein Gesicht mit Augen und Mund bildet. Sehen wir uns eine der Gestalten an, die damit geschmückt sind (Abb. 35): fünfzehn dieser Gesichter formen ihre Aureole, ein weiteres, größeres trägt sie als Diadem, ein anderes bedeckt ihren Mund, und zwei übereinandergesetzte beenden jeweils einen Appendix. Nicht überall tritt dieses Zeichen in einer solchen Überfülle auf, aber es gibt kein Bild, das nicht damit geschmückt wäre, und Julio Tello fand es in Gold auf der Stirn der Mumien.

Dieses Element ist mit den gleichen Varianten in Mexiko seit dem legendären Teotihuacan überall vorhanden. Dadurch, daß die Eingeborenen des 16. Jahrhunderts jedes der Symbole in mehreren Codices mit Erklärungen versahen, wissen wir, daß es den Schmetterling darstellt und daß dieser die Hieroglyphe der Flamme ist. Der Besessenheit der Nazca-Keramik für dieses Zeichen scheint die Idee zugrunde zu liegen, daß der Mensch selbst zur Flamme wird. Um dieser Überzeugung mehr Gewißheit zu verleihen, betrachten wir noch einige der Bilder. Die Abbildung 39 gibt einen Schmetterling aus Gold wieder, der trotz seines Anthropomorphismus gut erkennbar ist. Die Zeichnung des Nazca-Gefäßes der Abbildung 40 ist mit Ausnahme der Gesichter, von denen sie durchsetzt ist, mit der des Goldschmetterlings identisch: die Glieder sind die eines menschlichen Körpers, der kopfüber im freien Fall abwärts schwebt, die Flügel sind ausgebreitet, die Augen von einer dreifach gewellten Linie überspannt; in Voluten auslaufende Antennen, wulstige Lippen, Rüssel in Stachelform. Die herabstürzende Gestalt auf der Stickerei von Paracas (s. o. Abb. 22) besitzt ebenfalls den Kopf eines Schmetterlings (Augen, eingeringelte Antennen, vier Federn, die den Mund einrahmen) und trägt außerdem ein Diadem, das einen zweiten stilisierten Schmetterling darstellt (die zwei seitlichen Bänder suggerieren die Flügel). Wenn man die Unterschiede in der Darstellungsweise der peruanischen Kunstwerke berücksichtigt — z. B. die Verbreiterung des Gesichtes —, so nimmt man wahr, daß die mexikanischen Feuerhieroglyphen (Abb. 41) dieselben Elemente des Schmetterlings enthalten, wobei man sowohl den Stil von Paracas wie den von Nazca zum Vergleich heranziehen kann. Einer dieser Schmetterlinge, der sich aus einem Kohlenbecken erhebt, streckt seinen Körper in spiraligen Windungen nach allen Seiten aus, was seine Bedeutung als Flamme verdeutlicht; der Stachel befindet sich in den mexikanischen Hieroglyphen oft am unteren Teil des Körpers.

Abb. 41: In Mexiko ist der Schmetterling Zeichen der Flamme. Stilisierungen aus mehreren gemalten Codices

Die Ähnlichkeit der beiden Hemisphären reicht bis in die schematisiertesten Darstellungen: man vergleiche z. B. in Abbildung 42 das Nazca-Diadem mit der Goldplatte aus dem *Codex Mendoza*. Die Entsprechung erweist sich auch in der ›barocken‹ Stilisierung: in den flammenden Gesichtern von Peru (Abb. 43) zeigen sich wesentliche Züge der mexikanischen Kompositionen (Abb. 44).

Wie immer diese Parallelität, der man sorgfältig nachgehen müßte, auch zu bewerten ist: die Verwandtschaft des peruanischen Goldschmetterlings mit den Figuren von Nazca wirft ein Licht auf die Beschaffenheit des Bildelements, das in den Nekropolen vorrangig auftritt. Es bleibt zu klären, ob der Schmetterling in Peru den gleichen symbolischen Gehalt wie in Mexiko besitzt, wo eines seiner Bildnisse im großen Tempel von Tenochtitlan die Sonne repräsentierte. Die peruanische Stilisierung ruft mit ihren Spiralen, Feuerpfeilen und Drehungen den genauesten Eindruck von einer Flamme hervor, und die Tatsache, daß diese Darstellungen im glühenden Wüstensand begraben waren, ist sicherlich nicht zufällig. In Peru wurden die Leichen im Hinblick auf ihre Verwandlung in himmlische Substanz eingeäschert, und die Quellen berichten, daß die Sonne Sinnbild des menschlichen Ideals war, die Hieroglyphe der Übersinnlichkeit, zu der der »unsichtbare und ungreifbare Gott«[490] den Weg aufgetan haben soll. Wir werden die Fülle ikonographischer Elemente sehen, die Julio Tello bei der Lichtgestalt der Figuren aufweist, welche für die Doppelgänger der irdischen Wesen im Himmel gehalten wurden; angesichts der Genauigkeit und der Vorstellungsgabe, denen seine hervorragenden Analysen entsprangen, ist man versucht zu meinen, daß ihn lediglich seine Unkenntnis der mexikanischen Archäologie daran hinderte, in den Stoffen von Paracas und der Keramik von Nazca das Flammenzeichen aufzufinden. Zwar haben wir aus Peru keinen Text finden können, in dem der Seele die Gestalt eines Vogels oder Schmetterlings zugeschrieben wird, wie es in den Texten Sahagúns für Mexiko geschieht, doch lassen Anzeichen darauf schließen: Porras Barrenechea berichtet in einem Buch über das Gold von Peru, ein gewisser Oberst La Rosa habe im Sonnentempel von Moche fünftausend goldene Schmetterlinge gefunden, die er, wie er dem reisenden Archäologen Wiener gestanden habe, eingeschmolzen habe.[491] Außerdem erscheint es bedeutsam, daß in den Gräbern die Bilder der Verstorbenen aus Schmetterlingsstilisierungen zusammengesetzt sind, die denen von Teotihuacan identisch sind (Abb. 45, 46).

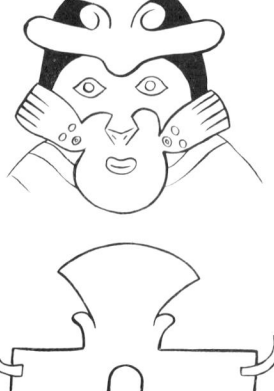

Abb. 42: Diademtragende Figur (Nazca-Keramik, vgl. Abb. 17) und mexikanisches Golddiadem nach der Darstellung des Codex Mendoza

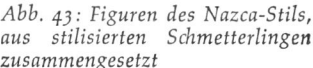

Abb. 43: Figuren des Nazca-Stils, aus stilisierten Schmetterlingen zusammengesetzt

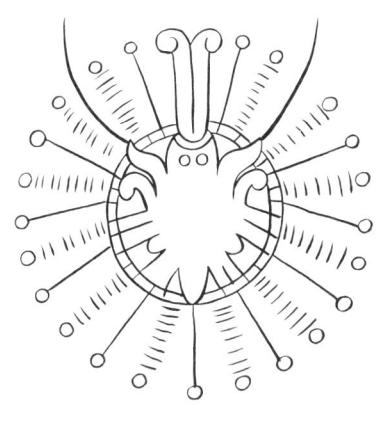

*Abb. 44: Stilisierte Schmetterlingsfiguren.
Darstellungen aus mexikanischen Codices*

Abb. 45: Peruanische Goldfiguren. Ihre Kleidung und Kopfschmuck weisen dieselbe Stilisierung von Schmetterlingen auf, die in Teotihuacan (Mexiko) geläufig ist

e) Der erste pan-peruanische Kulturstil

Das in den Nekropolen aufgefundene Material wirft, wenn man es in den Kontext der ganzen südlichen Hemisphäre stellt, auf die sogenannten regionalen Kulturen ein Licht, das zwischen ihnen tiefe Verwandtschaftsbeziehungen aufdeckt; denn läßt man die Mumifizierung, die als einziges Element auf die südliche Zone beschränkt zu sein scheint, beiseite, so erscheinen alle diejenigen Elemente, die für die später von den Europäern bei den Inka beobachtete peruanische Kultur am meisten spezifisch sind, gleichzeitig in Paracas und an der Nordküste. Von einem Ende des Landes bis zum anderen beherrscht man unter anderem schon die fortschrittlichsten Techniken der Textilindustrie, der Stickerei und der Teppichweberei; man verfertigt durch Hämmern (die Schmelztechnik ist späteren Datums) die Metallgegenstände, die für diese Kultur eigentümlich sind, wie Kronen, Bartzupfer, große Nadeln und die Scheiben, die man in den Mund der Verstorbenen legt; außerdem produziert man Umhänge, Fächer, Szepter aus Federn, Ohren- und Nasenschmuck aus verschiedenem Material, ›Perlen‹ aus härtesten Steinen oder aus Muscheln, Spiegel aus Pyrit oder Pechkohle. Die Menschen dieser Kulturstufe sind mit den wollespendenden Tieren des Hochgebirges vertraut, sie nehmen Coca und Chicha (Maisbier) ein, deformieren die Schädel und geben den Toten Hunde mit ins Grab.

Auf dieser gemeinsamen Basis entwickeln sich die Varianten der Keramik; sie bilden den Kompaß der Archäologie, aber sie neigen dazu, sich durch die Zufälle der Grabungen zu vervielfachen:

Abb. 46: Stilisierung des Schmetterlings auf Masken und Vasenmalerei von Teotihuacan

eine einfache Veränderung in der Zusammensetzung des Materials oder des dekorativen Stils kann genügen, um eine neue Variante hervorzubringen. Die Bezeichnungen für diese Varianten nach den Stätten, wo die Fragmente gefunden wurden, werden mit der Zeit als Indikatoren isolierter kultureller Einheiten verstanden, die man häufig so betrachtet, als hätte es keinerlei Verbindung zwischen ihnen gegeben.

In Wahrheit ist jedoch die peruanische Keramik, insgesamt gesehen, von einer erstaunlichen Einheitlichkeit und offenbart Einflußströmungen, die sich über das ganze Gebiet ausbreiten. Man entdeckt, wenn man die Merkmale der einzelnen Gruppen untersucht, daß sie nicht nur durch eine enge Zusammengehörigkeit verbunden sind, sondern daß sie außerdem alle innerhalb der Nekropolen zusammentreffen und miteinander verschmelzen. So wendet Paracas schon in seiner ältesten Schicht die polychrome Ritztechnik von Tiahuanaco auf den kugelförmigen Henkelgefäßen des Nordens (Cupisnique, Vicús, Chavín) an, wobei es die Technik von Tiahuanaco beibehält: die Gestalten sind auf eine glatte Oberfläche gemalt und graviert, nur die Köpfe werden mitunter plastisch modelliert (Abb. 47). Andererseits bleibt Paracas zwar im wesentlichen dem Stil von Tiahuanaco verpflichtet — mit der Gesichtsbemalung, dem Augenband und den Treppenlinien, die in den Darstellungen des Nordens fehlen (Abb. 48) —, aber dennoch bricht immer wieder die Welt von Chavín in Gestalt einer getreuen, wenn auch farbigen Nachbildung eines ihrer Jaguare herein.

Eine Annäherung zwischen dem Norden und Paracas wurde von Rafael Larco Hoyle anhand der Werke von Vicús erwogen, eines Ortes, den er als die bedeutendste Keramikmanufaktur bezeichnet. Larco Hoyle erhebt diese Skulpturgefäße aufgrund ihrer archaischen Modellierung zu Prototypen für ähnliche Gefäße späterer Epochen, und da ihre hauptsächliche Dekoration die Negativmalerei ist, folgert er, daß dieselbe in Vicús ihren Ursprung hat (wir haben gesehen, daß die jüngsten archäologischen Synthesen ihre Herkunft vielmehr im Süden vermuten). Da Paracas sie in die Reihe seiner zahlreichen Techniken aufnimmt und der Norden sie in einer sehr weit zurückliegenden Epoche ausgiebig verwendete, hat sie ganz ohne Zweifel eine Verbreitung gekannt, deren Ausmaß sich schlecht mit der Idee isolierter künstlerischer Herkunftsorte vereinen läßt. Auch der Übergang vom Paracas-Stil zu dem von Nazca läßt sich in Wahrheit nur durch einen regelmäßigen Austausch erklären, durch ein künstlerisches Schaffen, das allen Tendenzen offenstand. Die Dynamik solcher wechselseitigen Einflüsse scheint die Produktion in ihrer Gesamtheit um so mehr bestimmt zu haben, als zu einem gegebenen Moment der Norden ebenfalls davon ergriffen wurde und sich in ein Sammelbecken von Strömungen jeglicher Herkunft verwandelte.

In großen und ganzen, wenn man die Ausnahmen nicht berücksichtigt, kann man zwischen dem Norden und Tiahuanaco (dem einzigen strukturierten Zentrum, das bisher den Süden repräsentieren kann) Unterschiede feststellen, die sich durch ihre bemerkenswerte Langlebigkeit als echte spezifische Merkmale erweisen. Läßt man die kugelförmige Ausführung mit

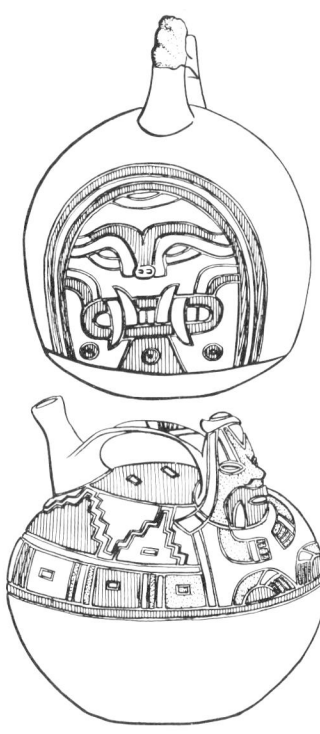

Abb. 47: Keramik aus den Gräbern von Paracas
Abb. 48: Terrakottastatuetten aus Paracas

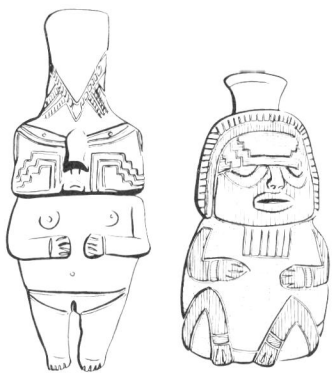

Henkel beiseite, so hält der Norden an seiner Vorliebe für die naturalistischen Skulpturgefäße fest, auf denen zunächst in erster Linie Tiere, dann Menschen abgebildet sind. Dagegen zeigt sich im Süden die Tendenz, die Arten zu trennen: in Tiahuanaco sind die Gefäße weit offenstehende, becherförmige Behälter mit geraden Wänden, eine Form, die selbst von der zoomorphen Keramik der letzten Phase beibehalten wird; die plastische Modellierung des Tons beschränkt sich darauf, den Rand von Kohlenbecken mit einem Kopf zu verzieren (s. o. Abb. 13), während die Bildhauerei Statuen aus Stein hervorbringt. Hinzu kommt noch, daß die Malerei, die im Norden nur dekorativen Charakter besitzt, im Süden das einzige Ausdrucksmittel der Keramik bildet. Diese charakteristischen Eigenschaften erweisen sich als so haltbar und so stark mit irgendwelchen Wurzeln verbunden, daß sie selbst im Schmelztiegel der Nekropolen fortbestehen. Denn erst ganz allmählich beginnen sie, wie sehr harte Metalle, die einer hohen Temperatur ausgesetzt werden, miteinander zu verschmelzen, ohne daß ihre jeweiligen Eigenheiten sich jemals ganz verlieren. Die Stile, die aus diesem langsamen Prozeß hervorgehen — in den Sandwüsten des Südens Nazca und an der Nordküste Moche —, sind jeder mit seiner eigenen Tradition verbunden:

der erstere verharrt bei seinen Gefäßen mit geraden Wänden, der zweite verläßt höchst selten die geschlossene Kugelform mit Henkel und halsförmigem Ausguß.

Während Nazca die Figurengefäße übernimmt, die in Paracas noch fehlen (Gefäße, die übrigens ohne ihre Bemalung rein schematisch bleiben würden; s. o. Abb. 17 und 19), geht der Stil des Nordens derart verändert aus dem Schmelztiegel hervor, daß die großartigen Plastiken von Moche sich aus ihm entwickeln können. Diese beiden Kulturen (sie sind ungefähr gleichzeitig; nach manchen Autoren liegt die des Südens etwas früher) haben eine Fülle von freien, von Geist und Humor sprühenden Schöpfungen hervorgebracht, die in der keramischen Kunst der südlichen Hemisphäre den höchsten Gipfel darstellen. In der Nazca-Keramik tauchen auf klassischen Formen (die ebensowohl im Norden wie in Tiahuanaco vorkommen) Lichtsymbole auf, seltsam gepaart mit drolligen weiblichen Gestalten oder behäbigen männlichen Figuren, deren Realismus mitunter humoristische Kontrastwirkungen schafft. Reihen von kleinen Köpfen mit teils schalkhaften, teils träumenden Augen oder Mäanderbänder gliedern nicht selten ein Gefäß in mehrere Zonen auf. Die Tierbildnisse, die bizarren menschengestaltigen Fische ebenso wie die dem Leben abgeschauten Vögel, zählen zu den vorzüglichsten plastisch modellierten Terrakotten.

Die Künstler von Moche (oder Mochica) bleiben der Tradition der nördlichen Landstriche treu und gestalten weiterhin Menschen und Tiere; indessen entgehen sie nicht ganz dem Einfluß des Südens, der sie mit der schöpferischen Freiheit neuer Formen vertraut macht. Im Bewußtsein einer alten realistischen Tradition, die es zu einer unvergleichlichen Vollkommenheit gebracht hat, besitzen sie eine Vorliebe für Porträts, der eine Fülle menschlicher Bildnisse von unglaublicher Ausdruckskraft entspringen, und die Gabe mitleidloser Beobachtung von Besonderheiten, wie die Vielzahl der Darstellungen von Krankheiten, Entstellungen und erotischen Szenen bezeugt. Die Distanz, die Moche gegenüber Nazca bewahrt, während es sich zugleich von dessen Werk inspirieren läßt, hat eine religiöse Bedeutung. Denn eines der Bildelemente, die es nie zu übernehmen scheint, ist der Schmetterling, und außerdem wird der Jaguar-Vogel-Schlange-Mensch, das irdische Emblem *par excellence*, stets in realistischer Weise behandelt; seine Elemente werden lediglich um Attribute bereichert, die das Licht versinnbildlichen. Julio Tello weist in einer meisterhaften Arbeit über die alte Religion seines Landes nach, daß der Unterschied zwischen den irdischen Wesen und ihren Idealbildern im Himmel allein darin liegt, daß jenen eine Leuchtkraft fehlt, die diese besitzen. Aus der Analyse zahlreicher Katzendarstellungen (Abb. 49) zieht er den Schluß, daß die Augen, Haken, Kreise, Punkte oder Kreuze, von

Abb. 49: Raubkatzen mit Lichtsymbolen

Abb. 50: Rot bemalte Vogelmenschen von einem Gefäß im Moche-Stil

Abb. 51: Szene von einem Moche-Gefäß

denen sie übersät sind, Zeichen des Lichts sind; außerdem sei das Wort für Licht die Wurzel der Namen der Gottheiten.[492] Auf halbem Weg zwischen den hieratischen Wesen von Chavín und den schillernden Geschöpfen von Paracas und Nazca schlagen die Darstellungen von Moche somit eine Brücke zwischen diesen Gegenpolen und leiten eine Vergöttlichung des Menschen auf Erden ein, die schließlich zur Verkündung der Sonnennatur der Inka führen sollte. Dieser Wille zur Unterwerfung des Zeitlichen tritt bereits in den ersten Heiligtümern des Moche-Stils zutage, der ja erst mit der Ankunft der Spanier abgelöst wurde: es sind hohe, pyramidenförmige Gebilde aus Lehmziegeln, wie die gigantischen *huacas* der Sonne und des Mondes, die den Stolz des Nordens von Peru bildeten.

Der südliche Einfluß zeigt sich vor allem in der Stellung, die die Malerei im Norden erstmals erlangt: die Modellierung wird von der Farbe abhängig — die Bichromie setzt sich durch —, und durch diese werden Kleider, Schmuck und manchmal auch der Körper hervorgehoben, während allein der Kopf erhaben gearbeitet ist wie in Tiahuanaco und Paracas. Stil und Thematik werden dadurch vollständig umgewandelt. Anstelle der besonnenen Kompositionen von Chavín und Cupisnique zieht die Bewegtheit einer neuen Welt herauf: rote, unruhige Linien bilden entweder Zeichen, darunter auch den stufenartig ansteigenden Mäander, oder Figuren, die aufgrund der Art ihrer Bewegung und mancher Attribute von irritierender Zweideutigkeit sind. Denn obgleich die Malereien dieser kugeligen Gefäße Fresken des sozialen Lebens darstellen, tauchen auf ihnen auch Figuren mit weitgeöffneten Flügeln auf (Abb. 50 und 51), fliegende Jaguarmenschen und vermenschlichte Schlangen, außerdem Hunde, die aus Muscheln hervorkommen oder leuchtende Auswucherungen tragen (Abb. 52).

Eine vorläufige Untersuchung erlaubt die Schlußfolgerung, daß ungeachtet des Reichtums an profanen Themen das religiöse Denken durch die Synthese von Mensch, Jaguar, Vogel und Schlange weiterhin gegenwärtig bleibt. Dieses Denken, das in der Vielfalt der Szenen oft nur diffusen Ausdruck findet, erscheint in einer vollkommenen Zusammenfassung auf zwei Keramikstücken, die in einem Buch von Rafael Larco Hoyle abgebildet sind: einer Terracottaplastik und einem Relief. Die erste stellt eine Figur mit hervorspringenden Fangzähnen dar, die auf dem Rücken eines Vogels sitzend eine große Schlange überfliegt (Abb. 53). Das zweite integriert mit noch größerer Eindringlichkeit die gleichen Elemente (Abb. 54): es zeigt zwei geflügelte männliche Wesen mit langem Schnabel; eines von ihnen hält in der Hand ein Szepter, dessen Enden in einen Jaguar- und einen Schlangenkopf auslaufen; sie stehen neben einer Barke, die aus zwei Reptilen geformt ist. Hierbei drängt sich die Vermutung auf, daß sich Wira Kocha wie in dem Mythos von Quetzalcoatl auf dem Rücken eines Reptils auf seine legendäre Ozeanreise begibt.

Vergleicht man die verschiedenen peruanischen Darstellungen des Jaguar-Vogel-Schlange-Menschen miteinander, so stellt man fest, daß sich in ihnen ein Fortschreiten des Denkens abzeichnet.

Abb. 52 (oben): Darstellungen von zwei Moche-Gefäße
Abb. 53 (links): Jaguarmensch auf dem Rücken eines Vogels, der eine Schlange überfliegt. Model-Keramik des Moche-Stils
Abb. 54 (unten): Vogelmenschen neben einer Barke aus Schlangenleibern. Reliefschüssel des Moche-Stils

In Chavín ist die Synthese reinste Aggressivität: jedes Element der Komposition bringt einzeln denselben Willen zum Ausdruck wie das Ganze, und es ist nicht ausgeschlossen, daß die ›Monstren‹, wie sie von den Forschern genannt werden, aus einem ursprünglichen Wunsch entstanden sind, das ruhige Gewissen zu erschüttern und die der menschlichen Existenz angemessene Angst zu erwecken. In Tiahuanaco rückt der Mensch in den Mittelpunkt der Komposition, und die Verschmelzung der vier Komponenten wird dadurch zum Gleichnis der Befreiung von der Schlackenhülle der Individualität. Der Unterschied zwischen den Motiven von Tiahuanaco und denen von Moche scheint durch die Vertrautheit mit der Idee der Auferstehung bedingt zu sein, die in der Zwischenzeit hinzugekommen war: die Jahrhunderte, die der Technik der Bestattungsriten gewidmet waren, hatten die Mühsal des Weges vergessen lassen, der zu der geistigen Welt führte. Um sich davon zu überzeugen, genügt es, die angespannte Haltung der geflügelten Menschen von Tiahuanaco mit der Unbeschwertheit derjenigen von Moche zu vergleichen; die zweiten scheinen eine Gewißheit über den Erfolg ihrer Anstrengung zu besitzen, welche die ersten entbehren. Was somit der Künstler von Moche sich darzustellen bemüht, ist die Welt von Chavín nach ihrer Vermenschlichung durch Tiahuanaco und nach der Offenbarung der Gnade in den Nekropolen. Es ist bezeichnend, daß er trotz seiner Neigung für den gewichtslosen Körper die Schwerkraft nur selten vergißt.

f) Der zweite pan-peruanische Kulturstil

Die Kunstwerke von Moche (der Mochica) erscheinen demnach als Verbindungsglied zwischen zwei entgegengesetzten Strömungen: der religiösen, auf die Tempel beschränkten einerseits, der weltlichen andererseits. Es ist merkwürdig, daß mit der Einflußnahme des Religiösen auf das Profane die geschichtliche Zeit beginnt; es kommt zu einer Säkularisierung des religiösen Denkens, die erst in dem Augenblick Früchte tragen sollte, als die geistigen Themen der Zeit von Tiahuanaco-Nazca-Huari den gesellschaftlichen Bereich erobert hatten.

Da die aus den fortgesetzten Begegnungen der beiden Welten hervorgehende Realität immer stärker die weltliche Macht verherrlicht, erscheint die Vermutung gerechtfertigt, daß die Zuerkennung der sakralen Natur an die Inka-Herrscher das Ergebnis eines langsamen Reifeprozesses bildet, der wohl in dem Maße voranschritt, wie die Notwendigkeit fühlbarer wurde, eine immer dichter bevölkerte Welt zu organisieren. Wir wissen nichts über die ›großen alten Männer‹, die in den Nekropolen begraben lagen, aber da das vorherrschende Bild in den Heiligtümern ihrer

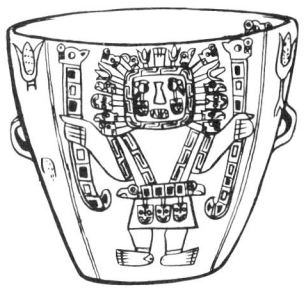

Abb. 55: Spätes Nazca-Gefäß. Die dargestellte Figur ist dieselbe wie auf dem Sonnentor von Tiahuanaco (Abb. 33)

Epoche eine Lobpreisung des menschlichen Strebend-sich-Be- mühens ist, wird man annehmen können, daß die Vergöttlichung des Menschen auf Erden einer späteren Zeit angehört. Dies ist um so wahrscheinlicher, als zwar das Wappenzeichen der Inka die Jaguar-Vogel-Schlange ist, aber die mächtigen Monarchen selbst die Sonne repräsentieren. Wie dem aber auch sei, sicher ist, daß die Verwandlung in Gestirne in der Zeit der Nekropolen auf das Jenseits beschränkt blieb und daß die verschiedenen Entwicklungen, die von einer Epoche zur anderen führen, einen immer stärkeren Einfluß des Profanen aufweisen. Bevor sich die auf Moche fol- gende Zeit ganz entfaltete, ge- riet der Norden unter den Einfluß

Abb. 56: Keramik der Tiahua- naco-Nazca-Huari-Zeit

Abb. 57: Pachacamac. Im Vordergrund der Tempel des gleichnamigen Gottes. Im Hintergrund Sonnentempel der Inka

einer von Tiahuanaco ausgehenden Strömung, die durch eine grell bemalte, oft mit einem hervorspringenden Kopf geschmückte Keramik gekennzeichnet ist. Die Keramik stammte aus Huari, einer von Tiahuanaco abhängigen Stadt. Diese Keramik offenbart noch stärker als die von Moche eine Verschmelzung mit den Nekropolen: sie übernimmt von dort das kugelige Gefäß mit Henkel, das bis dahin im Bereich von Tiahuanaco niemals vorgekommen war. Mit dieser Verschmelzung geht eine gänzliche Umwandlung ihrer Motive einher, denn gleichzeitig mit vom Sonnentor übernommenen Formen (Abb. 55) tauchen andere auf, in denen sichtlich das Drama des Menschlichen transzendiert ist. Die Gestalten der Tiahuanaco-Nazca-Huari-Keramik, die, geschmückt mit leuchtenden Gesichtsdarstellungen, in all ihren Voluten vibrieren und Raubkatzen am Schwanz halten (Abb. 56), haben sich die Leuchtgestalt von Gottheiten angeeignet. Der Jaguar wird im Sturz gezeigt; Ströme entspringen aus seinem Rachen, oder er trägt eine Federkrone; sein Anblick überzeugt davon, daß hier nicht mehr die irdische Wanderung von einst beschworen wird, sondern das bereits erreichte Ziel. Man könnte meinen, daß das Sonnenreich, nachdem es im Sand herangereift ist, die Grenzen seiner strengen und säkularen räumlichen Symbolik in einem großen Ausbruch gesprengt hat: der Himmel greift auf die Erde über. Aus dieser Verbindung entsteht die heilige Stadt von Pachacamac in der Mitte der Küstenlinie, nahe bei Lima, das riesige Heiligtum, das die Inka bei der Ankunft der Spanier verehrten (Abb. 57).

Man weiß nichts über die Dauer dieser Ausstrahlung, aber anscheinend streben die Menschen in der Zeit der lichterfüllten Produktion von Tiahuanaco-Nazca-Huari mit immer größerer Klarheit soziale Lösungen an, denn in dem Augenblick, da diese Epoche zu Ende geht, befindet sich das Königreich Chimú schon auf seinem Höhepunkt. Zu ihm gehört das größte städtische Zentrum der südlichen Hemisphäre vor Cuzco, die einzige Stadt, die vor der spanischen Kolonisation jemals im Sand der Küste errichtet wurde. In den Spuren von Chan-Chan lebt noch immer eine stolze Herausforderung; seine weite Ausdehnung über 20 km² bleibt bis heute unbegreiflich. Die Gebäudeeinheiten — deren Seiten zwischen 300 und 400 m lang sind — sind von bis zu zehn Metern hohen Mauern umschlossen und aus ungebrannten Lehmziegeln hergestellt, denen schon ein heftiger Regenguß gefährlich werden kann (Abb. 58). In dieser dem Ozean benachbarten Stätte, die vom Sand überflutet wird, bis ihre von Reliefs bedeckten Mauern mit ihm verschmelzen (Abb. 59), weit entfernt von fruchtbarer Erde und Trinkwasser, stellt man das Vorhandensein jener sozialen Organisation und jener Einrichtungen fest, die die Nekropolen implizit vorausgesetzt hatten: große Verkehrsadern, erfinderische Methoden zur Be-

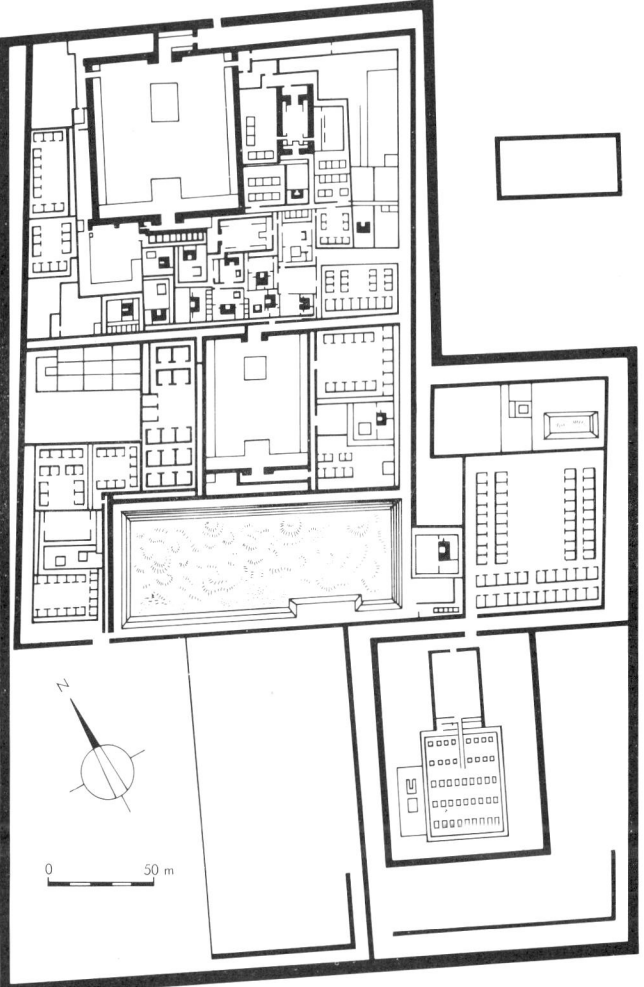

Abb. 58: Plan eines Gebäudes in Chan-Chan (nach seinem Entdecker
›Tschudi-Zitadelle‹ genannt)

wässerung (Kanäle, die den Lauf von Flüssen umleiten, lange, zum Teil unterirdische Aquädukte zur Gewinnung des Grundwassers), Ausbau des Agrarsystems mit den berühmten Terrassenanpflanzungen, die bis zu den höchsten Gipfeln der Anden reichen, Verwendung von Vogelexkrementen (*guano*) als Dünger, Freilegung und Bewirtschaftung fruchtbarer Erde, die unter meterhohen Sandschichten verborgen lag.

Die Fähigkeiten und Kenntnisse, die die Umwandlung der Wüste bewirkten, werden hier zum erstenmal auf einem sozialen Bereich angewandt und schaffen in Chan-Chan einen städtischen Raum und Bauten, die, wie aus dem Plan zu ersehen ist, wahre Paläste sind: zahlreiche Räume mit schmalem Eingang (Abb. 60), weite, offene Anlagen, die entweder einen Tempel oder einen Thron, wie das übrige aus Lehm, einschließen (Abb. 61); ihre Wände, die von den Architekten wie diejenigen von Gefäßen bearbeitet sind, waren ursprünglich von bemalten Reliefs bedeckt. Die Tatsache, daß der religiöse Symbolismus hier in geometrischen Figuren zum Ausdruck kommt (Abb. 62), erweist die Ablehnung von Götterbildnissen, eine Ablehnung, die keineswegs zufällig, sondern ein Charakteristikum der peruanischen Kunst noch im 16. Jahrhundert ist. Wenn der Chimú-Künstler sich in Metaphern ausdrückt, wie z. B. in einem Tempel aus der Umgebung von Trujillo, greift er ohne Überzeugung auf die lichtumwobenen Wucherungen und die ineinander verschmelzenden Wesen der Nekropolen zurück (Abb. 63). Die schwarze, mit Hilfe von Modeln hergestellte Keramik dieser Epoche hat viel von dem plastischen Elan der Kunst von Moche verloren und stellt serienweise realistische Abbildungen von hohen Würdenträgern, Häusern oder Tieren her (s. o. Abb. 11 und 12). Gegen die Mitte des 15. Jahrhunderts wurde das Königreich, dessen Hauptstadt Chan-Chan war, durch die Inka unterworfen, deren Bauwerke den dritten pan-peruanischen Kulturstil bilden sollten.

II. MESOAMERIKA[493]

Nachdem die Conquistadoren ihr Werk vollendet hatten, mußte es scheinen, als sei die mexikanische Kultur für alle Zeiten vernichtet: die Bevölkerung war für minderwertig erklärt und mit dem glühenden Eisen der Sklaverei gebrandmarkt worden, die Religion war offiziell als Hexerei verschrien, der Glaube an sie verleumdet und verfolgt, das geistige Leben vollständig verkannt. Die Bücher der Bibliotheken waren als Teufelswerk auf den öffentlichen Plätzen verbrannt worden, die alten Weisen, die Bewahrer der Tradition, waren tot, die Kunstwerke zer-

Abb. 59 (rechts): Ansturm des Sandes gegen die Lehmmauern des Palastes von Chan-Chan, Trujillo

Abb. 60 (Mitte): Lehmmauern der Stadt Chan-Chan

Abb. 61 (unten): Reste eines Throns vor weitgehend rekonstruierter Lehmmauer

Abb. 62: Figürliche und geometrische Motive aus Chan-Chan

stört, eingeschmolzen oder versenkt; außerdem hatten die Eroberer die Angewohnheit, ihre Bauten auf den Trümmern zerstörter Städte zu errichten, um jede mögliche Wiedererstehung zu verhindern. Aus diesem Grund gibt es in dem ganzen weiten Gebiet keinen Palast, keinen Tempel aus der Zeit der Eroberung, die wir anders als durch Beschreibungen kennen, die damals aufgezeichnet wurden.

Wir haben im übrigen gesehen, daß die noch vorhandenen Dokumente nur Zeiten behandelten, von deren Kultur es keine Spuren mehr gab. Denn die Geschichtsschreibung reichte nicht

Abb. 63: An Paracas erinnernde Motive von einer Mauer in Chan-Chan

über das 7. Jahrhundert hinaus und beschränkte sich darauf, den Wechselfällen nachzugehen, die die Azteken an die Spitze ihres Reiches führten, und an die Kämpfe um die politische Hegemonie zu erinnern, die seit dem 10. Jahrhundert zwischen den Nomadenstämmen aus dem Norden und den Erben der Teotihuacan-Kultur stattgefunden hatten. Der Aufstieg der Azteken jedoch war von einer solchen Entfesselung kriegerischer Kräfte begleitet, daß in seinem Verlauf die bestehenden städtischen Zentren des Hochlandes von Mexiko von der Landkarte verschwanden, und nachdem die Städte der aztekischen Sieger wiederum durch die Europäer zerstört worden waren, hatte das Gebiet, das eine so glänzende geistige Blütezeit erlebt hatte, alle Zeugnisse seiner Kultur eingebüßt.

Dieses Fehlen von Denkmälern erwies sich als verhängnisvoll: in Ermangelung von Zeugnissen ihrer wahren Natur wußte man von den fünf Jahrhunderten, die der spanischen Besetzung vorausgingen, nur mehr aus Erzählungen von Kriegen und Kämpfen, was die Eingeborenen in den Ruf brachte, von Natur einen unbezähmbaren Hang zum Blutvergießen zu haben. In einem Land, wo die kulturelle Weiterentwicklung schnell das Gleichgewicht zwischen kriegerischen und künstlerischen Tendenzen wiederhergestellt hätte, wäre eine solche Entstellung wohl ohne Folgen geblieben. In den Händen der Eroberer dagegen, die von dem Wunsch beseelt waren, als Repräsentanten der himmlischen Gerechtigkeit aufzutreten, wurde sie zu einer Waffe. So steht allein die letzte historische Phase, von ihren Zerstörern beschrieben, für die gesamte vergangene Geschichte der Ureinwohner: eine monolithische, aus dem Nichts entstandene Vergangenheit ohne jeglichen Bezug zu den Leistungen der Kultur, aus der sie hervorgegangen war.

Indessen dringt heute dank glücklichen Umständen, die der erbitterten Heimsuchung durch die Eroberer entgangen sind, die Sprache dieser zum Schweigen verurteilten Kultur in einer langsamen, aber stetigen Wiedererstehung immer deutlicher zu uns. Zwar können wir nach wie vor nichts über die Städte erfahren, die vom 11. Jahrhundert an zerstört wurden; doch statt dessen werden uns von Tag zu Tag jene Stätten vertrauter, die zu dieser Zeit bereits vergessen waren.

Diese schweigenden Zeugen, die, anfänglich vereinzelt und ohne inneren Zusammenhang, nach und nach aus der Tiefe des tropischen Regenwalds oder der gepflügten Äcker und auf den Höhen der Gebirge zum Vorschein kommen, stellen ein Ganzes dar, dessen kulturelle Verwandtschaft bereits zu Ende des vorigen Jahrhunderts festgestellt wurde. Die Geschichte der mexikanischen Archäologie der letzten vierzig Jahre besteht in der allmählichen Aufdeckung der Beziehungen, die die verschiedenen Völkerschaften in weit zurückliegenden Zeiten miteinander unterhielten, und der Universalität eines Denkens, das jede Gruppe durch ihren persönlichen Stil zum Ausdruck brachte. Die Entzifferung der von den Maya in reicher Zahl auf ihren Monumenten eingetragenen Daten hat es unter anderem ermöglicht, diese Fülle von Resten zeitlich einzuordnen, und auf diese Weise gelang es, zu ermitteln, daß die schöpferische Periode des Volkes, das den Süden Mexikos und den Norden Zentralamerikas bewohnte, sich annäherungsweise über den Zeitraum vom 1. bis zum 8. Jahrhundert erstreckt hat.

Da bei den Ausgrabungen in den Maya-Gebieten Gegenstände zutage gefördert wurden, die aus anderen Bereichen stammten, konnten für ganz Mesoamerika chronologische Entsprechungen hergestellt werden. Diese Parallelen zeigen, daß im Lauf der ersten Jahrhunderte unserer Zeitrechnung das vorkolumbische Denken seinen höchsten Stand erreicht hatte und daß in dieser Zeit die Grundlagen der Kultur geschaffen wurden, die bis zur Ankunft der Europäer fortdauerte. Die folgenden Jahrhunderte bringen lediglich mehr oder weniger glänzende ›Renaissancen‹ hervor, so daß die Texte über die aztekische Periode Wort für Wort auf die jeweilige Lebensweise der frühen

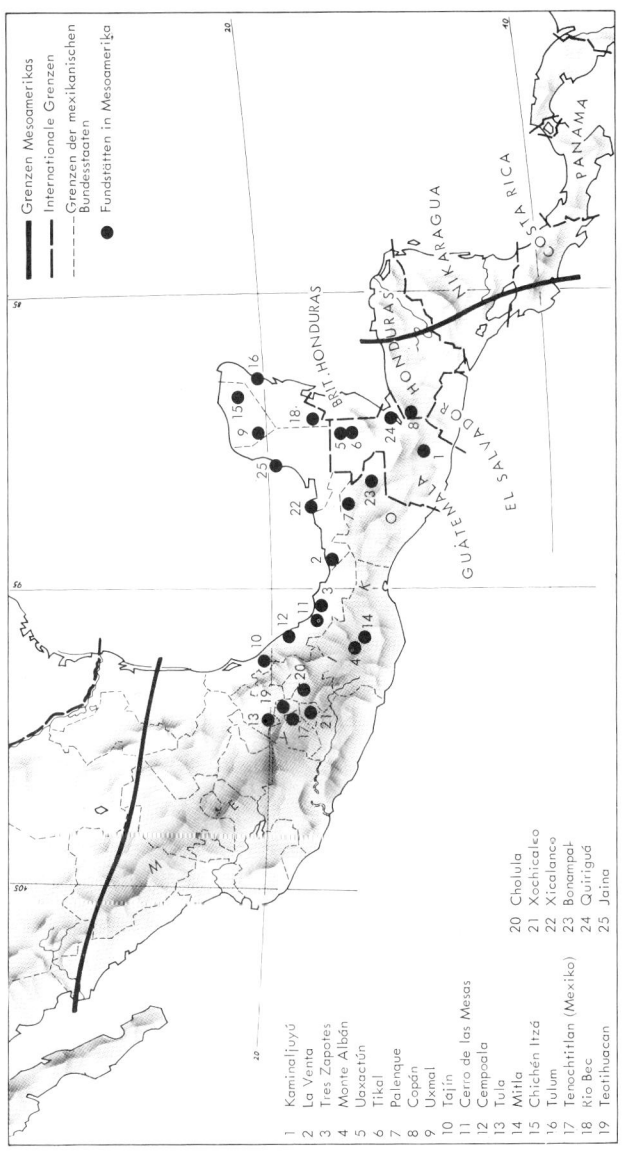

1 Kaminaljuyú
2 La Venta
3 Tres Zapotes
4 Monte Albán
5 Uaxactún
6 Tikal
7 Palenque
8 Copán
9 Uxmal
10 Tajín
11 Cerro de las Mesas
12 Cempoala
13 Tula
14 Mitla
15 Chichén Itzá
16 Tulum
17 Tenochtitlan (Mexiko)
18 Río Bec
19 Teotihuacan
20 Cholula
21 Xochicalco
22 Xicalanco
23 Bonampak
24 Quiriguá
25 Jaina

Abb. 64: Fundstätten in Mesoamerika

Gemeinwesen zutreffen, von der Architektur und Hieroglyphik bis zur Gesellschaftsstruktur, den Spielen, der Kleidung und den Bestattungsriten. Dieser Erfolg der Archäologie gestattete es endlich, eine enge Wechselbeziehung zwischen den schriftlichen Quellen und den Kunstwerken aufzustellen: es ist offenkundig, daß ein Kampf zwischen Adler-Kriegern und Jaguar-Kriegern in einer völlig anderen Perspektive erscheint je nachdem, ob man ihn vor dem Hintergrund der aztekischen Opfer sieht oder im Rahmen des militanten Pazifismus einer Stadt wie Teotihuacan, die etwa vierzehn Jahrhunderte früher datiert und in der die Ausgrabungen die Existenz dieser gleichen Kriegerkasten aufgedeckt haben.

So verschwand im Lauf der Zeit dank den Studien mehrerer Forschergenerationen das Hindernis, das zwischen den Texten und den Bodenfunden gestanden hatte. Nachdem einmal die zeitliche Kluft, die eine Beziehung zwischen ihnen unmöglich erscheinen ließ, überbrückt ist, gewinnen beide Arten von Quellen eine erstaunliche Lebendigkeit zurück: im Licht der Mythen erfüllen sich die alten Steine und alle ihre Zeichen mit Leben, während in den Texten dank der Hieroglyphik die ganze Fülle des verborgenen Denkens wiedersteht. Das Bild, das aufgrund dieser vergleichenden Arbeit hervorgebracht wurde, hat heute eine Festigkeit und Tiefe gewonnen, die ihm Bestand sichern.

Man muß freilich festhalten, daß es der Archäologie, auf sich allein gestellt, unmöglich ist, zu einer Synthese zu gelangen, die für die Kenntnis vom Menschen von höherem Interesse wäre. Diese Begrenzung birgt selbstverständlich eine Gefahr: in seinem lobenswerten Verlangen, nützlich zu sein, neigt der Fachmann häufig dazu, das Wesentliche, das sich ihm entzieht, zu verleugnen und Faktoren ohne wirkliche Tragweite für entscheidend zu halten. Daher stammen jene Vielzahl von Ordnungsschemata und Statistiken, jene verschlüsselten Geheimschriften, deren mühevolle Entzifferung nur die Farbe einer Scherbe oder die Form eines Topfes enthüllt, jene technischen Übungen, an denen die Archäologie krank darniederliegt. Solange man das Material in dieser Weise untersucht, lehrt es uns über die Gesellschaft, für die es steht, so wenig, wie eine zufällige Anhäufung von Wörtern einen Begriff von einer Sprache vermitteln kann, denn ebenso wie die Wörter erhalten die Gegenstände auch ein Minimum an Bedeutung nur im Hinblick auf eine Struktur, der sie zugehören. Diese Struktur entnimmt der Archäologe im allgemeinen der Geschichte oder den religiösen Vorstellungen. Aus verschiedenen Gründen ist jedoch die erstere hier von sehr geringem Nutzen, und die letzteren verbergen sich unter einem Wust von Vorurteilen und Unverständnis. Eine Wiedergewinnung der Struktur wird daher nur auf dem Weg über einen unermüdlichen Vergleich zwischen den verfügbaren

Dokumenten möglich: einerseits den Texten, andererseits den Hieroglyphen, die es auf dem archäologischen Material im Überfluß gibt — und schließlich den Codices, gemalten Büchern, die zwischen den beiden anderen Arten von Material eine Brücke schlagen.

Die Spuren müssen freilich, bevor ihr eigentlicher Wert zum Vorschein kommt, eine langwierige Untersuchung über sich ergehen lassen. Die verwirrte Chronologie der Texte, die Vermischung historischer und legendärer Züge, die jeweilige Eigenart der Bilder und Vorstellungen, die in den Codices enthalten sind, machen es zunächst unmöglich, die ausgegrabenen Gegenstände und Monumente in einen Kontext einzuordnen. Diese Schwierigkeit erweist sich als um so weitreichender, als man zunächst immer geneigt ist, mit dem Einfachsten, mit der Zuordnung des Fundes oder Fundortes zu einer Epoche oder einer Nation, zu beginnen.

Man muß lange Zeit gegen Widersprüche gekämpft, sich in unzähligen Sackgassen verrannt und sich gegen das Chaos, das die bequemen Lösungen mit sich bringen, aufgelehnt haben, um sich zu entschließen, nach einem anderen Weg zu suchen. So, wie die Hindernisse beschaffen sind, scheint das einzige wirksame Hilfsmittel die Erforschung der Symbolik zu sein — eine Arbeit, die der Archäologe im allgemeinen anderen überläßt und die eher am Ende als am Anfang seiner technischen Analysen zu stehen pflegt.

Aber wie soll man einen Gegenstand, der ans Licht kommt, in eine Epoche einordnen, deren Geschichte man noch nicht von ihren verwirrenden mythischen Elementen befreit, für die man noch keine einleuchtende Chronologie hergestellt hat? Mit welchen Mitteln erfaßt man die Sprache einer untergegangenen Stadt, wenn nicht mit Hilfe der Glaubensvorstellungen, mit Hilfe von Zeugnissen, von denen die Geschichte noch heute geprägt ist? Und bleibt, da die Spuren der zeitlichen Ereignisse ausgelöscht oder durch ihre Verwandlung in eine andere Kategorie, die sie aufgesogen hat, unkenntlich geworden sind, ein anderer Weg übrig als die Rekonstitution der einzigen Realität, die ihren Sinn bewahrt hat? Denn wenn es auch für immer unmöglich sein wird, physische Spuren jenes Fürsten Quetzalcoatl aufzuspüren, mit dessen Person die ganze mexikanische Geschichte verbunden ist, so ist man doch in der Lage, wissen zu können, ob an einem gegebenen Ort das Wirken von Normen sichtbar wird, die seine Existenz voraussetzen. Auch in den alten Stätten vermischen sich Realitäten verschiedener Kategorien, aber im Gegensatz zu den Annalen hat manchmal eine von ihnen — diejenige, die die Geschichte bestimmt und begleitet — genügend klare und zahlreiche Zeichen hinterlassen, so daß es möglich wird, ein geschlossenes Gesamtbild zu entwerfen.

Nach manchem Zögern haben wir die Gewißheit erlangt, daß der Ort, der am ehesten das notwendige Material für diese Art von Untersuchungen liefern kann, Teotihuacan ist. Die Stadt der Götter liegt auf der mexikanischen Hochebene, die allen Chronisten als Wiege der Zivilisation gilt (Abb. 65); sie ist die älteste, die weiträumigste und berühmteste Stadt Altamerikas, die Geburtsstätte der Fünften Sonne und bis ins Tiefste geprägt durch das Emblem des Quetzalcoatl. Sie, wenn überhaupt irgendeine Stadt, mußte das Ganze der Nahua-Symbolik bewahrt haben. Und wir gingen davon aus, daß, wenn es gelänge, dieses Ganze aufzuspüren, sich die historische Abfolge von allein wiederherstellen müsse.

Da nun die Erhellung der Beziehungen zwischen den beiden Arten von Quellen die einzige Hoffnung für eine Wiederherstellung der Vergangenheit bildete, mußten zuerst die archäologischen Funde aufs genaueste untersucht werden. Denn die Annalen und die Symbole konnten nur dann zu ihrer gegenseitigen Deutung beitragen, wenn die gefiederte Schlange in Teotihuacan das Bild des in einen Planeten verwandelten Königs war, und nicht, wie der Historiker Orozco y Berra meint, ein Anzeichen für die Verehrung von Tieren. Betrachten wir also zunächst die Grundlagen für die Entzifferung der Symbolik.

Statt einer Buchstabenschrift gab es in Teotihuacan ein System von im wesentlichen symbolischen Bilderzeichen. Die Schriften des 16. Jahrhunderts sind mit Ausnahme der wenigen Werke, die aufgrund von mündlichen Informationen geschaffen wurden, wie z. B. die des Sahagún, Übersetzungen solcher gemalten Bücher. Nur einige wenige Exemplare dieser kostbaren Dokumente entrannen den Autodafés, denen sie bereits vor der Ankunft der Spanier geweiht waren: schon als die Azteken die letzte Stadt eroberten, in der die Tradition noch lebendig war (und der sie bis dahin tributpflichtig gewesen waren), war der Brand der Bibliotheken Zeichen des Sieges. Denn neben den unmittelbaren Zielen des Krieges diente die Einnahme von Azcapotzalco im Jahre 1425 sicherlich auch der Absicht, die überlieferte Weisheit mit einem Machtwillen in Einklang zu bringen, den sie ausdrücklich verurteilte. Aus dieser Beschlagnahme des traditionellen Wissens rührt das Schweigen der Dokumente über die Jahrhunderte, die vor der Ankunft der Chichimeken (zu denen auch die Azteken gehören) lagen.

Diese gemalten Bücher, die von frommen Händen in der Zeit der europäischen Eroberung vor der Zerstörung bewahrt und unter dem Risiko von Repressalien im geheimen verehrt wurden, sind heute für die Erforscher Amerikas so unschätzbar wie der Stein von Rosetta für die Orientalisten. Hätten sich nicht einige Chronisten der Mühe unterzogen, sich die Bilder mehrerer Manuskripte ›übersetzen‹ zu lassen, so hätte der Verlust

*Abb. 65: Das Gebiet des Tezcoco-Sees
zur Zeit der spanischen Eroberung*

sämtlicher Originale, die den Annalen als Quelle dienten, den
Sinn einer so komplexen symbolischen Struktur für immer un-
durchdringlich gelassen. Die alten mexikanischen Weisen haben
uns mit Hilfe von Randnotizen zu den Hieroglyphen oder den
Darstellungen von Göttern und rituellen Szenen, aus denen
diese Bücher zusammengesetzt sind, den Schlüssel der verlorengegangenen Sprache übermittelt (diese Glossen sind teilweise in

Nahuatl, teils in manchmal unbeholfenem Spanisch geschrieben).

Von den etwa vierzig bekannten Handschriften behandeln nur ungefähr zehn historische Fakten; die übrigen beziehen sich auf das religiöse Leben. Die Entzifferung der ersten Gruppe gelang erst in jüngster Zeit. Sie ist zum großen Teil dem mexikanischen Forscher Alfonso Caso zu verdanken, der nach zahlreichen Klassifizierungen von Zeichen und mit der Zeit immer umfangreicheren Teilentzifferungen die Amerikanistik schließlich mit der Übersetzung des Buches beschenkte, das er selbst »das bedeutendste erhaltene genealogische Verzeichnis« nennt[494]. Der Codex Bodley verzeichnet die Geschichte der Mixteken vom 7. Jahrhundert bis in die Zeit der Eroberung, und da er auch von Ereignissen berichtet, die sich nach der Ankunft der Spanier zugetragen haben, hat er es ermöglicht, Synchronismen zwischen den Daten der Eingeborenen und denen der Europäer herzustellen. Dieser Gewinn ist um so kostbarer, als er nicht nur einen Teil der schöpferischen Periode erhellt, deren Kenntnis ohne ihn allein von der Archäologie abhängen würde, sondern darüber hinaus eine Brücke zwischen dieser Ära und der kriegerischen Epoche schlägt, von der sie auf immer getrennt zu sein schien.

Die Mehrzahl der Informationen, die sich auf die religiösen Codices beziehen, sind Eduard Seler (1849–1922) zu verdanken. Diese Informationen, die allmählich aus den Notizen der Handschriften im unermüdlichen Vergleich mit den archäologischen Resten und den Mythen hervorgegangen sind, haben im Verlauf von fünfzig Jahren Arbeit zu einer Summe von Kenntnissen geführt, ohne die heutzutage jede tieferreichende Arbeit undenkbar wäre. Ohne Selers unnachahmliche Energie, seine gegen alles gewappnete Geduld, seine Leidenschaft für die Aufklärung von Problemen befänden wir uns noch sehr weit entfernt von jeder Möglichkeit einer Synthese. Seine Tochter berichtet in der Beschreibung seines Todes, daß ihr Vater noch im Todeskampf mit seinen Arbeiten beschäftigt war und mit seinen Fingern Hieroglyphen in die Luft zeichnete. Es versteht sich, daß das Folgende im wesentlichen auf seinen Ergebnissen aufbaut.

a) Die schriftlichen Quellen – Die Ikonographie

Die in Nahuatl geschriebene Literatur des Hochlandes hat sich als sehr viel reicher erwiesen als man vermuten konnte. Sie gliedert sich in mehrere Gattungen, die der bedeutende Forscher Pater Angel María Garibay analysiert hat; schon die von ihm zusammengestellten Auszüge füllen zwei umfangreiche Bände. Nach Ansicht der Fachleute machen außerdem die bisher ver-

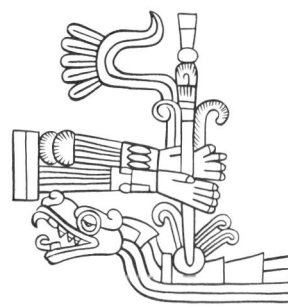

Abb. 66 (links oben): Frau, Tod und Schlange sind die Attribute der Materie. Codex Borgia

Abb. 67 (rechts oben): Aufgerichtete Schlange. Codex Fejérváry-Mayer

Abb. 68 (Mitte): Schlange als Materie, aus der Feuer geschlagen wird. Codex Laud

Abb. 69 (unten): Gefiederte Schlange. Aztekisches Siegel

öffentlichten Texte nur den geringsten Teil derjenigen aus, die noch der Übersetzung harren; noch weitere liegen vermutlich in den Bibliotheken vergraben.

Bisher sind etwa dreißig Annalenwerke bekannt. Die anonymen Texte sind in der Mehrzahl das Werk eingeborener Autoren, die in ihrer Muttersprache schrieben. Die übrigen stammen entweder von Abkommen eingeborener Adelsfamilien — Ixtlilxochitl, Tezozomoc, Chimalpahin —, die sich vorwiegend in Nahuatl ausdrückten, oder von Spaniern, die zum größten Teil nicht lange nach der Eroberung schrieben: Mendieta, Olmos, Sahagún, Durán, Motolinía.

Die Schlüsselfigur der Nahua-Symbolik ist die gefiederte Schlange, *quetzalcoatl*. Die Erforschung ihrer Bedeutung muß den Ausgangspunkt der Analyse bilden.

Der *Vogel* symbolisiert die Sonne und in erweiterter Bedeutung auch den Himmel. Die Sonne wird sowohl in Teotihuacan wie bei den Azteken durch den Adler verkörpert; dagegen erscheint die *aufgehende* Sonne in der Stadt der Götter als *quetzal*, in Tenochtitlan als Kolibri.

Die *Schlange* symbolisiert die Materie. Sie ist die ständige Begleitfigur der weiblichen Gottheiten der Erde und des Wassers; das ›Erdungeheuer‹ wird als weit aufgesperrtes Maul eines Reptils abgebildet. In dieser Funktion ist die Materie gleichbedeutend mit dem Tod und dem Nichts: Schädel und Skelette sind zusammen mit der Schlange die Attribute dieser Göttinnen (Abb. 66). Mit einigen Ausnahmen wohnt indessen den Skeletten und Schlangen stets eine Dynamik inne, die sie aus Zeichen des Todes in Lebensmächte verwandelt. Es ist hierfür bedeutsam, daß in den drei Stilisierungen, in deren Gewand die Schlange in den archäologischen Zentren von ganz Amerika gegenwärtig ist (dem stufenförmigen Mäander, einem S-förmigen Motiv und der Verschlingung zweier Körper), die Formen ihrer wirklichen Bewegungen (in der Natur) eingefangen sind. Diese dem Reptil eigentümliche *Bewegung* zeigt, daß die in ihm versinnbildlichte Materie nicht als Leben verschlingende, sondern als generative, Leben zeugende Kraft vorgestellt wird.

Freilich fällt die Art, wie dies Leben erzeugt wird, nicht in den Rahmen der natürlichen Ordnung. Wo die Schlange in realistischer Gestaltung und ohne Zeichen erscheint, durch die sie einem genauen Bereich zuzuordnen wäre, ist sie in Situationen abgebildet, die ihrer organischen Natur gänzlich zuwiderlaufen: in einer aufgerichteten Haltung, als ein Sinnbild für viele Nahua-Gedichte über den aufrechten Gang des Menschen (Abb. 67), oder mit einem flammenumhüllten Körper, wie auch der büßende König dargestellt wird (Abb. 68); sie bezeichnet in diesen Fällen stets die Materie auf der Suche nach Elementen der Verwandlung.

Abb. 70 (oben):
Gefiederte Schlange.
Skulptur auf
dem Tempel von
Xochicalco

Abb. 71 (Mitte):
Der Herr Quetzalcoatl.
Vasenmalerei aus
Teotihuacan

Abb. 72 (unten):
Der Herr Quetzalcoatl
in der Aztekenzeit.
Atlas des Durán

Die gefiederte Schlange
Sie stellt die Verschmelzung unversöhnlicher Gattungen dar —
die Verbindung der unbeweglichen Materie mit einer geflügelten Substanz (Abb. 69 und 70).
Obgleich der Name *Quetzalcoatl* gewöhnlich als ›gefiederte
Schlange‹ übersetzt wird und nicht als ›Vogel mit Schlangen-
zügen‹, wie es wörtlich heißen müßte, gibt es von der letzteren Variante zwei Beispiele in Teotihuacan: einen Adler mit
gespaltener Zunge und einen Quetzalvogel, der mit einem stilisierten Reptil verschlungen ist. Sie reichen als Beweis dafür aus,
daß die Synthese das Resultat konzertierter Bemühungen ist;
denn wenn das Reptil danach strebt, sich mit dem Himmel zu
vereinigen, so trachtet der Vogel danach, die Erde zu erreichen,
was darauf hinzuweisen scheint, daß die Bewegung des ersteren
als aufsteigend, bei dem zweiten als absteigend gedacht wird.

Der Herr Quetzalcoatl, König von Tula
Sowie sie sich vereinigen, treten Reptil und Vogel gegenüber
dem Herrn Quetzalcoatl zurück, für den ihre Verbindung das
Sinnbild ist. Gemeint ist demnach das Auftreten des Menschen,
des Wesens, das mit einem Sinn begabt ist, aufgrund dessen es
sich auf die Suche nach einer unsichtbaren Realität außerhalb
der Welt der Erscheinungen begeben kann. In Teotihuacan findet sich die unmittelbarste Beziehung zwischen dem Vogel-
Reptil und dem mythischen König: ein bärtiges Gesicht, versehen mit der Hieroglyphe seines Namens (auf der Matte, die
die Macht symbolisiert, ruht der Kopf einer gefiederten Schlange). Dies ist bis zum heutigen Tag der früheste bekannte Fürst
Quetzalcoatl, der aus dem 2. oder 3. Jahrhundert unserer Zeitrechnung stammende Urahne eines Geschlechtes, das erst mit
der spanischen Unterwerfung zu Ende gehen sollte (Abb. 71).
Sein Gesicht erstrahlt auf den Resten eines Gefäßes, das wir mit
Bewegung unter den unzähligen Scherben aus den Trümmern
des Palastes von Zacuala entdeckten. In den vorkolumbischen
Handschriften ist der Bart das Kennzeichen des Königs von
Tula (Abb. 72), und die Kreise, die auf dem Gefäß seine Stirn
und seinen Hals schmücken, stehen für die Edelsteine, die ihn
in den Codices kennzeichnen. Nach den Angaben der Texte ist
der Edelstein Zeichen für die unzerstörbare Substanz des
menschlichen Wesens, die ihren Sitz im Herzen hat. Die Azteken legten einen solchen Stein in den Mund der Verstorbenen,
und in den Gräbern von Teotihuacan haben wir viele dieser
tausendjährigen Herzen in unberührtem Glanz gefunden.
Das Hauptmerkmal Quetzalcoatls ist die Muschel; sie wird im
Längs- oder Querschnitt auf der Brust getragen (Abb. 73). Die
alten Weisen erklärten sie als Symbol der Geburt, was damit
zusammenstimmt, daß Quetzalcoatl stets als Erzeuger der Men-

Abb. 73 (oben): Die Muschel, Haupt-
emblem des Quetzalcoatl
Abb. 74 (Mitte): Dreifach gelappte Zeichen der Maya (obere Reihe) und Nahua, Symbol der Vollendung
Abb. 75 (links): Der Herr der Morgenröte mit dem dreifach gelappten Zeichen. Codex Fejérváry-Mayer
Abb. 76 (unten): Alternierende Reihe
von Venus- und Sonnenzeichen. Wandgemälde in Teotihuacan

schen gesehen wird. In der Hieroglyphik der Maya bedeutet die Muschel Vollendung, Totalität, und kennzeichnet den Schlußpunkt einer astronomischen Periode.[495] Da die ganze Geschichte des Königs von Tula aus der Vision einer angestrebten und erreichten Finalität besteht, erscheint die Verknüpfung mit dem Konzept der Totalität durchaus logisch, denn gerade durch die letzte Phase seiner Existenz erlangt Quetzalcoatl seine Funktion als Archetyp. Diese Geburt, deren Voraussetzung der Tod des Erzeugers ist, muß Sinnbild für die Überwindung des organisch-natürlichen Determinismus sein, die im Mythos durch die Himmelfahrt des entflammten Herzens symbolisiert wird; sie kann daher nur die Entsprechung bilden zu jenem Willen, mit der natürlichen Ordnung zu brechen, von dem die Schlange beseelt ist. In beiden Fällen wird die Anstrengung durch die Bewegung und die Aufopferung der ursprünglichen Form symbolisiert. Demnach ist auch die Materie der gefiederten Schlange unter dem Gesichtspunkt der Vision betrachtet, die das Verlangen erweckt, »zu den Grenzen der Welt aufzubrechen, da, wo Erde und Himmel sich vereinen«. Die Geschichte Quetzalcoatls beginnt mit dem Ereignis, das seine Abreise bewirkt, und endet mit dem Scheiterhaufen; sein Leben beschränkt sich somit auf diese Pilgerschaft, auf dies Streben nach einem Jenseits; seine Herrschaft kann ihren Grund nur in der geistigen Heldentat haben, der sein Leben geweiht ist. Quetzalcoatl ist König, weil er sich dazu entschließt, den Lauf der Dinge zu verändern und eine Reise zu unternehmen, zu der ihn nur eine innere Notwendigkeit verpflichtet; er ist Herr, weil er seinem eigenen Gesetz folgt, weil er zugleich Ausgangspunkt und Prinzip der Bewegung ist.

Der Planet Venus
Für Venus ergibt sich ein Problem des Vorrangs analog demjenigen, das aus Quetzalcoatls Doppelnatur als König und Gottheit resultiert: er ist in seinen beiden Aspekten mit ihrer Hieroglyphe versehen und als König ihr Stellvertreter auf Erden. In welchem Augenblick beginnt diese Identifizierung? Da Venus aus der Asche des Königs von Tula hervorgeht, kann sie eigentlich erst nach dessen Tod existieren, aber die Symbolik offenbart bereits im Verlauf von Begebenheiten, die dieser Auflösung vorausliegen, zwischen ihnen eine uneingeschränkte Analogie: Quetzalcoatl verkörpert den Planeten sowohl bei seinem Abstieg in die Finsternis als auch bei seiner unterirdischen Reise auf der Suche nach dem Licht.
Dies Problem, das dem Wesen Quetzalcoatls inhärent ist, öffnet den Weg zu der Erkenntnis, weshalb Mythos und Ikonographie seine Herkunft in außerirdische Bereiche verlegen: daß ein Himmelskörper als sein Doppelgänger fungiert, weist darauf hin,

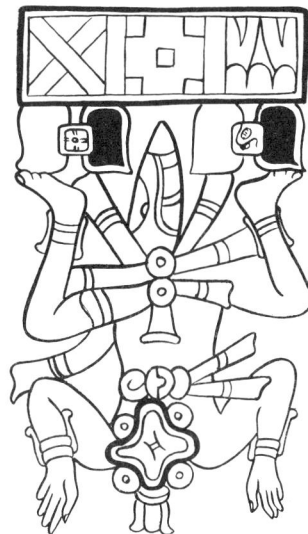

Abb. 77: Abendlicher Untergang des Planeten Venus. Dresdener Codex

Abb. 78: Der Hund ist der Doppelgänger Quetzalcoatls. Dresdener Codex

daß seine Wirklichkeit weder Anfang noch Ende hat. Nach dem Gleichnis über den König von Tula erfüllt sich das menschliche Geschick in einer Bewegung, die zu der Quelle zurückführt, aus der es entstand. Die Rolle des Planeten in der Symbolik besteht darin, diese Bewegung darzustellen, die nach einem Aufenthalt in den Abgründen der Erde zurück ins Reich der Sonne führt. Wir werden sehen, daß diese ewige Wiederkehr den Menschen nur als soziales Wesen betrifft, denn allein die Gruppe besitzt die Fähigkeit, dem individuellen Bewußtsein Bestand zu verleihen.

Das Venusjahr hat 584 Tage und setzt sich aus einer Morgenstern- und einer Abendsternperiode zusammen, die durch sogenannte obere und untere Konjunktionen voneinander getrennt sind, während derer der Planet in den Strahlen der Sonne untertaucht. Diese Phasen sind mit mathematischer Genauigkeit auf den Seiten 46–50 des Maya-Codex der Bibliothek von Dresden aufgeführt; sie wurden am Anfang dieses Jahrhunderts von dem deutschen Forscher Ernst Förstemann entziffert; Eduard Seler stellte sie später auch in mehreren Handschriften aus anderen Gegenden fest.

Seler hat außerdem nachgewiesen, daß der Name ›Vier Bewegung‹, den das Weltzeitalter Quetzalcoatls trägt und der auf die

Konstellation der Gestirne während der Geburt der Fünften Sonne zurückgeht, sich auf eine Konjunktion des Planeten mit der Sonne bezieht. Die Bedeutung, die diesem Ereignis zuerkannt wurde, zeigt, daß die Phasen des Venusumlaufs, während derer der Planet sichtbar ist, unter dem Aspekt der Begegnung der beiden Gestirne betrachtet werden müssen, denn ihre Aufeinanderfolge verweist auf das gleiche Eingehen in eine höhere Ordnung wie diejenige, die den Werdegang des Königs von Tula bestimmt.

Daraus erklärt sich zweifellos auch, daß alle Hieroglyphen der Venus wie die Muschel den Begriff der Totalität ausdrücken. Das gilt etwa für ein dreilappiges Motiv, das die Maya verwendeten, um das Ende eines Zyklus zu bezeichnen (Abb. 74), und das Quetzalcoatl in seiner Funktion als Herr der Morgendämmerung trägt (Abb. 75). In Teotihuacan ist der Herr der Morgendämmerung durch eine geschlossene Faust charakterisiert, die für die Maya gleichfalls ein Symbol der Ganzheit war. Die überall vorhandene Figur des Quincunx schließlich, das Zeichen der vier Horizonte, die durch eine Achse mit dem Himmel und mit den Tiefen verbunden sind, ist das unmittelbarste Symbol der Totalität: es ist aus der Beobachtung der Himmelserscheinungen abgeleitet und bezeichnet die fünf Venusjahre, an deren Ende die obere Konjunktion des Planeten mit der Sonne stattfindet. Ein Wandgemälde in Teotihuacan, auf dem die Sonne mit dem Quincunx alterniert, beschwört diese Begegnung, aus der das Weltalter der Nahua hervorging (Abb. 76).

Diese kurze Ausführung zeigt, daß die unterschiedlichen Darstellungen Quetzalcoatls die Materie auf den einzelnen Etappen ihres Weges zum Licht vorführen, eines Weges, den die Symbolik des Planeten, des Lichtes im Kampf um seine Befreiung, unmittelbarer und besser erkennen lassen wird.

Die Inkarnation des Lichts

Nach einer 90 Tage währenden Vereinigung mit der Sonne, während derer sie unsichtbar bleibt, erscheint Venus 250 Tage lang am Abendhimmel. Da sie der Schwerkraft unterworfen ist, wird sie von der niederen Welt so sehr angezogen, daß sie in ihr untertaucht. Ihre Verfinsterung dauert acht Tage und entspricht der unteren Konjunktion, die ihrem Aufgang im Osten vorausgeht. Dieses Untertauchen des Gestirns ist bildlich durch den fallenden Körper des Quetzalcoatl dargestellt. In der Dresdener Handschrift trägt dieser statt eines Kopfes die Hieroglyphe der Venus (Abb. 77).

Der Hund

Der Planet wird bei seiner Berührung mit der Materie durch Xolotl, den Doppelgänger Quetzalcoatls, symbolisiert. Xolotl heißt im Nahuatl zugleich ›Hund‹ und ›Zwilling‹, und in der Ge-

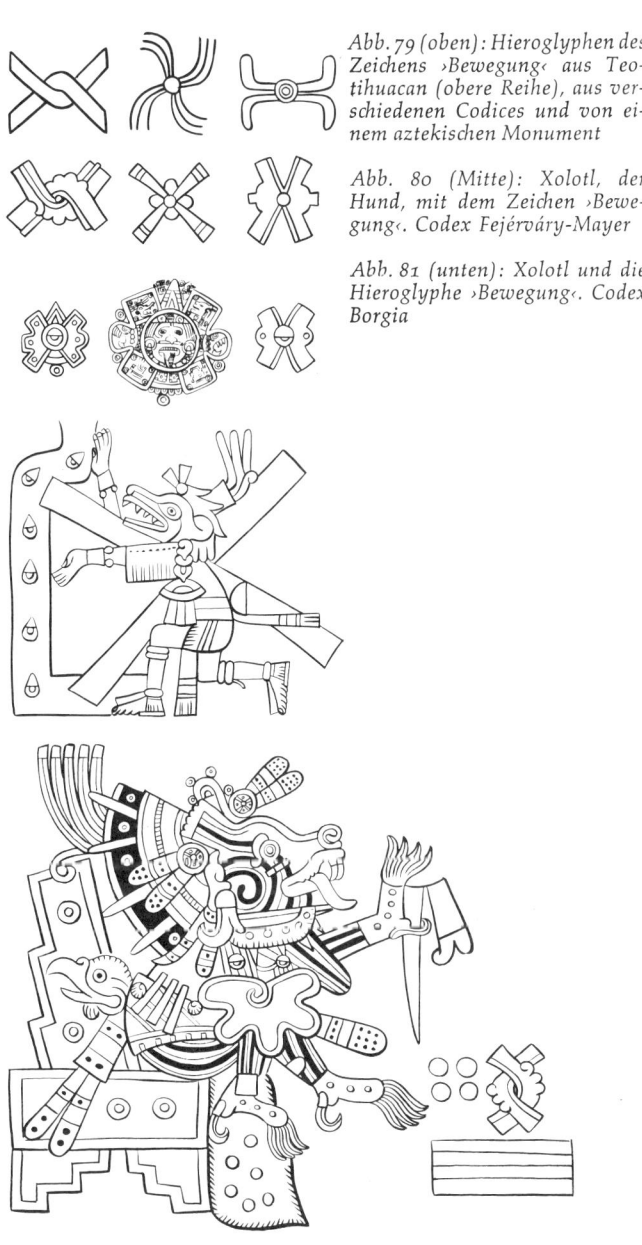

Abb. 79 (oben): Hieroglyphen des Zeichens ›Bewegung‹ aus Teotihuacan (obere Reihe), aus verschiedenen Codices und von einem aztekischen Monument

Abb. 80 (Mitte): Xolotl, der Hund, mit dem Zeichen ›Bewegung‹. Codex Fejérváry-Mayer

Abb. 81 (unten): Xolotl und die Hieroglyphe ›Bewegung‹. Codex Borgia

stalt eines Hundes oder eines nackten und verunstalteten Wesens müssen wir die Spur des inkarnierten Lichts nunmehr weiterverfolgen.

Sahagún berichtet, daß der Hund das Zeichen des Feuers sei. Die Hieroglyphik erlaubt die nähere Bestimmung, daß dieses Feuer himmlischen Ursprungs ist. Denn Xolotl identifiziert sich nicht nur mit Venus-Quetzalcoatl, sondern er wird auch, mit Fackeln versehen, im Sturz vom Himmel abgebildet (Abb. 78). Als Inbild der Vereinigung der Materie und des himmlischen Feuers wird er uns mit seinem Verhalten Aufschluß darüber geben, welchen Einfluß das Feuer auf die Erde ausübt.

Die Eigenart Xolotls ist schlechthin Beweglichkeit; seine Mission beschränkt sich darauf, den Funken, der ihm übertragen ist, auf die Seite zu bringen, wo die Gravitationskraft nicht durch die Abgründe, sondern durch die Höhen ausgeübt wird. Er repräsentiert Venus auf der Reise, die sie unternimmt, um die Morgendämmerung wieder zu erreichen; sobald sie am Ziel ist, wird er durch andere Wesenheiten ersetzt. Daher ist das Hauptkennzeichen Xolotls die Bewegung, von deren Hieroglyphe er immer begleitet ist (Abb. 79–81).

Der Jaguar

Dem inkarnierten Licht darf nicht nur anhand der Gestalten der Venus nachgegangen werden, denn in den entscheidendsten Augenblicken werden die Symbole des Planeten mit denen der Sonne identisch. Daher muß sich die Untersuchung nun Bildern zuwenden, die einem anderen Kontext angehören.

Innerhalb der Finsternis, die es verschlingt, verwandelt sich das Gestirn in Tlalchitonatiuh, die erdnahe Sonne. Während dieser Erdenzeit steht für die Sonne der Jaguar, der wie Xolotl vom Himmel herabstürzend dargestellt wird (Abb. 82). Daraus folgt, daß Hund und Jaguar denselben symbolischen Rang besitzen und daß ihre Rollen manchmal ineinander übergehen.

Die unterirdische Reise des Himmelskörpers wird indessen fast immer durch den Jaguar veranschaulicht. So beziehen sich, als Quetzalcoatl am Ende seiner Abenteuer zum Herrn der Morgendämmerung gekrönt wird, die Zeichen, die seinen Sieg über die Finsternis beschwören, auf den Jaguar. Der Grund für diese Wahl scheint in einer Art Arbeitsteilung zu liegen: die nächtliche Tat vollzieht sich in mehreren Etappen, und die Rettung des Lichts erfordert einen heftigen Kampf mit den natürlichen Mächten, die es zu überwinden gilt. Außerdem führt der irdische Weg in einem bestimmten Augenblick über Abgründe, die in Ermangelung einer Brücke nur durch einen Abstieg überschritten werden können (eine der Taten des Königs von Tula während seiner Pilgerschaft besteht gerade darin, an einer bestimmten Stelle eine Brücke zu schlagen, damit seine Jünger weiter vorankommen kön-

Abb. 82 (links oben): Vom Himmel stürzender Jaguar. Codex Nuttall
Abb. 83 (links Mitte): Jaguarmensch
Abb. 84 (rechts oben): Jaguarkrieger aus Teotihuacan. Terrakotta-
statuette
Abb. 85 (rechts Mitte): Jaguarkrieger aus Teotihuacan. Wandgemälde
Abb. 86 (links unten): Tezcatlipoca, der Gott mit dem ›rauchenden
Spiegel‹. Wandgemälde in Teotihuacan
Abb. 87 (rechts unten): Die Jaguar-Gottheit im aztekischen Codex Bor-
bonicus

nen). Wenn ihr Mut nicht erlahmt, können die Tiere den ihnen
anvertrauten Funken schließlich im Morgenhimmel niederlegen.
Wir können demnach vier Bewegungen unterscheiden: die Reise
nach dem Sturz, den Kampf mit den feindlichen Mächten, den
Abstieg in die Unterwelt und die schließliche Auslieferung.
Wenn die beiden Wesenheiten auch die gleichen Erfahrungen
durchmachen, so hat allein Xolotl die Aufgabe des Abstiegs in
die Unterwelt und der Übergabe des Lichtfunkens. Der Jaguar
dagegen verkörpert Reise und Kampf. Nur ein Wandgemälde in
Teotihuacan zeigt die beiden Tiere, wie sie gemeinsam ihrem
Ziel zustreben.
Diese Verteilung der Rollen ist vollkommen. Denn kein anderes
Geschöpf als der Jaguar könnte besser die Beweglichkeit, Kraft
und Ausdauer versinnbildlichen, die der Jünger Quetzalcoatls
benötigt, um den Funken zu bewahren, als dessen Träger er sich
weiß. Hierin liegt der Grund für jene Unzahl von Jaguarmenschen, die Mesoamerika überfluteten, und es ist bedeutungsreich,
daß, während sie in Teotihuacan Sinnbilder kosmischer Harmonie sind, die tropischen Regionen im Süden von Veracruz
mit ihren Sümpfen und Dschungeln in ihnen den Willen symbolisiert sehen, der unentbehrlich ist, um diese Harmonie zu er-
kämpfen. Der künstlerische Ausdruck dieser Anschauung von
der Bestimmung des Menschen ist stets erstaunlich und
nicht selten von großem Pathos (Abb. 83; vgl. Abb. 3). Der
Charakter des inneren Prinzips, das dieses Wunder ermöglicht,
wird durch eine Axt (Zeichen des Blitzes) sinnfällig gemacht, die
der Jaguarmensch häufig trägt (s. o. Abb. 6).
Aus diesen wechselseitigen Beziehungen entsteht der Jaguarkrieger, Mitglied einer religiösen Kaste, deren Sendung ein Kampf
ist, der nur den Sieg über die Materie zum Ziel haben kann —
die Verteidigung des Urfeuers gegen die mögliche Verunreini-
gung durch die Trägheit (Abb. 84 und 85).

Tezcatlipoca
Die Personifizierung von Wachheit und Dynamik, deren Sinnbild der Jaguar ist, ist Tezcatlipoca, dessen Name ›rauchender
Spiegel‹ bedeutet. Er ist der ewig junge und muntere Gott, derjenige, der »am besten marschierte und als erster ankam«. Er
erinnert daher an die Beweglichkeit des Jaguars, dessen Gestalt
er annimmt (Abb. 86 und 87). Tezcatlipoca veranschaulicht keine
spezielle innere Haltung, sondern die Bedingungen der menschlichen Existenz mit ihren zahlreichen Formen. In seiner Hieroglyphe ist zusammengefaßt, was die Nahua-Stämme als
Menschheit begriffen: es ist ein Spiegel, aus dem sich »Rauch
wie Nebel oder Schatten« erhebt, eine trübe und entstellende
Oberfläche, die jedoch die Eigenschaft besitzt, die Dinge in ihrer
vollkommenen Wahrheit widerzuspiegeln.

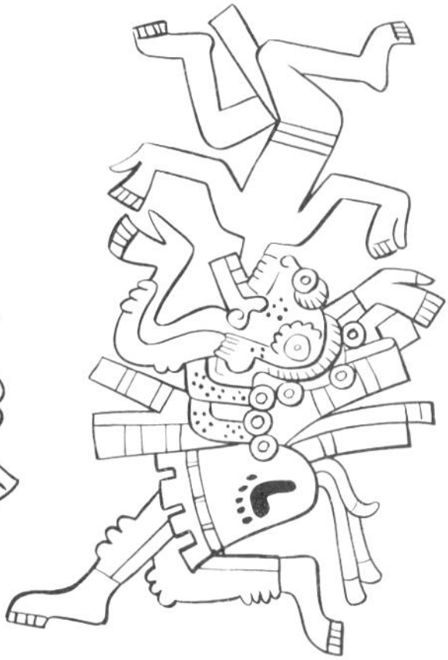

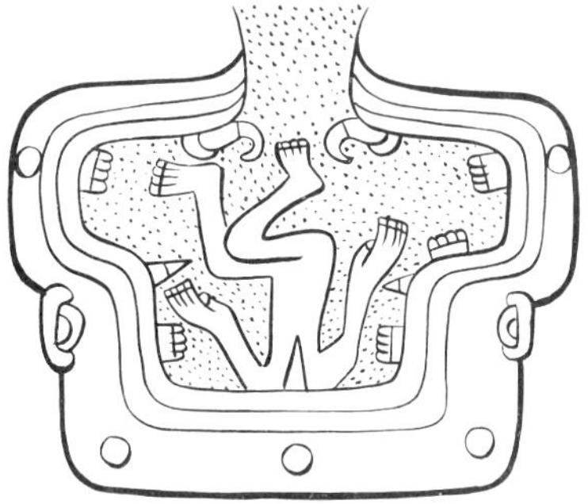

Abb. 88 (links oben): Xolotl, der Büßer, Doppelgänger Quetzalcoatls. Codex Borgia
Abb. 89 (links Mitte): Xolotl wird von der als Reptilrachen dargestellten Erde verschlungen. Codex Laud
Abb. 90 (rechts oben): Xolotl wird vom Tod aufgefressen. Codex Borgia
Abb. 91 (links unten): Die Verbrennung Quetzalcoatls. Codex Borgia

Der Abstieg in die Unterwelt

Zu dem Abstieg in die unteren Regionen wird in den Texten berichtet, daß Quetzalcoatl in das Reich der Toten eindringt, um dort die Gebeine seiner Väter zu holen. Die Gefahr, die er in der Begegnung mit dem Fürsten der Unterwelt läuft, wird durch die wenig kriegerische Haltung unseres Helden gekennzeichnet. Von einer wahnwitzigen Panik ergriffen, läuft er zum Ausgang, fällt und zerbricht den Knochen, dessen er sich bemächtigt hatte. Er weint über seine Unfähigkeit, und sein Doppelgänger tröstet ihn. Das Geschöpf, das diese Angst verspürt und diesen Sprung ins Unmögliche wagt, kann daher nur Xolotl sein: nur in seiner Gestalt kann der Herr Quetzalcoatl die Gebiete jenseits der Lebensbereiche aufsuchen. Vielleicht ist er aus diesem Grund nackt und bemitleidenswert häßlich, mit Augen, die aus den Höhlen hervortreten, verdrehten Gliedern und einem Hundemaul (Abb. 88).

Xolotl wird oft in der Szene dargestellt, die seine Existenz begründet: er dringt in Materie ein, die durch verschiedene Symbole versinnbildlicht wird, wie durch den aufgerissenen Rachen einer Schlange oder den Mund eines Skeletts (Abb. 89 und 90). Indem Xolotl die Materie bis in ihre Abgründe durchmißt, vollzieht er die Vereinigung, die im Quincunx hieroglyphisch figuriert ist und die sich als ein Schöpfungsakt von großer Tragweite erweist, denn aus ihr geht die Fünfte Sonne hervor. Xolotl hat nämlich die gleiche Symbolik wie Nanahuatzin, namentlich die der verzehrenden Krankheit, die den Körper auflöst, seine Haut auffrißt und seine Glieder verdreht. »Bemerkenswert ist die enge Beziehung, die zwischen Xolotl und Nanahuatzin, dem von Syphilis befallenen Gott, besteht; in der Reihe der Tage und Wochen kann der eine den anderen ersetzen, und in der Mythologie fallen beide zusammen. Es gibt keinen Grund, daran zu zweifeln, daß Nanahuatzin eine einfache Variante für Xolotl darstellt.«[496]

Auf diese Weise erscheint Quetzalcoatl gleichzeitig als Schöpfer der Sonne und der Venus. Während aber der Monarch an der Entstehung des Morgensterns persönlich den entscheidenden Anteil hat (die Legende berichtet genau, daß der König von Tula mit eigenen Händen den Scheiterhaufen errichtet), ist es Xolotl, der die Sonne zur Welt bringt. In diesem Punkt stimmen Texte und Ikonographie überein. Der Mythos berichtet weiter, daß Quetzalcoatl, bevor sein Herz sich in den Planeten verwandelt, acht Tage bei den Toten weilt. Da jedoch das Jenseits ausschließlich seinem Doppelgänger zuerteilt ist, ist dieser dort sozusagen sein offizieller Führer. Xolotl hat nämlich die Aufgabe, die Seelen auf den gewundenen Wegen der Unterwelt zu führen, die er allein kennt, denn niemand außer ihm ist jemals von dort zurückgekehrt. Seine Hilfe wurde für so unentbehrlich gehalten, daß den

Toten zu allen Zeiten ein Hund beigegeben wurde: nach den Chroniken wurde dieser Brauch noch von den Azteken im 16. Jahrhundert geübt, und die Ausgrabungen in Teotihuacan haben erwiesen, daß er dort, fünfzehn Jahrhunderte früher, bereits üblich war. Die Geburt des Planeten hing, wie die der Fünften Sonne, von einer in der Finsternis durchgestandenen Probe ab. Zu einem besseren Verständnis dieses Vorgangs müssen wir nun die Person Xolotls, des Erzeugers der Gestirne, analysieren.

Bei der Erschaffung der Fünften Sonne ist der allein entscheidende, den Erfolg bestimmende Faktor das Opfer. Deshalb wird Nanahuatzin-Xolotl durch die Gestalt des Büßers abgebildet, als derjenige, der die Riten in absoluter Strenge und Hingabe vollzieht. Die Gebote der Buße, die in den vorkolumbischen Gesellschaften zur Zeit der Eroberung noch in Kraft waren, sind uns von den Chronisten aufs genaueste übermittelt worden. Diese Gesetze, die auf Quetzalcoatl zurückgehen sollen, zielen auf eine langsame Entsagung von den Leidenschaften, so daß zu den körperlichen Züchtigungen noch Maßnahmen hinzukommen, die dazu bestimmt sind, den Geist zu stählen. Einige davon scheinen die von Xolotl durchlebte Grenzsituation zum Vorbild zu haben: der Büßende muß sich um Mitternacht allein und nackt in einen dichten Wald begeben. Der Parallelismus zwischen diesem Eintauchen in die Finsternis, der Einsamkeit und dem Gang in die Unterwelt wird noch durch konkrete Zeichen unterstrichen. So wird z. B. berichtet, daß der Priester — der Büßer *par excellence* — mit dem eigenen Blut sein Gesicht mit einem senkrechten Streifen von den Augen bis zum Kinn zeichnete; ein ganz ähnlicher Streifen ist auf den Darstellungen das Kennzeichen Xolotls. Eine weitere Parallele bildet die Fastenschnur der Büßer, von der die Texte sprechen, die in den Codices sein Gesicht einrahmt.

Die somit hergestellte Verbindung zwischen einer Gottheit, deren Geschick wir kennengelernt haben, und einem Brauch, dem in der Religion der Nahua-Völker eine so große Bedeutung zukam, erklärt den Sinn wesentlicher Symbole und enthüllt den Tatbestand, daß der Büßende, ganz wie der Doppelgänger Quetzalcoatls, von dem Verlangen beseelt war, sich in Lichtenergie zu verwandeln. Der erfinderische Geist der Bildersprache zeigt sich bei dieser Gelegenheit in besonders eindrucksvoller Weise: könnte man den Wunsch nach Verwandlung mit mehr Kraft in ein Bild umsetzen als durch jenen Körper, der in einem schädelförmigen Topf kocht und von Flammen erhitzt wird, die aus vier Schlangen hervorbrechen (Abb. 91)? Oder den Wunsch nach Überwindung der unmittelbaren Erfahrung stärker ausdrücken als durch das ausgerissene Auge, die freiwillige Blendung (Abb. 92), die übrigens um so bedeutungsreicher ist, als der Herr der Morgenröte sie, wie wir sehen werden, mit seinen feurigen Pfeilen selbst hervorruft.

Wie umfassend und von welcher Leidenschaft erfüllt die Bestimmung Xolotls ist, wird noch durch seine Verwandtschaft mit dem Gott der Begierde hervorgehoben. Der Doppelgänger Quetzalcoatls tritt häufig in Beziehung zum *tonallo* (vier ein Quadrat bildende Kreise, Symbol der Sonnenenergie) und zu der Figur einer den Mund bedeckenden Hand. Seler bemerkt dazu: »Das kann [...] nichts anderes bedeuten, als daß *Xolotl* gleichzeitig der *Auiateotl*, der Gott der Lust, ist, der sich im Feuer opfert und dadurch zur Sonne wird, als Morgensonne am Himmel aufgeht.«[497]

Wir können Seler jedoch bei aller Bewunderung für seine Arbeiten nicht folgen, wenn er diese aufschlußreiche Verbindung auf naturalistische Weise interpretiert. Getreu dem Dogma des 19. Jahrhunderts, nach dem jedes menschliche Phänomen sich durch die Gesetze erklären läßt, denen die Materie unterworfen ist, sieht er in Xolotl, den er als Archetyp des Büßers erkennt, das Symbol der sexuellen Begierde. In Wahrheit führt jedoch die lange Folge von bewußten Willensakten, die das exemplarische und vielgestaltige Leben Quetzalcoatls auszeichnet, zu dem Schluß, daß der Religion der Nahua-Völker im Gegenteil die Aufforderung zugrunde liegt, sich aus den Fesseln dieser Gesetze zu befreien.

Dieser Folgerung entspricht es, daß Xolotl im wesentlichen als geistiges Wesen begriffen zu werden scheint. Als Verkörperung des himmlischen Feuers trennt er sich vom König von Tula nur, um in die Unterwelt hinabzugehen und nach der reinigenden Entflammung in den Himmel emporzusteigen. Besessen von der Sehnsucht nach Regionen, die den Augen unsichtbar bleiben, von einer Inbrunst, die seine Haut zersetzt und seine Glieder aus ihren Gelenken reißt, nackt, blind und verzehrt von der Einsamkeit jener Geschöpfe, die in dieser Welt Fremde bleiben, gemahnt Xolotl an Bilder, die von Dichtern anderer Breitengrade für die Seele entworfen worden sind.

Itztlacoliuhqui

Die Identifizierung des Doppelgängers Quetzalcoatls mit dem unsterblichen Teil des Menschen findet ihre Bestätigung in der Existenz eines Gottes, der eine blinde Maske und eine von einem Pfeil durchstochene Mütze trägt (Abb. 93 und 94). Sein Name bedeutet ›krummes Obsidianmesser‹.

Die Interpreten der gemalten Bücher sehen in ihm den Gott des Eises, der Blindheit und der Hartnäckigkeit; Sahagún bezeichnet ihn als Gott der Kälte. Das für ihn charakteristische Messer war eines der Hauptattribute des Herrn mit dem Rauchenden Spiegel (Tezcatlipoca), und Seler hält ihn deshalb für eine besondere Erscheinungsform des letzteren.

In einem wertvollen, in Nahuatl geschriebenen Manuskript, das

Abb. 92 (links oben): Das Ziel der Buße ist, gegen die Außenwelt blind zu werden. Codex Borgia
Abb. 93 (rechts oben): Der Herr mit dem Obsidianmesser. Codex Borbonicus
Abb. 94 (links Mitte): Der Herr mit dem Obsidianmesser im Dresdener Maya-Codex
Abb. 95 (rechts Mitte): Xolotl vom Sonnenpfeil getroffen. Codex Laud
Abb. 96 (rechts unten): Xolotl steigt aus dem Gott der Kälte auf. Codex Borgia

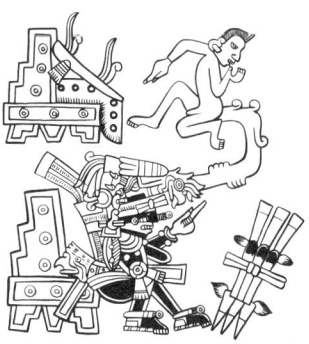

von seinem ersten Übersetzer, Francisco del Paso y Troncoso, als ›Sonnenlegende‹ bezeichnet wurde, wird der Gott der Kälte mit dem Morgenstern identifiziert. Diese Identifizierung erscheint so sicher, daß John Eric Thompson behauptet, Itztlacoliuhqui sei »lediglich eine Variante von Tlahuizcalpantecutli, dem Gott des Morgensterns, der auch Cetl, Gott der Kälte, war. Da das Morgengrauen die kälteste Stunde des Tages ist, ist es nicht unnatürlich, daß der Gott des Morgensterns auch ein Gott von Frost und Kälte ist.«[498]

Daß eine Gottheit existiert, die gleichzeitig zum Bereich des Herrn mit dem Rauchenden Spiegel und zu dem des Morgensterns gehört, mag widersprüchlich erscheinen, der Widerspruch ist aber wohl nur scheinbar. Die Sonnenlegende berichtet, daß der Herr der Morgenröte, als die Fünfte Sonne unbeweglich am Himmel stehenblieb, einen Pfeil auf sie abschoß, um sie zum Weitergehen zu bewegen. Er verfehlte sie jedoch. »Da schießt (die Sonne) auf Tlahuizcalpantecutli [den Herrn der Morgenröte] mit ihren rot gefiederten Pfeilen [Flammenpfeilen] und wirft ihn mit dem Gesicht auf den Boden an den Ort der neun Ströme [die Unterwelt]«.[499] Das Ergebnis ist, daß der Herr der Morgenröte zu cetl, dem Gott der Kälte, wird.[500]

Wenn es somit feststeht, daß der Gott der Kälte nur eine Erscheinungsform der Venus ist, so darf man ihn allerdings nicht mit dem Morgenstern (Tlahuizcalpantecutli) identifizieren, denn dieser bedeutet werdendes Licht, während das andere Licht noch in der Finsternis der ›Unterwelt‹ gefangen ist. Daher rührt die Beziehung zwischen Itztlacoliuhqui und dem Gott des Rauchenden Spiegels, dem Herrn des Westens, der nächtlichen Raubkatze auf der Suche nach der Morgenröte.

Da Xolotl den gefallenen Planeten verkörpert, muß es logischerweise zwischen ihm und Itztlacoliuhqui eine Verknüpfung geben. Sie wird darin sichtbar, daß Xolotl auch blind und zusammen mit einem Pfeil (dem Sonnenpfeil, der seinen Sturz verursacht) abgebildet ist (Abb. 95). Vollends deutlich wird die Beziehung dadurch, daß beide Figuren in der Ikonographie ständig zusammen vorkommen. Auf manchen Bildern löst sich der Doppelgänger vom Gott der Kälte, als ob sein Körper aus dem des anderen hervorginge (Abb. 96).

Für Xolotl als Erforscher des Totenreichs, einer den Sinnen unbekannten Welt, scheint die Verwandtschaft mit einer blinden Figur, der Ohren, Nase und Mund fehlen, nicht grundlos zu sein. Es ist nicht ausgeschlossen, daß Itztlacoliuhqui das Absterben der sinnlichen Wahrnehmungen symbolisiert, den Tod für die äußere Welt, in dem der Geist zur Erfüllung seines Wesens gelangt. Ein Anhaltspunkt dafür wären die Darstellungen, in denen Xolotl aus seinem Körper herauszutreten scheint. Die Ähnlichkeit zwischen dem Herrn mit dem krummen Messer und

Abb. 97 (links oben): Der König des Totenreichs im Codex Borbonicus

Abb. 98 (rechts Mitte): Der Herr der Morgendämmerung auf einem Wandgemälde in Teotihuacan

Abb. 99 (rechts oben): Ein anderer Herr der Morgendämmerung. Wandmalerei in Teotihuacan

Abb. 100 (links Mitte): Von einem Pfeil durchbohrte Hände unter einer Muschelschale, die den Morgenstern symbolisiert. Bemaltes Gefäß aus Teotihuacan

Abb. 101 (links unten): Der Herr der Morgendämmerung im Dresdener Maya-Codex

dem Tod bestätigt eine solche Deutung, denn nicht nur sind ihnen die Vorstellungen von Eis, Kälte, Weiße und schneidendem Gegenstand gemeinsam, sondern Itztlacoliuhqui trägt außerdem das Hauptattribut des Königs der Unterwelt (Mictlantecutli): die Papierrosette, aus der ein Konus herauswächst (Abb. 97). In der eisigen, grimmig in sich selbst verschlossenen Gottheit Itztlacoliuhqui ist also vielleicht die Gespanntheit des Individuums auf der Schwelle einer Realität versinnbildlicht, deren Vision zeitweise seine Organe lähmt. Da Xolotls einzige Bestimmung und Aufgabe der Aufenthalt in der Unterwelt ist, kann diese Vision nur die des Totenreichs sein. Und da die Geburt der Fünften Sonne vom Ausgang dieses Abenteuers abhängig ist, können wir nicht umhin anzunehmen, daß das der Finsternis entrissene Geheimnis seine vergängliche Natur betrifft. Was Xolotl befähigt, ein neues Gestirn hervorzubringen, ist seine Erfahrung der Unwirklichkeit der objektiven Welt.

Der Herr der Morgendämmerung

In der Symbolik Tlahuizcalpantecutlis, der der kühnen Tat Xolotls seine Existenz verdankt, wird die schöpferische Dynamik des Todes offenkundig. Denn sobald Xolotl die Unterwelt verläßt, taucht Quetzalcoatl am Horizont als Morgenstern auf, bewehrt mit seinen glühenden Pfeilen, die er während der acht in der Finsternis verbrachten Tage erworben hat.

Der Herr der Morgenröte wird in Teotihuacan in einer Fülle verschiedener Erscheinungsformen dargestellt, alle in dem ernsten und anmutigen Stil, der den Malern der Stadt der Götter eigen ist. Neben dem Pfeil, der als Hieroglyphe seines Namens sein ständiges Kennzeichen bildet, begleiten ihn noch mehrere andere Symbole, die seinen jeweiligen Zustand bezeichnen: der Wolf, der ihn als nächtliches Wesen ausweist (Abb. 98), und der Sonnenvogel, der ihm bei seinem morgendlichen Aufgang zur Seite ist (Abb. 99).

Wir haben erwähnt, daß die Hand bei den Maya Vollendung und Totalität versinnbildlicht. Ihre Verbindung mit dem Morgenstern (Abb. 100) zeigt, daß die Eins, die den Namen Tlahuizcalpantecutli (1 Rohr) bildet, nicht eine einfache Einheit, sondern eine Verschmelzung mehrerer Elemente darstellt, ähnlich wie der Quincunx: das mythische Datum *ce acatl* (1 Rohr) wird in Teotihuacan durch einen aus ein oder zwei Händen gebildeten, von einem Pfeil durchstochenen Kreis dargestellt. Ein zusätzlicher Beweis ist die Wichtigkeit dieses Zeichens, die aus seiner Verwendung als Einzelmotiv erschlossen werden kann. Im Dresdener Codex sind ein Vogel und eine Schlange mit dem Gesicht des Herrn der Morgendämmerung verschmolzen (Abb. 101); dadurch wird die Verbindung deutlich, die zwischen ihm und dem Fürsten Quetzalcoatl besteht.

Während in Teotihuacan auf die Elemente der Nacht und des Todes, die in der Geburt Tlahuizcalpantecutlis implizit enthalten sind, nur durch indirekte Hinweise angespielt wird, verwenden die Maya hierfür schon vor den Jahrhunderten der Kriege, in deren Verlauf es bei ihnen zum dominanten Motiv wird, das Skelett. Im Dresdener Codex findet sich eine Darstellung des Herrn der Morgendämmerung mit bloßen Rippenknochen (Abb. 102).

Der Jaguar-Vogel-Schlangen-Mensch

Es gibt eine weitere Gestalt, die, freilich mit anderen Attributen, der gleichen Fülle Ausdruck gibt wie der Herr der Morgenröte: ein Mischwesen aus mehr oder weniger stilisierten Zügen von Mensch, Jaguar, Vogel und Schlange. In Teotihuacan bildet das Wesen ein schönes Beispiel für die diesem Zentrum eigene Fähigkeit zur Synthese. Nur in den kleinen, bis 10 cm hohen Terrakottastatuetten sind die einzelnen Elemente realistisch ausgeführt: ein menschliches Antlitz mit der gespaltenen Zunge einer Schlange wächst aus dem Maul eines gefiederten Jaguars hervor (Abb. 103). Im allgemeinen beherrscht der Maler die einzelnen Bestandteile und verbindet sie zu einem Ganzen, dem neben seinem eigentlichen Wert als Zeichen noch die Kraft des Ausdrucks eigen ist. Beschränken wir uns darauf, den zuletzt entdeckten Jaguar-Vogel-Schlangen-Mensch zu betrachten (Abb. 104), bei dem das Reptilelement auf das Szepter beschränkt ist, das er in der rechten Hand trägt und das die Symbole der drei Reiche vereinigt (Abb. 105): sein unterer Teil ist ein Jaguarkopf, der obere Teil besteht aus Krallen, Federn und dem Schwanz einer Klapperschlange — übrigens der einzigen Schlangenart, die in den Bildnissen Quetzalcoatls auftritt. Wie bei den Statuetten ist der Helm der Figur aus dem Maul eines gefiederten Jaguars geformt.

Eine solche Figur ist im Palast von Zacuala in Teotihuacan auf der Wandmalerei des innersten Raumes zu sehen, in den man durch einen mit vier großen Sonnenscheiben geschmückten Gang gelangt. Sie scheint die Fünfte Sonne darzustellen.[501] Bei der Betrachtung dieser bis zum Boden des Raumes reichenden Komposition drängt sich das Gefühl auf, der Epiphanie eines zu keiner auf Erden bekannten Gattung gehörigen Wesens beizuwohnen: eine schwerelose Gestalt, deren strahlendes Gesicht von smaragdfarbenen Federn umgeben ist, erhebt sich in einen verklärten Weltraum, welcher leuchtend rot ist und vibriert wie ihr eigener Körper.

b) Der Humanismus Quetzalcoatls

Die umfangreiche poetische Konstruktion, die dem Nahua-Denken Ausdruck verleiht, wiederholt unentwegt das Abenteuer des Menschen, der Sonne wird. Aber diese Religion, die verkündet, daß die Gottheit menschlichen Ursprungs ist, ist damit nicht nur jedem Polytheismus diametral entgegengesetzt, sondern auch jeder Theologie, die in Gott und seinem Geschöpf zwei verschiedene Wesenheiten sieht. Und doch handelt es sich um eine Religion: in einer einzigen Gestalt erstrahlt das ganze System und kristallisiert sich der leidenschaftliche Glaube des Menschen; das System umfaßt strenge Gesetze zur inneren Vervollkommnung, eine Priesterschaft, die einer strengen Zucht unterliegt, und Riten, die ein moralisches Denken voraussetzen, wie die Kommunion, die Beichte, die Einäscherung der Verstorbenen im Hinblick auf eine Auferstehung.

Alles wäre einfacher, wenn man die Priorität des Göttlichen behaupten und somit annehmen könnte, daß Quetzalcoatl ein Mensch gewordener Gott ist, der ebenso wie Christus einen neuen Bund mit dem Himmel schafft. Aber dies ist nicht der Fall, denn Quetzalcoatls Bedeutung als archetypisches Vorbild liegt eben darin, daß er der erste Mensch ist, der sich in einen Gott verwandelt; gerade die Formel dieses Sieges bildet seine Lehre. Er ist also keine Gottheit, die Gnade verteilt, sondern ein Sterblicher, der die ganze Dimension des Menschlichen durchschreitet und seine Erfahrung denen vermittelt, die ihm gleichen. Seine Verklärung ist seine ureigenste Leistung; sie wirkt auf den Gläubigen nicht mit Hilfe übernatürlicher Kräfte, sondern sie bildet eine Gewißheit, in deren Dienst jedes Individuum seine Existenz stellt.

Die Botschaft Quetzalcoatls scheint demnach keineswegs eine göttliche Offenbarung zu enthalten, sondern aus einer Vision hervorzugehen, für die der Mensch zugleich Geist und Materie ist. Das Denken der Nahua sieht in der Materie den Ausgangspunkt der objektiven Ordnung und hält sie trotz ihrer Trägheit und Vergänglichkeit für fähig, dem Determinismus, dem sie unterworfen ist, zu entrinnen; der Mythos von Quetzalcoatl versinnbildlicht den Versuch, die schöpferische Kraft, die ihr innewohnt, zu befreien. Der Bruch mit der natürlichen Ordnung ist durch die Verschmelzung von Schlange und Vogel dargestellt. Aber unmittelbar nach diesem Bruch taucht ein neues Ziel auf, das es zu erreichen gilt: Quetzalcoatls erster Entschluß besteht darin, sich auf die Suche nach einer Wirklichkeit zu machen, von der er sich schmerzlich getrennt fühlt.

Nachdem er sich in ein Gestirn verwandelt hat, beginnt er in der elenden Gestalt Xolotls eine neue Pilgerschaft, bis ihm die Erschaffung der Fünften Sonne gelingt. Diese Sonne, die aus

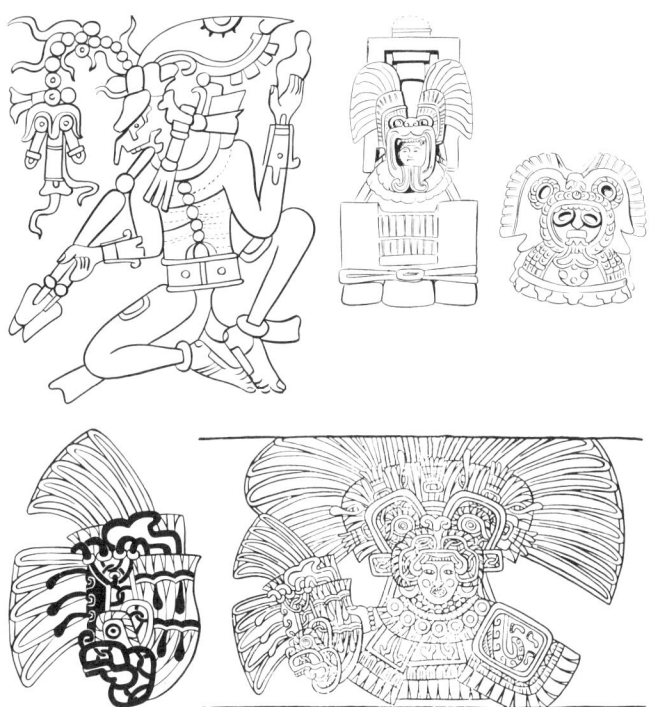

Abb. 102 (links oben): Der Herr der Morgendämmerung erinnert oft an den Tod, der seinem Aufgang vorausging. Dresdener Codex
Abb. 103 (rechts oben): Der Jaguar-Vogel-Schlangen-Mensch. Terrakottastatuette aus Teotihuacan
Abb. 104 (rechts unten): Jaguar-Vogel-Schlangen-Mensch in Teotihuacan. Wandmalerei im Palast von Zacuala
Abb. 105 (links unten): Szepter des Jaguar-Vogel-Schlangen-Menschen: Jaguarkopf, Vogelfedern und -klauen und Klapperschlangen

Xolotls Sturz in die Finsternis hervorgeht, offenbart die geheime Struktur der Welt, denn sie erhellt die inneren Beziehungen zwischen den Molekülen und einem zentralen Ursprung.
Worin dieser Ursprung liegt, wird in der Identifizierung der Sonnenhieroglyphen mit dem menschlichen Antlitz sichtbar. Das Symbol der natürlichen Sonne – ihrer Wärme – setzt sich aus vier zu einem Quadrat gefügten Kreisen zusammen (dem *tonallo*, der einem Raum ohne Mittelpunkt entspricht); fügt man zum *tonallo* einen fünften Kreis hinzu, so erhält man den Quincunx. Diese Figur ist durch die fünf Jahre bestimmt, die Venus benötigt,

um die Sonne wieder zu erreichen, und ihre Gestalt veranschau-licht die Dynamik als das Charakteristikum der menschlichen Natur. Daher bildet der als Gesicht oder Auge symbolisierte Mensch häufig den Mittelpunkt des Zeichens ›Bewegung‹.

Diese vom Menschen übernommene Teilhabe am Geschick der Welt ist auch aus der Hieroglyphe des Zeitzyklus abzulesen: es sind zwei Dreiecke, deren Spitzen sich ineinander schieben (Abb. 106). Da dieses Zeichen dem Quetzalcoatl zugeordnet ist (Abb. 107), kann mit dem Zyklus nur die Zeit gemeint sein, die das Individuum zur Verfügung hat, um seine Mittlerrolle zwi-schen verschiedenen Wirklichkeiten zu erfüllen, die ohne es verbindungslos bleiben müßten.

Durch die Abenteuer des Königs von Tula wissen wir, daß das Herz — dem der Quincunx als Hieroglyphe zugeordnet ist —wäh-rend dieses Lebenszyklus seine Entfaltung erreichen muß. Die Fünfte Sonne steht in so naher Beziehung zum Herzen, daß ihre Namen sich aus derselben Wurzel ableiten: *Yollotl*, ›Herz‹. Als Ableitung von *ollin*, ›Bewegung‹, heißt dieses Wort dem Buch-staben nach *y-oll-otl*, ›seine Beweglichkeit‹ oder ›Grund seiner Bewegung‹. Selbst das Leben erscheint als die Folge dieser Licht-energie freisetzenden Bewegung: *Yoliliztli*, ›Leben‹, bezeichnet in seiner abstrakten Form den vitalen Prozeß und leitet sich von *ollin*, ›Bewegung‹, her. Mit dem Suffix *-liztli* versehen, das bei der Bildung abstrakter Substantive auftritt, bedeutet der Begriff die ›Beweglichkeit‹ der Lebenden. Es ist interessant zu wissen, daß die ersten Mönche den Begriff ›Seele‹ auf Nahuatl mit *te-yolia* wiedergaben, einem Wort für das, »was in den Menschen Leben oder Bewegung hervorbringt«.[502]

Die Symbolik der Nahua-Sprache läßt sich demnach ungeachtet ihrer zahllosen Zeichen, aus denen sie zusammengesetzt ist, auf ein einziges Zeichen zurückführen, von dem alle anderen sich ableiten: die zwei Dreiecke mit gemeinsamer Spitze. Ausgehend von diesem Zeichen, das als Keim die gesamte Botschaft des alt-mexikanischen Propheten in sich birgt, breitet sich die Struktur mit der Einfachheit eines Baumes aus, der aus seinem Samen emporwächst, und nachdem sie sich voll entfaltet hat, stellt sie sich als ein Ganzes dar, dessen Geschlossenheit der eines leben-den Organismus gleicht.

Der Mensch und seine Werke

Der Mensch, der allein mit der Fähigkeit begabt ist, das dyna-mische Teilchen freizusetzen, das die Materie in sich birgt, macht sich zum Beherrscher des Werdens. Allein von ihm hängt es ab, ob die Welt ins Nichts zurückkehrt oder definitiv die Trägheit überwindet.

Diese Verantwortlichkeit setzt sich in eine Verherrlichung menschlicher Werke um, in einen Willen, die Materie bis zum

Abb. 106 (oben): Die Nahua-Hieroglyphe der Zeit: zwei Drei-ecke, deren Spitzen sich inein-anderschieben
Abb. 107 (links): Quetzalcoatls Hut erinnert an die Hieroglyphe der Zeit. Codex Borgia

letzten Atom umzuformen. So verwandelt der Nahua durch eine schöpferische Leistung, die alle Vorstellungskraft übersteigt, Mesoamerika in eine unversiegbare Mine von Kunstwerken. In Teotihuacan, wo fünfzehn Jahre Ausgrabungen unser Staunen der ersten Tage nicht zum Verschwinden gebracht haben, tauchen noch täglich Überreste aus dem Boden auf, als entstammten sie einer unvergänglichen Saat. Die Freilegung von drei vollständigen Gebäuden hat unzählige Fragmente von Tonfiguren, Keramiken und Fresken zutage gefördert.

Die Gebäude selbst mit ihren vollständig bemalten Wänden, ihren liebevoll gezeichneten und geglätteten Einzelheiten, ihrem Grundriß von symbolischer Struktur sind Preziosen von gigantischen Ausmaßen. Wie die Keramik erscheinen sie in großer Fülle; zufällige Grabungen auf einem freien Stück Land haben Reste zum Vorschein gebracht, die sich im Laufe von drei Arbeitsperioden als ein Palast von 4000 m² Grundfläche erwiesen; später entdeckten wir in etwa 200 m Entfernung von diesem Feld eine Kultstätte von derselben Grundfläche, und kaum 100 m südlich von dort sind heute Ruinen eines dritten Gebäudes sichtbar, das wir für ein Kloster halten. Zahlreiche Anzeichen erlauben die Annahme, daß die Stadt der Götter in ihrer ganzen Ausdehnung einen ähnlichen Reichtum an Bauten aufweisen konnte, und wir wissen, daß sich über ganz Mesoamerika ein Netz von Kultzentren spannt.

Ein so leidenschaftlicher Glaube an den Nutzen der menschlichen Leistung mußte untrennbar mit dem Glauben an das Individuum verbunden sein, denn der Mensch konnte nur dann zum Werkzeug der Weltentwicklung werden, wenn er zuerst sein eigenes Geschick schmiedete. Vielleicht ist es diese Vorstellung, auf die sich die schöne Definition Quetzalcoatls bezieht, die Mendieta, ein Historiker des 16. Jahrhunderts, aufgeschrieben hat: »Man nannte ihn auch *Moyucuyatzin ayac oquiyocux, ayac oquipic*, was heißt, daß niemand ihn erschaffen und gebildet hat, daß er allein mit seiner Autorität und seinem Willen alles verwirklicht.«[503]

Eine etymologische Analyse dieses Begriffs führt zu dem gleichen Schluß. »Der Begriff *Mo-yocuya-tzin* ist zusammengesetzt aus dem [...] Verbum *yucuya* (oder *yocoya*, ›erfinden, mit dem Denken schmieden‹), aus dem Ehrerbietungssuffix *-tzin*, das etwa unserer Redewendung ›Herr‹, ›mein Gebieter‹ entspricht, und dem reflexiven Präfix *mo-* (›sich, für sich selbst‹). Nimmt man diese Elemente zusammen, so stellt man fest, daß der Ausdruck *mo-yocoya-tzin* bedeutet: ›Herr, der sich selbst erdenkt oder erfindet‹.«[504]

In Teotihuacan verdrängt das menschliche Antlitz fast alle anderen Darstellungen. Es ist das bevorzugte Motiv der Bildhauer, und der Überfluß solcher Bildnisse läßt einen wahrhaften Kult des Menschlichen vermuten. Unter Zehntausenden von Fragmenten kleiner Figuren, die in den Trümmern der drei ausgegrabenen Gebäude gefunden worden sind, erreichen die Götterbilder nicht 1 Prozent.[505]

Andere kleine Figuren stellen Menschen dar, die manchmal prächtig gekleidet, meistens aber nackt sind, mit rasiertem Kopf und einem schmalen, überlangen Körper, der in einer Bewegung festgehalten ist. Mit Hilfe der Beschreibungen in den Chroniken und archäologischen Materials aus anderen Gebieten war es uns möglich festzustellen, daß diese kleinen Statuen Asketen verkörpern, Mitglieder einer Pilgervereinigung, die zur Zeit der Eroberung noch vorhanden war und deren Gott auf einer der Mauern des Palastes von Zacuala zu sehen ist.

Die Masken zeugen beredter als alles andere von der Meisterschaft der Künstler Teotihuacans und von der Ehrfurcht vor dem Menschlichen. Sie sind von einer heiteren Gelassenheit, der es gelingt, die physischen Besonderheiten, obgleich sie stark hervorgehoben sind, zu verwischen; sie waren dazu bestimmt, das Gesicht des Toten bei seiner Einäscherung zu bedecken, und wahrscheinlich drücken sie den seelischen Zustand aus, der notwendig ist, damit die Auferstehung sich vollzieht. Wenn die Maske aus Ton und nicht aus den härtesten und schönsten Steinen geformt ist, bildet sie den Mittelpunkt eines kleinen Hausheiligtums. Die ständige Verbindung dieser Heiligtümer mit einer Gestalt, die sich durch ihre Attribute — Schmetterling, Blume, Vogel — als ›Herr der Seele‹ offenbart, hat unsere Meinung bestätigt, daß die Maske die innere Vollkommenheit repräsentiert, die zu erreichen der Jünger Quetzalcoatls unablässig seine Kräfte anspannt.

In den Nahua-Texten ist das Gesicht Symbol einer Wirklichkeit jenseits des physischen Kosmos. León-Portilla zieht aus der Analyse eines der Nominalsätze, die diese Sprache kennzeichnen, folgenden Schluß: »In ixtli, in yollotl: Gesicht, Herz, Person. Dies ist eine der interessantesten Wortverbindungen des Nahuatl [. . .]. Ixtli, ›Anlitz‹, verweist auf den konstitutiven Aspekt des Ich, dessen Symbol das Gesicht ist. Yóllotl, ›Herz‹, impliziert die Idee der Dynamik des menschlichen Wesens, dessen Suchen und Sehnen. Diese Verbindung, die unzählige Male dazu dient, Personen zu bezeichnen, taucht auch in den Texten auf, die vom Bildungsideal der Nahua handeln: verständige Gesichter und Herzen fest wie Stein.«[506] Eine ähnliche Bedeutung zeigt das Gesicht in der folgenden Definition der Weisheit: »Der Weise: ein Licht, eine Fackel, eine mächtige Fackel, die kaum raucht [. . .] Er macht das Gesicht anderer weise und verhilft den anderen, ein Gesicht [eine Persönlichkeit] zu erlangen.«[507]

Der Mensch und die Gesellschaft

Die Mystik des Werkes und des Schaffens läßt auf den Vorrang des Sozialen schließen, auf das Bewußtsein, daß das Individuum zugleich von der Gesellschaft abhängig und für sie verantwortlich ist. Allein schon die Sehnsucht nach einer vom Menschen geformten Natur zeugt von einer echten Leidenschaft für das geschichtliche Werden, denn die persönliche Erfüllung bildet nicht ein Ziel um ihrer selbst willen, sondern nur den ersten Schritt in Richtung auf das große gemeinsame Werk. Bezeichnend dafür ist, daß die Kenntnis des Weisen auf seiner Fähigkeit beruht, seinesgleichen zu bilden und »den anderen ein Gesicht zu geben«.

Die blühenden städtischen Zentren sind ein weiteres Zeugnis für den Glauben an die Rolle der menschlichen Beziehungen in der Schaffung der Kultur. Wir haben gesehen, daß große Städte mit dem Namen *Tula,* ›Binsenstadt des Schilfrohrs‹, bezeichnet wurden. Die Tatsache, daß die Hauptstädte, seit Teotihuacan, immer in der Nähe des Sees gebaut wurden, der den Mittelpunkt der Hochebene bildete, ließe eine naturalistische Erklärung des Namens als voll befriedigend erscheinen. Aber die im vorkolumbischen Denken allenthalben offenbare poetische Metaphorik, mit deren Hilfe verborgene Wechselbeziehungen und Harmonien ausgedrückt werden, macht es wenig wahrscheinlich, daß eine Hauptstadt — die menschliche Leistung *par excellence* — nach der natürlichen Umgebung benannt worden sein soll, die zu verdrängen ihre Funktion war.

Außerdem wissen wir von der Verknüpfung des Namens Quetzalcoatls mit dem Schilfrohr, denn die Hieroglyphe des Herrn der Morgendämmerung ist *ce acatl,* d. h. ›1 Rohr‹. Eine naturalistische Erklärung schließt sich hier von selbst aus, denn es war Sitte, ein Kind nach dem Datum seiner Geburt zu benennen (dabei merkte man sich nur die Stellung des Tages innerhalb der Woche: z. B. 1 Sonntag, 3 Dienstag); diese Namensgebung drückte die Bindung aus, die nach der Vorstellung zwischen der astronomischen Konstellation während der Geburt und dem neugeborenen Geschöpf bestand. So wie der Tag ›4 Bewegung‹, an dem die Fünfte Sonne geboren wurde, durch die Konjunktion der Sonne mit Venus gekennzeichnet ist, so ist, wie Seler entdeckt hat, aus den Bilderhandschriften zu ersehen, daß der Tag ›1 Rohr‹ das Datum bezeichnet, an dem sich der König von Tula in den Morgenstern verwandelt hat. Da nun dies Ereignis durch einen menschlichen Willensakt bestimmt worden ist, kann es als endgültig erwiesen gelten, daß das Schilfrohr seinen Platz innerhalb einer geistigen Ordnung hat, und die doppelte Verknüpfung seines Bildes, einerseits mit der Hauptstadt, andererseits mit dem menschlichen Urbild, offenbart seine Symbolik. Was entspricht auch der Logik mehr, als den Begriff, der ein Gemeinwesen bezeichnet, mit dem Namen der Einheit zu versehen, aus der es sich aufbaut? Aufschlußreich ist weiterhin, daß die Gegenwart des Menschen durch die Hieroglyphe seiner Umwandlung in einen Himmelskörper ausgedrückt ist. Das legt den Schluß nahe, daß der Name Tula keineswegs eine deskriptive Benennung des Ortes nach einem einzelnen ist, sondern vielmehr die Stadt als das Werk von Menschen ausweist, die sich zuvor in schöpferische Energie verwandelt haben.

Andere Gegebenheiten bekräftigen diese Hypothese: das Schilfrohr muß das Zeichen jenes Moleküls befreiter Natur sein, das in dem von Quetzalcoatl geprägten Menschen verkörpert ist, denn in der Hieroglyphik erscheint es in Form eines Pfeils. Da der Herr der Morgenröte seine leuchtenden Blitze in Gestalt von Pfeilen auf die Erde schleudert, folgt daraus, daß das Schilfrohr die Hieroglyphe des Königs von Tula in seiner Eigenschaft als Morgenstern ist. Es ergibt sich weiterhin, daß die Flöte, die im allgemeinen aus Schilfrohr bestand und den Jüngern Quetzalcoatls eigentümlich war, die denkende, vom Atemhauch belebte Materie symbolisiert (wir werden sehen, daß Quetzalcoatl auch ein Gott des Windes ist). Das Flötenspielen ist ein Kennzeichen der Großen Kunsthandwerker, und derjenige, der eine bestimmte innere Reife erlangt hat, wird mit einer Flöte verglichen. So kommt es in einem Gebet vor (»Ihr habt aus ihnen Flöten gemacht, damit sie Euren Willen kundtun, und Ihr bedient Euch ihrer wie Flöten, indem Ihr aus ihrem Inneren sprecht«), und so steht es in der Rede, die die Alten an den König richteten: »Achtet darauf, daß ihr diejenigen, die voll Angst und Trauer vor euch treten, liebevoll und demütig empfangt; sagt und tut nichts überstürzt, hört mit Milde und Geduld die Bitten und Mitteilungen an, die man vor euch bringt, unterbrecht nicht die Überlegungen und das Wort dessen, der spricht, denn ihr seid das Abbild Gottes, ihr stellt Seine Maske dar [. . .], die Er wie eine Flöte gebraucht und durch die Er spricht.«[508]

Das Bestehen der Hauptstadt hängt für Quetzalcoatl von Menschen ab, die für eine Aufgabe jenseits des individuellen Egoismus über sich hinauswachsen können. Er setzt so ein konkretes Ziel für ein Streben, das nicht ohne schlimme Folgen unterdrückt werden kann. Deshalb handelt seine Lehre auch vor allem vom Verhalten des einzelnen gegenüber sich selbst und den anderen:

Er macht auf die Gefahr aufmerksam, die den Menschen bedroht, wenn er den geistigen Teil seines Wesens mißachtet, und baut zugleich eine Brücke zwischen der Endlichkeit und der Ewigkeit. Mit einer unvergleichlichen Dynamik entreißt er diese Begriffe der Abstraktion und erhebt sie zum Lebensideal: in der Überzeugung, daß das innerste Wesen sich nur im Kontakt mit der Materie bestätigen kann, in dem harten Ringen, das dem Akt der Bewußtwerdung folgt, verkündet er das Werk der Vergeistigung als einziges Mittel zum Sieg über die zerstörerischen Kräfte von Zeit und Raum.

Die Verwandlung, der Kern seiner Botschaft, erscheint im Dienste dieser Dynamik als die Metapher der Verwirklichung des Menschen in der Gruppe. Denn wenn die Transzendenz als eine Lebensnotwendigkeit angesehen wird, kann der einzelne seine Grenzen auf keine andere Weise überschreiten als in der Kommunikation mit anderen, die von einem ähnlichen Elan getragen werden wie er. Die Vision der ›Binsenstadt des Schilfrohrs‹ als eines Bündels lichterfüllter Herzen bestätigt die Rolle Tulas als Metropole und verwandelt zugleich den mythischen Scheiterhaufen Quetzalcoatls in das Bild der Baustelle, wo sich das Individuum vergeistigt, denn nur die Teilhabe an der gemeinsamen Aufgabe kann die Großen Kunsthandwerker in jene Lichtwesen verwandeln, an die schon der Name ihrer Stadt gemahnt.

Der Mensch als schöpferische Energie

Die Existenz von Teotihuacan läßt sich nur durch diese immer von neuem entstehende, unaufhörliche Projektion innerer Kräfte erklären. Denn nicht nur hat die Stadt selbst gigantische Ausmaße — auch ihr Untergrund besteht aus mehreren Schichten von Gebäuden, die im Verlauf von Erneuerungsriten, welche sich alle 52 Jahre vollzogen, abgebrochen worden sind. Dabei wurden die Trümmer der Wohnungen und Tempel unter neuen Bauten begraben, die zu den vorigen in einer absoluten genetischen und kulturellen Kontinuität standen. Da die Gebäude vollständig bemalt waren, erstrahlen die halbzerstörten Mauern noch heute nicht selten in großartigen Fresken. Angesichts dieser nach zweitausend Jahren des Vergrabenseins noch leuchtenden Malereien versteht man, daß allein der leidenschaftlichste Glaube an die Macht des Geistes dazu befähigen konnte, Hand an diese Werke zu legen, deren Verstümmelung heute so schmerzlich empfunden wird, als handle es sich um ein menschliches Wesen.

Diese scheinbare Leichtfertigkeit gegenüber Kunstgebilden von solcher Schönheit läßt darauf schließen, daß die Kraft der Erlösung, die man dem Werk zuschrieb, nicht in seiner Eigenschaft als vollendetes Werk an und für sich gesehen wurde, sondern im Prozeß der Erschaffung selbst, in dem Elan, der die Materie zur Form gestaltet. Ebenso wie die Abbilder menschlicher Körper, deren Reste man inmitten des Glanzes der Malereien findet, sind diese Formen lediglich die Darstellungen von Wahrheiten, zu deren Entdeckung sie verhelfen sollen. In keinem Augenblick werden sie mit diesen Wahrheiten selbst verwechselt.

Der Wechsel zwischen einer intensiven Produktion und ihrer Vernichtung hebt aufs neue die einzigartige Gabe dieser Völker hervor, die wirkliche menschliche Natur nicht aus den Augen zu verlieren: während sie mit Leidenschaft auf die Herausforderungen der äußeren Welt antworteten, projizierten sie ihre Werke in eine Zeit, die sie beherrschten. Denn Menschen, nicht blinde Kräfte, bestimmen den Lebenszyklus, an dessen Ende die Dinge, die ihrer Rolle auf dem Weg zur Erfüllung Genüge getan haben, durch andere ersetzt werden, die demselben Schicksal geweiht sind.

Da in dieser Zeit der Zyklus von 52 Jahren einer mittleren Lebensdauer entsprach, trug jedes Individuum persönlich dazu bei, das Material zu erschaffen, mit dessen Hilfe die Überlieferung weitergegeben wurde. Diese Dynamik offenbart ein Fehlen von Bigotterie und Aberglauben, das um so mehr überrascht, als im Gegensatz zu den Skulpturen, die vorwiegend den Menschen darstellen, Fresken und Vasen ausnahmslos einem religiösen Kontext angehören. Um die Tragweite jener periodischen Zerstörung und Erneuerung besser zu verstehen, mag man sich die Empörung vorstellen, die etwa die Zerstörung der Kirchen und ihrer heiligen Bildnisse in einem modernen Gemeinwesen auslösen würde. Indes — die Spanier des 16. Jahrhunderts verurteilten diese Religion als Götzendienst.

Der Mensch als integrale Einheit

Gegenüber einer Wirklichkeit, die so eigenständig ist, daß sie noch immer konformistischen Deutungsversuchen unzugänglich bleibt, wußten die Eroberer sich nicht anders zu helfen, als die Symbolgestalten der vorkolumbischen Zeit für Darstellungen natürlicher Kräfte zu halten. Mit der Bestätigung durch die Amerikanisten des 19. Jahrhunderts bekam diese Auslegung das Gewicht einer Wahrheit, obgleich die Wahrscheinlichkeit nicht sehr groß ist, daß z. B. das Verlangen nach Regen jemals eine Struktur von derartiger Dichte hätte hervorbringen können. Um die große Gestalt des altamerikanischen Propheten in den Rahmen eines solchen Determinismus zu zwängen, müssen sämtliche Hieroglyphen, die seinem Denken Ausdruck verleihen, zum Verschwinden gebracht werden, und die gefiederte Schlange muß zum naturalistischen Bild einer Wasserschlange werden, der jegliche Verbindung mit dem Herrn Quetzalcoatl fehlt. Entsprechend konnte die Verwandlung des Königs von Tula in einen Planeten nur als Erklärung einer vorwissenschaftlichen Mentalität für die Existenz von Himmelskörpern gelten.

Dieser Mangel an Ernsthaftigkeit bei der Analyse kultureller Phänomene zieht eine falsche Beurteilung all dessen nach sich, was die Archäologie an Ergebnissen bringt: die Ausgrabungen weisen wohl die freiwillige Zerstörung von Kunstwerken nach, aber da ein solcher Brauch mit keiner der vorgefaßten Meinungen zusammenstimmt, macht man aus dieser neuen Erkenntnis eine

Gegebenheit, die zugleich banal (weil niemand über sie stutzt) und geheimnisvoll (weil unerklärlich) ist. Wird sie hingegen unter dem Aspekt ihrer Einzigartigkeit betrachtet, so zeugt sie von einer derart scharf umrissenen Realität, daß ihr Echo noch in den Texten der kriegerischen Epoche aufzufinden ist. So ist die Haupteigenschaft, die man bei dem am Anfang des 15. Jahrhunderts lebenden Dichter-König Nezahualcoyotl bewundert, eine spekulative Intelligenz, die ihn dazu führte, sich ausdrücklich zu einem unsichtbaren schöpferischen Prinzip zu bekennen. Er war in dieser Überzeugung so konsequent, daß er stets darauf achtete, daß im großen Tempel seiner Stadt kein einziges Götterbild stand.

Nun ist uns bekannt, daß Nezahualcoyotl — dessen vielgestaltige und anziehende Persönlichkeit sich in den grausamsten Kriegen heranbildete — sich besonders durch seine kämpferische Treue gegenüber der alten Tradition hervortat, die zu seiner Zeit durch die Einordnung primitiver Volksstämme in das politische Leben des Hochlandes besonders gefährdet war. Er bezeichnete sich als Erben Quetzalcoatls und rief, um seine Hauptstadt zu erbauen, die Tolteken herbei, die sich nach dem Niedergang von Teotihuacan in das Land der Mixteken zurückgezogen hatten. Zweifellos ist es das Verdienst dieser Künstler, daß Texcoco zu jener leuchtenden Stadt wurde, die die Spanier das mexikanische Athen nannten.

Dieses historische Zeugnis für den Glauben an ein schöpferisches Prinzip, das nicht darstellbar ist, ordnet die Malereien von Teotihuacan in einen Zusammenhang ein, aus dem ihre Funktion erhellt: ihre Unabhängigkeit gegenüber dem Dargestellten resultiert aus der Tatsache, daß ihre Botschaft nicht im strengsten Sinne religiösen Charakter besitzt. Die archäologischen Erfahrungen führen zu dem gleichen Schluß. Als wir daran arbeiteten, auf dem Gelände das erste vollständige Stück eines architektonischen Ganzen aufzudecken, waren wir nur von dem Wunsch bewegt, einen jener legendären, mit Fresken bemalten Paläste kennenzulernen. Wir waren damals weit davon entfernt, uns vorstellen zu können, welches Licht dieses Ganze auf die Rolle der Malereien selbst werfen würde: die thematische Kontinuität der Symbole auf den Mauern von Zacuala ist nämlich so streng durchgehalten, daß das ganze Gebäude wie ein unendlich großes, offenes Buch erscheint.

Der erste Saal ist mit Darstellungen von Tlaloc, dem Gott des Feuerregens, geschmückt, in dessen Flammen eines der vier Weltalter, die der Fünften Sonne vorausgingen, seinen Untergang fand. Der letzte der Säle ist erfüllt von Bildern des roten Quetzalcoatl, des Symbols für den vergöttlichten Menschen. Dieser rote Quetzalcoatl befindet sich genau auf der entgegengesetzten Seite wie die Mauer, auf der Tlaloc, der Bewahrer des göttlichen Blitzes, abgebildet ist; man wird seiner daher erst ansichtig, nachdem man das ganze Gebäude durchlaufen hat. Die Räume, die diese beiden Pole miteinander verbinden, zeichnen die Peripetien einer inneren Wanderung nach: auf Tlaloc folgt der Jaguarkrieger in Kampfhaltung: das Wesen, das durch einen Tropfen des Feuerregens sich der menschlichen Dimension bewußt geworden ist. Danach kommen der Sonnenadler mit der gespaltenen Zunge und der Herr Quetzalcoatl während seines berühmtesten Abenteuers: er ist dargestellt, wie er auf einer gefiederten Schlange als Barke über die Wellen dem Lande der Sonne entgegenreist. Nach einem mit vier roten Scheiben geschmückten Gang bricht auf derselben Mauer wie diese, nur durch eine zehn Zentimeter hohe Stufe davon getrennt, Quetzalcoatl in Gestalt der Fünften Sonne hervor und bedeckt die Wände des letzten Saals.

Diese Figuren erwecken den Eindruck vergrößerter Hieroglyphen und bilden einen Text, der am Eingang des Gebäudes beginnt und in seinem letzten Raum endet. Es leuchtet ein, daß Bilder, die dazu bestimmt wären, einen Tierkult zu verherrlichen, niemals eine solche innere Geschlossenheit erlangen könnten, um so mehr, als die Bedeutung dieses Komplexes von Malereien aus den Anfängen unserer Zeitrechnung mit derjenigen identisch ist, die in allen Handschriften der späteren Jahrhunderte zutage tritt. Der erzieherische Wert der Bilder läßt nur ihre zyklische Erneuerung verstehen — das einzige radikale Mittel, das verhindern konnte, daß sie sich in Idole verwandelten —, sondern auch das Fehlen von Götterbildnissen aus Stein und Ton. Denn die Malereien wiederholen nur in einer deutlicheren Sprache, was die Terrakotten lehren. Jenes Erreichen der Harmonie, das der Bildhauer durch die Heiterkeit eines Gesichtes oder die Verfeinerung der Materie versinnbildlicht, bringt der Maler wie mit Buchstaben zum Ausdruck; so erinnern z. B. die Zeichen, aus denen der rote Quetzalcoatl zusammengesetzt ist, an die Art seines Sieges und an den Weg, dem er folgte, damit dieser Sieg zustande kam.

Die seitlichen Räume des Zacuala-Palastes bieten ebenfalls Veranschaulichungen verschiedener Seelenzustände. Neben Yacatecutli, dem Gott der Pilger, tauchen noch zwei neue Personen auf: Xipe Totec und Xochipilli. Der erstere, ›Unser Herr der Geschundene‹, symbolisiert die Befreiung aus den Fesseln, die die Welt zwischen die verschiedenen Wirklichkeiten des Individuums legt. In einem Gesang zu seinen Ehren drängt man ihn, sich das ›goldene Gewand‹ anzulegen, das nichts anderes als die menschliche Haut ist und die Trennung versinnbildlicht. In den Bilderhandschriften wird die Erfüllung dieses Wunsches durch eine Gestalt dargestellt, die im Maul einer gefiederten Schlange verschwindet (Abb. 108). Xochipilli, der Herr der Blumen, mit den Emblemen Blume, Schmetterling und Vogel — den drei Zeichen, die die Handschriften zur Bezeichnung der Seele verwenden —, ist, wie der Geschundene, mit einem roten Körper und Gesicht gemalt.

In den Fresken wird offenbar, daß das einigende Prinzip seinen Sitz im Menschen hat: statt das Problem der Existenz vom Physischen, Sozialen oder Göttlichen ausgehend zu stellen, setzt Quetzalcoatl als erste Realität der *conditio humana* die potentielle Fähigkeit zur Integration, die allein dem Menschen eigen ist.

Bemerkenswert ist, daß in dem Maße, wie der innere Elan nachläßt, diese dynamischen Darstellungen Symbolen der Zerstörung weichen. Statt das Prinzip hervorzuheben, das sich am Ende des Weges befindet, setzt man den Akzent zunehmend auf die Flüchtigkeit der Welt der Formen. Daher kommt es, daß die Bilder von Skeletten, die in Teotihuacan fast überhaupt nicht auftauchen, fünfzehn Jahrhunderte später schließlich zum bevorzugten Thema werden.

Die Eroberung der Welt

Die Mystik des Werkes, die die Jünger Quetzalcoatls beseelte, könnte in nichts einen präziseren Ausdruck finden als in der Existenz einer Institution für Missionare des Nahua-Denkens. Eine der drei beherrschenden Schichten in der aztekischen Gesellschaft des 16. Jahrhunderts waren die *pochteca*, reisende Kaufleute, die mitunter die Funktion von Botschaftern übernahmen. Ungeachtet ihrer vom Materiellen her bestimmten Tätigkeit unterwarf sich diese Körperschaft ethischen Normen und stand unter der Schirmherrschaft Quetzalcoatls. Die Hauptstadt dieser Kaufleute, die Stadt Cholula, hatte deshalb ein großes Heiligtum zum Mittelpunkt, das diesem Gott geweiht war.

Das Reiseziel der *pochteca* bildeten die östlichen Ufer des Golfs von Mexiko, wo eine permanente Messe abgehalten wurde, deren Pracht die Spanier in Erstaunen versetzte. Als ein Ort der Begegnung von Menschen und Produkten aus ganz Mesoamerika bot Xicalanco den einzelnen Gebieten die Möglichkeit, sich gegenseitig kennenzulernen. Aufgrund seiner geographischen Lage am Kreuzweg zwischen den großen Städten der Maya, Totonaken und Nahua hätte die Wahl von Xicalanco (s. o. Abb. 64) lediglich aus praktischen Erwägungen erfolgt sein können, um so mehr, als es den Azteken bereits gelungen war, das weite Areal toltekischer Gebiete unter ihrer Herrschaft zu vereinen, und sie sich dadurch, daß diese Einigung mit Waffengewalt verwirklicht worden war, zu einer dauernden Überwachung der unterworfenen Länder genötigt sahen.

Der Archäologie verdanken wir indes die Kenntnis der Tatsache, daß einerseits das Vorhandensein der *pochteca* bis in die

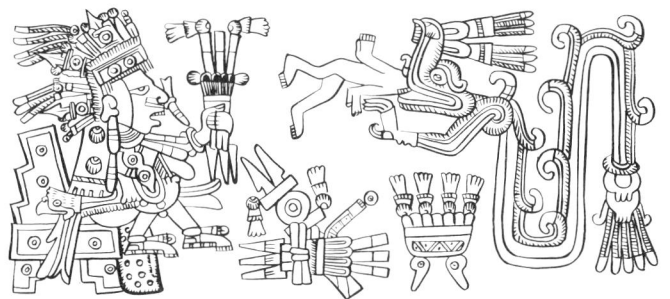

Abb. 108: Unser Herr der Geschundene, der Gott, der von der irdischen Hülle befreit. Codex Borgia

Blütezeit Teotihuacans zurückreicht — das Bildnis ihres Gottes Yacatecutli mit einer Last von Kakao, der als Geld diente, schmückte vier Säle des Palastes von Zacuala (Abb. 109) — und daß andererseits die von den Azteken benutzte Straße diejenige ist, der bereits die Nahua der früheren Zeit folgten, wie es die Überfülle der aus Teotihuacan stammenden Reste im Umkreis des Golfs von Mexiko erweist. Da die Stadt der Götter älter als alle übrigen archäologischen Zentren ist, läßt sich die Erklärung

Abb. 109: Yacatecutli, der Gott der reisenden Kaufleute

für die Ortswahl bei der Gründung Xicalancos, die für die urbanisierte Welt des 16. Jahrhunderts gültig ist, kaum auf die archaische Welt anwenden, aus der Teotihuacan hervorging.

Die Küste des Golfs von Mexiko ist jedoch der Ort, wo sich im Mythos die Verwandlung Quetzalcoatls in den Morgenstern vollzieht: an diesen Ufern errichtet er den reinigenden Scheiterhaufen oder begibt sich auf dem Rücken der Schlange auf die Reise. Daraus geht hervor, daß für die Nahua der ersten Jahrhunderte unserer Zeitrechnung diese Gegenden ein heiliges Land sein mußten, wohin sie zogen, um desselben Geschicks teilhaftig zu werden wie der König von Tula. Bedeutsam ist auch, daß das Land, für das der Herrscher der Vorzeit sein Königreich verließ, in den Annalen übereinstimmend *Tlillan-Tlapallan*, ›Land der schwarzen und roten Farbe‹, genannt wird, eine Benennung, die die Weisheit bezeichnet. »Die Gegenüberstellung der Farben Schwarz und Rot, Dunkelheit und Licht, steht in der gesamten Mythologie und Symbolik der Nahua für die Vorstellung eines Wissens, das gewöhnliches Verständnis transzendiert. So wird der Besitz dieses Wissens namentlich dem *tlamatini* [dem Weisen] zugeschrieben, etwa in dem Ausdruck ›sein sind die rote und schwarze Farbe‹ (*tlile, tlapale*); in noch symbolischerer Form wird hinzugefügt, daß er selbst ›schwarze und rote Tinte, Schrift und Weisheit‹ sei.«[509] Das gelobte Land ist daher nicht der Ort lebloser Reste, die nur dazu geeignet wären, blinde Instinkte zu befriedigen, sondern derjenige, wo sich der Glaube an eine geistige Ordnung, die man zu erreichen trachtet, konkretisiert. Dieses Ideal wird deutlich in der sozialen Dynamik, die die *pochteca* entfalteten; denn wie sehr sie auch davon eingenommen waren, in das Land der Erleuchtung zu gelangen, so vergaßen sie darüber doch niemals ihre Aufgabe, die Welt entlang ihren Wegen zu verwandeln. So ist die Entstehung der großen Zentren, die um das 5. Jahrhundert eine kulturelle Einheit bildeten, welche sich über mehr als zwei Millionen Quadratkilometer erstreckte, eines der Wunder, die die Nahua vollbrachten. Aus den Dokumenten über das erste vorkolumbische Jahrtausend geht hervor, daß diese Einheit ohne Waffengewalt verwirklicht worden ist: die Texte bestätigen den Jüngern Quetzalcoatls einen militanten Pazifismus, außerdem fehlen alle Anzeichen kriegerischer Auseinandersetzungen; es gibt keine Spur eines Verteidigungssystems oder von Kämpfen. Keine der zahllosen Städte jener Epoche wurde mit Waffen verwüstet: obgleich sie langsam von neuen Zentren abgelöst wurden, hielt man sie weiter in Ehren. Die Besonderheit dieser geschichtlichen Ära besteht im übrigen in einer schöpferischen Leidenschaft, die naturgemäß jeden Krieg ausschließen mußte. Denn der Sieg der Nahua in Mesoamerika bestand nicht darin, daß sie, wie es später die Azteken taten, sich bereits bestehender wirtschaftlicher und sozialer Strukturen bemächtigten, sondern darin, daß sie in einer Umgebung, die noch im Naturzustand verharrte, die Früchte des Bewußtseins verbreiteten.

Ebensowenig handelt es sich um eine Unterwerfung durch Gewalt, denn die Entwicklung der lokalen Kulturen war nur im Rahmen einer Freiheit möglich, die mit jedem politischen Zwang unvereinbar gewesen wäre. Wären die Nahua, statt selbst die Förderer eines Denkens zu sein, gewöhnliche Kolonialherren gewesen, so hätten sich die lokalen Kulturen niemals bilden können. Die Geschichte der Kolonialreiche zeigt nur zu deutlich, daß die einzige ›Freiheit‹, die sie den besiegten Völkern auferlegen, darin besteht, ihr Modell sklavisch nachzuahmen.

Dagegen nimmt das Hohelied auf den Planetenmenschen so vielfältige ästhetische Ausdrucksformen an, daß deren geistige Einheit sich erst nach genauesten Vergleichen und Gegenüberstellungen aufdecken läßt. Außerdem findet die Archäologie auf dem Grund dieser Kulturen überall eine Schicht von Spuren Teotihuacans, die aus einer Periode des Zusammenlebens stammen, das aufgrund der tiefen Angleichung jeder einzelnen Gruppe an die Botschaft Quetzalcoatls nur friedlich gewesen sein kann. Nach einem langen Reifeprozeß, wie ihn jedes geistige Phänomen erfordert, sieht man dann, wie diese Botschaft, manchmal Jahrhunderte nach der ersten Begegnung, in Stilformen aufblüht, die bis dahin unbekannt gewesen sind.

Die friedliche Natur der Eroberungen der Nahua-Völker wird noch durch die Anonymität bestätigt, die in den neuen Zentren vorherrscht: ganz wie in der Stadt der Götter verkünden die Denkmäler nur das Einvernehmen mit einer bestimmten Auffassung des Daseins. Schließlich ist es nicht nur unvorstellbar, daß es einen Militärapparat gegeben hat, der mächtig genug gewesen wäre, diese weiten Gebiete zu beherrschen, und dennoch die Namen seiner Helden zugunsten einer allgemeingültigen Wahrheit mit Stillschweigen übergangen hatte; sondern hinzu kommt noch die Tatsache, daß Teotihuacan die einzige Stadt war, aus der die Eroberungsarmeen hätten hervorgehen können: dafür spricht außer seiner Bevölkerungsdichte, die von der Archäologie erwiesen wurde, das Faktum, daß es lange Zeit das einzige städtische Zentrum Mesoamerikas war. Der heilige und rituelle Charakter der Stadt der Götter ist zu offenkundig, als daß er in Zweifel gezogen werden könnte: das Fehlen von Anzeichen für die Existenz eines Militärs steht hier im Einklang mit der Überfülle des künstlerischen Schaffens.

Schlußbetrachtung

Das wenige, das über den andinen Bereich gesagt worden ist, scheint unsere Hypothese zu rechtfertigen, daß es möglich ist, die dokumentlose Vergangenheit Perus durch die Schriften der Nahua zu erhellen. Denn es hat sich gezeigt, daß in ihrem Licht das archäologische Material Perus und Boliviens eine geistige Welt offenbart, die zumindest so deutlich wird, daß man in ihr die gleichen großen Leitlinien ausmachen kann wie in der überreichen Dokumentation über Quetzalcoatl: trotz der stilistischen Unterschiede setzen die Symbole des Südens, die im Lauf dieser Arbeit untersucht wurden, das gleiche Weltbild voraus wie die Werke Mesoamerikas. Es hieße gegen alle Gesetze der Logik verstoßen, wollte man in einem so integrierten Ganzen wie dem Jaguar-Vogel-Schlangen-Menschen einen anderen Sinn suchen als den, den ihm der hinreichend bekannte mexikanische Kontext zuweist — um so mehr, als diese Figur in Peru und Bolivien von einer Unzahl von Zeichen umgeben ist, die in der Symbolik der Nahua ihre genaue Entsprechung finden. Die vergleichende Ikonographie, an der wir arbeiten, läßt uns auf Schritt und Tritt feststellen, daß die Hieroglyphen, die im Denken Quetzalcoatls die wichtigste Stelle einnehmen, auf dem gesamten Kontinent existieren.

I. DIE FRAGE NACH DEM URSPRUNG DER ALTAMERIKANISCHEN HOCHKULTUR

Im Lichte dieser Allgegenwart stellt sich erneut die Frage nach dem Ursprung der altamerikanischen Hochkultur. Wir sind uns bewußt, daß hier zumindest die Gründe angegeben werden müßten, weshalb dies alte Problem nach wie vor unlösbar bleibt. Allerdings ist beim gegenwärtigen Stand der Forschung auch eine einfache Darlegung der Gegebenheiten, mit denen es verknüpft ist, ein schwieriges Unterfangen, und dies, obwohl es der Archäologie in den letzten dreißig Jahren gelungen ist, erkennbare Grenzen abzustecken, innerhalb deren sich die Fragestellung bewegen muß. Wir beschränken uns darauf, diese Grenzen zu skizzieren.

Zur selben Zeit, als Julio Tello das Alter von Chavín nachwies, entdeckte Matthew Stirling in Südmexiko ein Heiligtum, das später vielfach als die Wiege der mesoamerikanischen Kultur angesehen werden sollte. Wie Chavín baut La Venta auf einer symbolischen Struktur auf (vermenschlichter Jaguar, der mit Vogel und Schlange verschmolzen ist), die zu deutlich das Wesen der Philosophie der Urbevölkerung in seiner ganzen Einzigartigkeit ausdrückt, als daß man sie auf unabhängige Quellen zurückführen könnte. Indessen ist es aufgrund einer Reihe von Hindernissen bisher nicht möglich gewesen, einem der beiden Orte die Priorität zuzuweisen. Denn in La Venta ist ebensowenig wie in Chavín eine Inschrift entdeckt worden, die eine Datierung ermöglichen würde; hinzu kommt, daß in den Funden nichts auf eine direkte Berührung mit Gegenden hinweist, deren Chronologie besser bekannt ist, wie es in Chavín bei der Keramik und bei einigen Merkmalen der Architektur der Fall gewesen ist.

Da ferner der aus verschiedenen Elementen zusammengesetzte Stil von La Venta es den Archäologen nicht erlaubt hat, zu befriedigenden Schlüssen zu gelangen, greift man mit mehr und mehr Überzeugung auf die mechanische Datierung zurück (ein Verfahren, bei dem das gesuchte Datum anhand der Strahlung ermittelt wird, die ein bestimmtes, in pflanzlichen oder anderen organischen Substanzen enthaltenes Kohlenstoffisotop noch aussendet). Die Ergebnisse der C^{14}-Messungen sind jedoch aus mehr als einem Grund starken Bedenken ausgesetzt. Zum einen läßt der Ausgrabungsbefund nur äußerst selten den Schluß auf die Gleichzeitigkeit eines von Menschenhand geformten Gegenstandes und eines Stückes organischer Materie zu, auch dann nicht, wenn sie dicht nebeneinander gefunden wurden. Zum andern ist der sehr erhebliche Spielraum von mehreren Jahrhunderten, den die Spezialisten selber für Irrtümer einkalkulieren, Grund genug, die so ermittelten Daten nicht als Richtpunkte bei der Rekonstruktion eines geschichtlichen Prozesses anzusehen. Und schließlich ist der Verdacht der Unzuverlässigkeit gegenüber dieser Technik, die vorerst nur als ein bescheidenes Hilfsmittel gelten darf, weiter verbreitet, als es zunächst scheint: so konnte man im Jahre 1967 bei einer Vortragsreihe von Forschern auf dem Gebiet der olmekischen (= La Venta-)Monumente beobachten, wie ein überzeugter Anhänger der Radiokarbontechnik eine Datierung um 500 Jahre verschob.[510] Sei dem wie ihm wolle — selbst für den Fall, daß die mechanische Datierung so genau wäre, wie man mitunter gern annimmt, bringt sie für das Problem, das uns hier beschäftigt, kaum

Hilfe, denn die C¹⁴-Datierung weist sowohl Chavín als auch La Venta ein Alter von etwa 3000 Jahren zu.

Wahrscheinlich wird die Lösung nur auf dem langen und komplizierten Weg der Archäologie gefunden werden können, und zwar nur dann, wenn die Fachleute es auf sich nehmen, sich auf unbestimmte Zeit mit Grabungen zu beschäftigen, die diesem Ziel dienen, mit den Klassifizierungen, Berechnungen und Vergleichen, die dieser Disziplin eigen sind. Wir beschränken uns hier auf eine kurze Skizze der Fixpunkte, die den zu beschreitenden Weg markieren.

II. BERÜHRUNGSPUNKTE ZWISCHEN DEN BEIDEN HEMISPHÄREN

Neben den starken Ähnlichkeiten, die sie miteinander verbinden, weisen die Kulturen von Chavín und La Venta eine tiefe Verschiedenheit auf. Ohne in das Labyrinth technischer Erwägungen einzutreten, kann man sagen, daß diese Verschiedenheit vor allem in dem Grad ihrer kulturellen Homogenität liegt, unabhängig davon, ob man diese im Rahmen ihres jeweiligen Bereichs oder im Hinblick auf den ganzen Kontinent betrachtet. Unter diesem Gesichtswinkel eignet Chavín eine Individualität, wie sie La Venta nicht kennt: im Vergleich zu Chavín erscheint es als ein Konglomerat verschiedener Tendenzen. Es zeigt einerseits die Monumentalität der Skulptur und die Säulen aus Basalt, die den fremden, zeitlosen Charakter von Chavín (und Tiahuanaco) ausmachen, andererseits bedient es sich jedoch zerbrechlicher Materialien und architektonischer Formen der Nahua. Außerdem wird zwar seine Bilderwelt von dem vermenschlichten Jaguar beherrscht, aber im Unterschied zu Chavín steht der Mensch im Zentrum seiner Kompositionen, die mitunter auch den *quetzal-coatl* darstellen und so ihre Zugehörigkeit zu einer anderen symbolischen Strömung erweisen. Denn es muß festgehalten werden, daß der *quetzal-coatl* — in seinen beiden Erscheinungsformen als gefiederte Schlange und als Fürst von Tula — der südlichen Hemisphäre so vollständig fremd ist, daß man ihn als einen wahren Grenzstein zwischen den beiden Teilen des Kontinents ansehen kann.

Während also Chavín mit seinen hieratischen Bildnissen einen hermetisch verschlossenen Komplex darstellt, dessen Stilisierungen, Architektur und Keramik den Archetyp von Werken bilden, die sich bis zur Ankunft der Europäer fortsetzen, schwankt La Venta zwischen zwei mythischen Strukturen, und der Einfluß seines Stils geht kaum über seinen engeren geographischen Bereich hinaus. Es hat demnach den Anschein, als sei Chavín an seinem Ort aus einer einzigen Wurzel entstanden, während La

Venta aus der Begegnung von Elementen hervorgegangen ist, die anderswo herangereift sind, und es ist nicht wahrscheinlich, daß der Rang, Heimat einer Kultur zu sein, einem Heiligtum zukommen kann, in dem die Merkmale zweier Zivilisationen zusammentreffen, deren Elemente sich im Laufe einer mehr als zweitausendjährigen Entwicklung niemals direkt vermischt haben — außer eben in La Venta und an zwei weiteren Orten, die wir noch kurz betrachten wollen.

Der eine dieser beiden Orte ist Monte Albán in der Nähe der heutigen Stadt Oaxaca auf der dem Pazifik zugewandten Seite derselben Isthmus-Zone wie La Venta. Während seiner langen Existenz spiegeln sich in diesem hervorragenden zapotekischen Zentrum die Wechselfälle all der Etappen, die die vorkolumbische Welt durchlaufen hat. In seiner ältesten, als Monte Albán I bezeichneten Phase zeigt es Kontakte mit der südlichen Hemisphäre.

Diese Kontakte sind direkter als bei La Venta. Sie lassen sich sowohl in der Bauweise erkennen (Umfassungsmauern aus Platten, die mit Skulpturen geschmückt sind) als auch in einer Darstellung der menschlichen Gestalt, die mit der der Flachreliefs von Sechín identisch ist. Während jedoch die steinerne Umfassungsmauer in Mesoamerika unbekannt geblieben ist, zeigen die in Flachrelief gearbeiteten Darstellungen der Platten, die in Peru auf Sechín beschränkt sind, eines der Grundelemente der Bildsymbolik der Nahua: jenes bewegungsvolle, ungestalte Wesen, das sich in die Fünfte Sonne verwandelt. Die ständige Verknüpfung der Figuren von Sechín mit der Idee der Bewegung sowohl durch ihre Körperhaltung wie durch die Nahua-Hieroglyphe läßt diese Verwandtschaft in einem völlig eindeutigen Licht erscheinen.

Da andererseits in Monte Albán während dieser ältesten Phase auch die Hauptfiguren der Götterwelt der Nahua vollkommen integriert sind, zeigt uns die Betrachtung wiederum ein Nebeneinander von Merkmalen, die aus verschiedenen, vollständig entwickelten Quellen stammen. Wie in La Venta setzt dies Nebeneinander die Existenz zweier Herkunftsorte schon voraus.

Die dritte Stätte, an der peruanische Elemente zutage getreten sind, befindet sich auf dem Hochland von Mexiko in einem Vorort der Hauptstadt. Das Fehlen von Gebäuderesten und bestimmte Merkmale seiner Statuetten weisen Tlatilco der archaischen Phase zu, die notwendig älter ist als das Aufkommen der sozialen und religiösen Strukturen, welche für die Gottheiten und Monumente von La Venta und Monte Albán I vorauszusetzen sind. Denn obgleich die C14-Datierung für alle drei Orte eine fast identische chronologische Stellung ergibt, zeigt Tlatilco Beziehungen zu der Periode vor der Epoche der großen Baumeister — Beziehungen, die zu konkret sind, als daß man sein hohes Alter in Zweifel ziehen könnte. Es ist z. B. der einzige Fundort, in dessen Stratigraphie die Schichten mit Figurinen und Keramik, die die archaische Phase kennzeichnen, plötzlich von Elementen fremder Herkunft gleichsam überschwemmt werden; diese neuen Elemente sind einige Gefäßformen, Technik und Dekormotive sowie eine Vermischung der bisherigen Merkmale mit den neuen, aus der die zierlichsten Statuetten von ganz Amerika hervorgegangen sind. Bemerkenswert ist nun, daß innerhalb der Welle, durch die Tlatilco verwandelt wird, wiederum dasselbe Zusammentreffen der beiden Hemisphären zu beobachten ist, mit der Besonderheit, daß sich hier besser als anderswo die Entwicklung der einzelnen Elemente verfolgen läßt, die sie beisteuern. Zum einen zeigt sich nämlich Chavín hier nicht nur in seinem Einfluß auf die lokale Produktion, sondern auch in Gegenständen, die wahrscheinlich als Importe anzusehen sind: einer Keramik mit Bügelhenkel, die in den übrigen archäologischen Zonen von Mesoamerika nicht vorkommt. Zum andern tauchen die gefiederte Schlange sowie Jaguardarstellungen auf, deren Stil dem Chavíns nahe ist, deren Technik aber in Peru zu keiner Zeit auf Keramik angewandt werden sollte: es sind Freskomalereien und Flachreliefs auf Gegenständen aus gebranntem Ton. Schließlich trifft es sich, daß die Freskomalerei, diese Art des Flachreliefs und die gefiederte Schlange selbst innerhalb der Grenzen Mesoamerikas die spezifischen Ausdrucksformen von Teotihuacan sind, der einzigen uns bekannten Stadt, die auf archaischen Fundamenten aufbaut und diesen bis zum Ende ihres erstaunlichen Werdegangs treu geblieben ist.

Aus diesem gerafften und unvollständigen Überblick ergibt sich folgendes:

Erstens bestätigt die nachweisliche Verknüpfung des Stils von Chavín mit Fundobjekten der archaischen Zeit die Priorität, die Julio Tello diesem Ort zugewiesen hat. Da sich auf diesem frühen Niveau in Peru keine Spuren Mesoamerikas finden, scheint dieses Land als erstes Kontakte mit dem Norden geknüpft zu haben.

Zweitens: Da in dem mexikanischen Hochtal neben Chavín bereits Elemente der Nahua-Kultur auftreten, scheinen die Symbolsprachen der beiden Hemisphären auch in jener frühen Zeit schon in gleich hohem Maße entwickelt zu sein. Dennoch kann Tlatilco, obwohl es den Quellen nähersteht als La Venta (denn La Venta kennt nicht die Techniken, die der Keramik beider Kontinente eigen sind, und integriert außerdem bereits ihre Symbolik in einen neuen Stil), ebensowenig wie dieses als Ursprungsort der Nahua-Kultur angesehen werden, da eine solche Bezeichnung nur einer Zone zukommen kann, die von fremden Einflüssen frei ist.[511]

Drittens zeigt sich in beiden Kulturen, ausgehend von der Begegnung, die sich in Tlatilco vollzieht, eine doppelte Bewegung: einerseits in Richtung auf ihre eigene Vollendung, andererseits in Richtung auf Anleihen, Verschmelzungen, schließlich die Schaffung von synthetischen Mischformen. Zu der ersten Bewegung gehören Teotihuacan im Norden, Tiahuanaco und Paracas im Süden, die zweite kristallisiert sich zunächst in Monte Albán und Sechín, danach in La Venta.

Viertens: aus dem Obigen muß man folgern, daß die altamerikanische Hochkultur entweder gleichzeitig an mehreren, voneinander unabhängigen Orten entstanden oder daß sie aus einem einzigen Mittelpunkt hervorgegangen ist, wo sie, ohne erkennbare Spuren zu hinterlassen, bis zu dem Zeitpunkt ihrer Ausbreitung über den Kontinent existiert hat. Damit hat sich freilich das Dunkel um ihren Ursprung eher noch verdichtet.

III. FIGÜRLICHKEIT UND ABSTRAKTION

So ist unser Versuch, die Quelle der altamerikanischen Hochkultur mit Hilfe der Gemeinsamkeiten zu finden, gescheitert. Es muß sich nun zeigen, ob die Gegensätze für die Suche ergiebiger sind.

Ein ständiges Kennzeichen der Nahua-Kultur scheint die Vielzahl von Statuetten zu sein, die bereits das Auftauchen ihrer ersten Merkmale begleiten. Sie sind in Tlatilco fast ausschließlich weiblich, während sich in Teotihuacan Darstellungen von Männern und Frauen die Waage halten. Diese Vorliebe für die Figur des Menschen, die mit einer Neigung zum individualisierenden Detail und für die Abbildung von Bewegungen des Körpers verbunden ist, bleibt der Bilderwelt Perus fremd. Die Flachreliefs von Chavín, die Statuen von Tiahuanaco und die Terrakottabildnisse von Paracas entspringen einer Symbolik, die den Menschen in eine andere Kategorie verweist. Diese Vorliebe und dieser Verzicht scheinen nun keineswegs zufällig zu sein, sondern einer bestimmten Auffassung von der Gemeinschaft zu entsprechen. Denn zwar ist uns Tlatilco ausschließlich durch die Funde aus seinen Grabstätten bekannt, Cuicuilco und der Komplex, dem es angehört, lediglich durch die Überreste der frühesten Bauten Mesoamerikas, Teotihuacan nur durch seine riesenhaften Pyramiden, aber dennoch zeigt sich in diesen Marksteinen der kulturellen Entfaltung, vor allem in ihren Figurinen, eine Beschäftigung mit dem Individuellen, die in keiner gleichzeitigen Fundstätte des Südens anzutreffen ist. Am augenfälligsten tritt diese Verschiedenheit in den Anschauungen vom sozialen Leben zutage: während die Nahua sich bereits in der archaischen

Periode daran machten, die ausgedehnteste Stadt des Kontinents zu erbauen, sollten sich die Bewohner von Peru und Bolivien auf Jahrhunderte hinaus mit Kultstätten begnügen, denen weder städtische Komplexe noch Wohnstätten zur Seite standen.

Diese Feststellung führt auf einen dritten Unterschied: so sehr die Weltsicht und deren formaler Ausdruck, die beiden Kulturen zugrunde liegen, als verwandt anzusehen sind, so sehr differieren sie in der Bedeutung, die sie den Bildern zuerkennen. In der Tat scheint Peru keine wirkliche ikonographische Struktur entwickelt zu haben; es erweckt vielmehr den Eindruck, als habe es von Mexiko einzelne Bilder übernommen, die es ins Unendliche wiederholt — eine Erscheinung, die die Schwierigkeit erklären würde, der man begegnet, wenn man das peruanische Denken ohne die Hilfe der Nahua-Symbolik zu rekonstruieren sucht. Diese Lücke muß auf einem bewußten Verzicht beruhen, auf einer Haltung, die einer gegebenen Idiosynkrasie entspringt. Hierfür gibt es mehrere Anzeichen: während in Mexiko bis zum Schluß Mauern und bewegliche Gegenstände mit Bildern geschmückt sind, werden die Bildwerke in Peru und Bolivien mit der Zeit immer weniger zahlreich und verschwinden endlich ganz. Im Vergleich zu der Fülle von Skulpturen und Malereien in Mexiko springt die karge Strenge der peruanischen und bolivianischen Monumente ins Auge. Übrigens berichten die Spanier von ihrer Enttäuschung darüber, daß sie im Allerheiligsten vom Pachacamac, dem angesehensten Heiligtum der südlichen Hemisphäre, nicht ein einziges Götterbild fanden, und in mehreren Quellen ist verzeichnet, daß sich im großen Tempel von Cuzco, dessen Außenmauern vollständig mit Goldblättern verkleidet waren, lediglich die Bildnisse der Sonne (ein Gesicht im Strahlenkranz), des Mondes und einiger Sterne befanden.

Im Zusammenhang mit anderen Merkmalen der Kultur erweist sich diese Bildlosigkeit als spezifisch: auch die Architektur, in der sich der Süden am eindrücklichsten vom Norden unterscheidet, ist durch einen wahren Kult der Stille charakterisiert; das Fehlen von Bildern und die Hermetik der Formen münden in eine Skulptur des Schweigens und der Verinnerlichung. Eine unmittelbare Konfrontation mit den massiven Blöcken der Mauern von Cuzco in ihrem heutigen Zustand macht begreiflich, daß ihre Verschachtelung, die zart und bewegt ist wie eine Ziselierung, weit davon entfernt ist, eine bloße Demonstration technischer Virtuosität zu sein: aus der Bewunderung für die Differenziertheit der Ebenen, der Biegungen, der harmonischen Spannung zwischen Waagerechten und Senkrechten, die einen kolossalen Felsblock in eine Skulptur verwandeln, deren Kühnheit in der Abstraktion von der modernen Kunst kaum übertroffen wird, erwächst das Verständnis des Willens, auf den diese Askese sich gründet. Dieser Wille ist so unwiderstehlich, daß er wagt, es mit

einem ganzen Berg aufzunehmen und ihn in eine gigantische
Verwirklichung des Menschlichen zu verwandeln. Denn als
solche erscheint der hohe Pic von Machu Picchu mit seinen Steilwänden, die in Stufen, Stützmauern, Terrassen und Platten
verwandelt sind, über die sich die Wasser ergießen. Die architektonischen Komplexe, die sich auf seinem Kamm erheben, wirken
wie die endgültigen Chiffren eines langsamen Schaffensprozesses, dessen Sinn sie enthüllen: der fortschreitenden Vermenschlichung der Natur auf dem Weg über eine enge und liebevolle
Wechselbeziehung. Die gegenseitige Bereicherung von Mensch
und Materie in dieser gemeinsamen Erfahrung wird in unzähligen Raum-Skulpturen offenbar, bei denen sich die Reinheit der
Linien und die Kraft der Formen plötzlich mit der Masse eines
Felsens verbünden, der in unerwarteter Weise in das Werk eingegliedert wird.

Wie weit ist der Weg von der barocken Formenpracht Chavíns
bis zu dieser pulsierenden geometrischen Welt bloßer Steine!
In Machu Picchu verschmilzt der Jaguarmensch von einst mit der
Wirklichkeit, die zur Welt zu bringen seine Sendung war, und
Fangzähne, Vogelschnäbel und monströse Mischwesen verschwinden vor der vollbrachten Aufgabe: einer majestätischen
Umwandlung des Andenmassivs in ein Denkmal für den Willen
zur Neugestaltung, für die Fähigkeit zur Teilhabe am Schöpfungsprozeß der Natur.

Dieselbe Verachtung für die bildliche Darstellung offenbart sich
auch in anderen Anzeichen. Garcilaso legt dar, daß die Spanier,
unfähig, die Haltung der Peruaner gegenüber der Natur zu begreifen, in der Achtung für die Berge, Quellen, Bäume, die Tiere
und die Ernten eine plumpe Götzendienerei zu erkennen meinten.[512] Auch der Brauch, die Opfergaben zu verbrennen, scheint
sich aus der Zurückweisung des Äußerlichen herzuleiten: es ist
bedeutungsvoll, daß Atahualpa, der Fürst des märchenhaftesten
goldenen Königreichs, für seine Ehrerbietung gegenüber Pizarro
keinen würdigeren Ausdruck fand als eine Sendung von »zwei
Ladungen getrockneter und gehäuteter Enten, die er zu Pulver
zermahlen und als Weihrauch verwenden sollte«.[513]

IV. DER MORALISCHE WERT DER ARBEIT

Wenn die Freiheit gegenüber den Formen der Äußerung den
inneren Weg voraussetzte, der zwischen den Werken von Chavín
und denen von Machu Picchu liegt, so müßte man daraus folgern,
daß Mexiko nicht auf derselben Entwicklungsstufe angelangt
war, und die Anfänge seiner Kultur später ansetzen als die von
Peru. Die unleugbare Gleichzeitigkeit von Chavín und Tlatilco

schließt eine solche Hypothese aus. Man kann sich daher die Frage stellen, ob die Wurzel der Verschiedenheiten nicht in jener Hochschätzung der Persönlichkeit liegt, die sich in Mexiko, wie wir gesehen haben, bereits seit der archaischen Phase offenbart.

Da es kaum möglich ist, mit der Untersuchung der materiellen Überreste von neuem zu beginnen, erinnern wir lediglich daran, daß diese Erhöhung des einzelnen in seiner Beziehung zum Sozialen sowohl in den Mythen wie in der Bewertung der Arbeit deutlich wird. Ebenso wie die Erschaffung der Fünften Sonne fordern Gründung und Erhaltung der Städte eine Dialektik des einzelnen und der Mehrzahl, der Arbeit an sich selbst und der Arbeit an der Umgebung. Die Existenz dieser Sonne bestätigt ebenso wie die der Städte die Rolle der menschlichen Leistung und macht deutlich, daß diese Leistung Teilnahme an anderen und an der materiellen Welt ist. Denn erst in ihrer Eigenschaft als Teilchen des Sozialen, als Bestandteile eines menschlichen Ganzen sahen die Nahua einen Zugang zur kosmischen Totalität. Es ist kein Zufall, daß die Erbauer der Kultur Mesoamerikas sich *Tolteken*, ›Große Kunsthandwerker‹, nannten und daß die Hieroglyphe des Begriffs *Tula*, der jede große städtische Siedlung bezeichnete, aus Schilfrohren, den Symbolen der gestaltgebenden Tätigkeit, gebildet war.

Diese Thesen führen jedoch leider aufs neue vor ein unlösbares Problem. Denn zum einen ist der maßlose Hang zu den Bildern, den die Spanier den Mexikanern vorwarfen, mehr geeignet, die soziale Persönlichkeit zu negieren als sie zu bestätigen. Zum andern zeigt sich die konstituierende Rolle der Arbeit zur Zeit der Eroberung deutlicher in den Merkmalen Perus: Fehlen von ›Idolen‹, gemäßigter Charakter der Kulthandlungen, starke Strukturierung der Wirtschaft wie der Institutionen. In Wahrheit lassen, wenn man von der berüchtigten ›Abgötterei‹ der Azteken absieht, die Gesellschaften der beiden Hemisphären auf allen Ebenen eine erstaunliche Ähnlichkeit erkennen, angefangen bei der Konzeption der Arbeit als Form sozialen Verhaltens; die Urbanisierung Mesoamerikas und die technischen Erfolge der Inka bilden hierfür ebenso handgreifliche Beweise wie die im Wüstensand begrabenen Schätze.

V. DIE HALTUNG GEGENÜBER DEM TOD

Eher mag es scheinen, als leiteten sich die Verschiedenheiten innerhalb der beiden Kulturen, die jede gleichermaßen eine reiche, dynamische Welt hervorbrachten, in der ein hohes Maß an Integration aller ihrer Bewohner möglich war, von der spezifischen Einstellung ab, die jede von ihnen gegenüber dem Begriff des

Todes einnahm. Diese Einstellung steht jedoch in einem Zusammenhang, der den Grundlagen unserer heutigen Zivilisation so diametral entgegengesetzt ist, daß wir trotz der Fülle konkreter Indizien, die zur Verfügung stehen, daran verzweifeln, sie angemessen darzulegen, denn jeder Versuch, sie zu begreifen, führt dem Anschein nach zu einer utopischen Phantasterei.

Denn die Weisheit, mit der die altindianischen Völker sich dem Problem des Todes stellten, läßt uns, mehr noch als ihre Leistungen im Bereich des Sozialen, an eine Schwelle gelangen, die man nur mit Unruhe überschreitet. Das, was einerseits die Mythen, andererseits die Werke lehren, die der Verklärung des Todes dienten, scheint uns Kulturen gegenüberzustellen, die vielleicht die Antwort auf Rätsel kannten, die uns erst langsam bewußt werden. Denn nur die Verlebendigung des Todes kann das Ziel der unablässigen Konfrontation mit den Verstorbenen gewesen sein, welche die Gruppe in einer unerhörten schöpferischen Leistung aufrechterhielt — einer rein innerlichen Konfrontation, denn die Gräber, die uns Aufschluß über diese Bräuche geben, blieben den Schöpfern der Kunstwerke, die sie enthalten, unbekannt. Wenn jedoch wirklich das Todesprinzip die Quelle der zerstörerischen Aggressivität ist, wie Freud dargelegt hat, dann wird begreiflich, daß ein Volk, welches diese Wahrheit intuitiv erfaßte, die Kultur als Antwort auf dies verhängnisvolle Naturgesetz konzipieren konnte.[514] Nur wenn man die Möglichkeit einer solchen Intuition ausschließt, wenn man ein so außergewöhnliches Phänomen zum bedeutungslosen Zufall erniedrigt, lassen sich die Deutungen halten, die man im allgemeinen dafür anführt. Der vage ›Totenkult‹ der Ethnologen, der hohle Begriff der ›Nekrophilie‹, dessen sich manche Psychologen bedienen, und jene ›Hinneigung zum Tod‹, mit der die Schriften über die Mexikaner gewürzt sind und die als Grund für Gewalttaten und Mißbräuche herhalten soll, die doch in Wahrheit unmittelbar auf die Kolonialstruktur zurückzuführen sind — alle diese Erklärungen erweisen sich als zu oberflächlich, um glaubwürdig zu sein. Sie sind es um so weniger, als die intensive Produktion von Luxusgegenständen, die den Verstorbenen mit ins Grab gegeben wurden, zwei weitere grundlegende Funktionen erfüllte. Einerseits führte sie zur Entdeckung der Naturschätze, die es ermöglichten, ein Wirtschaftssystem zu organisieren, innerhalb dessen den Bedürfnissen aller Rechnung getragen werden konnte — ein System, das seine Produktion der wachsenden Bevölkerungsdichte anpassen konnte und aus dem sich schließlich die gewaltigen wirtschaftlichen Komplexe des 16. Jahrhunderts entwickeln sollten. Auf der anderen Seite war sie dem Menschen ein Antrieb zur Selbstverwirklichung durch ein ständiges, gestaltendes Wirken auf die Natur und verhinderte zugleich die mit der Anhäufung von Reichtum zwangsläufig verbundene Abwertung der

Werte; denn die Herstellung von Gegenständen, die früher oder später unter der Erde verschwinden, läßt nicht nur keinerlei Bereicherungstrieb aufkommen, sondern bedingt auch einen echten Vorrang der schöpferischen Tätigkeit vor dem geschaffenen Objekt.

Diese Verhaltensweisen bilden die Grundlage der Gesellschaftsordnung und erhellen zugleich wiederum die Struktur der Nahua-Mythen selbst, deren starke und metaphernreiche poetische Sprache so eine Gegenprobe zur Formensprache der archäologischen Funde darstellt. Die Mythologie bemüht sich, das Geheimnis des Todes zu erhellen; gleichzeitig widmet sie sich der Aufgabe, ihm jede Macht der Zerstörung zu nehmen, indem sie ihn zur unversiegbaren Quelle des Bewußtseins macht, die den Gang der Welt bedingt. Die Erlöserrolle des Individuums in den kosmischen Katastrophen, die Demut, mit der ihm die Götter begegnen, sein Handeln, um dem Nichts das Licht abzuringen, und endlich die Tatsache, daß die Wiege der Fünften Sonne eine Stadt ist, sind hierfür unwiderlegbare Anzeichen.

Paradoxerweise bedient sich demnach der Nahua zur ›Entmythisierung‹ des Ur-Traumas einer legendären Symbolik. Durch sie gelingt es ihm, die Dinge zu transzendieren und seine Achtung vor dem spezifisch menschlichen Handeln kundzugeben, wie die Nekropolen von Paracas es tun. Denn indem er seine Werke dem Rhythmus der menschlichen Existenz unterwirft und Raum und Zeit einem sozialen Wert dienstbar macht, verfolgt er denselben Ausdruck der sozialen und der natürlichen Ordnung wie sie. Der Unterschied zwischen den beiden Kulturen läge somit darin, daß in der südlichen Hemisphäre die Zeit dem Schicksal des Leibes verbunden bleibt, während sie in der nördlichen Zyklen entspricht, die vom Menschen geschaffen sind. Diese Umdeutung, durch welche die Produktion aus allem natürlichen Determinismus befreit wird — das Individuum lebt nicht mehr inmitten verschwenderischer Grabbeigaben, sondern inmitten von Städten, Skulpturen und mit Fresken ausgemalten Wohnstätten mit einer autonomen Existenz —, führt zu einer Vielfalt von Werken, die der der Natur gleicht, jener Verbündeten, die deutlich zum Vorbild genommen wird, und sie führt zur Verherrlichung der sozialen Persönlichkeit.

Diese Artikulierung des Sozialen und des Natürlichen und die wechselseitige Beherrschung von Natur und Menschen bilden den Schlüssel zum Verhalten des Eingeborenen und zugleich den Punkt, wo der Gegensatz zum europäischen Verhalten am schärfsten ist. Dieses Thema würde für sich allein ein Buch in Anspruch nehmen; wir müssen uns auf die Feststellung beschränken, daß hierin die einzige Erklärung für die Eroberung und die Vernichtung der Urbevölkerung sowie für jene weiterexistierenden geheimnisvollen Bräuche liegt, durch die der Indianer einer

Welt verhaftet bleibt, die von in unseren Augen irrationalen Werten beherrscht wird. Werten, die nicht mehr bewußt reflektiert werden, die aber unleugbar sozialen Ursprungs sind und deren Wirkung den unmittelbaren Interessen der Gemeinwesen genau zuwiderläuft, weil diese seit der Eroberung der westlichen Ideologie des Stärkeren unterworfen sind.

Wir fühlen selbst das Mißtrauen, das solche Feststellungen hervorrufen. Aber angesichts der Unmenge von Dokumenten, die sämtlich in diese Richtung weisen, fragen wir uns, ob dies Mißtrauen nicht derselben Kategorie angehört wie das der Menschen des Mittelalters gegenüber der Annahme, daß es auf der Erde Antipoden gibt. Wäre es nicht möglich, daß wir einer Kultur gegenüberstehen, die unsere gelehrtesten Anschauungen von der Entwicklung der Menschheit ins Wanken brächte? Einer Kultur, deren ausschließliches Ziel darin bestanden hätte, die Aggressivität, auf der die Macht des Westens beruht, unwirksam zu machen? Völkern, für die die einzig gültige Weisheit die Unterdrückung der egoistischen und destruktiven Instinkte gewesen wäre? Könnte nicht dieses dem Menschenleben anhaftende Tabu die Ursache dafür sein, daß die Azteken bei sakralen Gründen Zuflucht nehmen mußten, um Sitten einzuführen, deren Ausbreitung nachzuprüfen übrigens eine noch zu leistende Aufgabe von allererster Dringlichkeit ist?[515] Könnte man nicht annehmen, daß die Scharen von Menschen und die großen Fürsten, die mit Händen voller Geschenke Männer empfingen, deren kriegerische Absichten sie längst kannten, daran glaubten, daß Gesten und Haltungen, die die Fremden zu Mitgliedern der Gruppe machten, einen physisch lähmenden Effekt haben mußten? Daß jene Fürsten, die den Eroberern ihre eigene Tochter zum Geschenk gaben, dies in der Gewißheit taten, jeder Zerstörungswille müsse vor so unmißverständlichen Beweisen von Friedfertigkeit haltmachen? Läge hier nicht eine kulturelle Tradition vor, der es gelungen wäre, eine Tötungshemmung von der Art hervorzubringen, wie sie Konrad Lorenz bei den Wölfen aufgewiesen hat?[516] Und wäre die Eroberung nicht die Geschichte von Völkerstammen, die zum Zeichen des Friedens ihren Nacken Wesen darbieten, die daraufhin triumphierend zubeißen?

Sei dem wie ihm wolle — es ist deutlich, daß die Antwort auf diese Fragen den Rahmen historischer Erkenntnis übersteigt. Inzwischen ist der große Schritt zur Entkolonisierung getan. Es ist nicht mehr ausgeschlossen, daß, wenn wir auf das riesenhafte Vergrößerungsglas der Eroberung Amerikas zurückgreifen, um unsere Wirklichkeit besser zu sehen — daß wir dann dazu gelangen, eine unvorstellbare Menschlichkeit zu entdecken, die es uns ermöglicht, endlich durch den Spiegel hindurchzustoßen, in dem wir uns seit Jahrtausenden betrachten.

Zeittafel: Peru

Zeit	Perioden	Äusserste Nord-Küste	Küste Nord-Küste	
1532 1450	Später Horizont (Imperialist. Per.)	Tallan	Inka-Chimú	
1400 1300 1200 1100 1000	Späte Zwischen-periode (Städtebauer-Periode)	Chimú Lambayeque	Chimú	
900 800 700 600	Mittlerer Horizont (Expansionistische Periode)	Huari-Lambayeque	Huari	
500 400 300 200 100 0 100 200 300	Frühe Zwischen-periode (Experimentier- und Blüte-Periode)	Negatives Vicús Klassisches Vicús	Moche (Mochica) Salinar	Virú (Galli-nazo)
400 500 600 700 800 900 1000	Früher Horizont (Kult-Periode)	Tembladera Chongoyape	Cupisnique	
1100 1200 1300 1400 1500 1600 1700 1800	Einleitungs-Periode (Formative Periode)		Guañape	
2000	Anfangszeit (ohne Keramik)		Huaca Prieta	

| Mittlere Küste | Süd-Küste | Hochland | | |
		Nördliches Hld.	Mittleres Hld.	Südliches Hld.
Inka-Chancay	Inka-Ica	Inka	Inka	Inka
Chancay	Ica	Cajamarca	Früh-Inka	
Pachacamac	Huari	Huari-Cajamarca	Huari	Tiahuanaco (Huari)
Lima	Nazca	Recuay		
			Chanapata	Pucara
Supe Ancón Curayacu	Paracas	Chavín		Chiripa
		Kotosh		
Río Seco	Casavilca		Lauricocha (8000—2000)	

Zeittafel: Die mesoamerikanischen Kulturen

Die Pfeile deuten die zeitliche Erstreckung an

Perioden	Zeit	Hochtal von Mexiko	Golfküste	Oaxaca	Maya-Gebiet Tiefland	Maya-Gebiet Hochland
		Tolteken Azteken	Olmeken	Mixteken	Neues Reich	Pamplona
Nachklassikum	1520 / 1450	Aztekisch II (Tenochtitlan)	Oberes Cerro de las Mesas	Mitla	Maya-Tolte-kisch	Tohil
	1300 / 1200 / 1100 / 1000 / 900	Aztekisch I (Tula-Mazapan)	Cerro de las Mesas II	Monte Albán IV		
						Esperanza Aurora
Klassikum	800 / 700 / 600	Teotihuacan IV		Monte Albán III B	Tepeu	
	500 / 400 / 300	Teotihuacan III	Tajín	Monte Albán III A	Tzakol	Santa Clara / Arenal
			Cerro de las Mesas I		Holmul I	
spätes Präklassikum (Formativum)	200 / 100 / 1 n. Chr. / 1 v. Chr. / 100 / 200 / 300	Teotihuacan II	Tres Zapotes	Monte Albán II	Chicanel	Miraflores
		Teotihuacan I	La Venta			
mittleres Präklassikum (Formativum)	400 / 500 / 600 / 800 / 1000	Cuicuilco-Ticoman	?	Monte Albán I	Mamom	Las Charcas
		Mittel-Zacatenco Tlatilco	[Olmeken]			
frühes Präklassikum (Formativum)	1200 / 1500	Früh-Zacatenco El Arbolillo I				
Archaikum	2000 / 5000	Chalco		Yanhuitlan		

Anmerkungen

1 BARTOLOMÉ DE LAS CASAS, *Historia de las Indias*. Hrsg. v. Agustín
  Millares Carlo. 3 Bde. Mexiko − Buenos Aires 1951, Bd. II, S. 30
  = Buch I, Kap. 137.
2 AMERIGO VESPUCCI, *El Nuevo Mundo*. Hrsg. v. Roberto Levillier.
  Buenos Aires 1951, S. 98−100, Brief von 1500.
3 *A. a. O.*, S. 144−147, Brief von 1502.
4 *A. a. O.*, S. 144, Brief von 1502.
5 GONZALO FERNÁNDEZ DE OVIEDO Y VALDÉS, *Historia general y
  natural de las Indias*. Hrsg. v. Juan Pérez de Tudela Bueso. 5 Bde.
  Madrid 1959, Bd. II, S. 252 = Buch 20, Kap. 11.
6 VESPUCCI, *a. a. O.* (Anm. 2), S. 112, Brief von 1500.
7 LAS CASAS, *Historia*, *a. a. O.* (Anm. 1), Bd. II, S. 232 = Buch II,
  Kap. 8.
8 *A. a. O.*, Bd. II, S. 271 = Buch II, Kap. 19.
9 *A. a. O.*, Bd. II, S. 406 = Buch II, Kap. 61.
10 *A. a. O.*, Bd. II, S. 421 = Buch II, Kap. 65, Ende.
11 *A. a. O.*, Bd. II, S. 425 = Buch II, Kap. 66.
12 OVIEDO, *Historia general*, *a. a. O.* (Anm. 5), Bd. III, S. 194 f. =
  Buch 28, Kap. 6.
13 *A. a. O.*, Bd. III, S. 204 = Buch 28, Kap. 8.
14 *A. a. O.*, Bd. III, S. 256 = Buch 28, Kap. 12.
15 LAS CASAS, *Historia*, *a. a. O.* (Anm. 1), Bd. III, S. 37 = Buch III,
  Kap. 61.
16 OVIEDO, *Historia general*, *a. a. O.* (Anm. 5), Bd. III, S. 237 =
  Buch 29, Kap. 9.
17 *A. a. O.*, Bd. III, S. 241−248 = Buch 29, Kap. 10.
18 LAS CASAS, *Historia*, *a. a. O.* (Anm. 1), Bd. III, S. 104 = Buch III,
  Kap. 82.
19 OVIEDO, *Historia general*, *a. a. O.* (Anm. 5), Bd. I, S. 66 f. =
  Buch 3, Kap. 6.
20 LAS CASAS, *Historia*, *a. a. O.* (Anm. 1), Bd. III, S. 91 = Buch III,
  Kap. 78.
21 HERNÁN CORTÉS, *Cartas de relación de la conquista de Méjico*.
  Buenos Aires − Mexiko 1945, S. 37 = Primera carta, 1519,
  Ende.
22 OVIEDO, *Historia general*, *a. a. O.* (Anm. 5), Bd. III, S. 230 f. =
  Buch 10, Kap. 7.
23 CORTÉS, *Cartas de relación*, *a. a. O.* (Anm. 21), S. 50−52 = Anfang der Segunda carta, 1520.
24 *A. a. O.*, S. 59 = Segunda carta, 1520.

25 Las Casas, *Historia*, a. a. O. (Anm. 1), Bd. III, S. 210 = Buch III, Kap. 111.
26 Cortés, *Cartas de relación*, a. a. O. (Anm. 21), S. 36 = Primera carta, 1519.
27 Bernal Díaz del Castillo, *Historia verdadera de la conquista de la Nueva España*. Mexiko 1950, Kap. 151; deutsche Ausg. u. d. T. *Denkwürdigkeiten des Hauptmanns Bernal Diaz del Castillo oder Wahrhafte Geschichte der Entdeckung und Eroberung von Neuspanien [...]* Hrsg. v. G. A. Narciß. Stuttgart 1965, S. 485.
28 A. a. O., Kap. 152, vgl. Kap. 156 = deutsche Ausg. S. 490, vgl. S. 520.
29 A. a. O., Kap. 156 = deutsche Ausg. S. 524.
30 A. a. O., Kap. 156 = deutsche Ausg. S. 518 f.
31 Oviedo, *Historia general*, a. a. O. (Anm. 5), Bd. III, S. 366 = Buch 31, Kap. 1.
32 Las Casas, *Historia*, a. a. O. (Anm. 1), Bd. III, S. 397 = Buch III, Kap. 163.
33 A. a. O., Bd. III, S. 397 = Buch III, Kap. 163.
34 A. a. O., Bd. III, S. 398 f. = Buch III, Kap. 163.
35 Oviedo, *Historia general*, a. a. O. (Anm. 5), Bd. V, S. 38 = Buch 46, Kap. 3. Atabaliba ist der Name, den die Spanier des 16. Jahrhunderts dem König Atahualpa gaben.
36 A. a. O., Bd. V, S. 44 = Buch 46, Kap. 4.
37 A. a. O., Bd. V, S. 44 = Buch 46, Kap. 4
38 A. a. O., Bd. V, S. 45 = Buch 46, Kap. 4.
39 A. a. O., Bd. V, S. 85 = Buch 46, Kap. 15.
40 Bernal Díaz del Castillo, a. a. O. (Anm. 27), Kap. 126 = deutsche Ausg. S. 352.
41 A. a. O., Kap. 127 = deutsche Ausg. S. 354.
42 A. a. O., Kap. 154 = deutsche Ausg. S. 506.
43 Oviedo, *Historia general*, a. a. O. (Anmn. 5), Bd. V, S. 55 = Buch 46, Kap. 7.
44 A. a. O., Bd. V, S. 58 = Buch 46, Kap. 7.
45 A. a. O., Bd. V, S. 58 f. = Buch 46, Kap. 8.
46 A. a. O., Bd. V, S. 56 = Buch 46, Kap. 7.
47 A. a. O., Bd. V, S. 57 = Buch 46, Kap. 7.
48 Inca Garcilaso de la Vega, *Historia general del Perú*. Buenos Aires 1944, Bd. I, S. 72 = Buch I, Kap. 25.
49 Vgl. *Tribunal Bertrand Russell*, Paris 1969.
50 Oviedo, *Historia general*, a. a. O. (Anm. 5), Bd. V, S. 82 = Buch 46, Kap. 14.
51 A. a. O., Bd. V, S. 122 = Buch 46, Kap. 22.
52 A. a. O., Bd. V, S. 122 = Buch 46, Kap. 22.
53 A. a. O., Bd. II, S. 324 = Buch 21, Kap. 6.
54 A. a. O., Bd. III, S. 24–27 = Buch 25, Kap. 6.
55 A. a. O., Bd. III, S. 23 f. = Buch 25, Kap. 6.
56 A. a. O., Bd. III, S. 27 = Buch 25, Kap. 7.
57 A. a. O., Bd. III, S. 137 = Buch 27, Kap. 3.
58 Juan Friede, *Invasión del país de los Chibchas*. Bogotá 1966, S. 36.
59 A. a. O., S. 66.

60 *A. a. O.*, S. 68.
61 Oviedo, *Historia general, a. a. O.* (Anm. 5), Bd. III, S. 115 = Buch 26, Kap. 26.
62 *A. a. O.*, Bd. III, S. 128 = Buch 26, Kap. 31.
63 Ulrich Schmidel, *Wahrhaftige Historie einer wunderbaren Schiffahrt.* Hrsg. v. Engelbert Hegaur. München 1914, S. 19 f. = Kap. 9.
64 Francisco A. Encina, *Historia de Chile.* Bd. I, 3. Aufl. Santiago de Chile 1949, S. 371
65 Alonso de Ercilla y Zuniga, *La Araucana.* 2 Bde. Mexiko 1962, Bd. II, S. 379 = Canto 34, Strophe 10.
66 Pedro de Valdivia, *Cartas de P. de V. que tratan del descubrimiento y conquista de Chile.* Hrsg. v. José Toribio Medina. Santiago de Chile 1953, S. 42 = Brief an Karl V. vom 15. Sept.. 1545, fol. 9.
67 Hernán Cortés, *Ordenanzas de buen gobierno dadas por Hernando Cortés para los vecinos y moradores de la Nueva España, 1524.* Madrid 1960, S. 9 f.
68 Francisco López de Gómara, *Historia general de las Indias.* 2 Bde. Barcelona 1954, Bd. I, S. 54 = Kap. 33.
69 Oviedo, *Historia general a. a. O.* (Anm. 5), Bd. II, S. 103 = Buch 16, Kap. 11.
70 *A. a. O.*, Bd. IV, S. 419 f. = 42, Kap. 11.
71 Cortés, *Ordenanzas, a. a. O.* (Anm. 67), S. 16.
72 Hernán Cortés, *Cartas y Documentos.* Mexiko 1963, S. 443 f. = Brief an Karl V. vom 15. Okt. 1524.
73 Felipe Guamán Poma de Ayala, *Primer Nueva Corónica y Buen Gobierno.* Hrsg. v. Arthur Posnansky. La Paz 1944, S. 395.
74 Francisco A. Encina, *Resumen de la historia de Chile.* Santiago de Chile 1961, S. 7.
75 *A. a. O.*, S. 179.
76 Sergio Bagú, *Estructura social de la colonia.* Buenos Aires 1952, S. 134.
77 Cortés, *Ordenanzas, a. a. O.* (Anm. 67), S. 18.
78 Cortés, *Cartas y Documentos, a. a. O.* (Anm. 72), S. 431.
79 Oviedo, *Historia general, a. a. O.* (Anm. 5), Bd. IV, S. 260 = Buch 23, Kap. 54.
80 *A. a. O.*, Bd. III, S. 354 = Buch 29, Kap. 34.
81 Angel Rosenblat, *La población indígena y el mestizaje en América.* Buenos Aires 1954.
82 Miguel Othón de Mendizábal, *Obras completas.* 6 Bde. Mexiko 1946, Bd. III, S. 333.
83 Cortés, *Cartas y Documentos, a. a. O.* (Anm. 72), S. 413.
84 *A. a. O.*, S. 492 = Brief an Karl V. vom 10. Okt. 1530.
85 Juan Ginés de Sepúlveda, *Tratado sobre las justas causas de la guerra contra los Indios.* Lat. Text u. span. Übersetzung v. Marcelino Menéndez y Pelayo. Mexiko – Buenos Aires 1941, S. 49 = J. Genesii Sepulvedae Cordubensis *Democrates alter, sive de iustis belli causis apud Indos.* Lat. Text u. span. Übersetzung in: Boletín de la Real Academia de la Historia (Madrid) 21, 1892, S.260–369, dies S. 262.
86 *A. a. O.*, S. 49 = S. 262.

87 Bartolomé de Las Casas, *Tratados*. 2 Bde. Mexiko – Buenos Aires 1965, S. 327 (Aquí se contiene una disputa [...], 12. Gegenrede Sepúlvedas).

88 Sepúlveda, *a. a. O.* (Anm. 85), S. 55 = S. 268.

89 *A. a. O.*, S. 75 = S. 284.

90 *A. a. O.*, S. 69 = S. 280.

91 *A. a. O.*, S. 71 = S. 282.

92 *A. a. O.*, S. 77–79 = S. 286.

93 *A. a. O.*, S. 115 = S. 316.

94 *A. a. O.*, S. 81 = S. 288.

95 *A. a. O.*, S. 83 = S. 290.

96 *A. a. O.*, S. 85 = S. 292.

97 *A. a. O.*, S. 81 = S. 288.

98 *A. a. O.*, S. 101 = S. 304.

99 *A. a. O.*, S. 87 = S. 292–294.

100 Las Casas, *Tratados, a. a. O.* (Anm. 87), S. 221 (Disputa [...], Argumento); übers. nach der deutschen Fassung von 1599 (*Wahrhafftiger und gründtlicher Bericht* [...]), S. 151.

101 Sepúlveda, *a. a. O.* (Anm. 85), S. 57–59 = S. 268–270.

102 *A. a. O.*, S. 95 = S. 300.

103 *A. a. O.*, S. 157 = S. 350.

104 *A. a. O.*, S. 163 = S. 356.

105 *A. a. O.*, S. 169 = S. 360.

106 Las Casas, *Tratados, a. a. O.* (Anm. 87), S. 227–286 (Prólogo del Maestro Soto).

107 *A. a. O.*, S. 807–809 (Entre los remedios, Razón 13).

108 Fernand Braudel, *Le monde méditerranéen à l'époque de Philippe II.* Paris 1949, S. 400. 2. Aufl. Paris 1966, Bd. I, S. 471.

109 Gonzalo Fernández de Oviedo y Valdés, *Sumario de la natural historia de las Indias.* Hrsg. v. José Miranda. Mexiko – Buenos Aires 1950, S. 125 = Kap. 10.

110 Marcelino Menéndez y Pelayo, Vorwort zum Erstdruck von Sepúlveda (1892) (siehe Anm. 85), S. 258.

111 Edmundo O' Gorman, Einführung zu: Las Casas, *Apologética Historia Sumaria.* Mexiko 1967, S. LXXVIII.

112 Las Casas, *Tratados, a. a. O.* (Anm. 87), S. 869 (Regeln für die Beichtväter, Nr. 5).

113 *A. a. O.*, S. 867–871 (Regeln Nr. 4 und 6).

114 *A. a. O.*, S. 1057 (Tratado comprobatorio del imperio soberano).

115 *A. a. O.*, S. 451 (Disputa [...], 12. Replik des Las Casas); S. 67 = Las Casas, *Kurzgefaßter Bericht von der Verwüstung der Westindischen Länder.* Hrsg. v. Hans Magnus Enzensberger. Frankfurt am Main 1966, S. 40; S. 383 (9. Replik).

116 Las Casas, *Historia, a. a. O.* (Anm. 1), Bd. I, S. 400 = Buch I, Kap. 100.

117 William H. Prescott, *The Conquest of Mexico and Peru*, S. 207 = *The Works of William H. Prescott.* Montezuma Edition. 22 Bde. Philadelphia – London 1904, Bd. II, S. 78.

118 Las Casas, *Historia, a. a. O.* (Anm. 1), Bd. II, S. 396 = Buch II, Kap. 58.

119 John Collier, *Los Indios de las Amérikas.* Mexiko – Buenos Aires 1960.

120 Eine genauere Kenntnis von Las Casas vermitteln die Schriften des nordamerikanischen Historikers LEWIS HANKE, der dieser Aufgabe sein Lebenswerk gewidmet hat.

121 Eine der häufigsten Beschuldigungen betrifft die Zustimmung Las Casas' zur Versklavung der Schwarzen. Aber wenn er einen Augenblick lang geglaubt hatte, daß die Sterblichkeit unter den Eingeborenen sich mit der Ankunft schwarzer, seit einer Generation mit den Spaniern lebender Domestiken verringern würde, so erkannte er schnell seinen Irrtum und erklärte sich schuldig: »Diesen Rat bereute der Priester Las Casas sehr [. . .], denn er konnte sehen und feststellen, daß die Gefangennahme der Schwarzen ebenso ungerecht ist wie die der Indios [. . .] Mögen seine damalige Unwissenheit und sein guter Wille bewirken, daß es ihm vor dem göttlichen Gericht verziehen werde.« (LAS CASAS, Historia a. a. O. [Anm. 1], Bd. III, S. 275 = Buch III, Kap. 129)

122 EDMUND O' GORMAN, Einleitung zu: GONZALO FERNÁNDEZ DE OVIEDO, Sucesos y Diálogo de la Nueva España. Mexiko 1946, S. 158.

123 O' GORMAN, Einführung zu LAS CASAS, a. a. O. (Anm. 111), S. LXV.

124 O' GORMAN, Einleitung zu OVIEDO; a. a. O. (Anm. 122), S. XVI.

125 O'GORMAN, Einführung zu LAS CASAS; a. a. O. (Anm. 111), S. LXII.

126 A. a. O., S. LXXVI, S. LXXIX.

127 A. a. O., S. LXIII.

128 SEPÚLVEDA, a. a. O. (Anm. 85), S. 171 = S. 362.

129 BARTOLOMÉ DE LAS CASAS, Brevísima relación de la destrucción de las Indias; Titel nach der deutschen Übersetzung, hrsg. v. Hans Magnus Enzensberger. Frankfurt am Main 1966 (vgl. Anm. 115).

130 GÓMARA, a. a. O. (Anm. 68), Bd. I, S. 37 = Kap. 19.

131 CHRISTOPH KOLUMBUS, Tagebuch vom 14. Okt. 1492 (fol. 10–11).

132 VESPUCCI, a. a. O. (Anm. 2), S. 114–117 = Brief von 1500.

133 KOLUMBUS, Tagebuch vom 14. Okt. 1492 (fol. 10).

134 VESPUCCI, a. a. O. (Anm. 2), S. 108–111 = Brief von 1500.

135 OVIEDO, Historia general a. a. O. (Anm. 5), Bd. III, S. 69 = Buch 26, Kap. 4.

136 A. a. O., Bd. III, S. 68 = Buch 26, Kap. 4.

137 A. a. O., Bd. III, S. 66 f. = Buch 26, Kap. 3.

138 VESPUCCI, a. a. O. (Anm. 2), S. 148 = Brief von 1502.

139 KOLUMBUS, Tagebuch vom 11. Okt. 1492 (fol. 9).

140 VESPUCCI, a. a. O. (Anm. 2), S. 146 = Brief von 1502.

141 BARTOLOMÉ DE LAS CASAS, Apologética Historia Sumaria. Hrsg. v. Edmundo O' Gorman. 2 Bde. Mexiko 1967, Kap. 34.

142 OVIEDO, Historia general, a. a. O. (Anm. 5), Bd. III, S. 82 = Buch 26, Kap. 10.

143 A. a. O., Bd. III, S. 59 = Buch 25 Kap. 22.

144 PEDRO MÁRTIR DE ANGLERÍA (= Petrus Martyr), Décadas del Nuevo Mundo. 2 Bde. in 1. Mexiko 1964/1965, S. 534 u. S. 688 = 5. Dekade, Buch 9 und 8. Dekade, Buch 6.

145 A. a. O., S. 154 = 1. Dekade, Buch 5.

146 A. a. O., S. 215 = 2. Dekade, Buch 1.

147 Las Casas, *Apologética*, a. a. O. (Anm. 141), Kap. 21.
148 Oviedo, *Historia general*, a. a. O. (Anm. 5), Bd. II, S. 63 = Buch 13, Kap. 9.
149 José de Acosta, *Historia natural y moral de las Indias*. Mexiko – Buenos Aires 1960, S. 180 = Buch IV, Kap. 22.
150 Oviedo, *Historia general*, a. a. O. (Anm. 5), Bd. I, S. 270 = Buch 8, Kap. 30.
151 A. a. O., Bd. I, S. 179 = Buch 6, Kap. 20.
152 A. a. O., Bd. I, S. 151 f. = Buch 6, Kap. 6.
153 Las Casas, *Apologética*, a. a. O. (Anm. 141), Kap. 65.
154 Pedro Mártir, a. a. O. (Anm. 144), S. 365 = 3. Dekade, Buch 8.
155 Las Casas, *Historia*, a. a. O. (Anm. 1), Bd. III, S. 136 = Buch III, Kap. 90.
156 Oviedo, *Historia general*, a. a. O. (Anm. 5), Bd. II, 191 = Buch 19, Kap. 1.
157 Pedro Mártir, a. a. O. (Anm. 144), S. 180 = 1. Dekade, Buch 8.
158 A. a. O., S. 299 = 3. Dekade, Buch 2.
159 A. a. O., S. 380 = 3. Dekade, Buch 10.
160 Oviedo, *Historia general*, a. a. O. (Anm. 5), Bd. III, S. 299 = Buch 29, Kap. 21, § 6.
161 A. a. O., Bd. II, S. 205 = Buch 19, Kap. 10.
162 Las Casas, *Tratados*, a. a. O. (Anm. 87), S. 137 = *Kurzgefaßter Bericht*, a. a. O. (Anm. 115), S. 86–88 (Übersetzung nach D. W. Andreä).
163 Vitoria: ein Theologe, dessen Meinungen Las Casas beeinflußten. Vgl. R. Levilliers Einleitung zu Vespucci, a. a. O. (Anm. 2).
164 Sepúlveda, a. a. O. (Anm. 85), S. 119 = S. 318.
165 A. a. O., S. 133 = S. 332.
166 A. a. O., S. 129 und S. 121 = S. 326–328 und S. 320.
167 Diego de Landa, *Relación de las cosas de Yucatán*. Mexiko 1938, S. 131 = Kap. 30.
168 Oviedo, *Historia general*, a. a. O. (Anm. 5), Bd. I, S. 116 f. = Buch 5, Kap. 2.
169 A. a. O., Bd. IV, S. 416 = Buch 42, Kap. 11.
170 Vgl. Ramon Pané, in: Luis Nicolau d'Olwer (Hrsg.), *Cronistas de las culturas precolombinas*. Mexiko – Buenos Aires 1963, S. 53.
171 Diego de Landa, a. a. O. (Anm. 167), S. 120 = Kap. 26.
172 Gómara, a. a. O. (Anm. 68), Bd. I, S. 51 = Kap. 28.
173 A. a. O., Bd. I, S. 51 = Kap. 27.
174 Oviedo, *Historia general*, a. a. O. (Anm. 5), Bd. I, S. 124 = Buch 5, Kap. 3.
175 A. a. O., Bd. I, S. 112 = Buch 5, Kap. 1.
176 Pedro Mártir, a. a. O. (Anm. 144), S. 575 = 6. Dekade, Buch 7.
177 A. a. O., S. 643 = 7. Dekade, Buch 10.
178 Las Casas, *Apologética*, a. a. O. (Anm. 141), Kap. 124.
179 A. a. O., Kap. 125.
180 Gómara, a. a. O. (Anm. 68), Bd. I, S. 144 = Kap. 82.
181 Las Casas, *Apologética*, a. a. O. (Anm. 141), Kap. 125.
182 Diego de Landa, a. a. O. (Anm. 167), S. 139 = Kap. 33.
183 Oviedo, *Historia general*, a. a. O. (Anm. 5), Bd. III S. 122 = Buch 26, Kap. 29.
184 A. a. O., Bd. III, S. 127 = Buch 26, Kap. 30.

185 Pedro Mártir, *a. a. O.* (Anm. 144), S. 646 = 7. Dekade, Buch 10.
186 Oviedo, *Historia general, a. a. O.* (Anm. 5), Bd. IV, S. 370–375 = Buch 42, Kap. 3. Zitat S. 375.
187 Diego de Landa, *a. a. O.* (Anm. 167), S 141 = Kap. 33.
188 Oviedo, *Historia general, a. a. O.* (Anm. 5), Bd. III, S. 162 = Buch 27, Kap. 8.
189 *A. a. O.,* Bd. V, S. 29 = Buch 45, Kap. 3.
190 Ramon Pané, *a. a. O.* (Anm. 170), S. 54.
191 Oviedo, *Historia general, a. a. O.* (Anm. 5), Bd. III, S. 32 = Buch 25, Kap. 9.
192 Gómara, *a. a. O.* (Anm. 68), Bd. I, S. 50 = Kap. 27.
193 *A. a. O.,* Bd. I, S. 145 = Kap. 83.
194 *A. a. O.,* Bd. I, S. 146 = Kap. 83.
195 Pedro Mártir, *a. a. O.* (Anm. 144), S. 705 = 8. Dekade, Buch 8.
196 Oviedo, *Historia general, a. a. O.* (Anm. 5), Bd. III, S. 33 = Buch 25, Kap. 9.
197 *A. a. O.,* Bd. II, S. 426 = Buch 24, Kap. 12.
198 Diego de Landa, *a. a. O.* (Anm. 167), S. 124 = Kap. 27.
199 Las Casas, *Apologética, a. a. O.* (Anm. 141), Kap. 245.
200 Pedro Mártir, *a. a. O.* (Anm. 144), S. 646 = 7. Dekade, Buch 10.
201 Gómara, *a. a. O.* (Anm. 68), Bd. I, S. 348 = Kap. 206.
202 Oviedo, *Historia general, a. a. O.* (Anm. 5), Bd. IV, S. 380 f. = Buch 42, Kap. 3.
203 Diego de Landa, *a. a. O.* (Anm. 167), S. 121 f. = Kap. 27.
204 Las Casas, *Historia, a. a. O.* (Anm. 1), Bd. II, S. 165 = Buch I, Kap. 174.
205 Las Casas, *Apologética, a. a. O.* (Anm. 141), Kap. 120 und 121.
206 Pedro Mártir, *a. a. O.* (Anm. 144), S. 194 = 1. Dekade, Buch 8.
207 Oviedo, *Historia general, a. a. O.* (Anm. 5), Bd. III, S. 128 = Buch 26, Kap. 31.
208 *A. a. O.,* Bd. IV, S. 383 = Buch 42, Kap. 3.
209 *A. a. O.,* Bd. IV, S. 372 f. = Buch 42, Kap. 2.
210 Diego de Landa, *a. a. O.* (Anm. 167), S. 209 = Kap. 42.
211 Oviedo, *Historia general, a. a. O.* (Anm. 5), Bd. IV, S. 385 = Buch 42, Kap. 4.
212 Las Casas, *Apologética, a. a. O.* (Anm. 141), Kap. 167.
213 Oviedo, *Historia general, a. a. O.* (Anm. 5), Bd. III, S. 58 = Buch 25, Kap. 22.
214 *A. a. O.,* Bd. III, S. 128 = Buch 26, Kap. 30.
215 *A. a. O.,* Bd. III, S. 121 = Buch 26, Kap. 28.
216 *A. a. O.,* Bd. IV, S. 420 = Buch 42, Kap. 11.
217 Diego de Landa, *a. a. O.* (Anm. 167), S. 122 = Kap. 27.
218 Oviedo, *Historia general, a. a. O.* (Anm. 5), Bd. IV, S. 417 = Buch 42, Kap. 11.
219 *A. a. O.,* Bd. III, S. 120 f. = Buch 26, Kap. 28.
220 Diego de Landa, *a. a. O.* (Anm. 167), S. 122 = Kap. 27.
221 Oviedo, *Historia general, a. a. O.* (Anm. 5), Bd. III, S. 121 = Buch 26, Kap. 28.
222 *A. a. O.,* Bd. III, S. 121 = Buch 26, Kap. 28.
223 *A. a. O.,* Bd. IV, S. 418 = Buch 42, Kap. 11.
224 *A. a. O.,* Bd. I, S. 145 = Buch 6, Kap. 2.

225 Clovis Lugon, *La république communiste chrétienne des Guaranis, 1610–1768*. Paris 1949, S. 174.
226 Gaspar de Carvajal, *Relación del nuevo descubrimiento del famoso Río Grande de las Amazonas*. Hrsg. v. Jorge Hernández Millares. Mexiko – Buenos Aires 1955, S. 87 = Kap.: Descubrimiento del Río Negro.
227 A. a. O., S. 91 f. = Kap.: La Provincia de las Picotas.
228 A. a. O., S. 95 = Kap.: La buena tierra y señorío de las Amazonas.
229 A. a. O., S. 100 = Kap.: La buena tierra y señorío de las Amazonas.
230 A. a. O., S. 100.
231 A. a. O., S. 117 f. = Kap.: Viaje por mar hasta Cubagua.
232 Las Casas, *Apologética, a. a. O.* (Anm. 141), Kap. 55.
233 Oviedo, *Historia general, a. a. O.* (Anm. 5), Bd. IV, S. 391 = Buch 42, Kap. 5.
234 A. a. O., Bd. IV, S. 378 = Buch 42, Kap. 3.
235 A. a. O., Bd. II, S. 428 = Buch 24, Kap. 12.
236 A. a. O., Bd. II, S. 426 f. = Buch 24, Kap. 12.
237 A. a. O., Bd. III, S. 110 = Buch 26, Kap. 23.
238 A. a. O., Bd. III, S. 176 = Buch 28, Kap. 1.
239 A. a. O., Bd. IV, S. 427 = Buch 42, Kap. 13.
240 Gómara, *a. a. O.* (Anm. 68), Bd. I, S. 345 = Kap. 205.
241 Pedro Mártir, *a. a. O.* (Anm. 144), S. 572; 403; 421 = 6. Dekade, Buch 6; 4. Dekade, Buch 3; 4. Dekade, Buch 7.
242 Gómara, *a. a. O.* (Anm. 68), Bd. I, S. 125 = Kap. 71.
243 Oviedo, *Historia general, a. a. O.* (Anm. 5), Bd. IV, S. 428 = Buch 42, Kap. 13.
244 A. a. O., Bd. IV, S. 428.
245 A. a. O., Bd. III, S. 126 = Buch 26, Kap. 30.
246 Las Casas, *Historia, a. a. O.* (Anm. 1), Bd. I, S. 231 = Buch I, Kap. 46.
247 Oviedo, *Historia general, a. a. O.* (Anm. 5), Bd. III, S. 159 = Buch 27, Kap. 7.
248 A. a. O., Bd. III, S. 82 = Buch 26, Kap. 10.
249 A. a. O., Bd. III, S. 59 = Buch 25, Kap. 22.
250 A. a. O., Bd. III, S. 298 = Buch 29, Kap. 21, § 6.
251 Gómara, *a. a. O.* (Anm. 68), Bd. I, S. 138, 125 = Kap. 79, 71.
252 Oviedo, *Historia general, a. a. O.* (Anm. 5), Bd. V, S. 29 = Buch 45, Kap. 3.
253 A. a. O., Bd. III, S. 313 = Buch 29, Kap. 26.
254 Diego de Landa, *a. a. O.* (Anm. 167), S. 134 = Kap. 31.
255 Oviedo, *Historia general, a. a. O.* (Anm. 5), Bd. III, S. 323 = Buch 29, Kap. 28.
256 A. a. O., Bd. IV, S. 427 = Buch 42, Kap. 12, Ende.
257 Diego de Landa, *a. a. O.* (Anm. 167), S. 134 = Kap. 31.
258 Pedro de Cieza de León, *La Crónica del Perú*. Mexiko 1932, S. 178 = Kap. 12.
259 Oviedo, *Historia general, a. a. O.* (Anm. 5), Bd. IV, S. 365 = Buch 42, Kap. 1.
260 Gómara, *a. a. O.* (Anm. 68), Bd. I, S. 125 = Kap. 70.
261 Diego de Landa, *a. a. O.* (Anm. 167), S. 133 = Kap. 31.

262 OVIEDO, *Historia general, a. a. O.* (Anm. 5), Bd. V, S. 29 = Buch 45, Kap. 3.
263 *A. a. O.*, Bd. III, S. 300 = Buch 29, Kap. 21, § 6, Ende.
264 DIEGO DE LANDA, *a. a. O.* (Anm. 167), S. 133 = Kap. 31.
265 OVIEDO, *Historia general, a. a. O.* (Anm. 5), Bd. IV, S. 380 = Buch 42, Kap. 3.
266 DIEGO DE LANDA, *a. a. O.* (Anm. 167), S. 132 f. = Kap. 31; der Anonymus: a. a. O., S. 365.
267 OVIEDO, *Historia general, a. a. O.* (Anm. 5), Bd. IV, S. 418 = Buch 42, Kap. 11.
268 *A. a. O.*, Bd. II, S. 425 = Buch 24, Kap. 12
269 GÓMARA, *a. a. O.* (Anm. 68), Bd. I, S. 125 = Kap. 71.
270 OVIEDO, *Historia general, a. a. O.* (Anm. 5), Bd. III, S. 110 = Buch 26, Kap. 23.
271 *A. a. O.*, Bd. IV, S. 366 = Buch 42, Kap. 1, Ende.
272 *A. a. O.*, Bd. V, S. 29 = Buch 45, Kap. 3.
273 *A. a. O.*, Bd. III, S. 300 = Buch 29, Kap. 21, § 6.
274 *A. a. O.*, Bd. IV, S. 418 = Buch 42, Kap. 11.
275 *A. a. O.*, Bd. III, S. 13 = Buch 25, Kap. 2.
276 GÓMARA, *a. a. O.* (Anm. 68), Bd. I, S. 345 = Kap. 205.
277 LAS CASAS, *Apologética, a. a. O.* (Anm. 141), Kap. 139; 85.
278 OVIEDO, *Historia general, a. a. O.* (Anm. 5), Bd. IV, S. 365 = Buch 42, Kap. 1.
279 *A. a. O.*, Bd. III, S. 323 = Buch 29, Kap. 28.
280 GÓMARA, *a. a. O.* (Anm. 68), Bd. I, S. 119 = Kap. 68.
281 PEDRO MÁRTIR, *a. a. O.* (Anm. 144), S. 688 = 8. Dekade, Buch 6.
282 *A. a. O.*, S. 687 f. = 8. Dekade, Buch 6.
283 OVIEDO, *Sumario, a. a. O.* (Anm. 109), S. 91 = Kap. 3.
284 OVIEDO, *Historia general, a. a. O.* (Anm. 5), Bd. I, S. 123 = Buch 5, Kap. 3.
285 *A. a. O.*, Bd. III, S. 319 = Buch 29, Kap. 27.
286 *A. a. O.*, Bd. IV, S. 376 = Buch 42, Kap. 3.
287 DIEGO DE LANDA, *a. a. O.* (Anm. 167), S. 115 = Kap. 25.
288 ROBERT REDFIELD, *The Folk Culture of Yucatan.* Chikago 1941, S. 189 (vgl. S. 206).
289 PEDRO MÁRTIR, *a. a. O.* (Anm. 144), S. 650 = 7. Dekade, Buch 10.
290 DIEGO DE LANDA, *a. a. O.* (Anm. 167), S. 116 = Kap. 25, Ende.
291 OVIEDO, *Historia general, a. a. O.* (Anm. 5), Bd. IV, S. 376 = Buch 42, Kap. 3.
292 *A. a. O.*, Bd. IV, S. 375 = Buch 42, Kap. 3.
293 SYLVANUS G. MORLEY, *The Ancient Maya.* 2. Aufl. Stanford 1947, S. 34.
294 OVIEDO, *Historia general, a. a. O.* (Anm. 5), Bd. II, S. 115 = Buch 17, Kap. 4.
295 *A. a. O.*, Bd. II, S. 398 = Buch 24, Kap. 3.
296 GÓMARA, *a. a. O.* (Anm. 68), Bd. I, S. 139 = Kap. 79.
297 OVIEDO, *Historia general, a. a. O.* (Anm. 5), Bd. IV, S. 417 = Buch 42, Kap. 11.
298 *A. a. O.*, Bd. IV, S. 422 = Buch 42, Kap. 12.
299 *A. a. O.*, Bd. IV, S. 422.
300 GÓMARA, *a. a. O.* (Anm. 68), Bd. I, S. 139 = Kap. 79.

301 Oviedo, *Historia general, a. a. O.* (Anm. 5), Bd. IV, S. 421 = Buch 42, Kap. 12.
302 *A. a. O.*, Bd. II, S. 397 = Buch 24, Kap. 3.
303 Oviedo, *Sumario, a. a. O.* (Anm. 109), S. 121 = Kap. 10.
304 *A. a. O.*, S. 122 = Kap. 10.
305 Oviedo, *Historia general, a. a. O.* (Anm. 5), Bd. I, S. 199 = Buch 6, Kap. 41 (Überschrift).
306 *A. a. O.*, Bd. I, S. 201 = Buch 6, Kap. 41.
307 Gómara, *a. a. O.* (Anm. 68), Bd. I, S. 346 = Kap. 205; Pedro Mártir, *a. a. O.* (Anm. 144), S. 363 = 3. Dekade, Buch 8.
308 Oviedo, *Historia general, a. a. O.* (Anm. 5), Bd. III, S. 313 = Buch 29, Kap. 26.
309 Diego de Landa, *a. a. O.* (Anm. 167), S. 135, 136, 137 = Kap. 32.
310 Las Casas, *Historia, a. a. O.* (Anm. 1), Bd. II, S. 508 = Buch III, Kap. 21.
311 *A. a. O.*, Bd. II, S. 508.
312 Oviedo, *Historia general, a. a. O.* (Anm. 5), Bd. IV, S. 364 = Buch 42, Kap. 1.
313 Morley, *a. a. O.* (Anm. 293), S. 169.
314 *A. a. O.*, S. 169 f.
315 Oviedo, *Historia general, a. a. O.* (Anm. 5), Bd. IV, S. 365 und 428 = Buch 42, Kap. 1 und Kap. 13.
316 Morley, *a. a. O.* (Anm. 293), S. 170–174.
317 Redfield, *a. a. O.* (Anm. 288), S. 181.
318 Alfonso Villa Rojas, S. 336.
319 Redfield, *a. a. O.* (Anm. 288), S. 245.
320 Oviedo, *Historia general, a. a. O.* (Anm. 5), Bd. III, S. 60 = Buch 25, Kap. 22.
321 *A. a. O.*, Bd. IV, S. 365 = Buch 42, Kap. 1.
322 Las Casas, *Historia, a. a. O.* (Anm. 1), Bd. II, S. 507 = Buch 3, Kap. 21.
323 Oviedo, *Historia general, a. a. O.* (Anm. 5), Bd. IV, S. 376 = Buch 42, Kap. 3.
324 Diego de Landa, *a. a. O.* (Anm. 167), S. 130 = Kap. 30.
325 Redfield, *a. a. O.* (Anm. 288), S. 189.
326 Oviedo, *Historia general, a. a. O.* (Anm. 5), Bd. III, S. 121 = Buch 26, Kap. 28.
327 *A. a. O.*, Bd. III, S. 317 (Degradierung), Bd. III, S. 316 (Hände-abschneiden bei Diebstahl) = Buch 29, Kap. 26; Bd. I, S. 123 f. (Pfählen) = Buch 5, Kap. 3; Bd. III, S. 327 (Verweigerung der Bestattung) = Buch 29, Kap. 29.
328 Gómara, *a. a. O.* (Anm. 68), Bd. I, S. 139 = Kap. 79, Ende.
329 Pedro Mártir, *a. a. O.* (Anm. 144), S. 141 f. = 1. Dekade, Buch 3.
330 Oviedo, *Historia general, a. a. O.* (Anm. 5), Bd. III, S. 325 = Buch 29, Kap. 28.
331 *A. a. O.*, Bd. IV, S. 423 = Buch 42, Kap. 12.
332 *A. a. O.*, Bd. III, S. 11 = Buch 25, Kap. 2.
333 Cieza de León, *Crónica, a. a. O.* (Anm. 258), S. 179 = Kap. 12.
334 Oviedo, *Historia general, a. a. O.* (Anm. 5), Bd. I, S. 114 = Buch 5, Kap. 1.
335 Morley, *a. a. O.* (Anm. 293), S. 170.

336 REDFIELD, *a. a. O.* (Anm. 288), S. 181.

337 DIEGO DE LANDA, *a. a. O.* (Anm. 167), S. 109 = Kap. 22.

338 OVIEDO, *Historia general, a. a. O.* (Anm. 5), Bd. I, S. 114 =
Buch 5, Kap. 1.

339 *A. a. O.,* Bd. III, S. 327 = Buch 29, Kap. 29.

340 *A. a. O.,* Bd. II, S. 427 = Buch 24, Kap. 12.

341 DIEGO DE LANDA, *a. a. O.* (Anm. 167), S. 109 = Kap. 22.

342 OVIEDO, *Historia general, a. a. O.* (Anm. 5), Bd. IV, S. 364 =
Buch 42, Kap. 1.

343 PEDRO MÁRTIR, *a. a. O.* (Anm. 144), S. 425 f. = 4. Dekade, Buch 8.

344 LAS CASAS, *Apologética, a. a. O.* (Anm. 141), Kap. 66.

345 DIEGO DE LANDA, *a. a. O.* (Anm. 167), S. 129 = Kap. 29.

346 OVIEDO, *Historial general, a. a. O.* (Anm. 5), Bd. II, S. 426 =
Buch 24, Kap. 12.

347 OVIEDO, *Sumario, a. a. O.* (Anm. 109), S. 113 = Kap. 9.

348 *A. a. O.,* S. 114 = Kap. 9.

349 OVIEDO, *Historia general, a. a. O.* (Anm. 5), Bd. II, S. 419 =
Buch 24, Kap. 10.

350 PEDRO MÁRTIR, *a. a. O.* (Anm. 144), S. 702 = 8. Dekade, Buch 8.

351 OVIEDO, *Historia general, a. a. O.* (Anm. 5), Bd. IV, S. 378 =
Buch 42, Kap. 3; vgl. Bd. III, S. 40 = Buch 25, Kap. 12 und Bd. III,
S. 91 = Buch 26, Kap. 11.

352 LAS CASAS, *Apologética, a. a. O.* (Anm. 141), Kap. 66.

353 OVIEDO, *Historia general, a. a. O.* (Anm. 5), Bd. III, S. 313 =
Buch 29, Kap. 26; und Bd. III, S. 147 = Buch 27, Kap. 5.

354 CIEZA DE LEÓN, *Crónica, a. a. O.* (Anm. 258), S. 213 = Kap. 24.

355 LAS CASAS, *Apologética, a. a. O.* (Anm. 141), Kap. 66.

356 DIEGO DE LANDA, *a. a. O.* (Anm. 167), S. 128 = Kap. 29.

357 PEDRO MÁRTIR, *a. a. O.* (Anm. 144), S. 434 = 4. Dekade, Buch 10.

358 OVIEDO, *Historia general, a. a. O.* (Anm. 5), Bd. III, S. 126 =
Buch 26, Kap. 30 (Gesänge an Sonne und Mond); vgl. Bd. III,
S. 316 f. = Buch 29, Kap. 26 (Kriegsschmuck).

359 *A. a. O.,* Bd. III, S. 323 f. = Buch 29, Kap. 28 (Krieg als Parade);
Bd. V, S. 29 = Buch 45, Kap. 3 (goldene Waffen); Bd. III, S. 313
= Buch 29, Kap. 26 (Frauen bei Schlachten).

360 GÓMARA, *a. a. O.* (Anm. 68), Bd. I, S. 123 = Kap. 70.

361 OVIEDO, *Historia general, a. a. O.* (Anm. 5), Bd. III, S. 151 =
Buch 27, Kap. 6.

362 *A. a. O.,* Bd. III, S. 127 = Buch 26, Kap. 30; vgl. Bd. III, S. 129
= Buch 26, Kap. 31 (Frauen als Unterhändler).

363 *A. a. O.,* Bd. III, S. 317 = Buch 29, Kap. 26.

364 LAS CASAS, *Apologética, a. a. O.* (Anm. 141), Kap. 204.

365 OVIEDO, *Historia general, a. a. O.* (Anm. 5), Bd. III, S. 337 =
Buch 29, Kap. 31 (Diener, Unsterblichkeit der Seele); Bd. I, S. 119
= Buch 5, Kap. 3 (Totenfest, Mausoleum).

366 *A. a. O.,* Bd. III, S. 337 f. = Buch 29, Kap. 31.

367 GÓMARA, *a. a. O.* (Anm. 68), Bd. I, S. 130 = Kap. 73.

368 OVIEDO, *Historia general, a. a. O.* (Anm. 5), Bd. IV, S. 374 =
Buch 42, Kap. 2, Ende.

369 DIEGO DE LANDA, *a. a. O.* (Anm. 167), S. 139 = Kap. 33.

370 OVIEDO, *Historia general, a. a. O.* (Anm. 5), Bd. III, S. 159 =
Buch 27, Kap. 7 (Bestattung in Särgen): Bd. III, S. 163 f. = Buch

27, Kap. 9 (Bestattung mit Beigaben); Bd. III, S. 118 = Buch 26, Kap. 27 (Goldsarg, Seebestattung); Bd. III, S. 161 = Buch 27, Kap. 8 (Heiligtümer, Sekundärbestattung).

371 A. a. O., Bd. III, S. 128 = Buch 26, Kap. 31.
372 CIEZA DE LEÓN, Crónica, a. a. O. (Anm. 258), S. 200, 210, 308 = Kap. 19, 23, 49.
373 GÓMARA, a. a. O. (Anm. 68), Bd. I, S. 214 = Kap. 124.
374 CIEZA DE LEÓN, Crónica, a. a. O. (Anm. 258), S. 230 = Kap. 28.
375 A. a. O., S. 152 = Kap. 4.
376 A. a. O., S. 211 = Kap. 23.
377 GÓMARA, a. a. O. (Anm. 68), Bd. I, S. 214 = Kap. 124.
378 PEDRO DE CIEZA DE LEÓN, Segunda Parte de la Crónica del Perú. Hrsg. v. Marcos Jiménez de la Espada. Madrid 1880, S. 28, 226 = Kap. 8, Ende und Kap. 59.
379 INCA GARCILASO DE LA VEGA, Comentarios reales de los Incas. Buenos Aires 1944, Bd. I, S. 52 = Buch 1, Kap. 21.
380 CIEZA DE LEÓN, Segunda Parte a. a. O. (Anm. 378), S. 32 = Kap. 10.
381 GÓMARA, a. a. O. (Anm. 68), Bd. II, S. 397 = Conquista de Méjico, Kap.: Los ritos del matrimonio.
382 PEDRO MÁRTIR, a. a. O. (Anm. 144), S. 408 = 4. Dekade, Buch 4.
383 CIEZA DE LEÓN, Crónica, a. a. O. (Anm. 258), S. 191, 200 = Kap. 16 und 19.
384 A. a. O., S. 307 = Kap. 49.
385 GÓMARA, a. a. O. (Anm. 68), Bd. I, S. 214 = Kap. 124.
386 MIGUEL DE ESTETE, zit. bei: OVIEDO, Historia general, a. a. O. (Anm. 5), Bd. V, S. 76 = Buch 46, Kap. 12.
387 MIGUEL COVARRUBIAS, Mexico South, the Isthmus of Tehuantepec. New York 1946, S. 283, 285, 246.
388 A. a. O., S. 339.
389 A. a. O., S. 150.
390 CIEZA DE LEÓN, Crónica, a. a. O. (Anm. 258), S. 272 = Kap. 40.
391 LAURETTE SÉJOURNÉ, Supervivencias de un mundo mágico. Mexiko – Buenos Aires 1953.
392 LAURETTE SÉJOURNÉ, El simbolismo de los rituales funerales en Monte Albán, in: Revista Mexicana de Estudios Antropológicos 16, 1960.
393 MORLEY, a. a. O. (Anm. 293), S. 28 f.
394 JOHN COLLIER, Los Indios de las Américas. Mexiko – Buenos Aires 1960, S. 97.
395 SERGIO BAGÚ, a. a. O. (Anm. 76), S. 192 (Alltäglichkeit des Diebstahls), S. 182 f. (Doppelbödigkeit der Gesetze).
396 MORLEY, a. a. O. (Anm. 293), S. 31.
397 OVIEDO, Historia general, a. a. O. (Anm. 5), Bd. IV, S. 379 = Buch 42, Kap. 3.
398 CIEZA DE LEÓN, Crónica, a. a. O. (Anm. 258), S. 390 = Kap. 77.
399 DIEGO DE LANDA, a. a. O. (Anm. 167), S. 112 = Kap. 23, Ende.
400 A. a. O., S. 111 = Kap. 23.
401 CLOVIS LUGON, a. a. O. (Anm. 225), S. 13.
402 MURATORI, zit. bei CLOVIS LUGON, a. a. O., S. 209.
403 A. a. O., S. 76.
404 A. a. O., S. 117.

405 *A. a. O.*, S. 146.
406 Muratori, zit. *a. a. O.*, S. 205.
407 *A. a. O.*, S. 164.
408 Sergio Bagú, *a. a. O.* (Anm. 76), S. 24–29.
409 Cieza de León, *Crónica*, *a. a. O.* (Anm. 258), S. 262 = Kap. 38.
410 Garcilaso de la Vega, *Comentarios*, *a. a. O.* (Anm. 379), S. 56; S. 32–37 = Buch 1, Kap. 9 und 23.
411 Diego Durán, *Historia de las Indias de Nueva España y Islas de Tierra Firme*. Mexiko 1951, Bd. I, S. 17 = Kap. 3, § 2.
412 *A. a. O.*, Bd. I, S. 33–35 = Kap. 4, §§ 35–44.
413 *A. a. O.*, Bd. I, S. 220 = Kap. 27, § 6.
414 Juan de Torquemada, *Monarquía Indiana*. Faks. der Ausg. Madrid 1723. 3 Bde. Mexiko 1943/1944, Bd. I, S. 75 = Vorrede zum 2. Buch.
415 Fernando de Alva Ixtlilxochitl, *Obras históricas*. Hrsg. von Alfredo Chavero. 2 Bde. Mexiko 1891/1892, Bd. II, S. 38 f. = Historia de la Nación Chichimeca, Kap. 4.
416 Domingo Francisco de San Antón Muñón Chimalpahin Cuauhtlehuanitzin, *Relaciones originales de Chalco Amaquemecan*. Span. Übersetzung aus dem Nahuatl von Silvia Rendón. Mexiko – Buenos Aires 1965, S. 75 = Tercera Relación.
417 *teo*: Wort der Nahua-Sprache, bedeutet ›Gott‹, ›heilig‹.
418 Toribio de Benavente o Motolinía, *Historia de los Indios de la Nueva España*. Hrsg. v. Daniel Sánchez García. Barcelona 1914, S. 190 = Tratado 3, Kap. 8.
419 *A. a. O.*, S. 257 = Brief an Karl V. vom 2. Jan. 1555.
420 *Das Memorial Breve Acerca de la Fundación de la Ciudad de Culhuacan und weitere ausgewählte Teile aus den ›Diferentes Historias Originales‹ (MS. Mexicain No. 74, Paris)* von Domingo de San Antón Muñón Chimalpahin Quauhtlehuanitzin. Aztekischer Text mit deutscher Übersetzung von Walter Lehmann und Gerdt Kutscher. Stuttgart 1958, S. 18–20, 25.
421 *A. a. O.*, S. 26.
422 Laurette Séjourné, *Arqueología de Culhuacan*. Instituto Nacional de Antropología e Historia. In Vorbereitung.
423 Bernardino de Sahagún, *Historia general de las cosas de la Nueva España*. 2 Bde. Mexiko 1946, Bd. II, S. 313 = Buch 10, Kap. 29, § 12.
424 Torquemada, *a. a. O.* (Anm. 414), Bd. I, S. 79 = Buch 2, Kap. 2.
425 Ixtlilxochitl, *a. a. O.* (Anm. 415), Bd. I, S. 67 und 58.
426 Torquemada, *a. a. O.* (Anm. 414), Bd. I, S. 37 = Buch 1, Kap. 14.
427 *Códice Chimalpopoca. Anales de Cuauhtitlan y Leyenda de los Soles*. Span. Übersetzung aus dem Nahuatl von Primo Feliciano Velázquez. Mexiko 1945, S. 8 und 17. — Eine von dieser Edition, auf die sich die Autorin und die Übersetzer stützen, abweichende *deutsche* Übersetzung des *Codex Chimalpopoca* gibt Walter Lehmann, *Die Geschichte der Königreiche von Colhuacan und Mexiko*. Stuttgart – Berlin 1938 (Quellenwerke zur Alten Geschichte Amerikas, aufgezeichnet in den Sprachen der Eingeborenen. Hrsg. v. Ibero-Amerikanischen Institut Berlin, Nr. 1).

428 Francesco Saverio Clavigero, *Historia antigua de México*. Aus dem Ital. ins Span. übers. v. J. Joaquín de Mora. 2 Bde. Mexiko 1917, S. 95.

429 Manuel Orozco y Berra, *Historia antigua y de la conquista de México* (1880). Hrsg. v. Miguel León Portilla. 4 Bde. Mexiko 1960, Bd. I, S. 13.

430 *A. a. O.*, Bd. I, S. 13 und Bd. II, S. 298.

431 Alfredo Chavero, in: *Mexico a través de los siglos*. Mexiko 1897, Bd. I, S. 355–358

432 Désiré Charnay, *Les anciennes villes du Nouveau Monde*. Paris 1885, S. 55, 57, 62.

433 Antonio Peñafiel, *Teotihuacán. Estudio histórico y arqueológico*. Mexiko 1900, S. 38.

434 Eduard Seler, *Die Teotiuacan-Kultur des Hochlandes von Mexico*, in: Gesammelte Abhandlungen zur Amerikanischen Sprach- und Alterthumskunde. 5 Bde. Berlin 1902–1923. Bd. 5, 1915, S. 405 bis 585 (mit Tafel I–LXXXI).

435 Manuel Gamio, *La población del Valle de Teotihuacan*. 2 Bde. in 3. Mexiko 1922, Vorrede in Bd. I, 1, S. LX–LXI.

436 Walter Lehmann, *La antigüedad histórica de las culturas Gran-Mexicanas y el problema de su contacto con las culturas Gran-Peruanas*, in: El México Antiguo (Mexiko) 4, 1936–1939, S. 179 bis 198; dies Zitat S. 194.

437 Mendizábal, *a. a. O.* (Anm. 82), Bd. II, S. 109 f.

438 *Códice Chimalpopoca, a. a. O.* (Anm. 427): *Leyenda de los Soles*, S. 120.

439 *A. a. O.*, S. 121.

440 *A. a. O.*

441 *A. a. O.*, S. 121 f.

442 Sahagún, *a. a. O.* (Anm. 423), Bd. II, S. 16 = Buch 7, Kap. 2, §§ 21–25.

443 *A. a. O.* = § 28.

444 *Códice Chimalpopoca, a. a. O.* (Anm. 427): *Leyenda de los Soles*, S. 122.

445 *A. a. O.: Anales de Cuauhtitlan*, S. 8.

446 *A. a. O.*, S. 9.

447 Sahagún, *a. a. O.* (Anm. 423), Bd. I, S. 298 = Buch 3, Kap. 4; Übersetzung nach Eduard Seler, *Einige Kapitel aus dem Geschichtswerk des Fray Bernardino de Sahagún*. Aus dem Aztekischen übers. v. Eduard Seler. Hrsg. v. Caecilie Seler-Sachs, in Gemeinsch. mit Walter Lehmann und Walter Krickeberg. Stuttgart 1927, S. 272.

448 *Códice Chimalpopoca, a. a. O.* (Anm. 427): *Anales de Cuauhtitlan*, S. 10.

449 *A. a. O.*, S. 10 f.

450 Seler, *Einige Kapitel [...], a. a. O.* (Anm. 447), S. 264–267, nennt ihn »Herr Spiegelrauch«.

451 Sahagún, *a. a. O.* (Anm. 423), Bd. I, S. 286–288 = Buch 3. Kap. 1. Übersetzung nach dem *spanischen* Text unter Heranziehung von Seler, *Einige Kapitel [...], a. a. O.* (Anm. 447), S. 253 bis 257. (Seler übersetzt direkt aus dem Aztekischen. Sahagúns Werk ist zweisprachig abgefaßt; sein spanischer Text ist nach den

Worten C. Seler-Sachs' (Vorwort, S. IX) »keineswegs einer Übersetzung gleich zu achten. Es ist eine Wiedergabe des Inhalts, die
sich dem aztekischen Text mehr oder weniger eng anschließt.«

452 Códice Chimalpopoca, a. a. O. (Anm. 427): Anales de Cuauh-
    titlan, S. 11.
453 Durán, a. a. O. (Anm. 411), Bd. II, S. 187 = Libro de los Ritos,
    Kap. 15.
454 Fernando Alvarado Tezozomoc, Crónica Mexicayotl. Direkt aus
    dem Nahuatl ins Span. übers. v. Adrian León. Mexiko 1949, S. 35.
455 Juilio C. Tello, Wira-Kocha, in: Inca 1, S. 93–320. Lima 1923.
456 Matthew Stirling, Stone Monuments of the Río Chiquito, Vera-
    cruz. Smithsonian Institution, Bureau of American Ethnology,
    Bull. 157. Washington.
457 Ph. Drucker, R. Heizer und R. Squier, Excavations at La Venta,
    Tabasco, 1955. Smithsonian Institution, Bureau of American Eth-
    nology, Bull. 170. Washington 1959.
458 Montesquieu, Esprit des Lois, Buch 6, Kap. 6 (Œuvres complètes,
    Bibl. de la Pléiade, Bd. II, S. 269).
459 Raúl Porras Barrenechea, Fuentes históricas peruanas. Lima
    1955, S. 160.
460 Sergio Bagú, a. a. O. (Anm. 76), S. 22.
461 Alfred Métraux, Les Incas. Paris 1965, S. 85.
462 Porras Barrenechea, a. a. O. (Anm. 459), S. 145.
463 Cieza de Léon, Crónica, a. a. O. (Anm. 258), S. 454 = Kap. 103.
464 Garcilaso de la Vega, Comentarios, a. a. O. (Anm. 379), Bd. I,
    S. 181 = Buch 3, Kap. 25.
465 Bernabé Cobo, Historia del Nuevo Mundo. Cuzco 1956, Bd. III,
    S. 130 = Buch 12, Kap. 3.
466 Garcilaso de la Vega, Comentarios, a. a. O. (Anm. 379), Bd. I,
    S. 45 f. = Buch 1, Kap. 18.
467 Bernabé Cobo, a. a. O. (Anm. 465), Bd. III, S. 130, 259, 112 =
    Buch 12, Kap. 3; Buch 13, Kap. 2.
468 Garcilaso de la Vega, Comentarios, a. a. O. (Anm. 379), Bd. I,
    S. 183 = Buch 3, Kap. 25.
469 A. a. O.
470 Bernabé Cobo, a. a. O. (Anm. 465), Bd. III, S. 200 = Buch 12,
    Kap. 13.
471 A. a. O., Bd. III, S. 230 = Buch 13, Kap. 19.
472 Fernando Montesinos, Memorias antiguas historiales y políticas
    del Perú, in: Universidad Nacional del Cuzco. Revista del Museo
    e Instituto Arqueológico 10, 1957, Nr. 16/17; dies Zitat S. 69.
473 Juan de Betanzos, Suma y Narración de los Incas. Hrsg. von
    Marcos Jiménez de la Espada. Madrid 1880, S. 10 = Kap. 3.
474 ›Nabel der Welt‹ ist die Übersetzung des Namens Cuzco bei
    Garcilaso de la Vega, Comentarios, a. a. O. (Anm. 379), Bd. I,
    S. 89 und 45 = Buch 1, Kap. 11 und 18.
475 A. a. O., Bd. I, S. 45 = Buch 1, Kap. 18.
476 Keine andere Eingeborenensprache scheint in dem Maße lebendig
    geblieben zu sein wie das aymara, das bis in die Empfangshallen
    der großen Hotels der Hauptstadt Boliviens gesprochen wird und
    im Volk noch häufig das einzige Verständigungsmittel bildet. Ich
    selbst habe mich der Wächterin von Tiahuanaco erst verständlich

machen können, als der Chauffeur, der mich von La Paz dorthin gefahren hatte, sich als ein vorzüglicher Dolmetscher erwies. In den übrigen Ländern, wo der autochthone Bevölkerungsanteil noch stark ist, weiß der Stadtbewohner von den ursprünglichen Sprachen keine Silbe mehr.

477 PORRAS BARRENECHEA, a. a. O. (Anm. 459), S. 72 f. (Uhle), S. 77 (Posnansky).

478 WENDELL C. BENNETT, *Excavations at Tiahuanaco*. American Museum of Natural History, Anthrop. Papers 34, S. 359–494. New York 1934, hier S. 403. Er macht diese Aussage aufgrund einer statistischen Erhebung, die zeigt, daß die Zeichnung auf monochromen und bichromen Stücken überwiegend geometrisch, auf den mehrfarbigen Stücken sehr viel stärker figürlich ist.

479 CARLOS PONCE SANGINÉS, *Arqueología Boliviana*. La Paz 1957.

480 JULIO C. TELLO, *Chavín. Cultura Matriz de la Civilización Andina*. Teil 1. Lima 1960, S. 346.

481 LUIS LUMBRERAS, *Espacio y cultura en los Andes*, in: Revista del Museo Nacional 29 (S. 222–239), Lima 1960.

482 JULIO C. TELLO, *Paracas*. Teil 1. Lima 1959, S. 3.

483 FRÉDÉRIC ENGEL, s. u. Literaturverzeichnis, S. 351.

484 TELLO, *Paracas*, a. a. O. (Anm. 482), S. 56.

485 A. a. O., S. 55.

486 WENDELL C. BENNETT, *Excavations at Wari, Ayacucho, Peru*. Yale University Publications in Anthropology 49. New Haven 1953, S. 114.

487 Die Negativmalerei und der brückenförmige Henkel sind charakteristisch für die im Norden gefundene Keramik von Vicús, deren Stil R. LARCO HOYLE aufgrund anregender und lehrreicher Überlegungen auf der Stufe von Chavín-Paracas einordnet. Da jedoch dies Material durch keine systematische Grabung erschlossen ist, scheinen die übrigen Archäologen diese Einordnung abzulehnen und die Herkunft der Negativmalerei, wie die der Polychromie, im Süden anzusetzen ; vgl. BETTY L. MEGGERS und C. EVANS (Hrsg.), *Aboriginal Cultural Development in Latin America. An Interpretative Review*. Smithsonian Miscellaneous Collections, Bd. 146, Nr. 1. Washington 1963, S. 95.

488 MONTESINOS, a. a. O. (Anm. 472), S. 87.

489 TELLO, *Chavín*, a. a. O. (Anm. 480), S. 40.

490 Anredeformel der mexikanischen Gebete im 6. Buch SAHAGÚNS, a. a. O. (Anm. 423); entspricht der Beschreibung des Inka-Gottes Pachacamac bei GARCILASO DE LA VEGA, *Comentarios*, a. a. O. (Anm. 379), Buch 2, Kap. 2.

491 PORRAS BARRENECHEA bei MIGUEL MUJICA GALLO, *Oro en el Perú*. Lima 1967, S. 17.

492 TELLO, *Wira-Kocha*, a. a. O., (Anm. 455), S. 110.

493 Der Begriff Mesoamerika wurde 1943 von Paul Kirchhoff geprägt und ist seitdem aus der amerikanischen Archäologie nicht mehr wegzudenken. Mesoamerika schließt bis auf den Norden ganz Mexiko ein, ferner Guatemala, Brit. Honduras, El Salvador, das westl. Honduras, das westl. Nikaragua und das nordwestl. Costa Rica. Mesoamerika bezieht sich auf die seit etwa 1500 v. Chr. bestehenden alt-indianischen Kulturen in diesem Bereich. (Anm. d. Red.)

494 Alfonso Caso, *Interpretation of the Codex Bodley 2858*. Mexiko 1960, S. 19 f.

495 J. Eric S. Thompson, *Maya Hieroglyphic Writing. Introduction.* Carnegie Institution, Publication No. 589. Washington 1950, S. 186 ff., S. 221–223.

496 A. a. O., S. 79.

497 Eduard Seler, *Codex Borgia. Eine altmexikanische Bilderschrift der Bibliothek der Congregatio de Propaganda Fide.* Erläutert von E. S. 3 Bde. Berlin 1904–1909, Bd. II, S. 268.

498 Thompson, a. a. O. (Anm. 495), S. 173.

499 *Códice Chimalpopoca, a. a. O.* (Anm. 427): *Leyenda de los Soles,* S. 122. Die Übersetzung folgt Seler, *a. a. O.* (Anm. 497), Bd. II, S. 145.

500 *Códice Chimalpopoca a. a. O.* : *Leyenda de los Soles,* S. 122. Vgl. auch Seler, *Codex Borgia, a. a. O.* (Anm. 497), Bd. II, S. 247.

501 Laurette Séjourné, *Un palacio en la ciudad de los dioses. Teotihuacán.* Mexiko 1959.

502 Miguel León Portilla, *La filosofía náhuatl estudiada en sus fuentes.* 2. Aufl. Mexiko 1959, S. 345.

503 Gerónimo de Mendieta, *Historia eclesiástica indiana.* 4 Bde. Mexiko 1945, Bd. I, S. 95 = Buch 2, Kap. 8.

504 León Portilla, a. a. O. (Anm. 502), S. 167.

505 Laurette Séjourné, *El lenguaje de las formas en Teotihuacán.* Mexiko 1966.

506 León Portilla, a. a. O. (Anm. 502), S. 316.

507 A. a. O., S. 27.

508 Sahagún, a. a. O. (Anm. 423), Bd. I, S. 462 und 493 = Buch 6, Kap. 4 und 10.

509 León Portilla, a. a. O. (Anm. 502), S. 341.

510 Dr. Lee Parsons: »Dies wurde zusammen mit Majadas-Keramik und Holzkohle gefunden, deren C14-Datum etwa um 1000 v. Chr. liegt.« [. . .]
Dr. Coe: »Die Fundstücke selbst sehen sehr nach olmekischer Jade aus Guerrero aus. Aber ein C14-Datum um 1000 für Majadas-Keramik kann ich nicht akzeptieren.«
Dr. Parsons: »Ich stimme Ihnen zu.« [. . .]
Miss Proskouriakoff: »Darf ich nach dem Grund fragen?« [. . .]
Dr. Coe: »Es gibt in diesem Gebiet sonst nichts Vergleichbares. Die gesamte Phase basiert auf dem einen Fund. Was Las Charcas angeht [. . .], so kann ich mir nicht vorstellen daß es wesentlich früher ist als 500 v. Chr.«
(Elizabeth P. Benson [Hrsg.], *Dumbarton Oaks Conference on the Olmec. Oct. 28th and 29th, 1967.* Washington 1968, S. 131.)

511 Dieser Herkunftsort der Nahua-Kultur könnte sehr wohl die Zone sein, die kürzlich etwa 500 m weit von Cuicuilco freigelegt worden ist und wo heute die Villa Olímpica von Mexiko steht. Es handelt sich dort um drei Gebäude im Nahua-Stil, die mit archaischer Keramik verbunden sind wie die kreisförmige Struktur von Cuicuilco. Dieses große religiöse Zentrum wurde beim Ausbruch des Xitle unter einer etwa 10 m tiefen Lavaschicht begraben.

512 Garcilaso de la Vega, *Comentarios, a. a. O.* (Anm. 379), Bd. I, S. 73 = Buch 2, Kap. 4.

513 FRANCISCO DE JEREZ, *Conquista del Perú y provincia del Cuzco.* Mexiko o. J. (um 1941), S. 52.

514 »Doch möchte ich noch einen Augenblick bei unserem Destruktionstrieb verweilen, dessen Beliebtheit keineswegs Schritt hält mit seiner Bedeutung. Mit etwas Aufwand von Spekulation sind wir nämlich zu der Auffassung gelangt, daß dieser Trieb innerhalb jedes lebenden Wesens arbeitet und dann das Bestreben hat, es zum Zerfall zu bringen, das Leben zum Zustand der unbelebten Materie zurückzuführen. Er verdiente in allem Ernst den Namen eines Todestriebes [. . .]. Der Todestrieb wird zum Destruktionstrieb, indem er [. . .] nach außen, gegen die Objekte gewendet wird. Das Lebewesen bewahrt sozusagen sein eigenes Leben dadurch, daß es ein fremdes zerstört. Ein Anteil des Todestriebes verbleibt aber im Innern des Lebewesens tätig, und wir haben versucht, eine ganze Anzahl von normalen und pathologischen Phänomenen von dieser Verinnerlichung des Todestriebes abzuleiten. Wir haben sogar die Ketzerei begangen, die Entstehung unseres Gewissens durch eine solche Wendung der Aggression nach innen zu erklären.«
SIGMUND FREUD, *Warum Krieg?* Brief an Einstein vom Sept. 1932. Gesammelte Werke Bd. XVI. 2. Aufl. Frankfurt am Main 1961, S. 22.

515 Nachdem man hinlänglich beobachtet hat, daß die Chronisten systematisch lügen, wachsen die Zweifel noch, wenn man bedenkt, daß *niemand* je mit eigenen Augen ein Menschenopfer in Mexiko gesehen hat. Die einzige glaubwürdige Quelle in dieser Hinsicht sind die Berichterstatter des Sahagún, aber deren Zeugnis erscheint in einem völlig neuen Licht, wenn man es jener anderen menschlichen Wirklichkeit gegenüberstellt, die aus den Quellen hervorgeht.

516 KONRAD LORENZ, *Er redete mit dem Vieh, den Vögeln und den Fischen.* Wien 1949, S. 203 ff.

Literaturverzeichnis

A. Von der Autorin angegebene Werke

Die einem Teil der Titel vorangestellten Ziffern verweisen auf ergänzende Angaben in Teil B, Abschnitt I des Literaturverzeichnisses.

I. ENTDECKUNG UND EROBERUNG (AUTOREN DES 16. U. 17. JAHRHUNDERTS)

Allgemeines

1 DIARIO DE COLÓN. Libro de la primera navegación y descubrimiento de las Indias. Hrsg. v. Carlos Sanz. 2 Bde. (davon ein Faksimileband). Madrid 1962
2 LA CARTA DE COLÓN ANUNCIANDO EL DESCUBRIMIENTO DEL NUEVO MUNDO. Reproduktion der Ausg. Barcelona 1493 anläßl. des II. Congreso de Academias de la Lengua Española. Madrid 1956
   AMERIGO VESPUCCI, El Nuevo Mundo. Cartas relativas a sus viajes y descubrimientos. Ital. Text mit span. u. engl. Übersetzung. Hrsg. v. Roberto Levillier. Buenos Aires 1951
3 BARTOLOMÉ DE LAS CASAS, Historia de las Indias. Hrsg. v. Agustín Millares Carlo. 3 Bde. Mexiko – Buenos Aires 1951
4 —, Tratados. Faksimile der Erstausgaben mit Transkription bzw. Übersetzung von Juan Pérez de Tudela Bueso u. Agustín Millares Carlo. 2 Bde. Mexiko – Buenos Aires 1965
5 —, Apologética Historia Sumaria. Hrsg. v. Edmundo O'Gorman. 2 Bde. Mexiko 1967
   GONZALO FERNÁNDEZ DE OVIEDO Y VALDÉS, Historia general y natural de las Indias. Hrsg. v. Juan Pérez de Tudela Bueso. 5 Bde. Madrid 1959 (Biblioteca de Autores Españoles 117–121)
6 —, Sumario de la natural historia de las Indias. Hrsg. v. José Miranda. Mexiko – Buenos Aires 1950
7 FRANCISCO LÓPEZ DE GÓMARA, Historia general de las Indias. 2 Bde. Barcelona 1954
8 JOSÉ DE ACOSTA, Historia natural y moral de las Indias. Mexiko – Buenos Aires 1960. 2. Aufl. 1962
9 JUAN GINÉS DE SEPÚLVEDA, Tratado sobre las justas causas de la guerra contra los Indios. Lat. Text u. span. Übersetzung v. Marcelino Menéndez y Pelayo. Mexiko – Buenos Aires 1941

PEDRO MÁRTIR DE ANGLERÍA, Décadas del Nuevo Mundo. Span. Übersetzung v. Agustín Millares Carlo. 2 Bde. in 1. Mexiko 1964/65
LUIS NICOLAU D'OLWER, (Hrsg.), Cronistas de las culturas precolombinas. Mexiko – Buenos Aires 1963

10 MARTÍN FERNÁNDEZ DE NAVARRETE, (Hrsg.), Collección de los viajes y descubrimientos que hicieron por mar los Españoles desde fines del siglo XV. 5 Bde. Madrid 1825–1837
JUAN LÓPEZ DE PALACIOS RUBIOS, De las islas del mar océano. Mexiko – Buenos Aires 1954

Mexiko

11 ALVA IXTLILXOCHITL, FERNANDO DE, Obras históricas. Hrsg. v. Alfredo Chavero. 2 Bde. Mexiko 1891/92

12 ALVARADO TEZOZOMOC, FERNANDO, Crónica Mexicayotl. Direkt aus dem Nahuatl ins Span. übers. v. Adrian León. Mexiko 1949

13 CÓDICE CHIMALPOPOCA. Anales de Cuauhtitlan y Leyenda de los Soles. Span. Übersetzung aus dem Nahuatl von Primo Feliciano Velázquez. Mexiko 1945
CORTÉS, HERNÁN, Cartas y Documentos. Mexiko 1963 (enthält auch den Text der beiden folgenden Titel)

14 –, Cartas de relación de la conquista de Méjico. Buenos Aires – Mexiko 1945
–, Ordenanzas de buen gobierno dadas por Hernando Cortés para los vecinos y moradores de la Nueva España, 1524. Madrid 1960
CHIMALPAHIN CUAUHTLEHUANITZIN, DOMINGO FRANCISCO DE SAN ANTÓN MUNÓN, Relaciones originales de Chalco Amaquemecan. Span. Übersetzung aus dem Nahuatl von Silvia Rendón. Mexiko – Buenos Aires 1965. Vgl. ferner:
DAS MEMORIAL BREVE ACERCA DE LA FUNDACIÓN DE LA CIUDAD DE CULHUACAN und weitere ausgewählte Teile aus den ›Diferentes Historias Originales‹ (Ms. Mexicain No. 74, Paris) von Domingo de San Anton Muñon Chimalpahin Quauhtlehuanitzin. Aztekischer Text mit deutscher Übersetzung von Walter Lehmann und Gerdt Kutscher. Quellenwerke zur alten Geschichte Amerikas, aufgezeichnet in den Sprachen der Eingeborenen. Hrsg. von der Ibero-Amerikanischen Bibliothek zu Berlin. Bd. VII. Stuttgart 1958

15 DÍAZ DEL CASTILLO, BERNAL, Historia verdadera de la conquista de la Nueva España. Mexiko 1950

16 DURÁN, DIEGO, Historia de las Indias de Nueva España y Islas de Tierra Firme. Mexiko 1951

17 HISTORIA TOLTECA-CHICHIMECA. Anales de Cuauhtinchan. Hrsg. von Heinrich Berlin und Silvia Rendón. Mexiko 1947

18 LANDA, DIEGO DE, Relación de las cosas de Yucatán. Mexiko 1938
MENDIETA, GERÓNIMO DE, Historia eclesiástica Indiana. 4 Bde. Mexiko 1945

19 MOTOLINÍA, TORIBIO DE BENAVENTE O, Historia de los Indios de la Nueva España. Hrsg. v. Daniel Sánchez García. Barcelona 1914
MÚÑOZ CAMARGO, DIEGO, Historia de Tlaxcala. Mexiko 1948
POMAR, JUAN BAUTISTA, Relación de Tezcoco, in: Relaciónes de Texcoco y de la Nueva España. Mexiko 1941

20 Sahagún, Bernardino de, Historia general de las cosas de la Nueva España. 2 Bde. Mexiko 1946
—, Florentine Codex. General History of the Things of New Spain. Übers. v. A. J. O. Anderson u. C. E. Dibble. 11 Bde. Salt Lake City 1950–1963

38 —, Veinte himnos sacros de los Nahuas. Hrsg. v. Angel María Garibay. Mexiko 1958
Solís, Antonio de, Historia de la conquista de México. Mexiko 1968
Torquemada, Juan de, Monarquía Indiana. Faksimile der Ausg. Madrid 1723. 3 Bde. Mexiko 1943/1944
Zurita, Alonso de, Breve Relación de los Señores de la Nueva España, in: Relaciónes de Texcoco y de la Nueva España. Mexiko 1941

Peru

21 Betanzos, Juan de, Suma y Narración de los Incas. Hrsg. v. Marcos Jiménez de la Espada. Madrid 1880 (Biblioteca Hispano-Ultramarina Bd. V. 2. Teil)

22 Cieza de Léon, Pedro de, La Crónica del Perú. Mexiko 1932

23 —, Segunda Parte de la Crónica del Perú que trata del señorío de los Incas [...] Hrsg. v. Marcos Jiménez de la Espada. Madrid 1880 (Biblioteca Hispano-Ultramarina Bd. V. 1. Teil)

24 Cobo, Bernabé, Historia del Nuevo Mundo. Cuzco 1956

25 Garcilaso de la Vega, Inca, Historia general del Perú. Buenos Aires 1944

26 —, Comentarios reales de los Incas. Buenos Aires 1944

27 Jerez, Francisco de, Conquista del Perú y provincia del Cuzco. Mexiko o. J. (um 1941)

28 Montesinos, Fernando, Memorias antiguas historiales y políticas del Perú, in: Universidad Nacional del Cuzco. Revista del Museo e Instituto Arqueológico 10, 1957, Nr. 16/17

29 Poma de Ayala, Felipe Guamán, Primer nueva corónica y buen gobierno. Hrsg. v. Arthur Posnansky. La Paz 1944
Valera, Blas, Costumbres antiguas del Perú. Mexiko 1956

30 Zárate, Agustín de, Historia del descubrimiento y conquista del Perú. Mexiko o. J. (um 1941)

Andere Länder

31 Acuña, Cristóbal de, Nuevo descubrimiento del gran Río de las Amazonas. o. O., o. J.
Carvajal, Gaspar de, Relación del nuevo descubrimiento del famoso Río Grande de las Amazonas. Hrsg. v. Jorge Hernández Millares. Mexiko – Buenos Aires 1955
Ercilla y Zuñiga, Alonso de, La Araucana. 2 Bde. Mexiko 1962

32 Schmidel, Ulrico, Crónica del viaje a las regiones del Plata, Paraguay y Brasil. Buenos Aires 1948

VALDIVIA, PEDRO DE, Cartas de P. de V. que tratan del descubrimiento y conquista de Chile. Faksimile und Transkription. Hrsg.
von José Toribio Medina. Santiago de Chile 1953

II. GESCHICHTE UND VÖLKERKUNDE (MODERNE AUTOREN)

Allgemeines

BAGÚ, SERGIO, Estructura social del la colonia Ensayo de historia
comparada de América Latina. Buenos Aires 1952
—, Economía de la sociedad colonial. Buenos Aires 1949
BATAILLON, MARCEL, Erasmo y España. Mexiko — Buenos Aires
1950. Zuerst frz.: Erasme et l'Espagne. Paris 1937
—, Etudes sur Bartolomé de las Casas. Paris 1965
33 BRAUDEL, FERNAND, Le monde méditerranéen à l'époque de Phi-
lippe II. Paris 1949
CAPDEQUI, J. M. OTA, El estado español en las Indias. Mexiko —
Buenos Aires 1941
CHAUNU, PIERRE, Las Casas et la première crise structurelle de la
colonisation espagnole, in: Revue Historique 229 (87. Jahrgang),
1963, S. 59—102
34 COLLIER, JOHN, Los Indios de las Américas. Mexiko — Buenos Aires
1960
GERBI, ANTONELLO, La Disputa del Nuevo Mundo. Mexiko — Buenos
Aires 1960
HANKE, LEWIS, Bartolomé de Las Casas, historiador. Einleitung zu:
LAS CASAS, Historia [. . .] Mexiko — Buenos Aires 1951 (s. o.)
—, La actualidad de Bartolomé de Las Casas. Vorwort zu: LAS
CASAS, Tratados. Mexiko — Buenos Aires 1965 (s. o.)
LEVILLIER, ROBERTO, Estudio sobre Américo Vespucio, in AMERIGO
VESPUCCI, El Nuevo Mundo. Buenos Aires 1951 (s. o.)
LLUBERE, RAFAEL ANGEL, Galileo Galilei. San José de Cost Rica 1965
MENÉNDEZ PIDAL, RAMÓN, El padre Las Casas, su doble persona-
lidad. Madrid 1963
O'GORMAN, EDMUNDO, Einleitung zu: GONZALO FERNÁNDEZ DE
OVIEDO, Sucesos y diálogo de la Nueva España. Mexiko 1946
—, La invención de América. Mexiko — Buenos Aires 1958. Engl.
Übersetzung u. d. T. The Invention of America. Bloomington (In-
diana) 1961
—, La Apologética Historia, su génesis y elaboración, su estructura
y su sentido. Einleitung zu: LAS CASAS, Apologética [. . .] Mexiko
1967 (s. o.)
35 PRESCOTT, WILLIAM HICKLING, The Conquest of Mexico and Peru.
New York
QUINN, DAVID B., Etat présent des études sur la redécouverte de
l'Amérique au XVe siècle, in: Journal de la Société des Américanistes 4, 1966, S. 343—381
ROSENBLAT, ANGEL, La población indígena y el mestizaje en América. Buenos Aires 1954
—, La población de América en 1492. Mexiko 1967

Sauer, Carl Ortwin, The Early Spanish Main. Berkeley-Los Angeles 1966

Zavala, Silvio, Filosofía política en la conquista de América. Mexiko 1947

—, Ensayos sobre la colonización española en América. Buenos Aires 1944

Mexiko

Borah, Woodrow, The Aboriginal Population of Central Mexico on the Eve of the Spanish Conquest. Berkeley — Los Angeles 1963

—, La despoblación del México central en el siglo XVI, in: Revista de Historia Mexicana 12, 1962

Charnay, Désiré, Les anciennes villes du Nouveau Monde. Paris 1885

36 Chavero, Alfredo, México a través de los siglos. Mexiko 1897

37 Clavigero, Francesco Saverio, Historia antigua de México. Aus dem Ital. ins Span. übers. v. J. Joaquín de Mora. 2 Bde. Mexiko 1917

Covarrubias, Miguel, Mexico South, the Isthmus of Tehuantepec. New York 1946

Fuente, Julio de la, Educación, antropología y desarollo de la comunidad. Mexiko 1964

Gamio, Manuel (Hrsg.), La población del Valle de Teotihuacan. 2 Bde. in 3 (Bd. 1, 1 über die vorspan. Zeit). Mexiko 1922

Garibay, Angel María, Historia de la literatura nahuatl. Mexiko 1953

—, Poesía nahuatl. Mexiko 1964

38 — (Hrsg.), Veinte himnos sacros de los Nahuas. Mexiko 1958

Gibson, Charles, The Aztecs under Spanish Rule. Stanford 1964

Lehmann, Walter, La antigüedad histórica de las culturas Gran-Mexicanas y el problema de su contacto con las culturas Gran-Peruanas, in: El México Antiguo (Mexiko) 4, 1936/9, S. 179—198

León Portilla, Miguel, La filosofía náhuatl estudiada en sus fuentes. 2. Aufl. Mexiko 1959

Mendizábal, Miguel Uthón de, Obras completas. 6 Bde. Mexiko 1946

Orozco y Berra, Manuel, Historia antigua y de la conquista de México (1880). Hrsg. v. Miguel León Portilla. 4 Bde. Mexiko 1960

Paz, Octavio, El laberinto de la soledad, in: Cuadernos Americanos (Mexiko), 9. Jahrgang, 1950, Bd. XLIX, 1 (Jan.–Febr.), S. 79–92

Peñafiel, Antonio, Teotihuacán. Estudio histórico y arqueológico. Mexiko 1900

39 Redfield, Robert, Yucatán. Mexiko — Buenos Aires 1944

Séjourné, Laurette, Supervivencias de un mundo mágico. Mexiko — Buenos Aires 1953

—, El simbolismo de los rituales funerales en Monte Albán, in: Revista Mexicana de Estudios Antropológicos 16, 1960

40 Westheim, Paul, Arte antiguo de México. Mexiko — Buenos Aires 1953

WESTHEIM, PAUL, Ideas fundamentales del arte prehispánico. Mexiko – Buenos Aires 1957
VERSCHIEDENE AUTOREN, Desarollo cultural de los Mayas. Mexiko 1964

Andere Länder

CALMON, PEDRO, Historia do Brasil. São Paulo 1951
ENCINA, FRANCISCO A., Resumen de la historia de Chile. Santiago de Chile 1961
FRIEDE, JUAN, Los Quimbayas bajo la dominación española. Banco de la República de Bogotá 1963
–, Invasión del País de los Chibchas. Conquista del Nuevo Reino de Granada y Fundación de Santafé de Bogotá. Revaluaciones y Rectificaciones. Bogotá 1966
LUGON, CLOVIS, La république communiste chrétienne des Guaranis, 1610–1768. Paris 1949
MEDINA, JOSÉ TORIBIO, Los aborígenes de Chile. Santiago 1952
MÉTRAUX, ALFRED, Les Incas. Paris 1965
PORRAS BARRENECHEA, RAÚL, Fuentes históricas peruanas. Lima 1955 (2. Aufl. 1963)
VIANNA, HELIO, Historia do Brasil. São Paulo 1963

III. ARCHÄOLOGIE

Mexiko und Zentralamerika

BENSON, ELIZABETH P. (Hrsg.), Dumbarton Oaks Conference on the Olmec. October 28th and 29th, 1967. Washington 1968
BERNAL, IGNACIO, El mundo olmeca. Mexiko 1968 (The Olmec World. Berkeley – Los Angeles 1969)
41   CASO, ALFONSO, Interpretación del Códice Bodley. Mexiko 1960
–, Calendario y escritura de las antiguas culturas de Monte Albán, in: Obras completas de Miguel O. de Mendizábal. Mexiko 1946, S. 115–143
–, und IGNACIO BERNAL, Urnas de Oaxaca. Instituto Nacional de Antropología e Historia, Memorias II. Mexiko 1952
42   COVARRUBIAS, MIGUEL, Arte indígena de México y Centroamérica. Mexiko 1961
DRUCKER, PHILIP, R. HEIZER und R. SQUIER, Excavations at La Venta, Tabasco, 1955. Smithsonian Institution, Bureau of American Ethnology, Bull. 170. Washington 1959
MARQUINA, IGNACIO, Arquitectura prehispánica. Instituto Nacional de Antropología e Historia, Memorias I. Mexiko 1951
43   MORLEY, SYLVANUS G., La civilisación Maya. Mexiko – Buenos Aires 1947
PIÑA CHAN, ROMÁN, Tlatilco. 2 Bde. Instituto Nacional de Antropología e Historia, Investigaciones I u. II. Mexiko 1964
PORTER, MURIEL NOÉ, Tlatilco and the Pre-Classic Cultures of the

New World. Viking Fund Publications in Anthropology 19. New York 1953

Proskouriakoff, Tatiana, An Album of Maya Architecture. Carnegie Institution, Publication No. 558. Washington 1946

Séjourné, Laurette, Un palacio en la ciudad de los dioses. Teotihuacán. Mexiko 1959

—, Los sacrificios humanos, religión o política? in: Cuadernos Americanos (Mexiko), 1958

—, La cerámica de Teotihuacán. Mexiko — Buenos Aires 1966

—, El lenguaje de las formas en Teotihuacán. Mexiko 1966

—, Arquitectura y pintura en Teotihuacán. Mexiko 1966

—, Arqueología de Culhuacán. Mexiko, in Vorbereitung

44 Seler, Eduard, Códice Borgia. Faksimileausgabe mit Kommentar von E. S. Übers. ins Span. v. Mariana Frenk. 3 Bde. Mexiko — Buenos Aires 1963

Stirling, Matthew, Stone Monuments of the Río Chiquito, Veracruz. Smithsonian Institution. Bureau of American Ethnology, Bull. 157. Washington 1955

45 Thompson, J. Eric S., Grandeza y decadencia de los Mayas. Mexiko — Buenos Aires 1959

—, Maya Hieroglyphic Writing. Introduction. Carnegie Institution, Publication No. 589. Washington 1950

46 Vaillant, George C., The Aztecs of Mexico. Harmondsworth 1956. New York 1962

Peru und Bolivien

47 Bennett, Wendell C., Excavaciones en Tiahuanaco. Ins Span. übersetzt v. Manuel Liendo Lazarte. La Paz 1956

—, Excavations at Wari, Ayacucho, Peru. Yale University Publications in Anthropology 49. New Haven 1953

48 Bushnell, G. H. S., Peru. London 1956

Engel, Frédéric, Geografía humana prehistórica y agricultura precolombina. Lima 1966

—, Paracas. Lima 1966

Gayton, A. H., The Uhle Pottery Collections from Nievería. University of California, Publications in American Archaeology and Ethnology, Bd. 21 (8), S. 305—329. Berkeley 1927

Kroeber, A. L., The Uhle Pottery Collctions from Moche. Ebd. Bd. 21 (5), S. 191—234. Berkeley 1925

—, The Uhle Pottery Collections from Supe. Ebd. Bd. 21 (6), S. 235—264. Berkeley 1925

—, The Uhle Pottery Collections from Chancay. Ebd. Bd. 21 (7), S. 265—304. Berkeley 1926

—, und W. D. Strong, The Uhle Collections from Chincha. Ebd. Bd. 21 (1), S. 1—54. Berkeley 1924

— —, The Uhle Pottery Collections from Ica. Ebd. Bd. 21 (3), S. 95—133. Berkeley 1924

— —, The Uhle Collections from Ancón. Ebd. Bd. 21 (4), S. 135—190. Berkeley 1924

Larco Hoyle, Rafael, La cerámica de Vicús. Lima 1965

Larco Hoyle, Rafael, Peru. London 1966
—, Los Mochicas. 2 Bde. Lima 1938/39
—, Los Cupisniques. Lima 1941
Lumbreras, Luis, Esquema arqueológico de la Sierra central del Perú, in: Revista del Museo Nacional 28, Lima 1959
—, Espacio y cultura en los Andes. Ebd. 29 (S. 222–239), Lima 1960
50 Mason, J. Alden, Las antiguas culturas del Perú. Mexiko – Buenos Aires 1957
Meggers, Betty L., und C. Evans (Hrsg.), Aboriginal Cultural Development in Latin America. An Interpretative Review. Smithsonian Miscellaneous Collections, Bd. 146, Nr. 1. Washington 1963
51 Mujica Gallo, Miguel, Oro en el Perú. Lima 1967
Ponce Sanginés, Carlos, Arqueología Boliviana. La Paz 1957
Posnansky, Arthur, Guía general ilustrada para la investigación de los monumentos prehistóricos de Tiahuanaco e, Islas del Sol y la Luna. La Paz 1912
—, Una metrópoli prehistórica en la América del Sur. Berlin 1914
—, Tiahuanaco. The Cradle of American Man. 2 Bde. New York 1946
Tello, Julio C., Chavin. Cultura matriz de la civilización Andina. Teil 1. Lima 1960
—, Arqueología del Valle de Casma. Lima 1956
—, Paracas. Teil 1. Lima 1959
—, Wira-Kocha, in: Inca 1, S. 93–320. Lima 1923

B. Zusätzliche Literaturangaben für die deutsche Ausgabe

I. ERGÄNZUNGEN ZU IN TEIL A DES LITERATURVERZEICHNISSES GENANNTEN TITELN
Die vorangestellten Ziffern geben die jeweilige Entsprechung an.

1 The Log of Christopher Columbus's First Voyage to America in the Year 1492. New York 1938. London 1944
1 Columbus, Christoph, Bordbuch. Briefe. Berichte. Dokumente. Ausgew., eingel. u. erläutert v. Ernst Gerhard Jacob. Bremen 1956
2 Sanz, Carlos, Bibliografía general de la Carta de Colón. Madrid 1958
1 u. 2 —, Die Entdeckung Amerikas. Nach zeitgenössischen Quellen bearbeitet von Hans Plischke. Leipzig 1923
1 u. 2 Œuvres de Christophe Colomb. Présentées, traduites de l'espagnol et annotées par Alexandre Cioranescu. Paris 1961
1 u. 2 Fernández de Navarrete, Martín, Die Reisen des Christof Columbus. Leipzig 1890
1 u. 2 Select Documents Illustrating the Four Voyages of Columbus. Ins Engl. übers., hrsg. u. mit einer Einleitung u. Anmerkungen versehen v. Cecil Jane. 2 Bde. London 1930–1933
1 u. 2 Der Deutsche Kolumbus-Brief. In Facsimile-Druck [der

Ausgabe Straßburg 1499] hrsg. mit einer Einleitung von Konrad Häbler. Straßburg 1900

3 BARTOLOMÉ DE LAS CASAS, Obras escogidas. Hrsg. v. Juan Pérez de Tudela Bueso. 5 Bde. Madrid 1957–1961 (Biblioteca de Autores Españoles 95, 96, 105, 106, 110). Darin Bd. 1 u. 2 (95, 96): Historia de las Indias

4 WAHRHAFFTIGER UND GRÜNDTLICHER BERICHT Der Hispanier grewlichen und abschewlichen Tyranney von ihnen in den West Indien so die Neuwe Welt genennet wird begangen Erstlich Castilianisch durch Bischoff Bartholomeum de las Casas geborenen Hispaniern Prediger Ordens beschrieben [...] Frankfurt am Main 1599. – Enthält außer dem nächsten Titel (s. u.) kurze Auszüge aus: Entre los remedios; Tratado comprobatorio; und Aquí se contiene una disputa o controversia [...]

4 BARTOLOMÉ DE LAS CASAS, Kurzgefaßter Bericht von der Verwüstung der Westindischen Länder. Hrsg. v. Hans Magnus Enzensberger. Frankfurt am Main 1966

5 –, Obras escogidas [s. o.]. Darin Bd. 3 u. 4 (105, 106): Apologética Historia Sumaria

3–5 HANKE, LEWIS und MANUEL GIMÉNEZ FERNÁNDEZ, Bartolomé de Las Casas. Bibliografía Crítica. Santiago de Chile 1954

6 HISTORIADORES PRIMITIVOS DE INDIAS. Hrsg. v. Don Enrique de Vedia. 2 Bde. Madrid 1852/1853. Nachdruck 1946/1947 (Biblioteca de Autores Españoles 22 u. 26). Darin Bd. 1 (22), S. 471–515: OVIEDO, Sumario

6 GONZALO FERNÁNDEZ DE OVIEDO, Natural History of the West Indies. Ins Engl. übers. u. hrsg. v. Sterling A. Stoudemire. Chapel Hill 1959

7 FRANCISCO LÓPEZ DE GÓMARA, Historia general de las Indias. 2 Bde. Madrid 1941 (Coll. ›Viajes Clásicos‹ Bd. 21 u. 22). Enthält nur den *ersten* Teil der genannten Ausg. Barcelona 1954

7 –, Cortés. The Life of the Conqueror. Translated and edited by Leslie Byrd Simpson from the Istoria de la Conquista de Mexico, printed in Zaragoza, 1552. Berkeley – Los Angeles 1964

8 JOSÉ DE ACOSTA, The Natural and Moral History of the Indies. Hrsg. u. ins Engl. übers. v. Sir Clements R. Markham. 2 Bde. London 1880

8 OBRAS DEL P. JOSÉ DE ACOSTA. Hrsg. v. Francisco Mateos. Madrid 1954 (Biblioteca de Autores Españoles 73). (Die Historia natural y moral dort S. 1–247)

9 J. GENESII SEPULVEDAE CORDUBENSIS Democrates alter, sive de iustis belli causis apud Indos. Advertencia preliminar por M. Menéndez y Pelayo. Lat. Text u. span. Übersetzung parallel, in: Boletín de la Real Academia de la Historia (Madrid) 21, 1892, S. 260–369 (die Advertencia 257–259)

10 MARTÍN FERNÁNDEZ DE NAVARRETE, Obras (enthält nur: Collección de los viajes y descubrimientos que hicieron por mar los españoles desde fines del siglo XV). Hrsg. v. Carlos Seco Serrano. 3 Bde. Madrid 1954–1964 (Biblioteca de Autores Españoles 75–77)

11 ALVA IXTLILXOCHITL, DON FERNANDO DE, Das Buch der Könige von Tezcuco. Bearbeitet v. H. G. Bonte. Leipzig 1930

12 ALVARADO TEZOZOMOC, FERNANDO, Crónica Mexicana. Mexiko 1878

13 DIE GESCHICHTE DER KÖNIGREICHE VON COLHUACAN UND MEXICO. Text mit Übersetzung von Walter Lehmann. Quellenwerke zur alten Geschichte Amerikas, aufgezeichnet in den Sprachen der Eingeborenen. Hrsg. vom Ibero-Amerikanischen Institut, Berlin. Bd. I. Stuttgart-Berlin 1938

14 CORTÉS, HERNÁN, Cartas de relación [. . .] Auch in: Historiadores [. . .] (s. bei Nr. 6), Bd. 1 (22), S. 1–153

14 CARTAS DE RELACIÓN DE LA CONQUISTA DE LA NUEVA ESPANA, Escritas por Hernán Cortés al Emperador Carlos V, y otros documentos relativos a la conquista, años de 1519–1527. Faks. Ausg. Geleitwort Josef Stummvoll, Einf. u. Bibliographie Charles Gibson, kodikologische Beschreibung F. Unterkircher. Graz 1960. Vgl. ferner:

14 DIE EROBERUNG VON MEXICO durch Ferdinand Cortés. Mit den eigenhändigen Berichten des Feldherrn an Kaiser Karl V. von 1520 und 1522. Hrsg. v. Arthur Schurig. Leipzig 1918

15 DÍAZ DEL CASTILLO, BERNAL, Historia verdadera [. . .] Auch in: Historiadores [. . .] (s. bei Nr. 6), Bd. 2 (26), S. 1–317

15 —, Denkwürdigkeiten des Hauptmanns Bernal Díaz del Castillo oder Wahrhafte Geschichte der Entdeckung und Eroberung von Neu-Spanien, von einem der Entdecker und Eroberer selbst geschrieben. Aus dem Span. ins Deutsche übers. v. Ph. J. von Rehfues. 4 Bde. Bonn 1838. Gekürzte Fassung hiervon unter demselben Titel hrsg. v. G. A. Narciß. Stuttgart 1965

16 FRAY DIEGO DURÁN, Historia de las Indias de la Nueva España e Islas de la Tierra Firme. Hrsg. v. Angel María Garibay K. 2 Bde. Mexiko 1967

16 DURÁN, DIEGO, The Aztecs. The History of the Indies of New Spain. Ins Engl. übers. u. mit Anm. versehen von Doris Heyden u. Fernando Horcasitas. Einführung von Ignacio Bernal. New York 1964

17 PREUSS, KONRAD THEODOR, und ERNST MENGIN, Die mexikanische Bilderhandschrift Historia Tolteca-Chichimeca. Baessler-Archiv Beiheft 9 u. Bd. XXI. Berlin 1937/1938

18 DIEGO DE LANDA, Relación de las cosas de Yucatán. Hrsg. u. ins Engl. übers. v. Alfred M. Tozzer. Paper of the Peabody Museum of American Archaeology and Ethnology, Nr. 18. Cambridge (Mass.) 1941

19 MOTOLINIA'S HISTORY of the Indians of New Spain. Hrsg. u. übers. v. Elizabeth Andros Forster. Documents and Narratives Concerning the Discovery and Conquest of Latin America, NS 4. Berkeley 1950

20 FRAY BERNARDINO DE SAHAGÚN, Historia general de las cosas de Nueva España. Hrsg. v. Angel María Garibay K. 4 Bde. Mexiko 1956

20 SELER, EDUARD, Einige Kapitel aus dem Geschichtswerk des Fray Bernardino de Sahagún. Aus dem Aztekischen übers. v. Eduard Seler. Hrsg. v. Caecilie Seler-Sachs in Gemeinschaft mit Walter Lehmann u. Walter Krickeberg. Stuttgart 1927

21 CRÓNICAS PERUANAS DE INTERÉS INDÍGENA. Hrsg. v. Francisco Esteve Barba. Madrid 1968 (Biblioteca de Autores Españoles 209). Dort S. 1–56: BETANZOS, JUAN DE, Suma y Narración [. . .]

22 CIEZA DE LEÓN, PEDRO DE, La Crónica del Perú. Auch in: Historiadores [...] (s. bei Nr. 6), Bd. 2 (26), S. 349–458

22 u. 23 THE TRAVELS OF P. DE CIEZA DE LEÓN Contained in the First (and Second) Part of his Chronicle of Peru. Ins Engl. übers. u. hrsg. v. Sir C. R. Markham. 2 Bde. London 1864–1883

24 OBRAS DEL P. BERNABÉ COBO. Hrsg. v. Francisco Mateos. 2 Bde. Madrid 1964 (Biblioteca de Autores Españoles 91–92)

25 u. 26 EL INCA GARCILASO DE LA VEGA, Obras completas. Hrsg. v. P. Carmelo Saenz de Santa María S. J. 4 Bde. Madrid 1960–1963 (Biblioteca de Autores Españoles 132–135)

25 u. 26 —, Royal Commentaries of the Incas and the General History of Peru. Ins Engl. übers. v. H. V. Livermore. 2 Bde. Austin 1965

26 GARCILASO DE LA VEGA, The First Part of the Royal Commentaries of the Yncas. Ins Engl. übers. u. hrsg. v. Clements R. Markham. 2 Bde. London 1869–1871

27 JEREZ, FRANCISCO DE, Conquista del Perú [...] Auch in: Historiadores [...] (s. bei Nr. 6), Bd. 2 (26), S. 319–348. Engl. Übersetzung in:

27 MARKHAM, CLEMENTS R., Reports on the Discovery of Peru. London 1872. Deutsche Übersetzung in:

27 WIDENMANN, EDUARD und WILHELM HAUFF (Hrsg.), Reisen- und Länderbeschreibungen der älteren und neuesten Zeit [...] Lieferung 27. Stuttgart – Tübingen 1835

28 MONTESINOS, FERNANDO, Memorias antiguas [...] Engl. Übersetzung v. Philip Ainsworth Means. London 1920

29 POMA DE AYALA, FELIPE GUAMÁN, Nueva corónica y buen gobierno. Codex péruvien illustré. Faksimileausgabe. Hrsg. v. Paul Rivet. Travaux et Mémoires de l'Institut d'Ethnologie 23. Paris 1936

30 ZÁRATE, AUGUSTÍN DE, The Discovery and Conquest of Peru. Ins Engl. übers. u. mit einer Einf. versehen v. J. M. Cohen. Harmondsworth 1968

31 ACUNA, CRISTÓBAL DE, Nuevo descubrimiento [...] Engl. Übersetzung in:

31 MARKHAM, CLEMENTS R., Expeditions into the Valley of the Amazons. London 1859. Deutsche Übersetzung in:

31 FERNÁNDEZ, JUAN PATRICIO, Erbauliche und angenehme Geschichte derer Chiquitos [...] Wien 1729. Auch u. d. T. Neuer Welt-Bot. Wien 1733

32 SCHMIDEL, ULRICH, Wahrhafige Historie einer wunderbaren Schifffahrt. Hrsg. v. Engelbert Hegaur. München 1914. – Neuere Ausg.:

32 —, Wahrhaftige Historien einer wunderbaren Schiffahrt. Graz 1962. – Engl. Übersetzung in:

32 THE CONQUEST OF THE RIVER PLATE. I. Voyage of Ulrich Schmidel [...] from the original German edition 1567. II. The Commentaries of Alvar Núñez Cabeza de Vaca [...] Mit Anmerkungen u. einer Einf. v. Luis L. Domínguez. London 1891

33 BRAUDEL, FERNAND, La méditerranée et le monde méditerranéen à l'époque de Philippe II. 2 Bde. 2. Aufl. Paris 1966

34 COLLIER, JOHN, Indians of the Americas. The Long Hope. New York 1948

35 PRESCOTT, WILLIAM H., Die Eroberung von Mexico. Hrsg. v. Gerdt Kutscher. Berlin 1956

35 THE WORKS OF WILLIAM H. PRESCOTT. Montezuma Edition. 22 Bde. Philadelphia — London 1904 (darin: Conquest of Mexico = Band 1–4)

36 RIVA PALACIO, VINCENTE (Hrsg.), México a través de los siglos. 5 Bde. Barcelona o. J. (ca. Ende 19. Jh.). Darin Bd. 1: CHAVERO, ALFREDO, Historia antigua y de la conquista

37 CLAVIGERO, FRANCESCO SAVERIO, Storia antica del Messico. 4 Bde. Cesena 1780/1781. Deutsche Übersetzung:

37 —, Geschichte von Mexico aus spanischen und mexicanischen Geschichtsschreibern, Handschriften und Gemälden der Indianer zusammengetragen und durch Charten und Kupferstiche erläutert nebst einigen critischen Abhandlungen über die Beschaffenheit des Landes, der Thiere und Einwohner von Mexico. Aus dem Italienischen des Abts D. Franz Xaver Clavigero durch den Ritter Carl Cullen ins Englische und aus diesem ins Teutsche übersetzt. 2 Bde. Leipzig 1789/1790

38 SELER, EDUARD, Die religiösen Gesänge der alten Mexikaner, in: Gesammelte Abhandlungen [...] Bd. 2, S. 961–1107. Berlin 1904

39 REDFIELD, ROBERT, The Folk Culture of Yucatan. Chikago 1941

40 WESTHEIM, PAUL, Die Kunst Alt-Mexikos. Köln 1966

41 CASO, ALFONSO, Interpretation of the Codex Bodley 2858. Ins Engl. übers. v. Ruth Morales, rev. v. John Paddock. Mexiko 1960

42 COVARRUBIAS, MIGUEL, Indian Art of Mexico and Central America. New York 1957

43 MORLEY, SYLVANUS G., The ancient Maya. Stanford 1946. 2. Aufl. 1947

44 SELER, EDUARD, Codex Borgia. Eine altamerikanische Bilderschrift der Bibliothek der Congregatio de Propaganda Fide. Erläutert v. Eduard Seler. 3 Bde. Berlin 1904–1909

45 THOMPSON, J. ERIC S., Die Maya. Aufstieg und Niedergang einer Indianerkultur. München 1968 (Kindlers Kulturgeschichte)

46 VAILLANT, GEORGE, Die Azteken. Köln 1957

47 BENNETT, WENDELL C., Excavations at Tiahuanaco. American Museum of Natural History, Anthrop. Papers 34, S. 359–494. New York 1934

48 BUSHNELL, GEOFFREY H. S., Peru von den Frühkulturen zum Kaiserreich der Inka. Köln 1957

49 LARCO HOYLE, RAFAEL, Peru. München — Genf — Paris 1966

50 MASON, J. ALDEN, The Ancient Civilizations of Peru. Harmondsworth 1957

50 —, Das alte Peru. Eine indianische Hochkultur. Zürich 1965

51 MUJICA GALLO, MIGUEL, Gold in Peru. Mit einer Einführung von Raúl Porras Barrenechea. Recklinghausen 1959

II. ALLGEMEINE BIBLIOGRAPHIEN

HANDBOOK OF LATIN AMERICAN STUDIES. Berkeley — Los Angeles. Erscheint jährlich.

HARRISSE, HENRY , Bibliotheca Americana Vetustissima. New York 1866. Dazu Additions. Paris 1872. Beides nachgedruckt Madrid 1958

Sanz, Carlos, Bibliotheca Americana Vetustissima. Ultimas Adiciones. 2 Bde. u. Registerbd. (für Sanz und Harrisse). Madrid 1960 (Verzeichnen bis 1551 gedruckte Literatur über Amerika)

Streit, Robert, O. M. I., Bibliotheca Missionum. Bd. 1–3. Münster 1916–1927

III. ENTDECKUNGS- UND EROBERUNGSGESCHICHTE

Biermann, Benno M., Las Casas – ein Geisteskranker ? in: Zeitschrift für Missionswissenschaft und Religionswissenschaft (Münster) 48, 1964, S. 176–191

Bishko, Charles J., The Iberian Background of Latin American History: Recent Progress and Continuing Problems. Hispanic American Historical Review 36, 1956, S. 50–80

Blacker, Irwin R., und Gordon Ekholm, Cortes and the Aztec Conquest. New York 1965

Braden, Charles S., Religious Aspects of the Conquest of Mexico. Durham (North Carolina) 1930

Cerwin, Herbert, Bernal Díaz, Historian of the Conquest. Norman 1963

Chaunu, Pierre, Conquête et exploitation des Nouveaux Mondes. Paris 1969 (= Nouvelle Clio 26 bis) (Mit Bibliographie zu Lateinamerika: S. 22–95)

Collis, Maurice, König, Priester und Gott. Montezumas Vision und Schicksal. Hamburg 1956

The Conquistadors. First-person Accounts of the Conquest of Mexico. Hrsg. u. übers. v. Patricia de Fuentes. Vorwort v. Howard F. Cline. New York 1963

Denhardt, Robert N., The Equine Strategy of Cortés. Hispanic American Historical Review 18, 1937, S. 550–555

Descola, Jean, Gold, Seelen, Königsreiche. Die Geschichte der spanischen Eroberer. Stuttgart 1959

Díaz-Alejo, R., und Joaquín Gil, América y el Viejo Mundo. Buenos Aires 1942 (Vidas y Hechos Extraordinarios 1)

Disselhoff, Hans Dietrich, Cortés in Mexiko. München 1957

Encina, Francisco A., Historia de Chile desde la prehistoria hasta 1891. Bd. 1 u. 2. 3. Aufl. Santiago de Chile 1949/1950

Engl, Lieselotte, und Theo Engl, Glanz und Untergang des Inkareiches. Conquistadoren, Mönche, Vizekönige. München 1967

Federmann, Nikolaus, Indianische Historia. Ein schöne kurtzweilige Historia Niclaus Federmanns des Jüngern von Ulm erster Raise [. . .] Hagenau 1557

Fernández, Manuel Giménez, Bartolomé de Las Casas. Publicaciones de la Escuela de Estudios Hispano-Americanos. Sevilla 1953 ff.

Fernández de Navarrete, Martín, Viajes de Américo Vespucio (lat. u. span.). Madrid 1941

Foster, George M., Aspectos antropológicos de la conquista española de América, in: Estudios Americanos 8, 1954, S. 155–171

Frankl, Victor, Die ›Cartas de Relación‹ des Hernán Cortés und der Mythos der Wiederkehr des Quetzalcoatl, in: ADEVA Mitteilungen (Graz) Heft 10, Nov. 1966, S. 7–17

GARDINER, C. HARVEY, Naval Power in the Conquest of Mexico. Austin (Texas) 1956

GEL, FRANTISEK, Las Casas, Leben und Werk. Aus dem Tschech. übertr. v. G. Thomas. Leipzig 1958

HAEBLER, K., Die überseeischen Unternehmungen der Welser und ihrer Gesellschafter. Leipzig 1903

HANKE, LEWIS, The Spanish Struggle for Justice in the Conquest of America. Philadelphia 1949

—, Aristotle and the American Indians. A Study in Race-Prejudice in the Modern World. London 1959

—, Bartolomé de las Casas. An Interpretation of his Life and Writings. Den Haag 1951

HANSON, EARL PARKER, South America seen through the Eyes of its Discoverers. South from the Spanish Main. New York 1967

HARING, C. H., The Spanish Empire in America. New York 1947

HELPS, A., The Spanish Conquest in America. Hrsg. v. M. Oppenheim. 4 Bde. London 1900–1904

HENNIG, R., Columbus und seine Tat. Eine kritische Studie über die Vorgeschichte der Fahrt von 1492. Abh. und Vortr. der Bremer wissenschaftlichen Gesellschaft Bd. 13. Bremen 1940

HÖFFNER, J., Christentum und Menschenwürde. Das Anliegen der spanischen Kolonialethik im goldenen Zeitalter. Trier 1947

INNES, HAMMOND, The Conquistadors. London 1969

KIRKPATRICK, FREDERICK ALEXANDER, Die spanischen Konquistadoren. München um 1962

KONETZKE, RICHARD, Das spanische Weltreich. Grundlagen und Entstehung. München 1943

—, Das spanische Weltreich, in: Historia Mundi Bd. 8: Die überseeische Welt und ihre Erschließung. Bern–München 1959, S. 319–373

—, Das portugiesische Kolonialreich in Asien und Amerika. Ebd. S. 374–394

—, Amerika und Europa in der Zeit Karls V., in: Karl V. Der Kaiser und seine Zeit. Hrsg. v. Peter Rassow und Fritz Schalk. Köln 1960

—, Entdecker und Eroberer Amerikas. Von Christoph Kolumbus bis Hernán Cortés. Frankfurt am Main 1963

—, Ramón Menéndez Pidal und der Streit um Las Casas, in: Romanische Forschungen Bd. 76, 1964

—, Überseeische Entdeckungen und Eroberungen, in: Propyläen-Weltgeschichte. Berlin 1964

—, Süd- und Mittelamerika I. Die Indianerkulturen Altamerikas und die spanisch-portugiesische Kolonialherrschaft. Frankfurt am Main 1965 (Fischer Weltgeschichte Bd. 22)

KRETSCHMER, K., Die Entdeckung Amerikas. 2 Bde. Berlin 1892

KUBLER, GEORGE, The Quechua in the Colonial World. Handbook of Southamerican Indians. Bd. 2, S. 331–410. Washington 1946

LEONARD, IRVING A., Books of the Brave. Cambridge (Mass.) 1949

LEÓN-PORTILLA, MIGUEL, (Hrsg.), Rückkehr der Götter. Die Aufzeichnungen der Azteken über den Untergang ihres Reiches. München 1965

MADARIAGA, SALVADOR DE, Cortés. Eroberer Mexikos. Stuttgart 1956

—, Die Erben der Conquistadores. Stuttgart 1964

—, Kolumbus. Entdecker neuer Welten. Bern – München – Wien 1966

MEANS, PHILIP AINSWORTH, Fall of the Inca Empire and the Spanish Rule in Peru, 1530—1780. New York 1932

MENÉNDENZ PIDAL, RAMÓN, La idea imperial de Carlos V., in: Revista Cubana 10, 1937, S. 5—31

MERRIMAN, R. B., The Rise of the Spanish Empire in the Old World and in the New. 4 Bde. New York 1918—1934

MÖRNER, MAGNUS, The Political and Economic Activities of the Jesuits in the Plata Region. Stockholm 1953

NEWTON, A. P., The European Nations in the West Indies, 1493—1688. London 1933

NOWELL CHARLES E., (Hrsg.), Antonio Pigafetta. Maximilian of Transylvania. Gaspar Corrêa. Magellan's Voyage around the World. Three Contemporary Accounts. Evanston 1962

PADDEN, R. C., The Hummingbird and the Hawk. Conquest and Sovereignty in the Valley of Mexico, 1503—1541. Columbus (Ohio) 1967

PEILLARD, LÉONCE, Magellan et le premier tour du monde de la ›Victoria‹. Brüssel 1961 (Collection ›Au Cœur de l'histoire‹ 9)

PENROSE, BOIES, Travel and Discovery in the Renaissance, 1420 to 1620. New York 1962 (Atheneum Paperbacks 10)

PIZARRO, FRANCISCO, Der Sturz des Inkareichs. Nach den Berichten des Garcilaso de la Vega und des Paters José de Acosta S. J. bearbeitet von H. G. Bonte. Leipzig 1925

POWELL, PHILIP WAYNE, Soldiers, Indians, and Silver. Berkeley 1952

QUELLE, OTTO, Geschichte von Iberoamerika, in: Die große Weltgeschichte Bd. 15: Geschichte Amerikas außer Kanada. Leipzig 1942

RECINOS, ADRIÁN, Pedro de Alvarado, Conquistador de México y Guatemala. Mexiko 1952

RICARD, ROBERT, La Conquête Spirituelle du Mexique. Institut d'Ethnologie, Université de Paris à la Sorbonne, Travaux et Mémoires 20, 1933

RODRÍGUEZ PRAMPOLINI, IDA, Amadises de América: la hazaña de Indias como empresa caballeresca. Mexiko 1948

SALAS, MARIO ALBERTO, Las armas de la Conquista. Buenos Aires 1950

SCHURIG, ARTHUR, Francisco Pizarro, der Eroberer von Peru. Nach den alten Quellen erzählt. Dresden 1922

SIMPSON, L. B., Studies in the Administration of the Indians in New Spain. 4 Teile. Berkeley 1934—1940

STADEN, HANS, Wahrhaftige Historia und beschreibung eyner Landtschafft der Wilden / Nacketen / Grimmigen Menschenfresser Leuthen / in der Newenwelt America gelegen / vor und nach Christi geburt im Land zu Hessen unbekant [...] Getruckt zu Marpurg / im jar M.D.LVII. Faksimile-Wiedergabe nach der Erstausgabe ›Marpurg uff Fastnacht 1557‹ mit einer Begleitschrift von Richard N. Wegner. Frankfurt am Main 1925

TOSCANO, SALVADOR, Cuauhtemoc. Mexiko 1953

TRIMBORN, HERMANN, Vergessene Königreiche. Studien zur Völkerkunde und Altertumskunde Nordwest-Kolumbiens, in: Kulturgeschichtliche Forschungen Bd. 2. Braunschweig 1948

—, Eldorado. Entdecker und Goldsucher in Amerika. München — Wien 1961

—, Pascual de Andagoya. Ein Mensch erlebt die Conquista. Universität

Hamburg, Abhandlungen aus dem Gebiet der Auslandskunde Bd. 59 Hamburg 1954

VERLINDEN, CHARLES, Précédents médiévaux de la colonie en Amérique. Tacubaya, Mexico, D. F., Instituto Panamericano de Geografía e Historia, Publicaciones No. 177, 1954

—, Portugiesische und spanische Entdeckungs- und Eroberungsfahrten, in: Historia Mundi Bd. 8: Die überseeische Welt und ihre Erschließung. Bern – München 1959, S. 279–318

WAGNER, HENRY RAUP, The Rise of Fernando Cortés. Los Angeles 1944

WOLF, ERIC R., Sons of the Shaking Earth. Chikago 1961

IV. ARCHÄOLOGIE (PERU UND BOLIVIEN)

ANTIGUO PERÚ, Espacio y tiempo. Trabajos presentados a la Semana de Arqueología Peruana (9–14 Noviembre de 1959). Lima 1960

ANTON, FERDINAND, Alt-Peru und seine Kunst. Leipzig 1962

BAESSLER, ARTHUR, Altperuanische Kunst. Beiträge zur Archäologie des Inca-Reichs. Bd. 1–4. Berlin – Leipzig 1902/1903

—, Altperuanische Metallgeräte. Berlin 1906

BASLER, ADOLPHE, und ERNST BRUMMER, L'Art Précolombien. Paris 1928

BAUDIN, LOUIS, Der sozialistische Staat der Inka. Hamburg 1956

—, So lebten die Inkas vor dem Untergang des Reiches. Stuttgart 1957

BENNETT, WENDELL C., Excavations in Bolivia. American Museum of Natural History, Anthrop. Papers 35, Teil 4. New York 1936

—, Ancient Arts of the Andes. Museum of Modern Art. New York 1954

— (Hrsg.), A Reappraisal of Peruvian Archeology. Memoir 4, Society for American Archaeology. Menasha 1948

—, und JUNIUS B. BIRD, Andean Culture History. 2. Aufl. Garden City (New York) 1964

BIRD, JUNIUS B., Art und Life in Old Peru. An Exhibition. American Museum of Natural History. In: Curator 5, 2, S. 147–210. New York 1962

BRUNDAGE, BURR CARTWRIGHT, Empire of the Inca. Norman 1963

—, Lords of Cuzco: A History and Description of the Inca People in Their Final Days. Norman 1967

BUSNELL, G, H. S., The First Americans. The Precolumbian Civilizations. London 1968

—, Ancient Arts of the Americas. London 1965

COSSÍO DEL POMAR, F., Arte del Perú colonial. Madrid 1958

CUNOW, HEINRICH, Geschichte und Kultur des Inkareiches. Amsterdam 1937

DISSELHOFF, HANS DIETRICH, Alltag im Alten Peru. München 1966

DOERING, HEINRICH U., Auf den Königsstraßen der Inka. Reisen und Forschungen in Peru. Berlin 1941

—, Kunst im Reiche der Inka. Tübingen 1952

ENGEL, FRÉDÉRIC, Kulturen Alt-Perus. Reisen und archäologische Forschungen in den Anden Südamerikas. Tübingen 1966

GAYTON, A. H., und A. L. KROEBER, The Uhle Pottery Collections from Nazca. University of California Publications in American Archaeology and Ethnology, Vol. 24 (1), S. 1–46. Berkeley 1927

HARCOURT, RAOUL D', Textiles of Ancient Peru and their Techniques. Seattle 1962

HORKHEIMER, HANS, Guía bibliográfico de los principales sitios arqueológicos del Perú. Lima 1950

—, Nahrung und Nahrungsgewinnung im vorspanischen Peru. Bibliotheca Ibero-Americana Bd. 2. Berlin 1960

KARSTEN, RAFAEL, Das altperuanische Inkareich und seine Kultur. Leipzig 1949

KATZ, FRIEDRICH, Vorkolumbische Kulturen. Die großen Reiche des alten Amerika. München 1969 (Kindlers Kulturgeschichte)

KELEMEN, PÁL, Medieval American Art. 2 Bde. New York 1946

KLEIN, OTTO, La Cerámica Muchica. Scientia XXXIII. Jahrgang, Nr. 130. Valparaiso 1967

KOSOK, PAUL, Life, Land and Water in Ancient Peru. An Account of the Discovery, Exploration and Mapping of Ancient Pyramids, Canals, Roads, Towns, Walls and Fortresses of Coastal Peru with Observations of Various Aspects of Peruvian Life, Both Ancient and Modern. New York 1965

KROEBER, A. L., Archeological Explorations in Peru. Part I–IV. Chicago Field Museum of Natural History. Anthropology, Memoirs Bd. II, 1–2. Chikago 1926–1937

—, Peruvian Archeology in 1942. Viking Fund Publications in Anthropology. New York 1944

—, Art Styles in Prehistoric Peru. Latin American Studies 5. Austin 1948

KUTSCHER, GERDT, Chimu, eine altindianische Hochkultur. Berlin 1950

—, Nordperuanische Keramik. Monumenta Americana I. Berlin 1954

LANNING, E. P., Peru before the Incas. Englewood Cliffs (New Jersey) 1961

LARCO HOYLE, RAFAEL, Cronología arqueológica del norte del Perú. Trujillo (Buenos Aires) 1948

—, Las Epocas Peruanas. Lima 1963

LEHMANN, WALTER, und HEINRICH UBBELOHDE DOERING, Kunstgeschichte des alten Peru. Berlin 1924

LEICHT, HERMANN, Indianische Kunst und Kultur. Ein Jahrtausend im Reiche der Chimu. Zürich 1944

LOTHROP, SAMUEL KIRKLAND, Das vorkolumbianische Amerika und seine Kunstschätze. Genf 1964

LUMBRERAS, LUIS GUILLERMO, De los pueblos, las culturas y las artes del antiguo Perú. Lima 1969

MEANS, PHILIP AINSWORTH, Ancient Civilizations of the Andes. New York 1931

MONTELL, GÖSTA, Dress and Ornaments in Ancient Peru. Göteborg 1929

REICHE, MARIA, Geheimnis der Wüste. Stuttgart – Vaihingen 1968

REISS, WILHELM, und ALPHONS STÜBEL, Das Totenfeld von Ancón in Peru. 3 Bde. Berlin 1880–1887

RIVET, PAUL, und H. ARSANDAUX, La Métallurgie en Amérique précolombienne. Travaux et Mémoires de l'Institut d'Ethnologie Bd. 39. Paris 1946

Rowe, John Howland, Chavin Art. An Inquiry into its Form and Meaning. New York 1962

—, und Dorothy Menzel, Peruvian Archeology. Selected Readings. Department of Anthropology, University of California, Berkeley. Palo Alto 1967

Rydén, Stig, Archeological Researches in the Highlands of Bolivia. Göteborg 1947

Sawyer, Alan R., Ancient Peruvian Ceramics. The Nathan Cummings Collection. Metropolitan Museum of Art. Greenwich (Conn.) 1966

—, Mastercraftsmen of Ancient Peru. New York 1968

Schmidt, Max, Kunst und Kultur von Peru. Berlin 1929

Seler, Eduard, Peruanische Alterthümer. Berlin 1893

Squier, E. George, Peru. Reise- und Forschungs-Erlebnisse in dem Lande der Incas. Leipzig 1883

Steward, Julian H. (Hrsg.), Handbook of Southamerican Indians. Bd. 2: The Andean Civilizations. Smithsonian Institution, Bureau of American Ethnology, Bulletin 143. Washington 1946

Stübel, Alphons, und Max Uhle, Die Ruinenstätten von Tiahuanaco. Leipzig 1892

Tello, Julio C., Arte antiguo Peruano. Album fotográfico de las principales especies arqueológicas de cerámica existentes en los museos de Lima. Primera parte: Tecnología y morfología. Inka Bd. 2. Lima 1938

Trimborn, Hermann, Das Alte Amerika. Stuttgart 1959

—, Die indianischen Hochkulturen des alten Amerika. Berlin — Göttingen — Heidelberg 1963

—, und Wolfgang Haberland, Die Kulturen Alt-Amerikas. Handbuch der Kulturgeschichte Bd. 7. Frankfurt am Main 1969

—, und Antje Kelm, Francisco de Avila. Quellenwerke zur alten Geschichte Amerikas Bd. 8. Berlin 1967

Ubbelohde Doering siehe Doering

Uhle, Max, Die Ruinen von Moche. Journal de la Société des Américanistes de Paris, N.S. Bd. 10. Paris 1913

—, Die alten Kulturen Perus im Hinblick auf die Archäologie und Geschichte des amerikanischen Kontinents. Berlin 1935

—, Wesen und Ordnung der altperuanischen Kulturen. Aus dem Nachlaß hrsg. v. Gerdt Kutscher. Bibliotheca Ibero-Americana Bd. I. Berlin 1959

Valcárcel, Luis E., Historia de la cultura antigua del Perú. 2 Bde. Lima 1943—1949

—, Etnohistoria del Perú. Lima 1959

Wassermann-San Blas, B. J., Cerámicas del antiguo Perú de la colección Wassermann-San Blas. Einführung v. Heinz Lehmann. Buenos Aires 1938

V. ALLGEMEINE ÜBERSICHTEN, HANDBÜCHER, BIBLIOGRAPHIEN
    ZU MESOAMERIKA

Handbook of Middle American Indians (Haupthrsg. Robert Wauchope). 11 Bde. Austin 1964 ff.

Bernal, Ignacio, Bibliografía de Arqueología y Etnografía. Mesoamérica y Norte de México. 1514–1960. Instituto Nacional de Antropología e Historia, Memorias VII. Mexiko 1962

—, Vergessene Götter Amerikas. Luzern — Frankfurt am Main 1968 (Bildband)

Caso, Alfonso, The Aztecs, People of the Sun. Norman 1958 (Civilization of American Indian Series)

Coe, Michael D., Mexico. Ancient Peoples and Places. London 1962

Cook de Leonard, Carmen (Hrsg.), Esplendor del México Antiguo. 2 Bde. Mexiko 1959

Disselhoff, H. D., und S. Linné, Alt-Amerika. 2. Aufl. Baden-Baden 1962 (Kunst der Welt)

Groth-Kimball, Irmgard, Kunst im alten Mexiko. Zürich — Freiburg i. Br. 1953

Haberland, Wolfgang, Die Kulturen Meso- und Zentralamerikas. In: Handbuch der Kulturgeschichte Bd. 7: Die Kulturen Alt-Amerikas. Frankfurt am Main 1969

Kidder, Alfred V., und andere, Excavations at Kaminaljuyú, Guatemala. Carnegie Institution, Publication No. 561. Washington 1946

Krickeberg, Walter, Altmexikanische Kulturen. 2. Aufl. Berlin 1966

Kubler, George, The Art and Architecture of Ancient America. Harmondsworth 1962 (The Pelican History of Art)

Lehmann, Walter, Zentral-Amerika. Bd. 1. Teil 1.2. Die Sprachen Zentral-Amerikas. Berlin 1920 (mehr nicht erschienen)

Paddock, John (Hrsg.), Ancient Oaxaca. Stanford 1966

Pina Chan, Román, Mesoamérica. Instituto Nacional de Antropología e Historia, Memorias VI. Mexiko 1960

Seler, Eduard, Gesammelte Abhandlungen zur amerikanischen Sprach- und Alterthumskunde. 5 Bde. Berlin 1902–1923 (Registerband Graz 1967)

Soustelle, Jacques, So lebten die Azteken am Vorabend der spanischen Eroberung. Stuttgart 1956

Verzeichnis und Nachweis der Abbildungen

Soweit nicht anders vermerkt, gehen die Abbildungen auf Vorlagen der Autorin zurück

Register

Bitte umblättern:

auf den nächsten Seiten informieren
wir Sie über weitere interessante
Fischer Taschenbücher.

Fischer Weltgeschichte

 Fischer Taschenbücher

fi 40/1a

Fischer Weltgeschichte

 Fischer Taschenbücher

Reisebücher

für Leute, die andere Länder wirklich kennenlernen wollen.
Diese Bücher vermitteln eine intime Kenntnis
von Land und Leuten, von Wirtschaft und Kultur, Geschichte und Politik, gestern wie heute.

Humbert Fink
Süditalien
Tränen unter der Sonne
Mit 18 Abbildungen nach Fotografien von Ulrike Elsinger
und Humbert Fink. Band 3038

Humbert Fink
Venetien zwischen Gardasee und Istrien
Mit 17 Abbildungen nach Fotografien von Ulrike Elsinger
und Humbert Fink. Band 3054

Johannes Gaitanides
Griechenland ohne Säulen
Mit 16 farbigen und 16 schwarzweißen Abbildungen und
2 Karten. Band 6407

Johannes Gaitanides/Susanne J. Worm
Kreta, Rhodos, Zypern
Ägäisches Trio. Band 3062

Hans-Joachim Netzer
Alle Straßen enden am Meer
Streifzüge durch die Britischen Inseln
Mit 21 Fotos. Band 3048

Hermann Schreiber
Bretagne
Keltenland am Atlantik
Mit 16 Fotos von Klaus-Dieter Meyer. Band 6406

Fischer Taschenbuch Verlag

Sozialgeschichte

Wanda Kampmann
Deutsche und Juden
*Die Geschichte der
Juden in Deutschland
vom Mittelalter bis zum
Beginn des Ersten
Weltkrieges*
Band 3429

Dirk Blasius
Der verwaltete Wahn-
sinn
*Eine Sozialgeschichte
des Irrenhauses*
Band 6726

Carola Stern/Heinrich
A. Winkler (Hrsg.)
*Wendepunkte deutscher
Geschichte 1848–1945*
Band 3421

Eric J. Hobsbawm
Die Blütezeit des
Kapitals
*Eine Kulturgeschichte
der Jahre 1848–1875*
Band 6404

Erna M. Johansen
Betrogene Kinder
*Eine Sozialgeschichte
der Kindheit*
Band 6622

Fischer Taschenbücher

Biographien / Erinnerungen
Tagebücher
Zeitgeschichte

Fischer Taschenbuch Verlag

Handbücher
im Fischer Taschenbuch Verlag

Otto F. Best
Handbuch literarischer Fachbegriffe
Definitionen und Beispiele
Überarbeitete und stark erweiterte Ausgabe
Band 6478

Roland Bunzenthal
Handbuch für Arbeitnehmer
Band 3320

Alfred Gleiss
Unwörterbuch
Sprachsünden und wie man sie vermeidet
Band 3312

Johannes Hartmann
Das Geschichtsbuch
Von den Anfängen bis zur Gegenwart
Band 6314

Kindlers Literaturgeschichte der Gegenwart
Aktualisierte Ausgabe
12 Bände in Kassette/Bd. 6460

Kurt Dieter Solf
Fotografie
Grundlagen, Technik, Praxis
Band 6034
Filmen
Grundlagen, Technik, Praxis
Band 6290

Werner Stein
Kulturfahrplan
Die wichtigsten Daten der Kultur-
und Weltgeschichte von Anbeginn bis heute
6 Bände: 6382–6386

Hans Joachim Störing
Kleine Weltgeschichte der Philosophie
2 Bände: 6135/6136